启微

张宁 著

异国事物的转译

近代上海的跑马、跑狗和回力球赛

CULTURAL TRANSLATION

HORSE RACING, GREYHOUND RACING,
AND JAI ALAI IN MODERN SHANGHAI

社会科学文献出版社
SOCIAL SCIENCES ACADEMIC PRESS (CHINA)

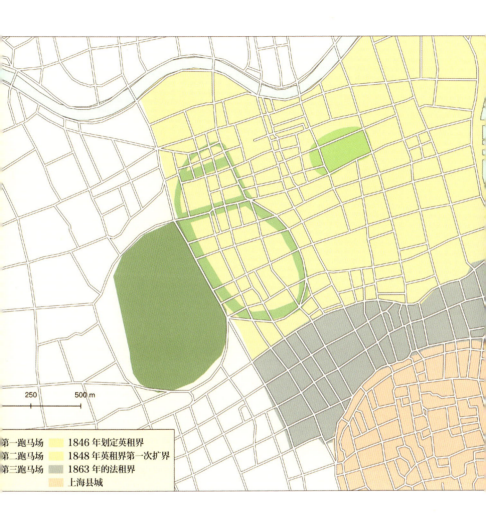

250　　　500 m

图 1　上海跑马场三次迁移

图 2　1921 年上海跑马总会会员徽章
资料来源: 毕可思 (Robert Bickers) 提供。

图 3　去看德比大赛的上海
资料来源: "Going to the Derby at Shanghai," *Harper's Weekly*,
14 June 1879, pp. 468-469.

图 4　香宾票

说明：上为正面，下为背面。

资料来源：王启元提供。

图 5　上海跑马场（左侧）及附近夜景　（唐振常／摄）

资料来源：Virtual Shanghai Project.

序

毕可思（Robert Bickers）

　　查看旅行指南中的地图，可以了解很多关于这座城市运行方式的假设。热门景点或提供特定服务的点比那些只具有常规功能的点被标记得更明显，其他的地点则没有标记甚至是一片空白。这类城市地图是针对特定读者的。以历史上的英文上海指南为例，你会发现旅馆和总会被标识得很清楚，但在某一两张地图，城墙内的老县城是一片空白。例如，1904 年的一份指南就认为没有必要向访沪的外国游客提供任何关于老县城（the Chinese city）的指引。为什么要去那里呢，可能学到什么？目标读者因此对这个区域一无所知，讽刺或偏见遂填补了这块空白：街道狭窄、空气污浊、危险阴暗是几个常见的偏见。早期用英语写的上海史对老县城的描写同样是一片空白。县城西北方再过去几个街区是另一个在城市地图上非常显眼的地方，它不仅与老县城的形状相呼应，而且以自己的方式基本上呈空白状，那就是上海跑马厅。①我认为可以公平地说，尽

---

① C. E. Darwent, *Shanghai: a handbook for travellers and residents to the chief objects of interest in and around the foreign settlements and native city*. Shanghai: Kelly and Walsh, 1904.

管上海跑马厅在旅游指南上被标出，并且有相关条目，被放在有组织的休闲和运动项下，但是它在我们的历史著作中往往是空白的，或者被留给讽刺或偏见。在这本书中，张宁非常清楚且有力地解释了为什么我们不该让它保持空白，以及通过考察上海跑马厅和其他类似地点的运作与变化，如何可以加深我们对中国近代史和城市史的认识。

19世纪下半叶，从上海登岸的欧美人士是来工作的。我们知道这些人买了什么、卖了什么、建造了什么、拆毁了什么、写了什么——我们认为自己了解他们的想法、他们是谁、他们如何生活，最后如何离开世间的。我们有关于上海洋行的历史、外交史、正常的传记和美化了的传记；我们有关于公共租界及工部局、法租界、上海建筑、医疗和公共卫生、传教士活动、捕房、教育、银行、证券交易等方面的史作。相关著作极多，不仅仅是因为外国企业、传教士和外国势力给我们留下了大量的档案和印刷品。但是，当我们认真研究上海的商业、外交、冲突、宗教（不过我们只是在一定程度上仔细研究了传教士，对19世纪在华外国男女实际的宗教信仰与实践其实了解有限）、医疗、暴力和性时，我们很少注意有组织的休闲活动。

可是休闲空间是外人初来乍到时最先留意的地方。在划定租界时，外国领事和居民不仅为领事馆、公墓、宗教场所留出了土地，他们还往往会开辟一条赛马道。这些地点都很重要。他们在这些地方祈祷、休闲、死亡——在领事馆，他们的死亡被正式记录在案，遗产也得到管理。档案馆和旅行指南中的平面图和地图非常清楚地显示了跑马场，也显示了随着租界的扩张，跑马场是如何一再迁徙的，今天我们仍可从上海街道的形状看出这些印记。值得注意的是，休闲很快从业余的活动演变为成熟的商业。到这里工作的外人，他们努力工作，辛勤赚钱，以便能在积累到一定财富后退休回家，这大约是两万英镑。艰苦的工作意味着积累货物准备出口，不停地更新贸易通告以便随船寄出，疯狂地竞价搜购茶叶或棉花，不断地向船运公司争取舱位。当然，他们也有闲暇时间。他们留下的日记和书信表明，他们会走出租界，到邻近乡间散步，他们打草地滚球、唱歌、作曲、跳舞，他们划船，后来又参加团队运动，建造起高尔夫球场和网球场，而且他们骑马。考虑到外国女性很少（因此男性与男性共舞），他们尽可能多地把家乡的生活转移到上海、福州、镇江等通商口岸，最初很少通过社会团体传播。

这些活动的特性最后发展成张宁这本书探索的重点——跑马。新来的外人来自一些国家，在这些国家，马在日常生活乃至有组织或私人性质的休闲文化中扮演着重要角色。因此，跑马被移植到中国通商口岸，在休闲世界中扮演关键角色，就像它在英国那样。这不仅仅是因为他们有从家里寄来的报纸《运动生活》（*Sporting Life*），及他们有轻松读物，如瑟蒂斯（R. S. Surtees）的狩猎故事《乔洛克的旅行与欢乐》（*Jorrocks' Jaunts and Jollities*）。这种充满社会喜剧意味的竞猎充斥《笨拙》（*Punch*）等流行杂志的版面，因此在上海，外人高兴地阅读约翰·利奇（John Leech）的漫画，漫画中的社交攀爬者努力爬上马背（或从马背上摔下来）。在华外人骑马为了锻炼身体，也为了比赛，更为了表明自己的地位。1876 年春，太古洋行（Butterfield & Swire）资深合伙人约翰·施怀雅（John Samuel Swire）从伦敦写信给他在上海的合伙人威廉·兰格

（William Lang）说："我很高兴你喜欢那些马。……你觉得它们在模样和奔跑方面与伦敦的顶级马相比如何？它们是现在中国最好的马吗？它们的繁殖力可是一流的。"[1] 约翰·施怀雅先前通过澳大利亚合伙人詹姆斯·洛里默（James Lorimer）爵士在墨尔本购买了两匹小马，将之运到上海。这项安排所费不赀，对马匹来说也可能有些风险。书信中的这些话既是一种姿态，也显示了这位资深合伙人的个人特质，他在信中关注的是威廉·兰格对马的品质的印象。我们可以看到马在约翰·施怀雅的私人生活中的重要性，以及与他的商业生活是如何重叠的。他向来热衷狩猎，年轻时就加入利物浦南部柴郡一项声望很高的地区狩猎活动，晚年又参加罗斯柴尔德男爵在伦敦北部艾尔斯伯里谷（Vale of Aylesbury）组织的动见观瞻的狩猎赛。墨尔本的报纸保存了他 1854 ~ 1858 年淘金热期间在那里活动的少数记录，其中包括他加入墨尔本狩猎俱乐部，以及他在其中一次障碍赛取得了优异成绩。约翰·施怀雅的书信簿中有很多他与训练师、马夫的商业往来信件，狩猎和骑马也是他与友朋书信中常见的主题。很难想象，1866 年 11 月，他第一次抵沪为太古洋行开设办事处时会没有参加当地的猎纸赛，在上海附近坚硬、寒冷的土地上奔驰。约翰·施怀雅花很多时间骑马，并且志在必得，就像他总是在生活的各个方面力求公平竞赛与胜出一样。这位骑术精湛的利物浦商人在马背上与他人建立了联系，也在俱乐部或协会里建立人脉。他的儿子是猎狐赛的会长，并曾向英国观众引介法国的马术。他的孙子施约克

---

[1]　J. S. Swire (London) to W. Lang (Shanghai), 22 May 1876, JSSI 1/4. 转引自我新出版的著作 *China Bound: John Swire & Sons and its World*, 1816 – 1980. London: Bloomsbury, 2020.

（John Kidston Swire）一战前第一次逗留香港，从我们仅有的一张当时的照片可以看到他正跨坐马上。

随着时间的推移，这种私人和社交休闲活动逐渐发展成利润丰厚的生意。男人骑马是为了锻炼身体，在猎纸赛的季节里驰骋乡野，但他们中的许多人也是为了胜利而骑。上海猎纸总会出版的官方历史主要是一份份的狩猎记录和获胜者名单（所附的地图也画出比赛行经的乡野，仿佛可以据此声称拥有这些地区）。在跑马总会，马主或亲自上场，与他人一决雌雄，或者另雇年轻人担任骑师为他们出赛。在这个过程中，一项复杂的生意渐渐成形，如张宁书中所示，包括有组织地将蒙古马从华北运到上海，制定一系列的规章制度和惯例，培养职业骑师，以及每年一个比赛周期，当然还有博彩。约翰·施怀雅当年安排北运上海的澳大利亚马逐渐淡出了有组织的赛马世界，取而代之的是人们竞购从关外运来个头较小的蒙古马。这样一来，至少从理论上讲，有钱并没有太多的优势。不过，赛马场还是一个展示的场所，可以给人留下约翰·施怀雅希望的那种"顶级""一流"的印象。事实上，正因为如此，太古洋行后来禁止员工出任马主或骑师，以避免在马匹上花费过多而导致负债（但仍继续鼓励为健身而骑马）。能获选为赛马总会的董事，有能力经营一个马房，当然还有本事在大赛中胜出，绝对能带来崇高的社会声望。

我们可能会只关注马匹，但张宁正确且收获丰富地进一步追踪金钱，比赛有奖金，赌博也成为这种文化的一个重要组成部分，并且一直是旅居生活的特点，只是记录不多。在茶叶贸易的鼎盛时期，人们会下巨额赌注，赌哪艘从福州出发的快船先抵达伦敦。在 1860 年代早期上海繁荣时期，炫耀性消费和炫耀性赌博是租界生活的一大特点。一年两次的跑马比赛提供了下注、致富的机会，当然对大多数人来说更可能是输钱的机会。正如这本书将要显示的那样，这一系列文化和社会实践与金钱交叉，逐渐成为一门生意，并在不同文化之间转译。它在上海催生了英商以外且互相竞争的马会和赛马场。这是中国城市文化商业化和转型的一个具体面向，时间从19世纪晚期开始直至20世纪初，而且往往是在外国势力主导的城市中心率先进行的。在教育史、商业史、宗教史上，我们也曾观察过类似的现象，对学界而言，学者选择这些主题而非赛马来分析文化交流和互动似乎有其正当性，不过这也可能是因为马匹及其所构筑的世界已经基本上从我们的生活中消失了，至少在历史学者的生活中不再见，以致我们无法理解也不知如何讲述它以前在社会中的地位。当然，对一些人来说，没有什么比跑马及随之而来的赌博更能象征外国势力对中国通商口岸的毒害和腐蚀。然而，正如本书作者张宁认为的那样，这也不是一个非黑即白的故事。在中国一些城市中心发展起来的跑马是一种跨国性的休闲生意，事实证明这门生意越来越有利可图，而且广泛地、疯狂地受到欢迎。

这种利益和文化移植的汇合，跑马并非唯一的案例。张宁展现了其他体育项目是如何利用跑马的经济成功而引进的，包括跑狗和回力球赛。新的社会实践由此发展起来了。这涉及中国的传统精英，正如张宁将要指出的那样，还涉及新兴的职业精英，以及那些文化上塑造了这座城市的小市民。这些是融合的事业，不同的参与者有不同的目的。如果仅想从近代中国的历史中寻找一个由皇权、协力、反殖民塑造出的故事，我们就不能完整地理解近代中国。如果我们要了解外国势力下的中国近代城市转型，我们还需要超越领事馆、教堂、洋行、教会学校、工部局大楼。我们还需要看看这些商业化的休闲场所。在这方面，张宁提供的案例可能比其他的更有说服力，通过这本书，你会发现中国近代城市是多国势力角力与文化互动的产物。

（李期耀 译；张　宁 审校）

简体字版自序

对运动与殖民这个课题感兴趣是在读博期间，还记得为了找寻外人在沪上一带打鸟的情形，我在剑桥大学的总图书馆里一页一页地翻阅泛黄的《北华捷报》，一条一条地过滤目录，找到页数，逐一摘抄，然后排列解读。这是那个年代的研究方式，标准的搬砖头砌墙，基础功虽扎实，但花太多时间在搜集资料，多半只能处理个案，且有见树不见林之虞。这种情形在我工作后渐渐改变，尤其是在过去十年里，《北华捷报》《申报》《全国报刊索引》等上海相关数据库陆续问世，嘉惠学林，学者也可腾出时间考虑架构，进而驾驭近代史长达百年的变化。就是在这些工具的协助下，本书的撰写才能加速前进。

除了数据库外，上海在档案和图书方面的开放，是本书能顺利完成的重要原因。上海市档案馆和徐家汇藏书楼馆藏丰富，对研究者友善，每次造访都深感受益。且其建物本身就是历史，上海市档案馆外滩大楼前身为法国邮船公司，现代、气派，是海上风华的具体呈现；徐家汇藏书楼原是耶稣会士的书斋，精巧洋房，木质地板则展现老上海书香内敛的一面。无论是在计算机前纵横搜寻，还是在大书桌前展卷细读，都常有今夕何夕之感。

多次造访大陆的收获之一便是结识许多城市史研究的大家，上海社会科学院历史所的熊月之老师和天津社会科学院历史所的刘海岩老师是我最钦佩的前辈，他们对学术始终怀抱热忱，也不吝提携后进。上海的第二代学者是我的同事兼好友。每逢来沪，马军均不吝协助，刚开始是公事，后来就成为私交。冯筱才则多年锐利如常，那年我研究猎纸赛时马匹践踏菜园发生的华洋冲突，筱才兄主张必然与青帮有关，我不以为然，他毫不客气地说："你是小白兔，看不出丛林里的危险。"本书恰好有一章论及杜月笙，希望他读了以后认为我稍知世事了。2011年夏天，我赴美参加伯克利研习营，有幸与徐涛及宋钻友老师日日相处，白天一同在叶文心、安克强的督促下报告学术，晚上还聚在一起，天南地北，纵论人生，畅快之至。2013年春我应邀至英国莱斯特大学开会，巧遇赵婧，从此成为朋友。上海社会科学院历史所是师友的大本营，我曾在此多次接受大家的批评指教，本书前言的雏形最初就是在此召开的学术会议上发表的。吴健熙、承载、段炼、周武、张剑、张秀莉、徐琳、王敏、彭晓亮等均在不同场合提供过协助。此外，从我还是博士研究生的时候，上海社会科学院外事处赵念国先生就负责接待我，帮我找脚踏车、安排住处、接洽图书馆、档案馆，看着我从博士生、博士后到研究人员，由于他的鼓励与协助，我才能逐步适应上海的生活节奏与环境。同侪的砥砺，学术上的交流，谨在此致谢。

　　本书简体字版得以问世，最需要感谢的自然是社会科学文献出版社启微书系的负责人李期耀博士。他充分发挥研究精神，有些地方我觉得可以过关了，他却追根究底，不达目的誓不休；明明是端午连假，吃粽子时却收到他的微信，要我确认书稿中的一些细节；为了封面马白水先生的彩墨画作，他更上穷碧落下黄泉，四处寻觅。有编辑如此，夫复何求。

7月14日于台北

目　　录

第二部分　运动与娱乐

导 论

自从地理大发现以来，欧洲国家如西班牙、葡萄牙、荷兰、英国、法国等，挟海洋之利相继在海外建立殖民地，创建起各自的帝国，重新形塑了整个世界。西欧以外的地区，几乎没有一个国家不曾受到殖民的影响。正如曼根（J. A. Mangan）所言，帝国的建立最初凭借的可能是政治与武力，帝国的维系却需仰赖文化的输出；[①] 借着向殖民地输出法律、宗教、教育、医学、运动等各式内容，宗主国期盼能在殖民地树立起典范，唤起仰慕，造成模仿。时日一久，殖民者与被殖民者之间遂产生一种爱恨交织的情感。

以英帝国为例，其殖民地居民一方面视宗主国为最崇高的文化象征，伦敦代表的是政治、经济、法律等制度的至善至美；英语的遣词、造句、腔调则是衡量个人教育程度以及成就最重要的标准。但是在另一方面，帝国对其在语言、文化、习俗乃至人种方面的歧视，以及强加在被殖民者身上的包括政治制度、领土、宗教信仰等方面的改变，却在其心中留下难以消

[①] "Prologue," in J. A. Mangan, ed. , *The Cultural Bond: Sport, Empire, Society* (London: Frank Cass, 1992), pp. 1 - 10.

解的怨恨。

　　这些复杂的情感乍看之下似与中国无关，但仔细检视近代中国的历史，可发现其实并非无迹可寻。中国本土虽然从未沦为殖民地，但自 19 世纪以来，香港、台湾相继被割占，葡人久据澳门，还有通商口岸的开辟和租界的建立，使得相当数量的口岸城市染有鲜明的殖民色彩。列强在华的影响力如此明显，以至民国时期的有识之士自嘲为"半殖民地"，而孙中山更进一步将之名为"次殖民地"。① 时至今日，走在这些城市里，西洋建筑群和欧式的城市规划仍不断唤起我们对殖民过往的记忆。

　　在后殖民时代，不仅被殖民者对宗主国抱有复杂的情绪，对殖民者而言这段历史同样是个沉重的包袱。英国有反省能力的知识人对其日不落帝国的过往，包括传教和殖民经常感到尴尬，不愿回顾与面对；美国学者对暗含种族歧视的帝国主义研究敬而远之。这种情况放在中国史研究的领域，其结果便是英国学者中关注通商口岸者，多着重于外人社群或租界的管理制度，鲜少触及帝国的文化输出，遑论关照被殖民者的情感层面。前者如英国著名学者毕可思（Robert Bickers），他的关怀点主要集中于在华英人社群，特别是底层人员，如租界巡捕、海关人员、灯塔管理员等，②

---

① 《民主主义第二讲》，孙文：《三民主义》，中央文物供应社，1985，第 22 ~ 23 页。

② 参见 Robert Bickers, "Who Were the Shanghai Municipal Police, and Why Were They There? The British Recruits of 1919?" in Robert Bickers and Christian Henriot, eds. , *New Frontiers: Imperialism's New Communities in East Asia, 1842 - 1952* (Manchester: Manchester University Press, 2000), pp. 170 - 191; Robert Bickers, *Empire Made Me: An Englishman Adrift in Shanghai* (New

鲜少涉及殖民制度对华人的影响。[①] 后者则可以英国研究中国的新秀杰逸（Isabella Jackson）为代表，其新作虽然直指殖民主义在上海历史上的重要性，但仅止于讨论公共租界的制度层面。[②] 这种选题倾向与论述策略，除了语言文字上的隔阂，更多的是对敏感过去的刻意回避。而美国学者则对通商口岸的殖民文化既缺乏兴趣，亦不够敏锐。

对殖民或帝国主义的批判，除了后殖民的角度，另一股更强大的力量是民族主义。本尼迪克特·安德森（Benedict Anderson）已经很清楚地告诉我们，二战之后，东南亚许多国家是在反帝国主义的情绪下才建构起所谓的"想象的共同体"。[③] 中国本土虽然从未被瓜分或殖民，但近代以来割地赔款、丧权辱国的经历，使它同样需要这个敌人来巩固自己的主

York： Columbia University Press， 2003 ）； Robert Bickers， " Ordering Shanghai： Policing a Treaty Port， 1854 - 1900，" in David Killingray， Margarette Lincoln and Nigel Rigby， eds.， *Maritime Empires*： *British Imperial Maritime Trade in the Nineteenth Century* （ Woodbridge， Suffolk， UK： The Boydell Press in association with the National Maritime Museum， 2004 ）， pp. 173 - 194； 毕可思：《石碑山——灯塔阴影里的生与死》，孙立新、吕一旭主编《殖民主义与中国近代社会国际学术会议论文集》，人民出版社，2009。

① 唯一的例外是毕可思讨论外滩公园"华人与狗不得入内"的问题，但该文主要分析工部局的政策，同时对租界当局采取的是一种比"政治正确"更严苛的态度。Robert Bickers and Jeffrey Wasserstrom， " Shanghai's ' Chinese and Dogs Not Admitted ' Sign： History， Legend and Contemporary Symbol，" *The China Quarterly*， No. 142 （June 1995），pp. 444 - 466.

② Isabella Jackson， *Shaping Modern Shanghai*： *Colonialism in China Global City* （ Cambridge： Cambridge University Press， 2018 ）.

③ Benedict Anderson， *Imagined Communities*： *Reflections on the Origin and Spread of Nationalism* （ London： Verso， 1991 ），Chapter 7. 中译本参见班纳迪克·安德森《想象的共同体：民族主义的起源与散布》，吴叡人译，时报文化出版企业股份有限公司，2010，第 7 章。

体性。

就在这种各方均有立场也各有坚持的情况下，本书意图走出后殖民的批判和民族主义的羁绊，改采旁观第三者的态度，以"异国事物的转译"为题，探讨文化接触时可能发生的诸多现象。本书也尝试另辟蹊径，将重心由文化的复制与移植，移至文化移转时可能发生"看似相同、实则有异"的暧昧转变，希望可借由近代中国的案例，探索不同文化之间互动时的若干原则。

文化的转译

文化的引入与移转无疑是近代中国一项重要课题。随着西方殖民与全球化的脚步，西方事物诸如制度、思想、语言及物品先后涌入亚洲，重塑了中国人的生活与思想。此变化之快速与巨大，迄今未止，史家对之的分析仍有可待发展的空间。过去学界多汲汲于西方文化如何被引介，忽视了移转过程中产生的幽微变化；或者虽观察到了若干变化，却视之为理所当然，仅以简单的"本土化"予以描述，而没有继续追究其背后的原因。在此情况下，本书将采用"转译"的概念，深入分析这些变化。

在此，先就"转译"这个概念稍做说明。本书所谓的"转译"，指的即是英语中的 translation。至于为何不用习见的"翻译"，而选择采用"转译"一词，乃因中文的"翻译"暗含忠实且一一对应之意，无法反映英文 translation 所隐含的"背离原意"之意。1983 年法国科学社会学家布鲁诺·拉图尔（Bruno Latour）在其著名的《给我一个实验室，我将举起全世界》一文中，曾不经意地说道：

> 行文中我已多次使用诸如"转译"（translation）、"移
> 转"（transfer）、"移位"（displacement）及"隐喻"（metaphor）
> 等概念，这些词在拉丁文、希腊文和英文里都意味着同一
> 件事。在上述故事里，有一件事十分确定，那就是你所能
> 想到的每一个行动者都多多少少地被移位了。[①]

从上文可知，translation 既是中文的"译"，更包含如transfer、displacement、metaphor 的"转"或"变"，并非"翻译"一词可以表达，因此有必要创造新词。另一个明显的例子是发生在生命科学界的新发展。1950 年代生命科学界发现了生命密码从 RNA 转化成合成蛋白质氨基酸序列的过程，将之命名为 translation。因变化明显，中文学界亦发现无法将之译为"翻译"，遂舍弃固有的译词不用，另择"转译"一词译之。乍看之下，这个案例似乎与历史学科无关，但其实正显示"翻译"与 translation 的难以对等。[②]

综上所述，translation 包含的移转、位移、转化，甚至转换等复杂含义，正是本书所要讨论的文化移转时顾此失彼甚至暗度陈仓的情况。因此，"转译"一词不仅在用词上比"翻译"更恰当，也更能反映本书所要呈现的那种不同文化之间的相互吸纳与转化。这转化并不是一种无可奈何的必然，其方向与程度也可以说是一种文化拉锯的结果。本书以明确

---

① 布鲁诺·拉图：《给我一个实验室，我将举起全世界》，林宗德译，吴嘉苓等主编《科技渴望社会》，群学出版有限公司，2004，第 239 页。
② 此处感谢中研院分子生物研究所刘福华博士的解释。

的案例显示，在历史的长河中，不同文化之间不断进行的协商，以及在协商下虽不完全背离原意，却又必然会出现的扭曲。此一转化的过程，就是本书所谓的"转译"。而在不同阶段，它同时包括了"转化""演变""本土化""异化"等多种意思。

除了描述文化转译的现象，本书也希望对这些现象背后的动力进行有意义的解释，亦即为何在某些案例中，移转的方向朝西偏移；而在另一些案例中，则朝东略微移位。本书的假设是，这与文化的强势程度有关，这强度有可能是国家的力量，也可能是文明的厚度，端视当时交锋的情况而定。

为了能够进行比较性的探讨，我们需要两个大致上势均力敌的文化载体，而如日中天的英帝国与力图振作的近代中国可能是不错的对象。至于空间，则以中西文化往来频繁的上海和英帝国在东亚最重要的占领地香港较为适宜。而两者相较，前者又比后者更为合适。原因是香港既属英人全权控制，在殖民者的监管下文化移转时较少逸出常轨；而英人在上海却仅有面积有限的公共租界，一出租界，便毫无施力之处，异国事物转译时较可能出现出人意料的状况。

既觅得合适的载体和空间，接下来尚需一项或数项异国事物作为我们检测的对象。为了观察其变化，这个对象最好是一个进行中且尚未定型的东西，我们需要从前人的研究中寻找。

关于西方事物引入中国的研究，学者多着重于政治制度的引进和思想观念的革新。近十余年来，受社会人类学研究物品之赐，历史学界也开始重新分析"东西"的历史，特别是洋货在中国的历程。譬如，郑扬文先以鸦片，后以洋布、啤酒、洋房、自行车、自鸣钟等洋货为例，分析这些物品本土化路径之异同，以及为何有些洋货得以留存，成为中国人生活的一部分，有些最后却消失无踪。[①] 冯客（Frank Dikötter）则检视清末以来传入中国的各式洋货，分析其如何被接受与挪用。[②]

在此潮流之下，中文世界的历史学者也不落人后，分别展开了一系列"西物东渐"的研究，如马军从市政管理的角度分析近代上海的舞女及舞厅；[③] 徐涛从器物与文化的双重角度分析自行车自清末传入以来逐步在中国本土化的过程；[④] 连玲玲更检视近代上海的百货公司，观察其如何借空间安排和观念传递，打造一个消费天堂，形塑消费文化。[⑤]

这些学者的研究，固然成功地展现了近代中国对外来物质的拥抱，乃至近代消费社会的形成，但其背后均有一个共同的假设，即中国作为一个拥有深厚文化传统的国家，如何拣选并吸纳异国事物。换言之，只有中国与物品的两方对阵，没有物品本身的变化或物品背后文化来源的多重交锋，结果导致过于关注物品或器物本土化及在地化的路径，殊为可惜。当然，部分原因是研究对象为定型的物品或机构，作为历史研究者，我们只能看到它如何被在地化或挪用，却无法观察到传入前与传入后物品本身所发生的变化与文化协商。

---

①　Yangwen Zheng, *The Social Life of Opium in China* (Cambridge：Cambridge University Press，2005）；郑扬文：《清代洋货的流通与城市洋拼嵌（mosaic）的出现》，巫仁恕等主编《从城市看中国的现代性》，中研院近代史研究所，2010。

②　Frank Dikötter, *Exotic Commodities：Modern Objects and Everyday Life in China* (New York：Columbia University Press，2006).

③　马军：《舞厅市政：上海百年娱乐生活的一页》，上海辞书出版社，2010。

④　徐涛：《自行车与近代中国》，上海人民出版社，2015。

⑤　连玲玲：《打造消费天堂：百货公司与近代上海城市文化》，社会科学文献出版社，2018。

所幸异国事物除物品外，尚有各式组织与活动亟待研究。这些活动不同于定型的物品，它们在引入的过程中，因为环境或客观条件的改变，经常发生反应速度的变化甚至质变，从而使受者有更多机会予以重新解释与转化。为了更有效地分析文化转译，本书决定将焦点从洋货移至一项重要的西式活动——运动（sport），并借检视具有丰富文化意涵的跑马、跑狗、回力球等三项运动，分析文化移转过程中产生的变化。

在中文世界里，"运动"其实是一个模糊的概念，经常与"体育"混为一谈，但如追溯它们在西欧的起源，便会发现两者源自不同脉络，且各有指涉。根据汤志杰的研究，"运动"源自以英国为主的市民社会，由私人组织以俱乐部的形式推动，其内容以游戏、竞赛、休闲为核心。"体育"（physical exercise 或 physical education）则源自 19 世纪德意志的国家建构，以国家为主导，规训为取向，目的在培养强健的国民。这两者后来在国民教育体系中虽有汇聚，但在含义上仍有相当明显的分界。①

中国在历史上虽不乏体能竞技，但缺乏组织性与规则化，"运动"和"体育"这两个概念遂于 19 世纪下半叶以现代之姿双双进入中国。由于体育与民族主义密切相关，传入后很快便与国族教育结合，在中国近代史上扮演了重要的角色，因此有关的研究可谓相当丰富，其中最值得注意的首推毛岸俊

---

① 关于"运动"和"体育"的源流，以及在中文世界中的混杂状态，汤志杰已做了相当全面且清楚的概述。汤志杰：《体育与运动之间：从迥异于西方"国家/市民社会"二分传统的发展轨迹谈运动在台湾的现况》，《思与言》第 47 卷第 1 期，2009 年 3 月。

（Andrew D. Morris）关于体育与国族，以及游鉴明有关女子体育的著作。① 至于"运动"则似乎乏人问津，罕见重要研究，仅汤志杰在讨论当代台湾的情况时有所述及。他认为华人社会缺乏市民社会的传统，以致"运动"概念传入后始终欠缺合适土壤滋养，无法全面发展。②

　　本书则主张，"体育"固然重要，但无法代表近代中国所有习自西方的体能活动；而"运动"在中国的历程固然崎岖，却是观察殖民社会与文化转译不可或缺的一环。因此，本书将偏重与国家权力无涉但与社会生活紧密相关的"运动"，观察西式运动进入中国后如何向不同族群、不同阶级扩散，又如何在传播的过程中出现意想不到的转变。

　　运动涉及阶级、殖民、性别、身体等多项议题，在休闲文化中素来占有特殊地位，唯目前研究以社会学者居多，主要分析对象亦以欧美社会为主。如法国社会学家皮埃尔·布尔迪厄（Pierre Bourdieu）将运动与身份地位相连，主张运动非仅为锻炼身体，选择从事某项运动其实是维持并重塑社会阶级的重要手段。③ 诺贝特·埃利亚斯（Norbert Elias）与其学生埃里

① Andrew D. Morris, *Marrow of the Nation: A History of Sport and Physical Culture in Republican China* (Berkeley: University of California Press, 2004)；游鉴明：《运动场内外：近代华东地区的女子体育（1895~1937）》，中研院近代史研究所，2009。专论体育与国族的著作，尚有 Jonathan Kolatch, *Sports, Politics, and Ideology in China* (New York: Jonathan David Publishers, 1972)；Lu Zhouxiang and Fan Hong, *Sport and Nationalism in China* (New York: Routledge, 2014).

② 汤志杰：《体育与运动之间：从迥异于西方"国家/市民社会"二分传统的发展轨迹谈运动在台湾的现况》，《思与言》第47卷第1期，2009年3月。

③ Pierre Bourdieu, "Sport and Social Class," *Social Science Information* 17: 6 (1978), pp. 819–840.

克·唐宁（Eric Dunning）借"文明化历程理论"（the theory of the civilizing process）检视足球在欧洲的发展，强调近世欧洲经历数世纪的教化，最后变成处处要求自制、事事讲求礼节的国度，但其实市民对中世纪的血腥、暴力依然有着潜在的追求，只有在足球比赛时才能借骤然而起的暴动与失序得到暂时的宣泄。[①]

社会学家着重分析当代欧洲，历史学者则把注意力放在过去，特别是欧洲以外的国家。譬如，克利福德·普特尼（Clifford Putney）检视19世纪末20世纪初美国基督教青年会与童子军的发展，主张美国新教领袖鼓励年轻人从事体能活动，目的即在创造强壮、具男性气概的基督徒，从而建立新的基督国度。[②]

运动与殖民之间无疑存有极紧密的关联。譬如，今日通行各国的球赛，无一不是因欧美殖民而传播至世界各地，其中以英国的影响最为明显。殖民者一方面利用运动来推广其仪节规范、行为准则；另一方面也借此展示西方文明的优越与阳刚，与被殖民者的落后与阴柔对比。运动征服人心的力量是如此强大，以至于到了后殖民时代，许多国家虽已脱离殖民宗主国而独立，却仍拥抱这些殖民者带来的球赛，视之为"国球"，甚至在赛场上转而与殖民宗主国竞争，板球、足球、英式橄榄球（rugby）、棒球等便为其中较流行者。

---

① Norbert Elias and Eric Dunning, *Quest for Excitement: Sport and Leisure in the Civilizing Process* (Oxford: Basil Blackwell Ltd., 1986).

② Clifford Putney, *Muscular Christianity: Manhood and Sports in Protestant America, 1880–1920* (Cambridge, MA: Harvard University Press, 2001).

运动与帝国的关系是如此密切，研究英帝国史的学者对此自然无法回避。其中以前述的曼根着力最深，他以英国公立学校为例，率先分析帝国如何借英式运动中蕴含的品格教育，培养殖民地的领导阶级与干部；[①] 继而强调帝国的建立除了靠政治、贸易、军事等手段，尚须仰赖文化输出方得以维系，而运动即是将不同种族、语言、宗教等人群汇聚在一起的最有效的工具。[②] 帕特里克·麦克德维特（Patrick F. McDevitt）在此基础上，更以 19、20 世纪之交英帝国的运动赛事为例，观察帝国如何借这些活动来培养与定义所谓的男子气概（manliness），以及这种男性气概与殖民间的复杂关系。[③] 英国史学者着重英帝国，美国史学者则将英、美并列，艾伦·古德曼（Allen Guttmann）便以板球、足球、棒球、篮球、美式橄榄球（American football）、奥运会等六项当今盛行的运动为案例进行分析，主张现代运动由欧美向外扩张，是西方霸权与当地民众文化模仿后的结果。[④]

有关运动与帝国的论述虽多，但多以自上而下的角度，且对这些概念与价值进入当地文化后的演变缺乏细致的研究。特别是文化传统深厚如中国者对英式运动的吸纳情形，学界目前所知仍有限。即使致力于英国与近代中国关系研究的毕可思，

①　J. A. Mangan, *The Games Ethic and Imperialism: Aspects of the Diffusion of an Ideal* (Harmondsworth: Viking, 1986).

②　J. A. Mangan, ed., *The Cultural Bond*, pp. 1 - 10.

③　Patrick F. McDevitt, *May the Best Man Win: Sport, Masculinity, and Nationalism in Great Britain and the Empire, 1880 - 1935* (New York: Palgrave Macmillan, 2004).

④　Allen Guttmann, *Games and Empires: Modern Sports and Cultural Imperialism* (New York: Columbia University Press, 1994), pp. 171 - 188.

对此问题也鲜见着墨。① 为填补此空白，本书借用于尔根·奥斯特哈默（Jürgen Osterhammel）"非正式帝国"（informal empire）的概念，亦即帝国除正式殖民地外，尚有非正式的势力范围，② 将上海视为英国广义帝国的一部分，以检视运动这一概念与实践在帝国边缘所扮演的角色，以及各式运动传入中国后，在转译过程中所产生的变化。

19 世纪末 20 世纪初传入中国的运动项目繁多，从今天大家熟悉的足球、网球、棒球、高尔夫球，到不熟悉的板球、槌球、赛船（rowing）、猎纸赛（paper hunting）③ 等，可谓不一而足。为分析转译过程中发生的变化，本书选择西式运动中最引人注目的三项"观众性运动"（spectator sports）——赛马、赛狗、回力球（并称"三跑"）作为分析对象。"观众性运动"是 20 世纪娱乐大众化的突出发展，意指由技术高超的选手进行比赛，并展示给热情的运动迷观看。这类运动不仅竞争性十

---

① Robert Bickers, *Britain in China: Community, Culture and Colonialism, 1900 - 1949* (Manchester: Manchester University Press, 1999); Robert Bickers, *The Scramble for China: Foreign Devils in the Qing Empire, 1832 - 1914* (London: Allen Lane, 2011); Robert Bickers, *Out of China: How the Chinese Ended the Era of Western Domination* (London: Allen Lane, 2017).

② Jürgen Osterhammel, "Semi-Colonialism and Informal Empire in Twentieth-Century China: Towards a Framework of Analysis," in Wolfgang J. Mommsen and Jürgen Osterhammel, eds., *Imperialism and After: Continuities and Discontinuities* (London: Allen & Unwin, 1986), pp. 290 - 314.

③ 猎纸赛又名"纸猎""跑纸""洒纸赛马"，是英国在海外发明的一种没有狐狸的猎狐活动。其方法是由一人拟扮成猎物，先行以洒纸的方式布置"兽迹"，后方大批队伍再骑马一拥而上，以先达终点者为胜。有关猎纸赛与上海殖民社会的关系，参见张宁《跳沟越涧：猎纸赛与上海殖民社会》，"外侨与近代中国口岸城市"国际学术研讨会，2014 年 11 月 29～30 日。

足，观众买票观看也是造成赛事刺激有趣的重要因素。①

　　本书选择这三项突出的运动，不仅因为从任何角度来看它们都与"体育"不同，不至于将纯粹好玩的游戏与强国强种的动机混为一谈；另一项重要的因素是，除观看以外，它们还具有明显的赌博性质，这一特性深刻吸引华人的关注与兴趣，使它们从无人在乎的西人无聊活动，一跃成为华洋双方共同关注的议题。

　　尤其重要的是，这三项活动与帝国主义、殖民社会密切相关。中华人民共和国成立后，很快便将之扫除殆尽，亦即它们在中国在地化的过程尚未完成，故而现今我们观察到的是过程，而非在地化完成之后的成品。乍看之下，此中断似乎不利于研究的展开，毕竟历史学者习惯有头有尾的结局，但对本研究而言，恰是难得的案例。它使"三跑"在中国的历程有如一个切片，让我们可以用历史的显微镜放大检视它们在定型前的修正与变化。不论是基于适应环境而做的微调，还是中国传统与西方文化的交锋，本书就在此切片的基础上分析各式不同的转译现象。

赛马与殖民

　　赛马在中国并非新鲜事。中国因西北、东北本就产马，加上华北多以骡、马、驴为驮兽，是以对养马、骑马、跑马等并不陌生。不过，这些活动主要集中于华北或关外的绥远、察哈

---

① 有关"观众性运动"的定义，参见"国立编译馆"主编《教育大辞书》第10册，文景书局，2000，第1057页。

尔、蒙古一带，在以水路为主的华南较少见。同时，华北和关外每逢赛事，标准也以品评马术的成分居多，速度尚在其次。

譬如，梅兰芳在《舞台生活四十年》中回忆清末北京风俗中的跑马，场地是一直条形的宽坦旷地，长约一里，宽约两丈，比赛时单骑下场，从头到尾跑一遭，讲究的是"姿态飘逸""马步均整""马走如飞"。骑马人的姿势必须"腰干笔直，不许倾斜，从起步到终点，一气贯串"，两旁观众则以大声喝采或喝倒采表达看法。至于下场竞技者，多半是社会闻人，如亲贵中的涛贝勒和肃亲王、巨商中的同仁堂乐家，还有戏剧界的谭鑫培等，表演性质浓厚。[①] 以清末天津为背景的小说《津门艳迹》也记载，专为清朝皇室经管贡品的"贡张"主人张乃堂最好玩马，他平常在京里当差，每逢回津闲住，必定到紫竹林杏花村旷场里跑马。[②]

正因中国素有跑马传统，是以英式赛马传入后，在语言上很快便继承了此脉络，场地称作"跑马场"，看台建筑称作"跑马厅"，在用词上也是"跑马""赛马"并用。中国传统的跑马与英式赛马本质上虽无不同，均为人与马匹结合的竞技，但前者着重马术表演，时间不定、观众不定；后者不仅以速度为主，并有固定的场地、确定的观众，可以买票，可以下注，是发展成熟的"观众性运动"。最重要的是，英式赛马在中国不仅是一种娱乐，由于它随坚船利炮而来，与开埠通商相连，本身即代表了某种强势文明。加上它与外人社群的关系，更予人一种无法抹灭的殖民性。

---

① 梅兰芳述《舞台生活四十年》，许姬传记，平明出版社，1953，第59～60页。此资料为余敏玲教授提醒，谨在此致谢。
② 李燃犀：《津门艳迹》，百花文艺出版社，1986，第341～342页。

英式赛马究竟是何时进入中国的？究其传入路径，应始于马匹罕见的岭南，时间则可追溯到英国东印度公司时期。

根据英籍作家寇兹（Austin Coates）的研究，在华最早的英式赛马发生在 1798～1799 年的澳门。当时无论是英国东印度公司职员或进行"港脚贸易"的散商，贸易期间均困居广州十三行内，地既局促，又无家人陪伴，贸易季一过便急忙退居澳门，稍事喘息，同时举行赛马借以娱乐。马匹则以葡萄牙人自菲律宾、婆罗洲取得的马尼拉小马凑合。由于这是单调生活中的少数娱乐，每逢赛事，外人无不盛装出席。①

到了 19 世纪中叶，随着《南京条约》的签订，外人活动不必再局限于广州或澳门，可以北上通商和居留。拜过去一百多年来英人在亚洲贸易和军事上的主导与优势，此时英式社交已成为在华外人共同奉行的圭臬，赛马也成为凝聚社群向心力的年度大事。随着通商口岸一一开辟，只要租界事务粗定，外人社群便寻觅场地举行赛马。1842 年秋，驻厦门英军率先在鼓浪屿赛马；香港和上海也分别在 1845 年、1848 年举行首次马赛。等到《天津条约》《北京条约》增开通商口岸后，赛马活动更陆续扩至天津、牛庄（营口）、北京、汉口、九江、宁波、芝罘（烟台）、福州、青岛等商埠。②

随着时间推移，这些大大小小的跑马场，有些因外人社群

---

① Austin Coates, *China Races* (Hong Kong: Oxford University Press, 1994), pp. 4, 10 – 13.
② Coates, *China Races*, pp. 14, 27, 38, 49, 54, 58, 62, 80, 86; "Tsingtao," *The North-China Herald and Supreme Court & Consular Gazette* (hereafter *NCH*), 3 July 1903, p. 13.

萎缩而消失，有些却日益壮大。① 到了 19、20 世纪之交，除香港外，英式赛马在中国已形成三个中心，分别是华北的天津、华中的汉口及华东的上海。其中尤以上海最具规模，身为外人在华最大的人口聚集地，不仅每年春、秋两季的大赛受人瞩目，其面积近五百亩的跑马厅横跨市中心数个街区，过往行人、车辆遇到跑马厅都得绕道而行，更是西方势力在华的具体表现。

正因如此，英式赛马在近代中国具有特殊的文化意涵，所谓的"马照跑、舞照跳"是最具代表性的口号。1997 年香港回归前夕，该口号出人意料地被邓小平用来作为一种不言而喻的保证。在中国共产党眼中，跑马原是帝国主义的象征，雄踞城市精华地段的上海跑马厅，更是列强侵犯中国主权、引诱中国人民赌博的明证，是以建政后的第一件事便是铲除跑马厅，将之切割为两半，分别命名为人民公园和人民广场，从此中国不再跑马。② 跑马在中国绝迹四十余年后，香港回归在即，邓小平却用"马照跑、舞照跳"来表明中华人民共和国对香港回归后的态度，亦即中央政府了解赛马是香港居民生活的一部分，将允许它继续存在。③

跑马既然有如此复杂的文化意涵，研究者对其进行分析

---

① 消失的赛马场包括宁波（1866 年停赛）、九江（1870 年停赛）、芝罘（1909 年停赛）、厦门（1907 年停赛）、福州（1912 年停赛）等地的赛马场。A. W. Olsen, comp., *The Racing Record* (Shanghai: Kelly & Walsh, 1918), p. ii.

② 有关 1949 年前后收回跑马厅的研究，参见张宁《从跑马厅到人民广场：上海跑马厅收回运动，1946～1951》，《中央研究院近代史研究所集刊》第 48 期，2005 年 6 月；熊月之《从跑马厅到人民公园人民广场：历史变迁与象征意义》，《社会科学》2008 年第 3 期。

③ 《史无前例的创举》，《人民日报》1990 年 3 月 31 日，第 3 版。

与解释时就明显分成两派。一派是中国的政协文史工作者，他们利用访谈当年养马的马主、骑师、马场职工等方式，揭露跑马厅内部的情形，将之视为列强诈取中国人民钱财的阴谋。这些分析多半着重于赌博面，以及跑马厅取得土地的"非法"过程，其中以1963年程泽济、毛啸岑合写的《旧上海的大赌窟——跑马厅》最具代表性。① 其他类似的标题还包括《租界时代规模最大的赌博场所——跑马厅》《帝国主义在远东的大赌窟——跑马厅》《跑马厅大赌窟》《跑马幌子下的种种罪恶》《跑马厅掠夺国人土地纪略》等。② 而跑马、跑狗、回力球也是在这段时间开始被称为"三跑"，一同被列为帝国主义诱人赌博的手法。③

与上述论述相对的是不受民族情绪影响的欧美研究者，他们或着眼于英帝国的文化输出，或着眼于赛马、赛狗、回力球所展现的现代性。前述英籍作家寇兹便在《中国赛马》（*China Races*）一书中，对英式赛马在中国通商口岸的扩散情形做了概论式的描述。在他笔下，赛马无关赌博，也没有什么华洋对立的问题，它是外人社群在华的一种美好的生活方式，

---

① 程泽济、毛啸岑：《旧上海的大赌窟——跑马厅》，《文史资料存稿选编》第25册，中国文史出版社，2002。
② 程泽济、毛啸岑：《租界时代规模最大的赌博场所——跑马厅》，上海市文史馆编《旧上海的烟赌娼》，百家出版社，1988；赵懿翔：《帝国主义在远东的大赌窟——跑马厅》，《上海经济史话》第2辑，上海人民出版社，1963；赵懿翔：《跑马厅大赌窟》，阿励编著《上海的故事（一）》，香港中华书局，1974；程泽庆：《跑马幌子下的种种罪恶》，《20世纪上海文史资料文库》（10），上海书店出版社，1999；徐葆润：《跑马厅掠夺国人土地纪略》，《旧上海的房地产经营》，上海人民出版社，1990。
③ 毛啸岑：《旧上海的大赌窟之一——回力球场》，《文史资料选辑》第38辑，文史资料出版社，1963。

也是英帝国最好的一种文明输出，赛马至今仍受香港居民的喜爱即为明证。① 相较于寇兹怀旧式的描述，他便着重赛马在历史现场的表现。他在研究上海的现代性时曾指出，具体的表征之一便是所谓的"声、光、化、电"，茅盾的小说《子夜》亦曾对上海夜景发出"Light, Heat, Power!"（光、热、力！）的衷心赞叹。李欧梵认为跑马、跑狗、回力球象征着一定的"现代性"，三者一同展现速度、力量、光亮及刺激。②

对本书而言，赛马既非帝国主义诱人赌博的大赌窟，亦非英帝国最好的一种文明输出，它是运动与殖民盘根错节关系的具体实现。赛马在中国同时扮演着殖民社会的重要支柱、华人精英汲汲攀爬位阶的工具，以及观看与赌博并存的一项大众娱乐。

以殖民社会的重要支柱为例，这主要与殖民社会的结构有关。1850 年上海刚开始赛马时，整个英法租界只有 177 位外国人，其中 27 位是女性且多半是传教士的妻子，而包围他们的则是成千上万的华人。③ 为了凝聚社群的向心力，每年春、秋两季的赛马便成为外人社群的重要活动。同时，来华外人多半是年轻男子，精力旺盛，无处发泄，租界领导人为防止他们酗酒、赌博、找中国女人，无不鼓励他们从事运动，而跑马厅

---

① Coates, *China Races.* 该书为香港赛马会纪念成立一百年周年，特别委托寇兹而作。此书虽非学术著作，内容也不完全正确，但因其获准使用香港赛马会所藏内部文献，至今仍是了解赛马在中国各口岸城市情形的重要著作。

② Leo Ou-fan Lee, *Shanghai Modern: The Flowering of a New Urban Culture in China, 1930 - 1945* (Cambridge, MA: Harvard University Press, 1999), pp. 4 - 5.

③ "List of Foreign Residents in Shanghai, 1850," *NCH*, 3 Aug. 1850, p. 1. 该名单共列出 157 名男性，其中 7 位当时不在上海，28 位携有家眷，缺席与家眷重叠者 1，所以女眷实数为 27 人，总人数应为 177 人。

中央的各式球场也成为他们消耗体力的最佳去处。因此，上海
跑马总会（Shanghai Race Club）与教会、万国商团（Shanghai
Volunteer Corps）、互济会及其他运动或社交型社团，同为租界
生活的重要支柱，共同维系殖民社会于不坠。

另外，赛马这项运动实为殖民社会阶级重构的重要手段。
来华英人多半出身中产阶级下层，甚至劳工阶级，这些人在国
内很难有机会养马、赛马，来到中国后，因殖民者之故，身
份、地位陡然上升，遂乐此不疲。是以随着通商口岸的一一开
辟，英人每到一处便大费周章地设立跑道、铺设草皮、成立马
会、举行赛马，借模仿母国上层阶级的生活方式，来匹配自己
因殖民而新取得的社会地位。

进入 20 世纪，上海跑马总会基础稳固，养马、赛马进而
演变成殖民社会内部身份地位的象征。一旦成为马会会员，不
仅可佩戴徽章，在马场通行无阻，比赛时还可坐在专属看台观
赏骑师群起挥鞭、直线冲刺的场面。如果自己马房的骏马夺得
胜利，身为马主也有权牵着马匹从跑道经过看台，接受观众的
鼓掌喝采，这更是财富难以买得的荣耀。是以能够跻身跑马总
会，甚至出任董事便成为殖民社会位阶的重要指标，其难度仅
次于成为公共租界工部局（Shanghai Municipal Council）董事
和上海总会（The Shanghai Club）成员。

在此，本书要强调，赛马文化由帝国中心传播至边缘的过
程看似一平行的移植，但其实在此阶段已出现了变化。

首先，由于马匹补给不易，自 1870 年代起各口岸的赛马
由进口的阿拉伯或澳大利亚大马全面转为蒙古小马，而高头大
马的英国人骑在马蹄至马颈仅 130 厘米左右的蒙古马上，不仅
看上去有一种"非真"的荒谬感，也直接切断了各口岸马匹

与英国纯种马谱系的联系，使得中国赛马相较英国本土的正规竞赛已偏离变调。

其次，各通商口岸虽移植了英国的赛马原则，但在下注方法上实与英国大相径庭。英国国内为了维持场内由博彩业者（bookmakers 或 bookies）负责下注的传统，一直不愿接受新发明的"赢家分成法"（pari-mutuel），而远在中国的通商口岸却无此顾忌。1888 年，上海跑马总会率先引入该法，不仅分散了下注的风险，更确保了赛马会的收入，是该会由亏转盈的重要原因。两种不同的下注原则，使得通商口岸的赛马场在管理方法上更趋近于法国、新西兰等地，而与英国或美国渐行渐远。

最后，19 世纪下半叶乃为英国赛马的形塑期，其制度一直要到 19、20 世纪之交才完全确定，这与英式赛马在中国的发展同时并进。是以，英式赛马在中国与英国实为一并行的发展，而非平行的移植。为了配合殖民社会的需求，英式赛马在制度上经常因地制宜，这即是本书所要讨论的第一层转译。

总会与阶级

赛马不仅是殖民社会的支柱，也是华人精英热衷攀爬位阶的方式。华人之所以醉心于赛马，除了运动本身，还有很大一部分原因来自英式总会或俱乐部（clubs）所带来的吸引力。所谓英式总会，意指英国 18 世纪末出现的绅士型俱乐部（gentlemen club），原为城市上层阶级休憩聚会之所，19 世纪随外人传入中国后，由于前所未闻，华人强调其议事的功能，将之译为"总会";日本则着重其聚集行乐的特征,称之为"俱乐部"。中文世界遂将这两个名称混杂并用,但在 1949 年之前大抵以总会指称绅士型总会,以俱乐部指称 1920 年代兴起的同仁俱乐部。①

总会或俱乐部是西欧市民社会（Civil Society）相当重要的一个组成部分。英国人类学家兼历史学家艾伦·麦克法兰（Alan Macfarlane）直称其为西方现代社会结构的基石。② 至于何谓市民社会,一般认为如果把西欧社会分成公与私两块,前者以国家为中心,后者以市场为主体,在两者之间还有一块既不属于公部门、存在目的也不在营利的市民社会,它以各式各样志愿性组织的形式存在,其中以英国最为明显。

一般认为这些组织大多兴起于 18 世纪,③ 但英国史家彼得·克拉克（Peter Clark）则将时间往前推至英国内战时期（1640～1660）。他主张早在 17 世纪中叶英国便陆续出现了各式公民团体,分别以 club、society、association 为名结社,结社的理由从共同的政治理念、商业利益、艺术爱好、文学聚会、科学追求、运动同好乃至共济互助等,不一而足,大抵以城市富裕阶层为主体,虽然其活动内容多半以喝酒赌博、大吃大喝、放言高论为主,但这些大大小小的结社便是后来英国市民社会

① 本书为行文方便,将统一采用"总会"一词描述英式总会,只有在特殊情况下才以俱乐部表述。

② 有关结社文化对英国社会的重要性,参见艾伦·麦克法兰主讲《现代世界的诞生》,管可秾译,上海人民出版社,2013,第 159～178 页。英文原文参见 Alan Macfarlane, *The Invention of the Modern World* (Les Brouzils: Odd Volumes, 2014), pp. 151－166.

③ R. J. Morris, "Clubs, Societies and Associations," in F. M. L. Thompson, ed., *The Cambridge Social History of Britain*, *1750－1950* (Cambridge: Cambridge University Press, 1990), pp. 395－443.

的基础。①

进入 18 世纪后，早期略带胡闹的非正式聚会开始出现一些转变：一来为求秩序，许多社团出现明确制度，包括入会条件、行为规范、会议议程（agenda）、主席制度（chairman）、委员会组织（committee）、年度报告（annual reports）等；二来早期聚会多在酒馆（tavern，inn）或咖啡馆（coffee house）进行，②社团本身并无固定会所或产业，但到了 18 世纪末，许多社团开始有计划地筹建自己的会所，并以此为基地推动从赛马娱乐、社交舞会、共济会组织、医疗服务到农业知识改良等一连串的公共事务。③

而在总会这一部分，为了因应上层阶级的需求，伦敦也开始出现一种备有堂皇会所，并专为英国贵族和士绅提供食物、住宿、图书、棋牌、美酒的私人空间，称之为绅士的总会。19 世纪，随着向外扩张及伦敦政治与经济的快速发展，绅士型总会越见兴盛，重要总会多集中于伦敦市中心的帕尔摩尔（Pall Mall）、皮卡迪利（Piccadilly）与圣詹姆士街（St. James Street）之间的街区。这个区域邻近伦敦金融区和戏院区，小道消息源源不绝，而且距议会所在的西敏寺（Westminster Abbey）、首相所在的白厅（Whitehall），乃至皇

① Peter Clark, *British Clubs and Societies*, *1580 - 1800*: *The Origins of an Associational World* (Oxford: Oxford University Press, 2000).

② 17 世纪初咖啡传入英国后，咖啡馆随之而兴，与酒馆并列为城市居民的聚会场所。有关咖啡和咖啡馆在英国兴起的过程，以及此现象与所谓的消费革命及公共领域关系的讨论，参见 Brian Cowan, *The Social Life of Coffee*: *The Emergence of the British Coffeehouse* (New Haven: Yale University Press, 2005).

③ R. J. Morris, "Clubs, Societies and Associations," in *The Cambridge Social History of Britain*, *1750 - 1950*, pp. 395 - 405.

家法院（The Royal Courts of Justice）都只有几个街区之遥，随时可以掌握政治动态，以为观察、讨论之资。英国的总会以伦敦为中心，其他地方性的总会也明显朝大城市集中，并且具体而微地模仿伦敦。①

检视绅士型总会，可发现其特色有三：纯男性空间、家外之家，以及高度的排他性。此类组织的会员仅限男性，一般女性除非受邀难以进入，从而形成一特殊之纯男性休闲空间。根据艾米·米尔恩-史密斯（Amy Milne-Smith）的研究，绅士型总会所提供的设施其实类似一般士绅住宅，之所以成为英国上层男性逃离家庭责任与公众束缚的避风港，在于当时士绅的宅邸虽大，但经常招待客人或举行公众性的舞会、饮宴，加上地方报纸不时报道其一举一动，并不是一个可以放松之处。而总会提供与友朋相聚的私人空间，反而更像家外之家。此外，英国上层阶级从小在纯男性的环境，如公立学校、运动场、军队中长大，与同性在一起喝酒、打牌、聊天，远比与谨守繁文缛节的异性相处轻松，所以去总会便成为他们逃离女性的最好借口。②

正由于总会提供了所有家能提供的舒适与便利，又免除了家庭的责任与束缚，不少英国上层男性干脆以此为家，利用总会的设施处理日常事务，以总会的地址作为联络之处，甚至利用其丰富的图书进行写作。③

除了纯男性空间、家外之家，英式总会最明显的特征还在

---

① Amy Milne-Smith, *London Clubland: A Cultural History of Gender and Class in Late Victorian Britain* (New York: Palgrave Macmillan, 2011), pp. 13, 22.

② Milne-Smith, *London Clubland*, pp. 1 - 16, 109 - 141.

③ Milne-Smith, *London Clubland*, pp. 117 - 119.

于高度的排他性。如何让同一阶级且趣味相投者进入总会，又让阶级不同、趣味不相投者不得其门而入，靠的便是会员制。此会员制与金钱无关，与阶级有关。成为会员大抵包括提名、展示、投票三个阶段。总会会员身份之珍贵，便在于其加入之困难，总会地位越高者越难企及。一些顶尖总会的候补名单往往长达数千人，一等数年或十余年为常事，各总会也以等待时间之长、等待人数之多为傲。①

绅士型总会看似英国上层阶级自发的休闲组织，其实与身份地位的重塑密切相关。率先提出"绅士资本主义"（gentlemanly capitalism）的凯恩（P. J. Cain）和霍普金斯（A. G. Hopkins）指出，19 世纪本是英国社会阶级剧烈变动的时期，中产阶级的崛起迫使英国社会重新定义所谓的上层阶级，出身贵族或拥有土地已不再是唯一条件。而传统证明绅士身份的准则，譬如绅士工作是为了服务社会，不是为了养家活口，在 19 世纪也被突破。越来越多的士绅子弟被迫在伦敦从事金融、船运、保险等服务业，为五斗米折腰。② 更重要的是，中产阶级内部又因职业、收入的差距，进一步分出上层与下层之别，其中较为富裕的中产上层，特别是因工商业而致富的新贵不断用各种方式试图突破界线进入上层社会，以争取更多的权力及更好的生活方式。

阶级制度是维系英国社会的重要支柱，有效辨认一个人的位阶，以决定社交上如何交往与对待至关重要。因此，界线虽可调整，但辨认过程不可偏废。在 19 世纪阶级区分日渐复杂

---

① Milne-Smith, *London Clubland*, pp. 35 – 57.
② P. J. Cain and A. G. Hopkins, *British Imperialism: Innovation and Expansion, 1688 – 1914* (London: Longman, 1993).

的情况下，大家发现与其用职业、收入或头衔来判断一个人是否属于上层阶级，不如看他参加哪些总会、与哪一类人过从甚密。是以，总会日渐成为身份地位的标志，对原本就出身世家大族的人而言，老牌总会的会员身份是对其社会地位的一种确认；而对白手起家者来说，被绅士型总会接受则为跻身上层阶级的象征。①

这种维多利亚时代变动的阶级观移植至殖民社会后，更增添微妙与复杂的成分。来华英人以中产阶级下层和工人阶级为主，本来谈不上什么社会精英，许多人在母国可能从没想过参加什么绅士型总会，但是到中国之后，大家一律都是殖民者，身份地位自然较在母国时上升，何人是绅士、何人不是绅士便有了商榷的可能，所以总会不单是社交重心，加入总会还是每个洋行与个人确定自身在殖民社会位阶的方式。

譬如，开埠初期总会数目有限，上海总会多保留给殖民社会中的精英分子，如各国驻华领事、法官、海关税务司及洋行行东等。此外，有一"海关总会"（Customs Club）专供其他地位较低的人加入，如工部局巡捕及专门负责登船查验的海关稽查员等。至于一般洋行职员何去何从，则未有定论。怡和洋行（Jardine, Matheson & Co.）作为在华数一数二的英国洋行，为确定该行在中国通商口岸的地位，不仅其驻埠经理是上海总会的当然成员；就算是一般员工，怡和也坚持上海总会必须接纳其为会员。②

除了阶级地位的重新定义，殖民社会的最大特色在于运

---

①　Milne-Smith, *London Clubland*, pp. 6 – 9.

②　Robert Blake, *Jardine Matheson: Traders of the Far East* (London: Weidenfeld & Nicolson, 1999), p. 200.

动型总会的盛行。在英国，运动型总会虽与社交型总会一样具有体面、休憩、纯男性环境等特点，但数量远不及后者，而在殖民社会情形则恰恰相反。以租界规模大备的 19 世纪末为例，经过数十年的努力，当时上海已称得上总会林立。而这些总会单以数量而论，社交型总会为数有限，运动型总会则数量惊人，从非球类运动如跑马、猎纸、赛船、射击、游泳、赛艇，到球类运动如板球、棒球、网球、足球、马球、曲棍球、草地滚球（lawn bowling）、英式橄榄球、高尔夫球等，都由总会负责推动。其中规模最大者，首推上海跑马总会。它一方面在跑马厅拥有跑道、看台、会所等重要地产，另一方面又仿效社交型总会，采取严格的会员制，有效控制入会者的身份与位阶，一步步发展成外人社群中凡有些社会地位者均渴望加入的总会。

基于殖民社会的考虑，跑马总会虽接受非欧美籍甚至日籍马主成为会员，却将华人马主排除在外。到了 20 世纪初，经过近半个世纪的熏陶，一批长期与外人往来的华人开始对跑马产生浓厚的兴趣。他们不仅自己养马、骑马、赛马，更希望加入上海跑马总会，享有与洋人马主一般的待遇。但跑马总会是一个封闭型的俱乐部，不对华人开放，租界当局也不容许界内出现另一个赛马会。这些华人受挫之余，遂于 1910 年在距租界 10 千米处的宝山县江湾购地建立跑马场，并在若干西人的协助下自行建立一英式总会，因其同时接纳华洋会员，故名为"万国体育会"（International Recreation Club）。

万国体育会完全采取英式赛马规章，甚至直接向位于英国纽马克特（Newmarket）的权威赛马组织英国赛马会（The Jockey Club）登记注册，以显示其血统之纯正。检视万国体育会成员的背景，他们多半为清末洋务官宦或买办家族的第二代，或曾任职洋行后又自行创业的"民族资本家"。这些人因长期耳濡目染，对西洋事物有文化上的亲近感，对殖民社会位阶有一定的渴求，便借着华商赛马会与英式赛马，重新塑造自己在通商口岸的阶级地位，并与以外人为主的上海跑马总会分庭抗礼。

华人精英要求加入的压力，是香港、上海、天津、汉口等地马会都必须面对的问题，其中以香港、上海两地的情况最为激烈。对此，香港赛马会一开始采取拖延的策略，以马会系西人俱乐部为由拒绝华人加入。港人精英在受挫之余，对于上海能成立一"万国"的体育会颇感艳羡，1921 年甚至一度想效法。① 但香港是一占领地，不可能容许出现一个非英人控制的马会，更担心华人主导后英式赛马可能变成四不像的情况。为了彻底消除此种可能，香港赛马会最后决定采取"纳而治之"的方式，选择性地纳入特定华人精英，如此既可作为殖民治理的手腕之一，又可保证英式运动的纯净，而导致其政策改变的契机是省港大罢工。

1925 年 6 月，国民党内的共产党人为了声援上海五卅运动在广州和香港发动省港大罢工，② 数以十万计的工人离开香港，香港近乎瘫痪。但港人精英如大律师曹善允等则站在港英当局那边，公开呼吁华人组成自愿队维持香港秩序。1926 年10 月大罢工结束后，为感谢港人精英的支持，香港赛马会遂决议正式接受华人为会员，而首位会员无他，正是何东爵士的

---

① "I. R. C. for Hongkong," *NCH*, 2 April 1921, p. 42.
② 李达嘉：《敌人或盟友：省港罢工的商人因素与政党策略》，《中央研究院近代史研究所集刊》第 78 期，2012 年 12 月。

异母弟何甘棠，他是香港怡和洋行的总买办。[1] 其他同时获准
入会者还包括上海万国体育会的马主陈其浩、卢荫民，以及渣
打银行买办容显麟。[2] 从此开始了香港赛马会华、洋会员并存
的时代。

香港以"纳而治之"的方式确保赛马文化的纯净性，上
海跑马总会则先其一步，以"分而治之"的方式解决此问题。
1920 年万国体育会出现财务危机，上海跑马总会趁机买下江
湾跑马场股权，借着同时控制两个赛马会，该会得以让符合资
格的西人（或日人）进入上海跑马总会，让合适的华人精英
进入万国体育会；华人与西人马主间维持一种既合作又分割的
情况。如此不仅华洋的紧张关系得以缓解，上海跑马总会也可
借此确保英式赛马以"正确的"方式进行。[3]

这种英式赛马由西人而华人的协商过程，涉及了本书所要
讨论的第二层文化转译。从中可以明显看出，在殖民社会的背
景下，华人精英不仅拥抱赛马文化，甚至绕过殖民代表转往英
国追寻"正统"。而上海跑马总会在协商的过程中，面对人数
日增的华人马主则难掩尴尬。这些华人是洋行、租界、商贸运

---

① Coates, *China Races*, pp. 173 - 174; "Annual Races," *South China Morning Post* (hereafter *SCMP*), 11 Jan. 1927, p. 12; "Concord," *SCMP*, 10 March 1927, p. 8.

② "Annual Races," *SCMP*, 26 Jan. 1927, p. 13; Coates, *China Races*, p. 173; 《本港赛马会华人会员》，《香港工商日报》1928 年 9 月 24 日，第 4 张第 2 版。

③ 天津、汉口等地的华人精英亦如上海般，在要求进入西商赛马会不成后另组华商赛马会。但在这两个口岸，西商赛马会并没有机会控制华商赛马会或发展出所谓"分而治之"的对策。张同礼：《天津的赛马会》，《天津租界》，天津人民出版社，1986；答恕之：《汉口华商跑马场》，《武汉文史资料》总第 12 辑，内部发行，1983。

行必须倚赖的伙伴，既不能不平等对待，但又不愿在社交时与之毫无分界地混杂在一起，以致丧失殖民者与被殖民者的分际。上海跑马总会最后只好采取机构性的隔离政策，让所有的人都能参与英式赛马，但西人马主比华人马主拥有更多出赛的机会。

这种"分而治之"的方式虽然将赛马文化由西人传播给华人，但仍在可控制的范围，接下来的变化就远不止于此了。

当上海跑马总会以为高枕无忧之际，沪上的第三个跑马场于1926年在上海近郊的引翔港成立，主其事者并非什么华人精英，而是以黄金荣、张啸林、杜月笙为首的"青帮三大亨"。在万国体育会会员的协助下，他们成立了一个完全由华人控制的赛马会，名曰"上海中国赛马会"（Chinese Jockey Club of Shanghai），三大亨或出任董事，或建立马房，或担任赛事颁奖人，成功地借此攀升殖民社会的位阶。在互相援引入会的情况下，杜月笙及其手下的"四大金刚"成为英式总会的会员，由所谓的"匪类"迈入绅士之列。

令人惊讶的是，这些白相人中不乏真心爱好赛马文化者。他们细心遵守英式赛马的规范，循规蹈矩地选择马房的英文名称、备置马房服色、参加摇会马抽签、聘请中外骑师等，更在一次次的出赛当中享受养马、骑马、赛马，以及胜出时众人仰望的乐趣。

英式赛马本是一高度被控制、界限分明的活动，一方面让所有阶级的人齐聚一堂，共享观赛之乐；另一方面又利用会员与非会员的设计，严格控制各阶层的人可达的范围。而青帮分子借上海中国赛马会加入此英式运动，无疑造成赛马界相当大的困惑。上海跑马总会既无力阻止此新赛马会的成立，亦无法在社交上对之视而不见，于是每当三个赛马会举行联合比赛或聚宴时，英国绅士与青帮大亨并列，正经生意人与白相人把酒言欢。英式赛马在中国的转译，于此出乎意料地失控了。

运动与赌博

从上述两个案例可清楚看出文化转译时出现背离原意的情况。异国活动传入时，不仅并非它在母国时的原貌，传入后也在顾此失彼的情况下嫁接了许多原先不在计划之列的元素，以至于最后结果与预期大相径庭。至于本书所要讨论的第三层转译较此又更进一步，亦即在转译的过程中出现了完全不一样的东西，而这种创造性的背叛正发生在观众对运动型赌博的认知上。

赌博为人类重要的娱乐之一，中外皆然。不过，在中国因其有违社会良善风气及秩序安定等道德原则，不仅历代相关记载零散，且多从统治者的角度出发，研究者很难近距离观察下注者的背景与心态，从而分析赌博盛行的缘由。到了清末，由于下注规模日益扩大，加上地方财政需求迫切，有关赌博的记载日见增多。何汉威曾就清末广东的赌博进行了一系列的实证研究，使学界了解到当时该地赌博方式之多样、下注人数之庞大，以及赌商社会背景之复杂。[1]

---

① 何汉威：《清末广东的赌博与赌税》，《中央研究院历史语言研究所集刊》第 66 本第 2 分，1995 年 6 月；何汉威：《清末广东的赌商》，《中央研究院历史语言研究所集刊》第 67 本第 1 分，1996 年 3 月；何汉威：《广东进士赌商刘学询（1855～1935）》，《中央研究院历史语言研究所集刊》第 73 本第 2 分，2002 年 6 月。

陈熙远对明清时期马吊的参与者进行了有趣的分析。他指出，中国传统博赛大致可分为胜负立判的"武赌"和费心耗时的"文赌"。前者包括掷骰或需借骰子进行的赌戏，下注多半讲究"路"；后者则因赌赛时间长，不宜谈路数，便经常含有赌心思的成分。陈熙远认为，"武赌"爽快干脆，不费脑筋，深受中下层群众喜爱；"文赌"则重在斗智，为具智识者所乐道。是以传统士大夫从事牌戏时，往往避言那些难以预料或不可理喻的运气或机运，认为如此便沦为市井赌博，落为下乘了；相反，他们强调的是其中的学问与道理，亦即"游戏"的成分。为了将"小道"提升为"大雅"，他们甚至尝试将赌戏"正经化"。[①]

进入民国，随着城市化进程的加快，以及外来赌博的引进，特别是跑马、跑狗、回力球等三项活动的引进，我们可以很明显地看出赌博已从原先的零星聚赌转变成数百人甚至数千人同时下注的大众赌博。在密度方面，也由原先随节庆、科考、赈灾的偶一为之转变成几乎天天发生的日常活动。而跑马、跑狗、回力球不仅对大众赌博在城市的扎根起到了决定性的作用，而且它们展现的强烈速度感及大量使用电力更被视为现代性的象征。例如在1930年代，此三者便与摩天大楼、汽车、电灯、收音机、洋房、沙发、高跟鞋、舞厅、瑞士表等同被列为"现代"所带来的物质表征。[②] 这三项洋赌博的公开、摩登，相较于同时期盛行的传统赌博，如花会、番摊、摇摊、牌九等的隐蔽遮掩不啻天壤之别。

---

① 陈熙远：《从马吊到麻将——小玩意与大传统交织的一段历史因缘》，《中央研究院历史语言研究所集刊》第80本第1分，2009年3月。

② Leo Ou-fan Lee, *Shanghai Modern*, pp. 4–5, 75.

中国历代皆有新的赌戏、赌具及赌法被创造出来。[1] 洋赌博与传统赌博虽看似泾渭分明，但晚清民国时期的城市居民面对纷至沓来的外来事物，并非没有传统的知识可资援引。如将跑马、跑狗、回力球三者并列，可看出城市居民如何从"看跑马"转向"买马票"，从赌狗、赌回力球转向"赌心思"。中国原有的赌博文化使得华人赌客面对这些外来赌博，可以得心应手地一步步做出全新的诠释与界定。但这些变化并非单纯一面倒式地转化，而是中西双方均做出许多细微的修改与调整，使得这些活动纳入自己的系统。

是以，本书所要讨论的第三层转译将脱离原先的运动组织，转而以观众为检视对象，特别是他们对这些活动的认知。对观众而言，造成赛事刺激有趣的原因有二：一来自观看，二来自下注。此观看并不止于观赏赛事本身，还包括了观众间的"看与被看"。倘若对观者仔细检视，可以发现清末与民国不同。清末时，观看元素居上风，下注仅为助兴。以赛马为例，对当时的西人而言，每年春、秋两季的大赛马是淑女展示新装、男士表现勇武的最佳时机，而场内同性、异性间的欣赏、打量、比较等视线交流，更是赛马场内最精彩的交锋。对华人而言，虽然不能入场观赛，却同样可以利用机会在场外另创自己的休闲空间。所以，每当外人举行赛马时，华人便或轿或车、不惮长途地前往围观，虽然只能隔着沟渠远眺，但其兴高采烈犹如亲历赛会，场边所形成的临时性空间更是名妓秀行头、男性饱眼福之处。进入民国后，这种"看与被看"的乐

---

[1] 杜亚泉：《博史》，开明书店，1933；郭双林、肖梅花：《中华赌博史》，中国社会科学出版社，1995；涂文学：《赌博纵横》，民主与建设出版社，1997。

趣因客观环境的改变而出现移转。一方面，跑马厅周围渐成闹市，围观远眺渐不合适；另一方面，跑马厅开始开放华人入场，跑马遂从庆典赛会转为时髦华人的高尚娱乐。

赛马除了观看之外，还有明显的赌博性质，其中以每年两次发行的香宾票①最受瞩目。这种马票本来仅限西人会员购买，欧战期间为扩大购买、援助英国，上海跑马总会修改为华人可委托西人会员代购。到了 1930 年代末，为了与国民政府发行的航空公路建设奖券相抗衡，更进一步修改为可"分条出售"，亦即多人合资购买一张香宾票。此举大幅降低了购买香宾票的门槛，引起华人大众的兴趣，香宾票花落谁家遂成为城市居民众所瞩目的焦点。

从清末到民国，跑马本身即出现从观看朝赌博移转的情况。这种情形在 1928～1930 年赛狗和回力球赛双双引入后更为明显。

赛狗源自英国的猎犬逐兔赛，本为贵族乡绅的一种狩猎游戏。但到了 1921 年，美国出现以电动假兔代替野兔的比赛，由于能够有效控制猎犬行进的方向，一项全新的大众娱乐就此诞生，被称为"跑狗"。此运动先从美国传到英国，再于 1928 年正式传入上海。该年上海突然出现三家跑狗场，分别是公共租界的明园、申园和法租界的逸园。

赛狗与跑马性质相近，在英国时即被喻为"穷人的赛马"。传入中国后，这三家跑狗场为吸引华人入场，更不断调整门票与狗票价格，不仅门票低廉，且一元即可下注，顿时吸

---

① 所谓"香宾票"指的是跑马厅每季决赛时发行的一种马票，性质与彩票类似，因其以当季所有胜出马匹的"总冠军赛"（Champions' Sweepstakes）结果为准，取英文"Champion"之音，称香宾票或香槟票。

引了许多中产阶级以下的观众。赌博狂潮引起华界与租界当局对于赛狗是运动还是赌博的争议。西人多半将之与赛马并论，视之为运动；但对华人而言，赛马犹存"尚武"精神，可与传统君子的骑射相比拟，跑狗却只是一群狗在奔跑，没有人在上面操纵驾驭，所以不是什么运动，而是一种赌博。

此争议在1931年告一段落，最后以公共租界关闭界内两座跑狗场告终。跑狗争议不仅反映华洋在赌博管理方面的巨大差异，也首次将运动型赌博推到了华洋论争的中心。随着此争论的延续，跑狗场中观看的色彩被逐渐淡化，赌博的色彩则不断被放大与强化。

回力球赛于1930年传入上海，较赛狗略晚。它与赛狗一样，都是发源于欧洲后经由美国予以商业化的观众性运动。回力球场在沪开幕初期，为吸引华人赌客不惜修改规则，将单打5人上场改为6人上场，其目的原在借增加球员人数增加赌客下注的选择，不料修改后的规则暗合中国骰子一至六的点数，反而开启华人援引传统赌博重新予以解释的契机。

如前所述，中国传统博赛大致可分为胜负立判的"武赌"和费心耗时的"文赌"。而修改规则后的回力球赛每晚16场赛事、每次6人下场，等于每晚连续开出16个一至六号的数字，有如赌场掷骰，正提供赌客援引"武赌"予以解释的良机。另外，回力球赛由球员下场打球，既然有人，必有人为操纵的可能，赌客继而援引"文赌"中与庄家斗智的经验予以解释与预测。

当时的华人回力球观众并不否认球赛好看，也不否认球员球技精彩，但是大家普遍相信球赛结果与球员身手没有必然的关系，谁人胜出是球场当局事先排定，只要能预先猜中当局的心思便可胜券在握。于是，一项观众性运动被彻底解构，观众舍球员的球技、体能状况不论，置球赛精彩与否不顾，全心琢磨如何运用才智与赌技以博输赢。此时，赌博已不是小赌怡情或下注助兴，反而成为观众入场的唯一理由，也是唯一乐趣。

总而言之，为剖析文化移转过程中各种不同的转译现象，本书将分别从"运动与殖民"和"运动与娱乐"两个主题进行探讨，每个主题各有三个章节。第一章仔细检视赛马文化由帝国中心传播至通商口岸的过程，结果发现英式赛马在中国与英国属于并行发展的情况。两者看似一致，但事实上，为了配合殖民社会的需求，中国在马匹和赌法方面已出现与英国分道扬镳的情形。此是本书所要讨论的第一层转译。

本书的第二章和第三章处理赛马文化由西人而华人的传播过程。由于英式赛马在殖民社会中具有特殊意义，华人精英不仅将之视为身份攀附的工具，青帮三大亨更借之成功地打破阶级藩篱，闯入禁区。结果流氓大亨与英国绅士共聚一堂，白相人与正经生意人握手言欢，彻底打破了英式赛马中最重要的阶级性。马会成员的质变，是本书将着重讨论的第二层转译。

在分析了"运动与殖民"主题后，本书转向"运动与娱乐"主题，第四章至第六章分别剖析赛马、赛狗和回力球赛中娱乐与赌博交织的变化。借着将这三种运动并置，可以看出西方文化与中国传统的不断拉锯与协商，以致这些运动中的观看成分日益薄弱，赌博成分却日益增强。到了最后，华人观众甚至援引中国浓厚的博弈传统，以一种创造性的方式将观众性运动重新加以定义和解释。这是本书要探讨的第三层也是最令人惊异的转译。

第一部分

运动与殖民

第一章　殖民社会的支柱：
上海跑马总会

英国人爱好团体游戏（team games），更热衷于为这些成队竞争的运动游戏制定规则，举凡现今大家熟悉的足球、网球、板球、橄榄球、羽毛球、高尔夫球、赛马等，无一不是英国人"发明"的。仔细检视这些运动项目，其实在其他文明中不乏先例，好比用脚踢球的足球、在马上击球的马球，或用长棍打击的高尔夫球都是如此。譬如，不少人主张战国时的蹴鞠是足球运动的最早雏形；马球亦可与唐代流行的击鞠相比拟。但运动是否被"发明"，关键在规则而非形式；至于它是否向外传播，更取决于帝国向外扩张的能力。

18～19世纪，英人上层阶级为了游戏休闲，不仅创造了这些赛事，更为之制度详细的规则，让每一种运动都在强力的规范下进行。随着帝国殖民的脚步，这些运动被一一带往欧洲以外的地区，逐渐形塑出今日我们熟知的运动世界和运动内容。在这些包含了球戏与竞技的运动项目中，赛马无疑是极为突出的一个，原因在于它可与早期贵族的狩猎活动相连，被视为"国王的运动"（The sport of kings）。而其观众性运动的特性，更让它可以同时容纳不同的人群、阶级，遂成为一项最具代表性的英式运动。

英式赛马是如何随着殖民的脚步传播至世界各地的？在传入过程中是否发生过变化？首先必须说明的是，由于英式赛马声名远播，在研究其传播过程时，我们多会假设它在英国应有一固定的"原型"可供我们作为标准，再分析它进入其他文化后的"变型"。但出人意料的是，本书在探讨英式赛马进入中国的过程中，发现从来没有什么"原型"，或所谓的"变型"。此乃源于19世纪下半叶，英国赛马活动也如其阶级观般正处于剧烈变动的阶段。一方面，因为英国全国铁路系统的建立导致全国性的赛马日程表逐渐成形，使得原先传统的地区性赛马日渐消失；另一方面，因为英国工人的实际工资增加，各赛马场为了吸引工人阶级前往观赛与下注不断地修改规章，一步步朝着商业化的方向发展。另外，最重要的是，当时作弊、诈赌的情况频发，为了避免赛马沦为"不体面"的运动，以上层绅士为主体的英国赛马会开始积极介入，采取种种手段规范，从而扮演起整个赛马产业监督者和保护者的角色。①

当英式赛马进入中国时，上述的变动在英国才刚刚开始，是以并无一固定不变的"原型"可供移植。赛马进入中国后，乃在传统地区性赛事的基础上开始发展。仔细检视中国通商口岸的英式赛马，无论管理组织、下注方法，还是文化上的象征意义均与英国有许多不同之处。而这些不同与其说是变形，倒

---

① 英国赛马会在赛马界的这个特殊角色，一直要到2007年才被新成立的英国赛马管理局（British Horseracing Authority）完全取代。"British Horseracing Board，" https：//en. wikipedia. org/wiki/British_ Horseracing_ Board（accessed on 2018/5/28）；"British Horseracing Authority，" https：//en. wikipedia. org/wiki/British_ Horseracing_ Authority（accessed on 2018/5/28）.

不如说是为了配合殖民社会做出的调整。

是以，英式赛马在中国与英国其实是一个并行的发展，而非平行的移植。在中国的特色是，其管理组织很早便由委员会制转向总会制，并借由与"绅士型总会"的结合，从一个小区性的公共娱乐活动迅速转变成形塑殖民社会身份地位的工具，最后演变成上海殖民社会的重要支柱。为了更细致地了解此历程，本章将分别检视英式赛马在英国的情形、它在中国通商口岸的突出发展，以及上海跑马总会如何借其英式俱乐部与社团的特性，一步步将自身塑造成租界内市民社会的最佳代表。

一　并行的发展

赛马在英国的成形

19 世纪不仅是英国社会阶级剧烈变动的时代，更是赛马这项特殊运动规章的形塑期。据英国社会学家威利·范普列（Wary Vamplew）的研究，赛马在英国本是一种乡村活动，除了几个大型赛马场，如纽马克特、爱斯科（Ascot）、埃普索姆（Epsom）、古德伍德（Goodwood）、唐卡斯特（Doncaster）赛马场，大多数的赛事均具有相当的地区性和小区性，一年一次，每次一天，参与的马匹和观众均来自附近地区。大家不仅来看赛马，也来吃东西、喝酒、赌博和看表演，其嘈杂热闹程度犹如市集。此时的赛事由所谓的赛马委员会（Race Committee）负责，主要成员为当地士绅和贵族。身为小区领导人，他们视赛马为地方上的公共事务，也是己身的责任。由于一年一次，场地多临时租用，周围既无栅栏亦不收门票，奖金则来自摊贩的场地费，以及向附近餐馆、酒馆、旅馆等经营者的劝募所得。①

1840 年后，这种情况开始发生明显的变化。主要原因有二：一是铁路线的大幅扩张；二是实际工资的明显增加。

1840～1870 年，英国经历了一场铁路革命，路线由原先的不到一千英里迅速扩增为 13500 英里，增长了近 14 倍。铁路公司为了吸引乘客，在安排路线时不仅考虑赛马场的位置，路线建成之后还四处刊登广告并提供赛季优惠票价，邀请顾客赴远方观看赛马。铁路无疑为赛马带来了人潮，但它对赛马的帮助尚不仅于此。在路线有限的时代，大多数参赛马匹必须自己"走"到赛马场，一走数天是常有的事，路上既耗损精力，又容易受伤；交通不便也使得马匹仅能在走路可及的范围内出赛。然而铁路系统建成后，马匹可经由铁路运送，比赛前一天甚至当天才从马房出发。于是原先一个个孤立的赛马圈串联起来，南方的良驹可以赴北方争胜，北方贵族的马匹也可以在南方训练。在这样的整合下，一些地区性的小赛马场逐渐消失，代之而起的是全国性、位阶性的赛马日程表。如前述的纽马克特、爱斯科、埃普索姆、唐卡斯特赛马即为一级赛事，而华威（Warwick）、曼彻斯特、利物浦赛马则为二级赛事，其下才是较为地区性的赛事。②

铁路线的扩张为赛马带来了人潮，实际工资的增加则带来了消费。由于工业革命的刺激，一般认为 1790～1840 年代英

---

① Wary Vamplew, *The Turf: A Social and Economic History of Horse Racing* (London: Allen Lane, 1976), pp. 17 - 26.

② Vamplew, *The Turf*, pp. 27 - 33.

国人的生活水平获得明显改善。到了 1860 年代，实际工资较一个世纪以前平均增加了 10%。其中工人的工资变化尤其明显，1850～1900 年其实际工资平均增加了 70%。[①] 随着实际工资的增加，越来越多的工人有余钱可用于休闲，但这并不代表他们一定会选择观看赛马。为了配合工人阶级的需求，商业化的大众娱乐日见增加。到了 1870～1880 年代，工人可以选择到海边度假、到足球场看足球赛，甚至前往音乐厅听音乐。为了吸引工人阶级前往跑马场观赛，赛事势必得更加紧凑刺激。为了延长赛事而实行的预赛制（heats）必须取消；长达 4 英里的长距离也必须改为短距离冲刺；赛事主力由原先稳重的 4 岁马改成了活泼好动的 2 岁；为了使比赛结果更加无法预测，跑马场开始为屡次胜出的马匹加铅，增加其负担，以便让其他马匹有胜出的机会。[②]

最重要的改革还在入场费。1875 年，桑当公园（Sandown Park）赛马场率先围起栅栏收取门票。门票收入有助奖金的提升，奖金提高了，自然吸引更多的马主与良驹前来参赛；而参赛马匹既多，赛事也就更加精彩，从而形成良性的循环。加上铁路公司的运输与推动，于是具有固定场地、有栅栏、有围墙、有大看台，并定期于周六下午举行赛事的跑马场便相继诞生，赛马遂成为大众娱乐的一环。与此同时，由于赛马的小区性质已不再，地方士绅与贵族合组的赛马委员会也渐渐消失，代之而起的是商业性的赛马公司。[③]

地方士绅与贵族的退出，并不代表赛马从此沦为工人阶级

①　Vamplew, *The Turf*, pp. 34, 40－41.

②　Vamplew, *The Turf*, pp. 23－24, 33, 43－44, 79.

③　Vamplew, *The Turf*, pp. 38－44, 47.

的运动。因为赛马终究是一项昂贵的活动，马匹的育种、饲养以及训练都需上层阶级的投资与支持。是以新式跑马场一方面修改场内的设施和赛事，吸引更多工人前来观赛；另一方面则不放弃上层阶级，特别是上层女性的参与。原来，淑女因顾及身份很少光顾跑马场，仅在爱斯科、古德伍德、埃普索姆赛马场等几处专属草坪上可偶见她们的身影。到了此时，为了吸引淑女前来，赛马公司纷纷开始在场内筹组绅士型总会，采取严格的会员制，增其体面感；场内则另建会员专属看台与区域，得使淑女不必担心与一般大众摩肩接踵。换言之，就算不看赛马，在马会吃顿午餐，听听场内乐队演奏，徜徉于会员专区的草地花圃也可度过一个宜人的下午。总会制的建立确保了富裕阶层对赛马的支持，会员虽然仅限于男性，但女眷可以一同前来观看。到了 19、20 世纪之交，重要的赛事通常有好几千位淑女观赛，赛马遂成了英国社会中少数男女和各阶层均热衷参与的活动。[①]

除了淑女观赛，上层阶级对赛马的参与还表现在英国赛马会的赛事规范上。英国赛马会早在 18 世纪中叶即已成立，组成分子清一色是热衷赛马的上层贵族和士绅，会所所在位置在社交总会林立的伦敦帕尔摩尔街，赛马场则在离剑桥不远处的纽马克特镇。最初，该会的影响力仅限于纽马克特一地，其他赛马场发生纠纷时偶尔出面客串仲裁。到了 19 世纪中叶，赛马界丑闻频传，给了该会扩大影响力的良机。[②]

原来早期赛马奖金有限，马主的主要收入不在奖金而在

① Vamplew, *The Turf*, pp. 39 – 40.

② Vamplew, *The Turf*, pp. 78 – 79.

下注，只要赛事结果出人意料，爆得冷门，便能发一笔横财。是以收买骑师放水者有之；以成年马冒充少年马有之；甚至经典赛如埃普索姆赛马场的德比大赛（the Derby）也于1844年爆发李代桃僵的弊案。一名诈赌老手不仅以4岁马冒充3岁马，还事先以替身出赛，予人不过尔尔的印象，最后才以真身上场，一举赢得德比大赛。① 总之，赌博吸引了各个阶层的人，使得赛马场龙蛇杂处。正如出身南非的亚贝·贝雷男爵（Sir Abe Bailey）在一次赛马餐会上所言："我不是说所有参加赛马的人都是恶棍和匪类，但似乎所有的恶棍和匪类都去了赛马场。"②

时值维多利亚时代事事走向"体面化"（respectability）的时期，为了阻止赛马沦为不体面的运动，有必要进行更严格的规范。③ 于是19世纪下半叶，英国赛马会几位重量级的人物，如本丁克爵士（Lord George Bentinck）和海军上将劳斯（Admiral Rous）便相继采取铁腕政策深入调查弊案，不仅将这些骗子和恶棍逐出纽马克特赛马场，更逐出了整个英国赛马界。这些手段包括提高赛马奖金，以减少马主诈赌作弊的

---

① 由于该事件主角为一匹名叫"跑缰"（Running Rein）的马匹，故一般称之为"跑缰事件"。有关该事件的始末及其对英国赛马界的影响，参见 Vamplew, *The Turf*, pp. 85, 89 - 91; Mike Huggins, "Lord Bentinck, The Jockey Club and Racing Morality in Mid-Nineteenth Century England: The 'Running Rein' Derby Revisited," *The International Journal of the History of Sport* 13: 3（Dec. 1996）, pp. 432 - 444.

② Vamplew, *The Turf*, p. 75.

③ Mike Huggins, "Lord Bentinck, The Jockey Club and Racing Morality in Mid-Nineteenth Century England: The 'Running Rein' Derby Revisited," *The International Journal of the History of Sport* 13: 3（Dec. 1996）, pp. 435 - 436.

诱因；对不守规矩的骑师予以停赛，而非仅是罚款了事；禁止送礼给裁判或起步员；制定更明确有效的规章等。此外，也从观众的角度修改技术性问题。例如，为避免起步不一、一再重跑，本丁克爵士率先引进双旗制，双旗同下，起步才算有效。另外，他还规定赛马场必须竖立广告牌，上书马匹号码和骑师姓名，骑师也必须身穿显眼的丝缎或绒布背心便于观众辨识。①

1870 年，劳斯上将进一步做出规范，凡欲在英国赛马会权威刊物《赛马纪录》（*Racing Calendar*）上刊登节目单或赛事结果者，必须符合赛马会的规章。因为鲜有赛马场敢不顾该会规定，此举将英国赛马会的影响力扩展到了全国。接下来，该会进一步取得了对全国各地骑师、训练师，乃至向赛马场颁发执照的权力。但凡哪个赛马场有弊案发生，该会便毫不留情地吊销其执照。1878 年，英国赛马会又进一步规范赛马场，要求每日从盈余中提取 300 镑作为额外奖金，以提高马主出赛的意愿。②

英国赛马会这一连串的改革，使得一些以赌博为主的赛马场相继关门，但意外获得了新兴商业性赛马公司的支持。赛马公司的成立既在吸引观众，要让大家愿意花钱入场，公平竞争便是其前提，自然不容许放水、贿赂、诈赌等情事发生。到了19 世纪末，在赛马公司和英国赛马会的互相配合下，英国赛马界已逐步扫除了坏分子与劣行，朝着一项体面、干净、规范且全国一致的赛事前进。③

---

① Vamplew, *The Turf*, pp. 89, 94 – 95, 116.
② Vamplew, *The Turf*, pp. 94 – 95, 97.
③ Vamplew, *The Turf*, p. 96.

上海跑马总会的成立

当 19 世纪中叶外人来华时，上述的变动都还在进行之中，不仅英国赛马会尚未权倾一时，商业性的赛马公司亦还未成立。事实上，大多数来华英人对赛马多抱持传统地区性赛事的概念。这一点充分表现在赛马初期的不正式与随兴。

以 1850 年 11 月上海秋赛为例，赛事只有一个下午，项目不过七项，但因马匹数量不足，为拖长赛事多采取预赛制。至于马匹种类更是五花八门，从平日拖拉马车的蒙古马、外人日常代步的马尼拉小马，到若干军用大马均名列其中。而且由于训练有限，比赛时状况不断，马匹不是拒绝出发便是中途逃逸。[①] 话虽如此，人数不到两百人的外人社群依旧兴高采烈，[②] 比较“像是一个大型野餐会”，而非正式比赛。[③]

此时上海的赛马既是小区性的赛事，几个主要洋行便扮演了地方士绅的角色，担负起提供社群公共娱乐的责任。

1850 年秋赛甫告结束，沪上麟瑞洋行（Lindsay & Co.）负责人霍格（William Hogg）、仁记洋行（Gibb, Livingston & Co.）行东吉勃（John Darby Gibb）、丽如银行（Oriental Bank）经理兰格莱（Edward Langley）、同孚洋行（Olyphant & Co.）行东派金（William W. Parkin）、宝顺洋行（Dent & Co.）经理韦勃（Edward Webb）等五人便出面筹组赛马委员

---

① "Shanghae Races," *NCH*, 30 Nov. 1850, p. 70.

② "List of Foreign Residents in China," *The Chinese Repository*, 1 Jan. 1851, pp. 3 – 11. 此名单上海部分共列有 165 名男性，其中 5 位当时不在沪上，31 位携有家眷，所以当年上海外人人数实为 191 人。

③ George Lanning, *The History of Shanghai* (Shanghai：Kelly & Walsh, 1921), p. 431.

会，负责规划来年赛事。① 该委员会每年一组，大抵由上述几个大机构，如麟瑞洋行、宝顺洋行、丽如银行等派人主持。接下来的 10 年，赛马委员会尽心尽力，赛事虽经常因天气原因延迟，② 1854 年的春赛并因"泥城之战"而取消，③ 但尽量维持每年春、秋季各一次，每次一或两天，并特许店家在场内提供啤酒、波特酒、雪利酒、香槟等以增添欢乐的气氛。④

与英国的地区性赛事不同的是，上海的赛马委员会因身处殖民社会，很早便朝着有固定场地、收取门票且具总会组织的方向前进。

赛马首先需要场地，由于租界空间有限，上海外人社群从一开始便采取在租界以外觅地的策略，并计划将球场、跑马场、公园三者结合，亦即外圈跑马，中间用来打球或散步。随着租界不断扩充，后来更将此综合运动场一再往西迁移。这一点，可以从所谓的跑马场三次迁徙中看出（彩图 1）。

1843 年 11 月，英国首任驻沪领事巴富尔（George Balfour）偕翻译麦华陀（Walter Henry Medhurst）抵达上海，上海正式开埠。中英双方陆续议定了开市日期、通商码头位置。1845 年 11 月，苏松太道宫慕久以布告的形式公布地皮章程，划定英国商民租地的南、北范围，即南滨洋泾浜（今延安东路）、北至李家厂（今北京路）；东面虽无明文，但依照地皮章程第二条，暗指以黄浦江江岸为界。次年，双方确定西面以界路

---

① "Shanghae Race Club," *NCH*, 14 Dec. 1850, p. 78.

② "Shanghae Race Club," *NCH*, 23 Nov. 1850, p. 65；"［Editor Notes］," *NCH*, 6 Nov. 1852, p. 54；"［Editor Notes］," *NCH*, 25 April 1857, p. 154.

③ Coates, *China Races*, p. 31.

④ "Ad. : Races! Races!! Races!!!" *NCH*, 12 April 1851, p. 145.

（Barrier Road，今河南中路）为界，四至确定，此即为英租界之始，第一次划界的面积约 830 亩。①

英租界范围划定不久，便有英侨集资在界路以西，即今河南中路西、南京东路北的地方以永租的方式购下 80 余亩土地，周围用来赛马，中间作为公园和球场，并于 1848 年春季开始赛马。这便是所谓的第一跑马场，英文称为"老公园"（Old Park）。②

第一跑马场建立后不久，大家便发现场地面积过于狭小，跑道短、转弯急，没有足够的空间可供马匹奔驰，得另觅场地。此时恰好英国继任领事阿礼国（Rutherford Alcock）以租界面积过小为由请求扩界。1848 年 11 月，苏松太道麟桂同意将英租界向北延伸至苏州河、向西伸展到泥城（今西藏中路），英租界面积因此扩大至 2820 亩，约为第一次划界的 3.4 倍。③

扩界甫完成，1850 年英侨遂在新界边缘勘定一处面积更大的跑道，1854 年完成收购，是为第二跑马场，英文通称"新公园"（New Park）。其位置约在今湖北路、北海路、西藏中路和芝罘路间。据说北海路和湖北路至今仍略带圆弧状，即当年留下的痕迹。④

---

①　王尔敏：《外国势力影响下之上海开关及其港埠都市之形成》，中华文化复兴运动推行委员会主编《中国近代现代史论集》第 28 编，台湾商务印书馆，1986。地皮章程中文原文见王尔敏文注 14。另，《上海租界志》则言第一次划界的面积为 1080 亩，参见《上海租界志》，上海社会科学院出版社，2001，第 92 页。

②　Lanning, *The History of Shanghai*, p. 431；Coates, *China Races*, p. 27.

③　王尔敏：《外国势力影响下之上海开关及其港埠都市之形成》，《中国近代现代史论集》第 28 编，第 434 页。

④　Arnold Wright, ed., *Twentieth Century Impressions of Hong Kong, Shanghai, and Other Treaty Ports of China：Their History, People, Commerce, Industries and Resources* (London：Lloyd Greater Britain Publishing Company, 1908), p. 499；Lanning, *The History of Shanghai*, p. 296.

第二跑马场不仅是赛马场地，也是租界的边界。1854 年春，英方借口驻扎在跑马场边界的清军不去对付县城内的小刀会，反倒不时对着租界方向放枪，并攻击使用跑马场的外侨，为保卫租界及外侨人身安全，4 月 4 日下午，由英美陆战队、商船水手及当地侨民组成的 380 名义勇队向清军进攻，不到两小时便迫使一万名左右的清军全数撤离，此即外侨史上不断重复记述的"泥城之战"。①

此役对英美社群意义重大。海军、侨民共御"外侮"，不仅首度以租界为单位，明确区分了"此"与"彼"，同时奠定了租界不可侵犯的地位，② "从此中国军队再也不敢侵扰租界周边"。③

第二跑马场面积虽远较第一跑马场要大，但其实是一"环马场"，④ 英侨仅取得外围跑道部分的所有权，中间土地则分属不同的华洋地主。随着租界人口日益增加，跑马场中央陆续盖起了各式房屋，严重阻碍了观众的视线。⑤ 是以太平军入侵的可能性一旦稍减，外人社群便把目光移向泥城以西，打算另觅一处廉价土地建新的赛场。于是 1858 年集资购入了今南

---

① C. A. Montalto de Jesus, *Historic Shanghai* (Shanghai: Shanghai Mercury, Ltd., 1909), pp. 68–74; Hawks Pott, *A Short History of Shanghai: Being an Account of the Growth and Development of the International Settlement* (Shanghai: Kelly & Walsh, 1928), pp. 27–30; Lanning, *The History of Shanghai*, pp. 304–325.

② 王尔敏则站在中方的立场，认为当时英租界并未完全确立，清军进入商埠搜捕小刀会分子并无不妥。王尔敏:《一八五四年上海"泥城之战"原图》,《中央研究院近代史研究所集刊》第 14 期，1985 年 6 月。

③ Blake, *Jardine Matheson*, p. 129.

④ 王韬语。方行、汤志钧整理《王韬日记》, 中华书局，1987, 第 21 页。

⑤ "Minutes of the Annual Meeting of the Proprietors of the Shanghai Riding Course," *NCH*, 20 July 1861, p. 115.

京西路以南的农地作为跑道，① 1862 年春开始赛马，② 是为第三跑马场，此后未再迁移。

第三跑马场包括中心土地面积高达 500 亩，上海跑马总会仅拥有外围跑道，中心土地属于上海运动事业基金会（Shanghai Recreation Fund），但因没有明显界线，一眼望去有如一体，加上跑马总会在跑道西面建有石砌看台等建筑，有如厅堂，华人遂称之为跑马厅。

从 1848 年到 1862 年，赛马场地一换再换，赛马组织也从委员会逐步转向了总会。

赛马委员会成立初期可说事事因陋就简，任何人只要有马即可参加。第一跑马场既无围栏，亦不收费。这种一切从简的情况在 1854 年悄悄发生了变化。可能因该年赛事由第一跑马场移至第二跑马场举行，赛马委员会开始明订只有赛马俱乐部（The Racing Club）会员和英法驻沪军官方得进入跑道，而马匹亦必须为会员所有——这代表马主必须入会成为会员才能出赛。同年，该委员会将大看台周围地区划为专区，付门票才可入场。门票价格先是会员 1 元、非会员 5 元，③ 秋赛时又改为会员免费、非会员仍为 5 元。④

第三跑马场 1862 年启用，赛马委员会更进一步选出赛马董事（steward）6 人，赋予他们管理总会的权力。自此，赛马委员会的阶段性任务结束，社团型的跑马总会开始取而

① Arnold Wright, ed., *Twentieth Century Impressions of Hong Kong, Shanghai, and Other Treaty Ports of China*, p. 499.
② "Shanghai Races," *NCH*, 3 May 1862, p. 71.
③ "Shanghae Race," *NCH*, 11 March 1854, p. 126.
④ "Shanghae Races," *NCH*, 30 Sept. 1854, p. 34.

代之。[1]

1867 年，上海跑马总会正式以"The Shanghai Race Club"为名召开年度大会，先后通过总会账目需经会计稽核、雇用给薪书记，以及修改马匹转手规章等提案。[2] 次年起运作开始固定，每年一、二月举行年度大会，确认前一年账目并选举下一年董事，同时在沪上主要英文报纸《北华捷报》（*The North-China Herald*）和《字林西报》（*The North-China Daily News*）上公布会议记录。[3]

由赛马委员会而至跑马总会看似自然，但其实是一项重大变革。除了从任务性组织转为常态性社团，更重要的是，随着俱乐部制度的建立，上海跑马总会直接援引了英国市民社会的若干特权，其中以该会与工部局的关系和财务结构两方面最为明显。

艾伦·麦克法兰在《现代世界的诞生》一书中，曾将市民社会的出现列为英国率先进入现代世界的重要表征。他主张英国较其他国家更早摆脱亲族、教会及王权的绝对控制，最早发展出个人主义，但是孤零零的个人想要成就大事必须集众人之力。此时既无法借重传统的亲属、宗教或地域关系，便转向与有志者共组俱乐部或社团，共同为达到特定目标而努力，其中包括政治理念、商业利益、艺术爱好、文学兴趣、科学追求、运动同好，乃至共济互助等，大抵为国家或市场不愿或无

---

[1] "Shanghai Races," *NCH*, 3 May 1862, p. 71; Olsen, comp., *The Racing Record*, p. 42A.

[2] "Shanghai Race Club," *NCH*, 2 March 1867, p. 36; "The Race Club," *NCH*, 16 March 1867, p. 43; "The Races Club," *NCH*, 8 April 1867, p. 6.

[3] "The Race Club," *NCH*, 15 Feb. 1868, p. 67.

暇顾及的事务，此即为英国著名的市民社会。①

　　为了进一步说明这些英式俱乐部与社团的特质，麦克法兰特别列出 20 项这些团体共有的基本特征。例如，它们多因特定目标或宗旨而自愿组成，通常设有官僚性的组织机构（如主席、会计、给薪书记、年度大会），通常拥有自己的象征性标志（如纹章、徽章、领带、箴言等），经常拥有地产（如庭院、楼堂会所、会议室），大多拥有一套明确的行为准则，并开除违反这些准则的成员等。其中与其他文化迥异之处在于，这些俱乐部或社团不是国家设立的团体，所以不受国家控制；而国家也尊重此惯例，在不公开违法的情况下，鲜少干预俱乐部或社团的内部事务，或派警察进入会所执法。②

　　借由从委员会转制为俱乐部，上海跑马总会对上述特征不仅照单全收，更将"不受国家控制"一项明确用于与公共租界最高权力单位工部局的关系上。亦即在上海殖民社会里，跑马总会与工部局处于平等地位，工部局既不能对跑马总会强征税收，亦不能干预其事务，只能期待跑马总会自由捐献。而上海跑马总会在 20 世纪初财务由亏转盈后，也确实善尽市民社会的责任，每年对租界的弱势团体固定捐款，从而补足工部局在社会救济方面的不足。③

---

①　艾伦·麦克法兰主讲《现代世界的诞生》，第 159～163 页。
②　艾伦·麦克法兰主讲《现代世界的诞生》，第 163～164 页。
③　例如，1922 秋季赛马甫结束，上海跑马总会便宣布捐出十万元作为慈善之用。其捐款对象包括租界内的医院、孤儿院、妇女之家、收容所、盲人院、红十字会、美国妇女总会、英国妇女协会、专门照料水手的教会组织、受伤士兵或船员的急难救助基金，以及英国水兵俱乐部（Union Jack Club）等各式团体，共有 49 个之多。所照顾的对象不止英人，还有租界内社会、经济能力较差的欧陆人士，如波兰人、葡萄牙人、意大利人、挪威人、俄国人等。除此之外，上海跑马总会资助的范围甚至还包括

另一随市民社会而来的重要权利是"信托"（Trust）概念的引用与实行。据艾伦·麦克法兰分析，此概念源自 13 世纪英格兰富人试图躲避国王征收遗产税（death duty）而发明出来的"财产信托"，经数世纪的演变，到了 18 世纪，信托或信托会的概念成为英人普遍接受的想法，影响遍及政治、经济、宗教，既深且远，是英国能以蕞尔小岛统领帝国的关键。②

财产信托和信托会的实行正是俱乐部或社团能长久运作的关键。在此概念下，有一群人可以为"另一人之用益而受托"（"in trust for the use of another"）受命合作，共同持有和管理财产，并集体决策；而受托者也可以因此有一名称、一个独立的存在、一个可以长存的实体。③ 这一点在俱乐部的财务管理方面尤其明显。

以上海跑马总会为例，该会借收取会费和发行债券来支付

上海以外的地区。例如，帮巡弋长江的英国水兵在重庆建立食堂、照顾西伯利亚的波兰孩童、协助浙江赈灾、资助南通和定海的教会医院等。"Race Club's Charity Gifts of $1,192,606," *NCH*, 9 Dec. 1922, p. 666. 1926 年底，工部局因财政困窘之故一度希望开征赛马税，几经折冲，跑马总会仅同意以乐捐方式每年自赢家分成赌法的收益中提出 1% 作为挹注。此项捐款从 1927 年开始，直至 1932 年止，每年在三万至六万元。1934 年以后上海跑马总会即以收益降低为由不肯再捐，工部局亦无可如之何。Extract from Council Minutes dated 17 Nov. 1926；Extract from Finance Committee Minutes dated 26 Jan. 1927；A. W. Burkill to S. Fessenden, 25 Feb. 1927；S. Fessenden to A. W. Burkill, 26 March 1927；A. W. Burkill to S. Fessenden, 3 Feb. 1928, 13 March 1929, 17 Jan. 1930, 10 Dec. 1930, 4 Dec. 1931, 30 Nov. 1932, 1 May 1934, 上海公共租界工部局档案（下文简称"工部局档案"），档案号：U1 - 3 - 3193, 上海市档案馆藏（下略）。

② 艾伦·麦克法兰主讲《现代世界的诞生》，第 164 ~ 178 页。
③ 艾伦·麦克法兰主讲《现代世界的诞生》，第 165 页；Macfarlane, *The Invention of the Modern World*, p. 156.

其运行经费，财产或负债由会员共同承担。但时间一久，会员或离开或死亡，或加入或退出，加上殖民社会人来人往，如何能确保财力集中，在长达近一个世纪的时间里仅用于赛马相关的事务而不转作他用呢？跑马总会靠的便是英国文化中长久以来对信托或信托会的概念与实践，亦即会员可借由通过法规，将社团财产委托给少数人代管，而这些人也以信托执行者自居，竭尽全力确保资金用于原先设立的目的。

是以，通过俱乐部和社团制度的建立，上海跑马总会不仅取得了与公共租界工部局平起平坐的地位，在财务上也有了永续经营的方法。有了这样源自英国的文化奥援，上海跑马总会才得以一步步发展成殖民社会的支柱。

二　制度的调整

从大马到蒙古马

1862 年上海跑马总会成立后，首要任务有二：一是赛事的常态化；二是解决马匹供应的问题。过去因战事、场地等原因，赛事时断时续。当时虽然清军与太平军仍在上海附近激战，但英法海军已经介入协防，租界安全当无大碍，兼之大批英法水兵在沪需要娱乐，于是上海跑马总会自 1863 年起将赛事时间由原先的一至两日增为三日，并开始每年固定举行竞赛两次，每次三天，每次七场，过午起赛，日暮方终。[①]

春赛在春暖花开的 4 月底 5 月初举行，秋赛则在秋风爽飒

---

①　"Shanghai Races," *NCH*, 9 May 1863, p. 75.

的 11 月初举行。在这三天的赛事中，前两天以平地赛为主，第三天包含了障碍赛，即所谓的"跳浜"。^①到了 1864 年春，《北华捷报》夸赞这项赛事之固定，一如英国国内的埃普索姆和唐卡斯特赛马场；至于赛事水平，足以与英格兰二级赛事媲美。^②自 1865 年秋季开始，上海跑马总会更在三天的比赛之余另添一日非正式比赛（off-day），^③来解决正式比赛中未决的赛事，也顺便举办余兴赛，好比一对一的捉对厮杀以及马夫之间的竞赛等。^④

除了固定赛事，跑马组织的当务之急还在于解决马匹供应的问题。赛马最重要的莫过于马匹，一项好的赛事必须有持续、稳定的新马供应。如前所述，当时马匹的来源主要有三，英军的军马、马尼拉马、蒙古马。前者多来自英国或其殖民地，属于大马；后两者则来自菲律宾或婆罗洲，或中国关外，都是体型娇小的马。^⑤

不管是军马还是马尼拉马，均需远渡重洋，所费不赀。中国是个产马的国家，关内虽无大规模畜养，但每年自关外引进上万匹蒙古马，沿固定路线在固定市集供人买卖挑选。贸易路线大抵从蒙古或哈尔滨至张家口，经北京、天津，然后沿大运河南下扬州、镇江，而上海正是此贸易路线最南端的城市。英

---

① "Shanghai Races," *NCH*, 9 May 1863, p. 75; "Shanghai Races," *NCH*, 14 Nov. 1863, p. 183.

② "Shanghai Races," *NCH*, 30 April 1864, pp. 70 – 71.

③ "Shanghai Races," *NCH*, 11 Nov. 1865, p. 178.

④ "Shanghai Races," *NCH*, 9 Nov. 1869, pp. 587 – 589; "The Shanghai Races," *NCH*, 5 May 1870, pp. 323 – 324.

⑤ 简而清：《香港赛马话旧》，李远荣整理，三联书店（香港）有限公司，1992，第 15 页。

人在上海开埠后很快便发现此事，开始考虑以蒙古马补充赛马用的马匹。[①]

只是蒙古马比马尼拉马体型来得要小，从马蹄到脖子与肩膀的接合点仅12"掌"（hand）至13掌，即120～130厘米。[②] 一般阿拉伯马高14.1～15.1掌，[③] 澳大利亚马（Waler）高15～16掌。[④] 英国纯种马因人工培育之故身形更高，平均可达16～17掌。[⑤] 若将蒙古马与英国纯种马相较，从马蹄到马颈的差距可达40～50厘米之多。对于他们来说更糟的是，蒙古马不仅身高矮一截，脖子还粗短，缺乏优雅上扬的马颈，整体看来更为矮小。[⑥]

受高度和长相之限制，英国人刚开始对蒙古马不无轻视之心。况且中国的马匹主要是用来拉车、乘骑、驮运，看重的是负重、耐力而非速度，是以英国人认为马贩运来的蒙古马未必适合赛马。在马会有能力自行至产地购买马匹之前，蒙古马在跑马场上仅能暂时扮演充数的角色。

故而，在上海跑马总会草创的1860年代初仍是以进口大马的方式来解决此问题。在这个时期，上海正因太平天国运动

① Coates, *China Races*, p. 22.

② 马匹高度一般以手掌为度，一"掌"为4寸，约10厘米。其度量方法一般是从马蹄量到马颈与马身相连的部位，亦即马颈凸起的那块肌肉。简而清：《香港赛马话旧》，第19页；老吉（沈吉诚）：《马场三十年》，《大人》第2期，1970年6月15日，第39页。

③ 《阿拉伯马》，https：//zh. wikipedia. org/wiki/% E9% 98% BF% E6% 8B% 89% E4% BC% AF% E9% A6% AC，2018年5月31日检索。

④ "Waler horse," https：//en. wikipedia. org/wiki/Waler_ horse（accessed on 2018/5/31）.

⑤ 《纯种马》，https：//zh. wikipedia. org/wiki/% E7% B4% 94% E7% A8% AE% E9% A6% AC，2018年5月31日检索。

⑥ Coates, *China Races*, p. 24.

而呈现前所未有的荣景，避难华人大量涌入，导致租界地价连年飞涨，战争带动米粮、军火买卖，更为洋行带来丰厚的利润，所以租界财富能够支撑昂贵的马匹进口。与此同时，洋行间彼此"斗富"的现象更起到了推波助澜的作用。

1857～1867 年，在华两家最大洋行宝顺与怡和把商场的恩怨延伸到了跑马场上，每每不惜重金自伦敦进口阿拉伯马或澳大利亚马，先是在香港、上海一决雌雄，再运至其他分行所在地如天津等地较劲，其他资金不足者往往难望其项背。① 譬如，上海春赛第二日有一挑战杯（The Challenge Cup），奖金为诸赛之冠，初为 250 几尼（guinea），后为 500 几尼，必须连赢两次方可获奖，是宝顺与怡和的必争之杯。② 1862 年，怡和名驹"等腰三角形"（Pons Asinorum）失利，将挑战杯拱手让给了宝顺的"埃斯克代尔"（Eskdale）。怡和遂自英国高价购来"威廉爵士"（Sir William），当该马在训练中展现夺魁的实力后，宝顺立刻托人购入澳大利亚良驹"埃克塞特"（Exeter）以为应对。③

两家洋行你来我往，每年奖落谁家，不仅外人社群瞩目，就连旁观的华人都留下深刻印象。譬如，"沈几先生"直至 1888 年仍对当时的情景津津乐道。

仆居沪有年矣，犹忆二十余年之前，每遇赛马之时，

---

① Coates, *China Races*, pp. 36 – 38.

② "The Races," *NCH*, 12 May 1860, p. 75; "The Races," *NCH*, 20 April 1861, pp. 62 – 63; "Shanghai Races," *NCH*, 30 April 1864, pp. 70 – 71.

③ "Shanghai Races," *NCH*, 3 May 1862, p. 71; "Shanghai Races," *NCH*, 9 May 1863, p. 75; "Shanghai Races," *NCH*, 30 April 1864, pp. 70 – 71; Coates, *China Races*, p. 38.

无不兴高采烈。先期购马调养，其价每马有至英金四五千磅者，其赛者则皆系怡和等大洋行之东家，其所赌赛者为数亦巨，竟有一举而以一行为胜负，或以一轮船决输赢。此次赛而负，则又再整旗鼓，再购良马，虽费至英金七八千磅而不悔。马则皆来自外洋，高大茁壮、德力俱佳，中国所产之马不得与之齐力齐足也。[1]

这种大洋行不惜成本斗富的情况在 1867 年突然告终。1864 年清廷平定太平天国，原先避难上海的苏杭富户纷纷返乡，租界地价大跌；1866 年伦敦发生奥弗伦格尼银行（Overland, Gurney & Co.）破产风暴，在华英商银行多受牵累；沪上最大洋行宝顺 1867 年因无力支撑突然宣告破产，租界随之陷入不景气的黑暗期。[2] 主要对手退出市场，加上沪上经济低迷，怡和等洋行便不再竞购名驹，赛事遂由原先大洋行独占的局面转为由一般西商主导。更重要的是，没了进口的阿拉伯马或澳大利亚马，蒙古马开始有机会在跑马场上崭露头角，担任要角。[3] 此转变亦可在"沈几先生"的抚今追昔中窥见。

至于近日所谓赛马者，何如耶？其马则皆中国之产，其价亦不过数十金、百余金而止，赛马者亦无大洋行东家，其各东家往往将届赛马则去而之他，不过掮客及写字诸西人为之，所赌亦仅小胜负，绝无从前之巨。而华人之

---

[1] 《观赛马答问》，《申报》1888 年 11 月 9 日，第 1 版。

[2] "Looking Backward," *The North-China Daily News*（hereafter NCDN），New Building Supplement, 16 Feb. 1924, p. 12.

[3] Coates, *China Races*, p. 39.

高兴者则日多一日，即如马夫赛期，其人乃多于主人，观者则西人日减，华人日增，驱车款款而来，乘马悠悠而过者，皆华人，无西人也。仆观此正不胜今昔之感，而子乃犹盛称观者之众耶？①

大洋行以进口大马斗富的情况虽于 1867 年中止，但要让蒙古马在英式赛马场上大放异彩还必须与产地接得上头，且让马贩配合英式赛马的需求选马才行。

据英国作家寇兹言，上海外人首次与关外接触赛马当在 1856 年。当时有一位绰号"喇嘛庙"的马贩听闻上海有一群蠢外国人愿出高价购马，故意自关外选了一百匹驽马送至上海。一般马匹多于秋季入关，为便于过冬多不剃毛，加之蒙古马皮粗毛厚，交易时很难看出其体型或肌肉分布。等到次年春天开始训练时，上海外人马主才发现这一百匹马不堪使用。虽然被骗，但至少也与关外接上了线。马贩既有本事挑选驽马，自然也有本事挑选千里马，从此开启了马商专为沪上外人选马的事务。②

凡为竞赛所需的马匹，先由马贩在蒙古做第一次筛选，然后再以小批的方式运至各口岸。③ 1860 年 10 月《北京条约》增开天津为通商口岸，在华外人更接近了蒙古马匹的源头。各马会可于马匹入关后在天津进行第二次挑选，贩运路线也增添由天津乘海轮至沪一条。④

① 《观赛马答问》，《申报》1888 年 11 月 9 日，第 1 版。
② Coates, *China Races*, pp. 43 – 44.
③ Coates, *China Races*, p. 44.
④ Coates, *China Races*, p. 47.

经过多年的努力，此网络大抵在 1870 年代成型。马匹抵达上海后，在龙飞马房（Shanghai Horse Bazaar）竞标，拍卖时仅能观看不准试骑，可谓相当考验买家的眼力。譬如 1879 年 9 月的《申报》便记载：

> 本埠西人秋季赛马之期现已将届，故近日各西人均在跑马场演习。各路贩马者皆有新到之马，以供西人采择。或由轮船载来者，每十余匹为一群；自陆路来者，每二三十匹为一群。每一群到埠各有贩主，分别定价拍卖。闻轮船自天津载来者较好，每一匹需出水脚银九两，买者价至八十两、一百两、一百五十两不等；陆路来者较便宜，大约五六十两至七八十两云。其为拍卖之先，听人看视，惟不许人骑，故于拍卖时，有西人看定，以为良材，用重价购去；及驱回试跑，则顿成驽骀，不堪控驭，转卖于人，不过得价二十两，可见相马之难。①

除了借原有的贸易网络购入，在华外人还试图进入产地直接选购。1877 年，上海著名的美籍骑师赫金司（C. H. Hutchings）首度出关，探访关外重要的马市喇嘛庙。该地位于现今的内蒙古多伦县北一二里处，因有汇宗、善因两大刹而得名。据赫金司言，该地每年向关内输入马匹近 20 万匹。② 他虽带回了有关关外的信息，却没能带回马匹。1881 年，天津马房经理穆尔（Moore）只身前往蒙古，成功带回 36 匹新马，

---

① 《演练跑马》，《申报》1879 年 9 月 19 日，第 2 版。

② "Mr. Davenport's Report on the Trading Capabilities of the Country Traversed by the Yunnan Mission," *NCH*, 30 June 1877, p. 650.

一半供应天津，一半供应上海。从此，外人终于可以直探源头，解决马匹供应的问题。[①] 其后每隔两三年便有一次这样的直接出关采购，并以配售的方式进行，即马主合资派人出关，买回后再依出资的比例抽签分配。这样的马，一般被称为"摇会马"（subscription griffins）。[②] 譬如 1906 年，上海就有 106 名马主合资购买了 124 匹摇会马。[③]

摇会马多半隶属于财力有限的小马主，真正实力雄厚的大买家多半不参与这类配售，而是自己派人直接出关选马。譬如进入 20 世纪后，天津几家大洋行，如怡和、太古（Butterfield & Swire）、慎昌（Andersen, Meyer & Co.）及上海的龙飞马房等均自己派马夫出关采购，[④] 每次购买少则数十匹，多则三百余匹；采购范围从原先的张家口、古北口、喇嘛庙一带，更扩至黑龙江的齐齐哈尔、中俄交界的满洲里，以及蒙古的库伦、三贝子、赖贝子等地。[⑤] 至于马贩方面，1920 年代有 20 多家马商年年赴蒙贩马，专门供应津沪地方的欧美人士。[⑥] 为了配合赛马的需求，运送来沪的马匹还在入关前进行过测试。[⑦] 这样交织的网络确保了上海跑马总会拥有持续且稳

① "Tientsin," *NCH*, 18 Oct. 1881, pp. 402 – 403.

② Coates, *China Races*, p. 91.

③ "［Editor's Notes］," *NCH*, 2 March 1906, p. 490.

④ 《外交部电察哈尔都统张之江》（1925 年 11 月 23 日），北洋政府外交部档案，档案号：03 – 18 – 077 – 02 – 041，中研院近代史研究所档案馆藏。

⑤ 《直隶省长曹锐咨外交部》（1922 年 6 月 8 日）；《直隶省长曹锐咨外交部》（1922 年 8 月 5 日），北洋政府外交部档案，档案号：03 – 18 – 013 – 10，中研院近代史研究所档案馆藏。

⑥ 《上海赛马商赖贤教等呈外交部总长》（1922 年 9 月 14 日），北洋政府外交部档案，档案号：03 – 32 – 470 – 02，中研院近代史研究所档案馆藏。

⑦ Brig. -General C. D. Bruce, "Pony Racing in China," *NCH*, 26 June 1926, p. 612.

定的新马供应。

此变化虽然解决了上海的马匹供应问题，却让香港处于相对不利的位置。原来中国传统的贩马路线并不包括岭南，待马商为英式赛马采办马匹的路线确立之后，香港更是处于此网络的最南端。换言之，上海挑完的马匹才轮到香港，这也导致港沪两地赛马场日后一直处于竞争的关系。① 尽管如此，为了要与上海、天津的马场往来互赛，香港自 1870 年代起还是转向了以蒙古马为主，直至 1935 年因关外马取得不易才从澳大利亚进口马匹。不过，为了要与通商口岸的赛马系统保持一定的联系，香港赛马会仍要求进口的澳大利亚马高度必须在 15 掌之内。②

全面改用蒙古马的转变，确立了英式赛马在华的基础，而各口岸也得以在上海的带领下为蒙古马量身定做各式的规章，从而建立起一套通商口岸特有的系统。不过，从另一角度来看，这样的转变也切断了通商口岸与英国的联系。一方面，蒙古马个头娇小，从马蹄到马颈仅 130 厘米左右，高大的英国人坐在上面有如大人玩小车，给人一种"非真"的感觉；另一方面，蒙古马脖子短、步伐小，在优雅或速度方面无法与英国的大马相比。更重要的是，蒙古马年年自关外进口，关内无法培育，难以如英国纯种马或澳大利亚马般建立起三代履历可靠的证明。既无马匹谱系，在华各赛马场便成为英式赛马的化外之域。

但是通商口岸的各个马场并不以为意。面对外界的质

---

① Coates, *China Races*, pp. 74 – 75.
② 老吉：《马场三十年》，《大人》第 2 期，1970 年 6 月 15 日，第 40 页。

疑，他们倾向于强调蒙古马身躯粗壮、善于负重、耐力惊人，是马匹尚未人工培育的原始马种。甚至形容蒙古马"拥有所有运动家欣赏的特质，包括胆识过人、耐力好、聪明矫捷，而且一旦起步，就决心头一个回到底线，是真正的竞赛马匹"。[①]

曾在北京、天津二地训练马匹长达 25 年的安德烈亚斯·冯·德维格男爵（Baron Andreas von Delwig）留下了两张难得的照片，让我们可以一窥蒙古马入关前后的变化。从图1-1可以看出，1931 年天津的冠军马戴安娜（Diana）初入关时全身毛茸茸的，看起来有点像熊而非马，身上还有些皮肤病；但开春后经过剃毛梳洗、休养治疗，尾巴再编织一下，便英俊挺拔，与大马相比毫不逊色（图1-2）。德维格形容蒙古马腿型完美、身躯有力、后背强壮，唯一的缺陷是脖子不够长，但也是相貌堂堂。[②]

就造访通商口岸的英国人士来看，这些看法不无自夸之嫌，但从殖民社会的角度来说，蒙古马是最好的选择。因为赛马在殖民社会不仅是一项娱乐，更有凝聚外人社群向心力的特殊意义，如何维持赛事的进行远比马匹的大小来得重要。而之所以有如此心态，实与运动在殖民社会中的特殊地位有密切关系。

---

① Coates, *China Races*, p. 24. 从现存的照片来看，当时许多的竞赛马匹确实属于蒙古野马，而非驯化后的蒙古家用马。西人强调它们是"尚未人工培育的原始马种"，有其可信度。有关蒙古野马在 20 世纪下半叶的灭绝与复育，参见 Piet Wit, Inge Bouman, *Tale of the Przewalski's Horse: Coming Home to Mongolia*（Utrecht: KNNV Publishing, 2006）.

② Coates, *China Races*, pp. 23-24.

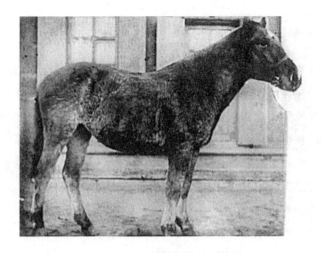

图 1-1 戴安娜初入关时模样

说明:牛津大学出版社惠允复制。

资料来源:Coates, *China Races*, p. 103.

图 1-2 戴安娜梳洗过后与主人合影

说明:牛津大学出版社惠允复制。

资料来源:Coates, *China Races*, p. 103.

运动与殖民社会

本书导论中曾提到，殖民社会的特色之一就是运动型总会盛行。在英国，运动型总会虽与社交型总会一样具有体面、休憩、纯男性环境等特点，但数量远不及后者，而在殖民社会情形恰恰相反。以 1893 年为例，经过数十年的努力，租界规模大备，当时上海已可以用英文单词"clubland"来形容总会林立的情况。[①] 而这些总会单就数量论，社交型总会有限，运动型总会却数量惊人。

社交型总会除上海总会外，仅有德国总会（Club Concordia）、斜桥总会（Country Club），以及后来成立的法国总会、美国总会（American Club）；至于运动型总会，从非球类运动如赛马、猎纸、划船、射击、游泳、赛艇，到球类运动如板球、棒球、网球、足球、马球、曲棍球、草地滚球、英式橄榄球、高尔夫球等，不一而足，至少都有一个总会负责推动。像板球这种重要的英式运动，甚至同时有两个总会，即上海板球总会（Shanghai Cricket Club）和上海运动总会（Shanghai Recreation Club）并存。[②]

运动型总会在数量上远远超过社交型总会的现象，一方面显示社交型总会的门槛高，能入会者有限；另一方面则显示殖民社会对体育活动的重视。

从笔者对英人在华狩猎的研究可知，上海外人社群其实十分"好武"。所谓的"武"，除了积极参与万国商团的演练，

---

① *The Jubilee of Shanghai 1843 – 1893. Shanghai: Past and Present and a Full Account of the Proceedings on the 17th and 18th November, 1893* (Shanghai: Revised and reprinted from the "North-China Daily News", 1893), p. 14.

② *The Jubilee of Shanghai 1843 –1893*, p. 16. 上海板球总会一译"上海木球会"。

还尊崇勇敢、善骑射、运动型的个人。① 这种把运动提升至生活层面并赋予重要地位的现象可以有几种解释。第一，把大量的时间花在运动、娱乐、休闲上，原是当时英国上层阶级的生活方式。海外英国殖民社会虽不能全年无休地打板球、整季地猎狐，但在可能的范围之内，都会尽量有意地模仿这种生活方式，运动与社会阶级的自我认同可谓息息相关。第二，早期殖民社会以年轻男性为主，男女比例悬殊。整个 19 世纪下半叶，外人男性的生活可以用寂寞、单调二词形容，加上国籍混杂——以 1870 年代为例，当时上海外人人数维持在两千名上下，其中半数为英籍，其他依序为美、德、法、荷等国②——让两千名血气方刚的年轻男人挤在狭窄的租界空间里，不免发生斗殴、酗酒、赌博，甚至沉迷华人女子的情事。为避免上述情形发生，租界领导人莫不鼓励他们从事激烈的运动以转移注意力。

例如，英国首位驻华大英按察使（The Chief Justice of the H. M. Supreme Court for China and Japan）霍恩比爵士（Sir Edmund Hornby）便在自传中回忆道：

> 像上海这样的地方，有大群年轻人聚在一起，一定得找个方法来消耗他们的精力，赛马、赛船、猎纸、板球、壁手球（fives）、网球，还有田径比赛都很不错，而以前两

---

① 张宁：《在华英人间的文化冲突：上海"运动家"对抗"鸟类屠害者"，1890~1920》，《中央研究院近代史研究所集刊》第 34 期，2000 年 12 月。

② 中国第二历史档案馆等编《中国旧海关史料》第 5 册，京华出版社，2001，第 57、335、653 页；第 6 册，第 63、385 页；第 7 册，第 203、615 页；第 8 册，第 233、669 页；第 9 册，第 251 页。

项尤佳。因为它要晨起训练,参加者得早早睡觉,下班之后自然没有多少时间可以喝酒或从事其他有争议的嗜好,这些嗜好是此地气候以及缺乏社交与知性娱乐的结果。①

体认到运动对殖民社会的重要性,霍恩比本人不仅养马、骑马,并于1867~1870年和1873年两度担任上海跑马总会主席,在推动该项赛事规范化方面不遗余力。② 除了他,如怡和、宝顺等大洋行行东和其他租界领导阶层也多以身作则,不但鼓励年轻成员骑马、赛马,自身也积极参与训练,以达到有效抑制年轻人不守规矩的目的。租界领导人除了亲力亲为,也对场上他人的行为举止严格规范。霍恩比说道:"我们的规矩相当严格,包括训练期间在内,场上均不得咒骂、说脏话或饮酒,下注需有节制,任何不诚实的小动作都会立即被驱逐出场。我在那里的时间只有一次有人破坏规矩,我必须痛苦地当众宣布对其予以驱离,并带着他走过大看台,在众目睽睽下离开跑道。"③

外人社群之所以运动风气盛行,尤其得益于上海运动事业基金会的建立,其英文名为Shanghai Recreation Fund。该基金会与上海跑马总会一样,都是典型英国市民社会的产物,成立目的在推动租界外人社群的休闲娱乐,尤其是体育活动。

---

① Edmund Hornby, *Sir Edmund Hornby: An Autobiography* (Boston and New York: Houghton Mifflin, 1928), p. 263.

② Hornby, *Sir Edmund Hornby*, p. 262; *Shanghai Considered Socially: A Lecture by H. Lang* (Shanghai: American Presbyterian Mission Press, 1875), p. 49; "Shanghai Races," *NCH*, 7 Nov. 1872, p. 392; "Shanghai Races," *NCH*, 3 May 1873, p. 380; "Shanghai Races," *NCH*, 6 Nov. 1873, p. 393.

③ Hornby, *Sir Edmund Hornby*, p. 263.

体育活动非常需要场地，所以该基金会一开始即致力于取得合适用地。

1860 年，亦即第二跑马场至第三跑马场的过渡期，沪上几个大洋行的大班，包括麟瑞洋行大班安卓布（Robert C. Antrobus）、宝顺洋行大班典题（Henry W. Dent）、琼记洋行（Augustine Heard & Co.）大班希尔德（Albert F. Heard）、怡和洋行大班惠托尔（James Whittall）等四人公开向外人社群招股，最后以海关银 4400 余两的代价购入第二跑马场中央 40 亩左右的土地，建立了一个以板球场为主的运动场，中文称西侨体育会。①

三年后因租界地价飞涨，西侨体育会又决议卖掉原先的地产，得价 4.9 万余两，一买一卖之间所得差价为本金的十倍多。由于该会当初集资的目的是提供西侨运动场所，所以股东们同意取回原先投资的金额后，将盈余成立上海运动事业基金会，用来推动公众体育活动。该基金会一方面于 1863 年购入第三跑马场中央 430 亩左右的土地；另一方面以贷款的方式，协助外人社群建立包括上海总会在内的各式总会。②

上海运动事业基金会成立初期以贷款为主，对于跑马厅中心的土地经营有限，除了部分球场外，大部分的草地沦为打鸟、放牧之用。有鉴于运动对外人社群的重要性，1894 年起

---

① Shanghai Recreation Fund, *History of the Shanghai Recreation Fund, from 1860 – 1882: With an Account of the Shanghai Driving Course of 1862（now the Bubbling Well Road）and of the Public Garden*（Shanghai: Celestial Empire Office, 1882）, pp. 1 – 6；《上海万国运动会呈上海市人民政府》（1950 年 2 月 6 日），上海市政工程管理局档案，档案号：B257 – 01 – 00033，上海市档案馆藏。

② Shanghai Recreation Fund, *History of the Shanghai Recreation Fund, from 1860 – 1882*, pp. 6 – 8.

工部局开始以承租人的方式介入，进行维修、排水整地，并另添了高尔夫球、足球、马球等球场。①

拜工部局工务处和该基金会之赐，到了 20 世纪初，跑马场已发展成一个不折不扣的大型户外运动场。各式运动项目除划船、赛艇需在水上进行，其他大部分均可在跑马场中心的土地上找到合适的场地。从图 1－3 这张 1940 年前后的跑马厅冬季规划图便可看出，跑马场中心大致可分为南、北两块草皮：南草地为上海运动总会的板球场、网球场及滚球场；北草地则是上海板球总会的板球场和网球场。另外，北草地的北缘自西而东分别为上海棒球总会、上海草地滚球总会、上海高尔夫球总会、上海英式橄榄球总会的简易会所（pavilion），而草地滚球总会的专属球场则位于北草地的西北方。至于这两个中心以外的草地，则依夏冬两季整理成不同的球场。夏季是三月始九月终；冬季是十月始二月终。前者以棒球场、马球场为主；后者则是运动旺季，经常规划成多个球场。如图中便包含四个足球场、四个曲棍球场，以及两个英式橄榄球场。

在上海诸多的运动型总会中，跑马总会无疑具有特殊的地位。如前所述，在租界数次的扩界当中，跑马场一直扮演先锋的角色。等到跑马厅位置确立不再迁徙后，其地理位置更与上海总会成掎角之势。上海总会位于英租界东南角，有如外滩的界石；跑马总会则位于英租界西北角，象征租界西面的边界。接下来数年，跑马场便一直扮演这种"界外之界"的角色。原本以为租界的扩展仅止于此，不料 1863 年 9 月英美租界决

---

① "Shanghai Race Club," *NCH*, 25 Jan. 1895, pp. 129－133.

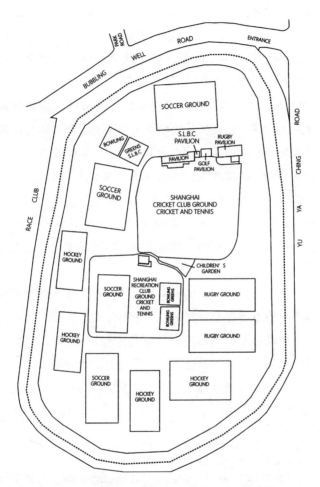

图 1 - 3　上海跑马厅冬季规划图（约 1940 年）

说明："Winter Sports on the Racecourse," http：//shanghailander. net/2010/01/
winter - sports - on - the - racecourse/（accessed on 2014/3/20）。

议合并，改称公共租界。1893 年，原本界线未定的美租界
界线确定，公共租界面积因此骤增为 10676 亩，是原先的

3.78 倍。① 1899 年，公共租界再度扩张，向东由杨树浦桥扩增至周家嘴角，向西自泥城桥扩增至静安寺镇。扩界后的公共租界总面积高达 33503 亩，较之前又增加了两倍多，此后未再扩界(图 1 – 4)。②

1899 年的扩界不仅扩大了公共租界的范围，连带将跑马场一并纳入，使得跑马场从边陲进入了中心。随着租界的迅速扩张，跑马场所在的东、北两面更于 1930 年代发展成大型商圈，商业繁荣，高楼林立，一变而成了闹市。于是，跑马场以500 亩的面积雄踞于闹市，行人车辆往来都必须绕路，犹如城市中的一座庄园。这情形不仅世上少有，在通商口岸亦属罕见。在北京、汉口、福州、青岛等地，赛马场距租界都有一段距离。③

跑马场位于市区，提供了上海异于其他口岸，甚至也异于欧美城市的特点。当全世界的马主平日于城市工作，仅周末才能赴乡间探视心爱的马匹时，上海马主却可清晨莅临跑马场，或看马夫练马，或享受驰骋之乐，梳洗之后再神清气爽地赴洋行办公。沪上赛马场这种与城市生活紧密结合的情形，仅香港

① 美租界原本界线未定，只有一个美驻沪领事熙华德 (G. F. Seward) 与署苏松太道黄芳签订的大概章程，即西起泥城浜对岸之点，向东沿苏州河及黄浦江到杨树浦向北三里为止。经过多年交涉，1893 年 2 月苏松太道聂缉规终于同意大致依所谓的 "熙华德线" 勘定界址、竖立界石，面积共 7856 亩。上海外事编辑室编《上海外事志》，上海社会科学院出版社，1999，第 111 页；《上海租界志》，第 97 页。

② 《上海租界志》，第 98 页。按，1 亩 = 0.06666667 公顷；100 公顷 = 1 平方千米。以 15 亩约等于 1 公顷计，其面积等于 2233.53 公顷，亦即22.34 平方千米。

③ 张绪谔：《乱世风华：20 世纪 40 年代上海生活与娱乐的回忆》，上海人民出版社，2009，第 157 ~ 158 页。

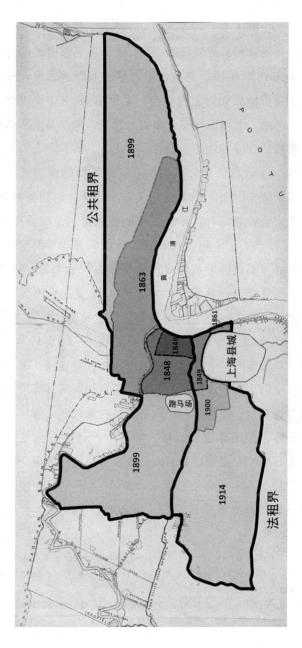

图 1 - 4　上海租界扩界图

的快乐谷可堪比拟。

基于跑马场这种扩界先锋的特性，上海跑马总会的前身赛马委员会早在1850年便已建立，不仅早于上海运动事业基金会及该基金会资助成立的上海总会，更早于1864年才成立的公共租界工部局。上海跑马总会历史之悠久，沪上其他总会难出其右；兼以该会除了地产，还另有房产。

1861年，上海跑马总会率先在第三跑马场的西面建立了石砌高台和楼房作为会所；1890年又在两座楼房间加盖钟楼，形成了一个完整的建筑群。经过多年的整地排水、疏浚经营，到了1917年已成了一个相当美观宜人的俱乐部。不仅建筑堂皇，旁边更有三圈椭圆形的跑道：最外圈为长达1.25英里的草地跑道，细草如茵，其直线冲刺区达0.25英里；第二圈是以细碎煤渣铺成的泥地跑道，作为会员日常骑乘、练跑之处；最内圈则是跳浜区，专供越野障碍赛之用。[①] 到了1934年，因原建筑物趋于老旧，上海跑马总会更将之拆除重建，建成一座更富丽堂皇的会所。新会所共三层，包括楼高两百英尺的钟楼，外设会员看台、普通看台；内有会员专属包厢、餐厅、咖啡厅、弹子房、保龄球道、酒吧、阅读室、马会办公室等设施；屋顶并有两个专属壁球的室内球场供会员练球之用。[②]

这些跑道、西面大看台、装有大钟的会所与办公楼，以及隔一条马路的马厩等建筑均归上海跑马总会所有。会所内

---

① W. Feldwick, ed., *Present Day Impressions of the Far East and Prominent & Progressive Chinese at Home and Abroad* (London: The Globe Encyclopedia Co., 1917), p. 319.

② "New Race Club Buildings," *NCH*, 7 March 1934, p. 381；影录：《跑马总会新厦之落成》，《申报》1934年3月6日，第27版。

部还设有各式休闲设施，供会员清晨练马或平时休憩之用。无论产业规模还是会所设施，上海跑马总会在运动型总会中都是佼佼者。

三　身份形塑的工具

上海跑马总会董事

通商口岸成立赛马总会，不仅早于英国，其功能最终也与英国并不完全一致。英国赛马场成立总会，是为了将士绅与工人阶级观众进行区隔；而在通商口岸，赛马总会则是租界的支柱，与租界当局以及当地领事团等一起支撑殖民社会于不坠。这一点，从上海跑马总会的董事名单中可以清楚看出。

1862 年，上海跑马总会的首届董事共有六人，分别是兆丰洋行（Hogg Brothers）创办人霍锦士（James Hogg）、弗莱彻洋行（Fletcher & Co.）合伙人坎贝尔（A. Campbell）、丽如银行经理麦克都尔（J. McDouall）、屈臣氏大药房（Watson & Company, A. S.）合伙人科克（James Cock）、麦肯锡洋行（Aspinall, Mackenzie & Co.）代理人李查森（C. Lenox Richardson）、宝顺洋行大班典题。① 这些董事一方面与先前的赛马委员会委员有明显延续性，譬如宝顺、丽如为向来支持跑马的大行，霍锦士为首届赛马委员会委员霍格之弟；但另一方面也可以看出跑马总会渐渐被纳入租界权力体系，其中有多名

---

① Olsen, comp. , *The Racing Record*, p. 42 A；"［Editor's Notes］," *NCH*, 16 Oct. 1873, p. 319；"Notice of Fletcher & Co. ," *NCH*, 16 July 1864, p. 114；"Notice of Watson & Co. ," *NCH*, 23 March 1861, p. 45.

董事身兼工部局董事（councilor），甚至为外国驻沪领事。譬如，霍锦士不仅身兼意大利领事，还于 1862 年担任英租界防务委员，且于 1865 年、1868 年出任公共租界工部局董事;[①]另一董事科克也于 1862～1864 年连续三年担任工部局董事;[②]至于典题的政治生涯则更为丰富，除了身为上海运动事业基金会的发起人兼葡萄牙驻沪领事、总领事，1863～1864 年更荣任公共租界工部局总董、1865 年担任法租界公董局临时委员会委员。[③]

这种交织的身份显示随着租界事务日上轨道，上海跑马总会也渐渐成为租界权力架构的一部分。在这个权力的金字塔中，工部局身为公共租界的市政管理机关自然位于顶端，但上海跑马总会亦不容小觑，不少人是先出任上海跑马总会董事，然后再出任工部局董事的。上海跑马总会选出首任董事之后，接下来每年一选，每届七名;自 1884 年起，当选者彼此互推一位任主席。[④] 此即上海跑马总会的核心，其权力不仅在管理马会财产、制定赛马规章、维持赛事秩序，更在于它常与工部局董事会的名单重叠。这一点，在跑马总会的主席身上尤为明显。

如果我们以该会的整体历史为分析对象，亦即从首届董事选出的 1862 年起，至 1948 年止，在这长达 87 年的时间里，

① 汤志钧主编《近代上海大事记》，上海辞书出版社，1989，第 156、158、215、248、916、917 页。

② 汤志钧主编《近代上海大事记》，第 164、189、200、915～916 页。

③ 汤志钧主编《近代上海大事记》，第 186、189、200、202、226、915～916、932 页。

④ Olsen, comp., *The Racing Record*, pp. 42A–44A.

上海跑马总会总共选出了 33 位主席。^① 由于早期许多人经常离沪，任期短则一季，长则近 20 年；在这 33 名主席当中，18 位曾任工部局董事、一位长期担任法租界公董局董事，位居权力顶端者合计近六成。更甚者，在这 19 位租界董事当中，有多达 12 位最后坐上了工部局或公董局总董（chairman）或副总董（vice-chairman）的高位（表 1 - 1）。

其中最值得留意的，首推前述英国首位驻华大英按察使霍恩比。他来华后，一方面担任英国在中国和日本两地的最高法院法官，另一方面于 1867～1870 年和 1873 年两度出任上海跑马总会主席。他是来华英人中少数出身英国上层阶级者，一生在帝国各地历练，其经历颇能窥见当时英帝国的运作情形。

霍恩比 1825 年生于约克郡，父亲是英格兰籍律师，母亲来自威尼斯著名贵族格里马尼（Grimani）家族。他的叔叔于剑桥大学毕业后，先是担任文学评论杂志的主笔，后在剑桥同窗克拉伦登伯爵（Sir George Villiers, 4th Earl of Clarendon）的鼓励下进入外交界，分别在马德里、里斯本等使馆历练，后官拜英国驻巴西公使。在这样的家庭长大，霍恩比自然有别于一般人的成长经历。其父不相信学校教育，14 岁之前他一直在家由家庭老师教育；14 岁至 16 岁时被送至德国和法国念书，因此他的德语和法语如母语般流利。归国后，他被父亲送至里斯本，在其叔的监督下于英国使馆从事文书工作。之后他的外交生涯并无太大进展，却因此学会了西班

---

① 虽然上海跑马总会迟至 1884 年才正式确立主席制，但排名最先的董事常有主席之实，故此处 1884 年以前以排名首位的董事为主席计算。又，太平洋战争爆发后，日方以上海恒产股份有限公司管理赛马，并以华人马主周文瑞为主席，因其仍以上海跑马总会为名，故亦一并算入。

表1-1 上海跑马总会历任主席及其兼任租界董事之时间

姓名	任上海跑马总会会主席时间	任工部局董事时间	任公董局董事时间
霍锦士（James Hogg）	1862	1865,1868	无
科克（James Cock）	1863~1864	1862~1864	无
马安（John Markham）	1865	无	无
迈伯勒（P. A. Myburgh）	1866	无	无
霍恩比（Sir E. Hornby）	1867~1870, 1873	无	无
金恩（C. J. King）	1871~1872, 1875	无	无
希契（F. D. Hitch）	1874, 1876	1874~1876	无
罗氏（E. G. Low）	1877	1877~1878	无
赫得（Jas. Hart）	1878~1879	1875~1876, 1877~1878（总董）	无
麦克列昂（Alex McLeod）	1880, 1883~1885, 1888~1891, 1893.11~1896, 1899.10~1900, 1904.11~1909.11	1877, 1900（副总董）	无
库茨（G. W. Coutts）	1881~1882	1857	无
林格尔（J. M. Ringer）	1886~1887	无	无
斐武楷（R. E. Bredon）	1892~1893.4, 1903~1904.11	无	无

续表

姓名	任上海跑马总会主席时间	任工部局董事时间	任公董局董事时间
麦格霄戈（John Macgregor）	1893.5～1893.10	1888，1889～1891.5（总董），1893.11（总董）	无
贝满（C. Beurmann）	1893.11	1893，1896.3～1810	无
斐伦（James S. Fearon）	1896	1879，1896，1897（副总董），1898～1899（总董）	无
伯克（A. R. Burkill）	1897	1897（总董）	无
阿尔福（E. F. Alford）	1898～1899.6	1894.1～1894.7，1896.5	无
普罗布斯特（E. A. Probst）	1899.7～1899.10	1891.2，1891.5（副总董），1892.3～11（副总董）；1894～1895（副总董）	无
克拉克（Brodie A. Clarke）	1900.5～1900.8，1901～1902	无	1892～1893，1895～1897（副总董），1899～1907.6（副总董），1910（副总董），1911
麦克雷革（R. Macgregor）	1903.4～1903.7，1911～1912.4	无	无
兰代尔（David Landale）	1909.11～1910	1901，1903～1904，1907，1908～1910（总董）	无

续表

姓名	任上海跑马总会主席时间	任工部局董事时间	任公董局董事时间
庞亚士（E. C. Pearce）	1912.4～1912.5	1911～1912, 1913～1918（总董）	无
杰克生（W. S. Jackson）	1912.5～1912.9, 1913～1920	无	无
里德（H. H. Read）	1916.7～1916.9	无	无
施迪（G. H. Stitt）	1921～1923	无	无
伯基尔（A. W. Burkill）	1924, 1926～1934	1903～1904, 1907～1908, 1911～1912（副总董）	无
安拿（H. E. Arnhold）	1925	1928, 1929（总董）, 1932～1933（副总董）, 1934～1936（总董）	无
施伯克（N. L. Sparke）	1935	无	无
安诺德（C. H. Arnhold）	1936～1940, 1946～1948	无	无
周文瑞（V. S. Chow）	1941～1945	无	无
马勒（N. E. Moller）	1946.10	无	无
樊克令（Cornell S. Franklin）	1946.11～1946.12	1933～1935, 1936（副总董）, 1937～1939（总董）	无

资料来源：Olsen comp., *The Racing Record*, pp. 42A-44A；汤志钧主编《近代上海大事记》，第914～945页；任建树主编《现代上海大事记》，上海辞书出版社，1996，第1061～1078页。

牙语，其精通程度更胜于其他外国语言。这项才能也引领他走向了国际法的道路。①

霍恩比20岁出头返回英国，先是进入其父及其他著名律师的法律事务所接受训练，并于1848年开始执业。作为一名基层律师，他的薪资有限，加上新婚，好些年日子过得并不轻松。但1854年幸运之神降临，因缘际会之下，他指出一份西班牙商业文书翻译成英文时有一个重大的错误，引起了外交部的注意。当时的外交部部长正是其叔昔日同窗克拉伦登伯爵。于是在克拉伦登伯爵的邀请下，他开始为外交部处理法律文件与事务。1855年，他被派往君士坦丁堡，执行英法两国因克里米亚战争对奥斯曼帝国的借款。战争胜利后又奉命整顿当地的领事法庭。②

原来自伊丽莎白一世起，英国臣民在土耳其便享有领事裁判权，但日积月累下弊端丛生，亟待整治。于是在外交部的支持下，霍恩比等拟订了一套改革方案。这套方案基本上是将领事的商务工作与司法、审判等职责二分，把后两者独立出来，另外委由专业的法律人士处理。于是从1857年起，英国驻君士坦丁堡最高领事法庭成立了，霍恩比被任命为首任法官，从此开始了他在领事馆之间推动改革的生涯。为了加强其权威，英国外交部于1862年还为年仅37岁的他请求封爵。③

---

① Hornby, *Sir Edmund Hornby*, pp. 3 - 17; "Henry Southern（journalist），" http://en. wikipedia. org/wiki/Henry_ Southern_ （journalist）（accessed on 2015/6/8）.

② Hornby, *Sir Edmund Hornby*, pp. 45, 47 - 48, 57 - 59, 67 - 74, 79.

③ Hornby, *Sir Edmund Hornby*, pp. 92 - 95, 121.

英国外交部急于在海外建立一套可行的司法制度，不仅出于对中东地区的考虑，也基于中国、日本相继对外开放通商的实际需求。从英国的角度来看，清朝的法律野蛮，难以理解，为了确保其臣民在华贸易时不受中国法律的管束，英国特别在 1843 年签订的《五口通商章程》中坚持：一旦英人与华人发生纠纷，"其英人如何科罪，由英国议定章程法律，发给管事官照办"，[①] 此即英国在华领事裁判权或称治外法权的源头。

既然费心取得了领事裁判权，就必须确定执行的公平与效率，方能展现英国法律的优越性。霍恩比在君士坦丁堡有多年经验，正是推动此事的不二人选。于是英国外交部 1865 年调派霍恩比前往上海，出任英国首位驻华大英按察使，负责英国在亚洲地区重大案件的最终审理。[②]

霍恩比抵华后果然不负众望，充分利用其在奥斯曼帝国积累的丰富经验，再斟酌中国的情形，为英国在华领事制定了一套民法、刑法判案的标准程序。不仅如此，他还创办了《最高法院与领事公报》（*Supreme Court and Consular Gazette*），将最高法庭的法官判决、辩论过程，乃至破产、买卖、婚姻等通告定期刊载其上。重要案件并由霍恩比本人或其部属撰文说明，务求做到在华商人、领事乃至对法律一无所知者都能了解判案的原则，从而达到执法一致的目标。1876 年其退

---

① "General Regulations, under which the British Trade is to be Conducted at the Five Ports of Canton, Amoy, Fuchow, Ninpo, and Shanghai 议定广州、福州、厦门、宁波、上海五港通商章程," The Maritime Customs, *Treaties, Conventions, etc., Between China and Foreign States*, vol. I （Shanghai: Statistical Dept. of the Inspectorate General of Customs, 1917）, p. 388.

② Hornby, *Sir Edmund Hornby*, p. 191.

休离华时，可说已为英国在华领事裁判权的执行奠定了相当坚实的基础。[1]

依照霍恩比的评估，英国在华最高法院的权力更甚于其在奥斯曼帝国的最高领事法庭。它不仅有判处极刑的权力，更负责为使馆解释条约，加上它对英国在华各领事馆的司法事务负有监督之责，就连公共租界工部局都对它礼让三分，故霍恩比在上海殖民社会位于金字塔的顶端。是以他一入上海跑马总会便成为当然的主席。其时，该会正因怡和、宝顺两洋行的十年斗富而元气大伤，在霍恩比的领导下赛事逐步正常化与规范化。[2]

霍恩比担任上海跑马总会主席长达五年，几乎占其在华生涯之半。他的自传除了浪漫之回忆，[3] 最得意和津津乐道的就是他的相马功力。他透露在沪期间曾驯养过不少马匹，手上经常有六七匹马同时进行训练。虽说他本人从未赢过任何赛事，也从未下过一次赌注，但六年下来收支大致平衡，仅亏损约16英镑。要如何长期驯养马匹却不至亏本，关键在于他出身英格兰北部的约克郡，从小便爱马，能从马贩运来的大批蒙古马中挑选出极具潜力者加以训练；一旦有成，便转手贩出，借

---

[1] Hornby, *Sir Edmund Hornby*, p. 252.《最高法院与领事公报》后来于 1870 年并入《北华捷报》，后者全名便由原先的 "North-China Heard and Market Report" 更改为 "North-China Heard and Supreme Court & Consular Gazette"。"Notice," *NCH*, 1 Feb. 1870, p. 89.

[2] *Shanghai Considered Socially*, p. 49.

[3] 上海跑马总会对霍恩比而言不只是公务，还包括私人情感。原来，1875 年年已 50 岁的霍恩比娶沪上美侨罗伯茨（John P. Roberts）的长女爱蜜丽（Emily Augusta Roberts）为妻，当时后者年仅 20 岁。据说霍恩比第一次见到爱蜜丽是在上海往日本度假的船上，当时她还是个孩子，霍恩比对她一见钟情。回到上海后，每当爱蜜丽在跑马场身穿骑装、头绑红巾、纵马驰骋时，霍恩比经常在一旁爱慕欣赏，等她长到 20 岁，两人终于成婚，婚后育有两子。Hornby, *Sir Edmund Hornby*, pp. xiii – xiv.

此享受养马、饲马的乐趣。他不在乎输赢，也舍不得对马匹过度训练，是以马匹转手后往往能在骑师的驱策下绽放光芒。①

霍恩比带领上海跑马总会度过了 1870 年代的黑暗期。至于担任上海跑马总会主席长达 20 年的麦克列昂（Alex McLeod），则是 1880～1890 年代该会形塑期的重要推手。不同于霍恩比，麦克列昂出身寒微，靠努力读书与工作力争上游。他于 1844 年前后出生于苏格兰的斯凯岛（Isle of Skye），因家境贫寒仅能至伦敦专为贫童设立的基督慈善学校［the Bluecoat School（Christ's Hospital）］就读。毕业后，他幸运地加入大英轮船公司（The Peninsular and Oriental Steam Navigation Company），随后于 1862 年被派往香港。大英轮船公司为英国著名的船运公司，在英帝国享有贵族般的地位。麦克列昂在该行积累了珍贵的经验与履历，于 1864 年前后离开，加入香港英商仁记洋行，8 年后晋升为合伙人。随着仁记业务的重心渐移沪上，1872 年麦克列昂改驻上海，此后一直定居该埠直至 1911 年去世，享年约 67 岁。②

仁记洋行是英国在华的老牌洋行之一，专门从事丝、茶出口及杂货进口等贸易，并负责代理欧美轮船、保险及其他公司厂商共数十家。③ 它的行东在上海向来扮演租界领导人的角色，前述首届赛马委员会委员吉勃即为该行创办人。是以麦克列昂来沪后，很自然地便担负起租界公共事务的责任。譬如，他 1877 年当选工部局董事；1900 年更被选为副总董。身为苏

---

① Hornby, *Sir Edmund Hornby*, pp. xiv, 262–263, 265.
② "Mr Alex McLeod," *NCH*, 6 Jan. 1912, pp. 18–19.
③ 黄光域编著《外国在华工商企业辞典》，四川人民出版社，1995，第 141 页。

格兰人，他曾于 1881 年、1882 年连续两年获选为圣安德肋会
社（St. Andrew's Society）主席；同时长期担任公济医院
（General Hospital）理事，并一度出任主席。该院是沪上第一
家西医院，专为沪上外侨提供医疗服务，被认为是重要的公共
组织。①

麦克列昂所任公职虽多，但最爱赛马。他自 1875 年起获
选为上海跑马总会董事，直至其过世，总计长达 36 年。自
1880 年起，他并多次出任上海跑马总会主席（1880、1883 ~
1885、1888 ~ 1891、1893 ~ 1896、1899 ~ 1900、1904 ~ 1909），
累计时间约 20 年之久。在其任内，他不仅于 1888 年率先引入
新式下注方法"赢家分成法"，使上海跑马总会转亏为盈，并
购入地产、修改入会规章，可说是该会奠基的功臣。有趣的
是，麦克列昂不只满足于出任董事或主席，更经常在赛事中担
任实际上场的执事（officials），特别是裁判一职。其公正严明
颇受好评，直到 65 岁那年仍上场执法。② 赛季开始前的晨练
经常可见到麦克列昂的身影。他身穿灯笼裤、上搭天鹅绒外套
的形象更被绘成漫画，挂在上海跑马总会的墙上。当他过世
时，《北华捷报》推崇他为"上海外人社群中最杰出的一员"，
并直言道："虽说没有人是无法取代的，但在很多方面，很难
有人能填补他的位置。"③

霍恩比和麦克列昂来沪前已有一定的地位，斐伦（James

---

① "Mr Alex McLeod," *NCH*, 6 Jan. 1912, pp. 18 – 19；汤志钧主编《近代上海
大事记》，第 919、926 页。

② Olsen, comp., *The Racing Record*, pp. 43A – 47A；"Presentation at the
Shanghai Race Club to Mr. A. McLeod," *NCH*, 8 May 1901, pp. 902 – 903.

③ "Mr Alex McLeod," *NCH*, 6 Jan. 1912, pp. 18 – 19.

S. Fearon）却是白手起家，上海跑马总会主席的位置可谓其攀升殖民社会的重要阶梯。斐伦是美国人，1870 年来沪加入美商琼记洋行（Augustine Heard & Co.），于船运部担任职员；1875 年琼记歇业，他与该行伙东费隆（Robert I. Fearon）、会计罗氏（E. G. Low）次年另组协隆洋行（Fearon, Low & Co.），主要业务包括从事进出口贸易，以及为数家英美轮船和保险公司担任代理。1890 年代，费隆、罗氏相继过世退出，原仁记洋行茶师丹尼尔（H. W. Daniel）加入，该行乃更名为"Fearon, Daniel & Co."，中文仍维持原来名称，斐伦成了主要负责人。在其经营管理下，该行业务日见扩大，不仅在天津、汉口、北京、哈尔滨、镇江、芜湖等地设有分号，更于纽约、旧金山等地成立代理处，同时涉足纺织业，担任协隆纺纱厂的全权经理，并承包相关工程业务，代理欧美厂商数家至数十家。①

不同于麦克列昂肩负多项租界公共职务，斐伦在获得一定社会地位后主要参与的仅有上海水龙公所（Shanghai Fire Brigade）、上海运动事业基金会、上海跑马总会。他是上海水龙公所维多利亚队（Victoria Company）的发起人，同时是上海运动事业基金会的整地委员。正是在其与同僚的努力下，上海跑马场中央的土地才能由原先打鸟牧马的荒地转变为后来景色宜人的运动场。②

---

① "Mr. James S. Fearon," *NCH*, 30 Oct. 1920, p. 326；"Readings of the Week," *NCH*, 15 Jan. 1897, p. 44；黄光域编著《外国在华工商企业辞典》，第 239 页。

② "Mr. James S. Fearon," *NCH*, 30 Oct. 1920, p. 326；"The Late Mr. Fearon," *NCH*, 6 Nov. 1920, p. 402.

　　由于爱好养马、骑马，斐伦早在 1870 年代即加入上海跑马总会，成为会员，并于 1884～1885 年出任董事。到了 1890 年代，他不仅贵为协隆洋行行东，更是上海重要马主之一，于是 1893～1896 年再度获选为跑马总会董事，且于 1896 年成为主席。① 斐伦出任上海跑马总会主席虽仅有一年，但已足以让他朝租界的权力核心进一步攀升。早在 1879 年他即出任过工部局董事，但真正的高峰出现在 1890 年代。他在成为上海跑马总会主席的当年，又再度获选为工部局董事，并于次年出任副总董，然后在 1898～1899 连续两年荣任总董。《北华捷报》称赞他任内"既展现能力，又不忘尊严与谨慎"。② 1920 年他逝于天津，除妻子外，留有一双儿女：儿子小斐伦（Frank Fearon）活跃于沪上；女儿则嫁给了祥茂洋行（A. R. Burkill & Sons）合伙人，同时也是上海著名骑师小白克而（C. R. Burkill）。③

　　从前述几个例子可以看出，上海跑马总会主席与租界领导人经常出现重叠，有时甚至互为犄角。这种情形不仅在运动型总会中无出其右，即使在社交型总会中也仅有上海总会可以媲美。上海跑马总会董事的特殊地位系出于多种因素的结合。首先，出任董事是一种公共服务，也是通往殖民社会更高位阶的一种历练；其次，养马、骑马是绅士的爱好，愿意为马匹付出时间与精力是绅士的修养；最后，作为绅士就应该加入绅士型总会。三者结合起来，没有什么比出任上海跑马总

----

① Olsen, comp., *The Racing Record*, pp. 8A - 1, 44A - 45A.

② 汤志钧主编《近代上海大事记》，第 919、925 页。

③ "Mr. James S. Fearon," *NCH*, 30 Oct. 1920, p. 326. 小白克而出身上海著名的赛马家族，有关该家族的情形，详见本书第二章。

会董事更能彰显这三者合一的特性了。不过，并非所有的董事都有机会成为主席，大部分的会员最后也多未能获选为董事，但这并不妨碍身份地位的形塑。正如上海跑马总会主席位居租界权力的核心，总会会员的身份无疑也是迈向租界上层社会的一块敲门砖。

上海跑马总会会员

上海跑马总会成立初期会员人数有限，1870～1880年代仅一二百人，参加者多为兴致勃勃的年轻人。养马、骑马在英国国内极为昂贵，只有贵族乡绅才负担得起，而来华英人多半来自中产阶级下层甚至劳工阶级，在国内鲜少有机会接触此运动。但是来华之后，他们的社会地位因租界的殖民性质而往上提升，遂对更高阶层的生活方式产生模仿之意。加上蒙古马在中国价格相对便宜，连一般洋行职员都负担得起，养马、骑马遂成为抵华新手最热衷尝试的运动。

譬如，1863年来华加入中国海关的包腊（Edward Charles Bowra），甫抵津海关便兴奋地写道："这里一匹好的蒙古马只要8英镑，或者洋40元，再加上每月5元给马夫、5元买秣草，每月只要两英镑，就可拥有国内每年一百英镑才能得到的享受。"[1] 1885年来沪任英商泰兴公司（Lane, Crawford & Company）账簿间职员的里德（H. H. Read）说，当时洋行新进人员的月薪可达200两，中国因物价低廉，这样的薪水不仅生活阔绰，每月还可匀出12元左右养一匹蒙古马，再以28元买一套上好

---

[1]　Coates, *China Races*, p. 47.

的斜纹软呢西装。①

　　由于上海跑马总会规定马主和骑师必须为会员才能在跑马厅出赛，是以这些兴致勃勃的年轻人便成为该会的基本成员。租界成立初期外人社群人数有限，一开始入会并不困难。1871年时入会费仅5两，另缴交年费15两便可使用跑道练骑，② 并在冬日清晨享受一杯热腾腾的咖啡。③ 入会的目的既在于出赛，加上人来人往，每年入会与退会者都不在少数。譬如1885年退会者31人，新加入者26人，会员人数维持在226人；④ 1890年退会者22人，新加入者30人，会员人数略增为236人。⑤ 这些数据显示，早期上海跑马总会仅是马主或骑师必须加入的组织，而非身份形塑的工具。不过到了1890年代这种情形开始出现转变，主要原因是该会财务状况的改善。

　　上海跑马总会成立初期财政颇为困窘。1862年兴建的大看台等建筑规模过大，不仅积欠怡和洋行大班耆紫薇（William Keswick）一万两巨款必须偿还，⑥ 就连跑道也仅拥有部分股权，每年还需偿付700两左右的租金方能使用。⑦ 经

---

① "Fifty Years in China," *NCH*, 19 April 1932, p. 104. 里德后转任美孚石油公司（Standard Oil Company of New York）职员及股票交易商，他本人爱好跑马，曾任上海跑马总会董事多年。有关其1923年代表上海跑马总会主席招待万国体育会会员的发言，详见本书第二章。

② "The Race Club," *NCH*, 1 March 1871, p. 140.

③ "The Race Club," *NCH*, 6 March 1869, pp. 122 – 123；"The Shanghai Race Club," *NCH*, 12 March 1884, pp. 296 – 297.

④ "The Shanghai Race Club," *NCH*, 11 Feb. 1885, pp. 158 – 159；"The Shanghai Race Club," *NCH*, 3 March 1886, pp. 235 – 236.

⑤ "The Shanghai Race Club," *NCH*, 14 Feb. 1890, p. 176；"The Shanghai Race Club," *NCH*, 20 Feb. 1891, pp. 206 – 207.

⑥ "The Race Club," *NCH*, 15 Feb. 1868, p. 67.

⑦ "Summary of News," *NCH*, 6 June 1867, p. 92.

过多年的分期付款，1873 年终于还清耆紫薇的欠款，[1] 1878 年又取得跑道投资人 25 股中的 23 股，不必每年再为使用跑道而支付庞大租金。这时才可以开始考虑如何改善跑道和场地了。[2]

上海跑马总会由亏转盈的真正转折点出现在 1888 年。该年在麦克列昂的主持下，上海跑马总会决定引入"赢家分成法"。原来在英式赛马中，赌马与观赛为一体的两面，赌博使赛事更加刺激，观看则让输赢更具成就感。由于赛马的乐趣同时来自观看与下注，上海外人社群打从一开始便允许场内小赌，"以为友谊竞赛的刺激"。[3] 最初地点多在德国总会或上海总会所设的临时帐篷内，金额十分有限。[4] 但随着外人人数增加，赌金随之增大。到了 1888 年 5 月，上海跑马总会开始引入一种新的下注方法——"赢家分成法"。[5]

这种方法系 1860 年代由一位深具商业头脑的法国人约瑟夫·奥勒尔（Joseph Oller）所创，特色在于奖金分配的办法与众不同。当时欧美各赛马场下注多由博彩业者负责，由其依风险自定赔率与赌客对赌。"赢家分成法"却是将下注移至赛马场中，由场方负责赌金的收集与分配，而奖金分配系将所有下注金额扣除一定比例的手续费后，再由得奖者均分。这种赌法为赌客与赌客对赌，场方仅扮演管理者的角色，故奥勒尔于 1867 年将之命名为"Pari Mutuel"，意即"互赌"或"赌客之

① "The Shanghai Race Club," *NCH*, 5 March 1874, pp. 200 – 201.

② "The Shanghai Race Club," *NCH*, 7 Feb. 1878, pp. 137 – 138.

③ Lanning, *The History of Shanghai*, p. 431.

④ "Shanghai Races," *NCH*, 3 May 1873, p. 384; "Shanghai Spring Race Meeting," *NCH*, 1 May 1885, p. 507.

⑤ "Shanghai Spring Race Meeting," *NCH*, 4 May 1888, p. 500.

间相互下注"。这种赌法随后传至英国，此后英文世界便大致
以"pari-mutuel"形容这种新式的下注法，[1] 中文一般译为
"赢家分成法"或"同注分彩法"。

　　由于这种方式有助于管理场内赌博、增加场方收入、避免
博彩业者操纵赛马结果等优点，19 世纪末开始普及英美以外
的各国赛马界，其中以法国、新西兰等地最为盛行。新西兰甚
至发明了一种"赌金计算器"（totalizator 或 tote），来协助场
方计算赌金的金额与分配。英美两国虽对此法深感兴趣，但受
限于国会法令和博彩业者的压力，英国迟至 1929 年、美国迟
至 1933 年才将其合法化。令人吃惊的是，即使合法化了，英
国的赌博市场仍以博彩业者为主，遂形成"赢家分成法"尽
管横扫世界，却独独在英国和爱尔兰并不普及，甚至出现根本
无法与博彩业者相抗衡的特殊现象。[2]

　　上海跑马总会因为身在海外，英国法令鞭长莫及，1888
年便引入了"赢家分成法"。采用后，该会财务情况果然大为
好转。1891 年率先还清六年前购置跑马厅旁美景园（Belle
Vue）的 9500 两贷款，使之成为总会地产的一部分。[3] 为了使
"赢家分成法"更有效，1894 年上海跑马总会一面提高抽成比
例，由原先的半成增为一成；[4] 一面自香港购进两台赌金计算

[1]　"Joseph Oller," https：//www.universalis.fr/encyclopedie/joseph – oller/
（accessed on 2019/7/24）.

[2]　Roger Munting, *An Economic and Social History of Gambling in Britain and the
USA*（New York：Manchester University Press, 1996）, pp. 116 – 126.

[3]　"The Shanghai Race Club," *NCH*, 3 March 1886, pp. 235 – 236；"The
Shanghai Race Club," *NCH*, 29 Jan. 1892, pp. 115 – 116.

[4]　"Shanghai Autumn Race Meeting," *NCH*, 3 Nov. 1893, p. 708；"The
Shanghai Race Club," *NCH*, 2 Feb. 1894, p. 176.

器，双管齐下，果然赌金收益较前一年又新增了近 5000 两。①
1895 年该会再接再厉，自澳大利亚购进四台赌金计算器，每
台可供 10 匹马上场；要是两台并用，适合 20 匹马同时上场。②
在机器的刺激下，下注金额大增，1896 年单是赌金计算器的
抽成便高达 7000 两。③

"赢家分成法"的采用和美景园的并入，对上海跑马总会
而言是一个里程碑。一方面总会收益日增，未来可望进一步提
高赛事奖金及加强总会设施；另一方面，美景园并入使得跑马
厅的草地围场面积大增，马匹入场时无须穿越人群，就算观赛
者日益增多，草地也不显拥挤，观赛质量因而大为改善。④ 总
会的地产与收益为会员共有，灿烂的财务前景无形中增加了该
会的吸引力。1894 年，上海跑马总会会员从 259 人跃升为 330
人，撇开 16 名退会者不算，该年单是新入会的会员便多达 87
人。⑤ 此后会员人数连年攀升，1896 年超过了 400 人，1900 年
更超过了 600 人，1917 年更是一跃高达 900 多人。⑥ 这些会员不
少是慕名而来，并非仅仅为了出赛。

面对情势的改变，上海跑马总会于 1894 年和 1896 年分别
针对会员制度做了两次重大改变。其结果是使得该会从原先的
一般性运动型总会，上升为殖民社会中身份地位的象征。这两

---

① "The Shanghai Race Club," *NCH*, 25 Jan. 1895, pp. 129 – 133.
② "The Shanghai Race Club," *NCH*, 31 Jan. 1896, pp. 173 – 177.
③ "The Shanghai Race Club," *NCH*, 29 Jan. 1897, pp. 167 – 168.
④ "Shanghai Spring Meeting," *NCH*, 8 May 1896, pp. 720 – 728.
⑤ "The Shanghai Race Club," *NCH*, 25 Jan. 1895, pp. 129 – 133.
⑥ "The Shanghai Race Club," *NCH*, 29 Jan. 1897, pp. 167 – 168; "The Shanghai Race Club," *NCH*, 30 Jan. 1901, pp. 209 – 210; W. Feldwick, ed., *Present Day Impressions of the Far East and Prominent & Progressive Chinese at Home and Abroad*, p. 319.

项重大改变一是调高入会费；二是重新安排场内空间。

到了1894年，上海跑马总会觉得自己的产业与财务状况足以媲美社交型总会，于是决定将入会费由5两提高为15两。对此，主席麦克列昂在会议中表示："提案的绅士认为……对想要加入本会享受会员特权的人而言，（原先的）5两太少……此举并非为了排他，相反的，我们非常欢迎新会员加入。"①

麦克列昂虽称无排他之意，但在接下来的数年里，上海跑马总会借由空间的重新配置，让该会一步步朝着排他性强烈的会员制前进。第一，应会员要求开始制作会员徽章（图1-5），上书会员号码，或圆或方，一年一换。此后会员入场无须再出示票券，仅凭胸前襟章即可长驱直入，更添尊荣。② 第二，在最接近终点的裁判亭旁另设会员专属看台，严格规定除非受邀不得进入，使得会员能有最佳的视野欣赏马匹直线冲刺。③ 同时在美景园另辟一冷餐室（tiffin room），专供马主和骑师使用，将闲杂人等拒于门外，即使现场采访的记者也不得越雷池一步。④

上海跑马总会一方面借由空间的区隔，竭尽可能地将会员与一般大众分开；另一方面也开始考虑将华人排拒在外。之前该会并不禁止华人买票进场，⑤ 例如第四日的非正式比赛，华

---

① "The Shanghai Race Club," *NCH*, 27 April 1894, pp. 646 – 647.

② "The Shanghai Race Club," *NCH*, 31 Aug. 1894, p. 356.

③ "Sporting Notes," *NCH*, 13 March 1896, pp. 419 – 420.

④ "Shanghai Spring Meeting," *NCH*, 8 May 1896, pp. 720 – 728; "The Press and the Race Club," *NCH*, 12 Nov. 1897, pp. 873 – 874.

⑤ 《广告：请观大跑马》，《申报》1892年4月30日，第6版；《广告：看跑马有极品大洋房能容三千客座》，《申报》1905年4月20日，第6版；登卢：《跑马》，《申报》1914年5月7日，第14版。

图 1 - 5   1921 年上海跑马总会会员徽章

资料来源：毕可思教授提供。

人甚至可与西人一般免费入场。[1] 但赌金计算器引入后，华人观众比赛时骚动不安，经常惊扰马匹，华人马夫、仆役更不时呼朋引伴入内下注，跑道旁纷纷扰扰，相当影响观赛质量。为在观众当中再做区分，1898 年上海跑马总会决定全面禁止华人入场。[2] 如此一来，不仅会员与非会员一分为二，即使是一般观众，该会也借由跑马厅大门将华人与西人区隔开来。

1894 年的改革主要集中在入会费，而 1896 年的改革则进一步触及会员制本身。有感于跑马厅周围土地价值日增，1895年上海跑马总会委托专人对地产进行了一次评估，结果发现该会共持有道契 107 亩，包括草地跑道 80 亩、大看台 15 亩、美景园 5 亩，还有 5 亩土地于 1861 年成为道路用地。草地跑道以每亩 50 两估算，大看台和美景园分别以每亩 2300、2800 两

---

① 《春赛志余》，《申报》1894 年 5 月 6 日，第 3 版。
② 《广告：请看大跑马》，《申报》1899 年 4 月 30 日，第 4 版。

的市值计算，保守估计下来，上海跑马总会的地产总值约在6.4 万两。这尚不包括大看台内部的家具、陈设，以及赌金计算器。[①]

挟此估价，1896 年初上海跑马总会召开年度大会时，与会会员均觉得有必要修改规章，以免随市值日增，未来会员极可能禁不住诱惑而决议变卖场地。譬如，此时已由泰兴公司转至美孚石油公司任职的里德发言表示："在场各位都知道本总会地产价值日甚一日，在可预见的未来增至 50 万两亦非不可能之事。如果新加入的会员不是真心爱好赛马，要想预防他们不借表决方式来变卖现有场地，甚至将跑马场迁至他处，恐怕十分困难。"为了未雨绸缪，他一方面主张再次提高入会费，限制会员人数；另一方面建议将现行的会员共有制（a members' club）改为部分人持有制（a proprietary club）。另一会员苏特（F. Souter）也建议是否要仿效上海重要社交型总会斜桥总会的做法，在会员中再行分类。[②]

斜桥总会是如何在会员中分类的呢？经老公茂洋行（Ilbert and Co.）经理也是上海跑马总会当届董事达吉恩（C. J. Dudgeon）解释，斜桥总会会员分股东和非股东两种，只有股东才有权对总会财务发言，每个股东最多持有 5 股，一旦退出就必须缴回股份。最重要的是，该会规定财产出卖必须 3/4 的股东同意才有效，其比例之高，形同不可能。租界著名牙医霍尔（Dr. Ward Hall）也发言表示，上海跑马总会注定将成为远东最富有的总会，是否要走向部分人持有制需仔细考虑。

①　"The Shanghai Race Club," *NCH*, 31 Jan. 1896, p. 174.

②　"The Shanghai Race Club," *NCH*, 31 Jan. 1896, p. 175.

经过冗长的讨论，大会最后决议选出 8 名会员加现任董事组成委员会，共同研究如何重新制定上海跑马总会的规章。①

经过两个月研究与讨论，该委员会决定采取折中方案，将会员分为投票会员（voting members）和一般会员（non-voting or ordinary members）两种。前者等同总会所有人，不仅对会中事务具投票权，并有权处理总会财产；后者仅能享用会中设施，对总会的经营管理乃至人事、财务等均不得过问。至于何者为投票会员，何者为一般会员，则以 1896 年为界，凡在 1896 年 3 月 31 日前获选入会者为当然投票会员；1896 年 4 月 1 日后获选者为一般会员。当时上海跑马总会共有会员 400 人左右，为避免日后会员离沪或离世后继无人，委员会规定投票会员定额 300 人，一旦低于该数，可让一般会员申请加入。②

此改变虽无信托会之名，却是信托概念的具体实践，亦即总会会员借由通过决议，将社团财产委托给一小群人共同持有和管理，并采集体决策，以便在委托人逐渐凋零后社团仍能依最初成立的宗旨运作。若无此信托制度的匡助，进入 20 世纪之后，上海跑马总会会员人数开始上千，地产价值又日益价值惊人，很难保证该会能不改初衷，全心推动英式赛马。

信托制度既已确立，自 1897 年起，上海跑马总会的选举方式便改为复杂的两级制，具投票权的投票会员遇缺始补，不具投票权的一般会员则无名额限制。至于选举办法，每年会员大会在投票会员中选出 13 人，加上当届的 7 人董事共同组成选举委员会（balloting committee），负责对新入会者及欲从一

---

① "The Shanghai Race Club," *NCH*, 31 Jan. 1896, pp. 175–176.
② *Rules of the Shanghai Race Club 1930*（Shanghai: Shanghai Race Club, 1930），pp. 5, 8；"The Shanghai Race Club," *NCH*, 29 Jan. 1897, pp. 167–168.

般会员晋升为投票会员者的申请进行表决。凡欲申请为一般会员者，需征得两名投票会员的支持，一位担任提名人，另一位附议，一同填写推举书，申请人本身亦需填写一份声明书，内中除载有姓名、职业、服务行号、国籍，并需表明是否曾被其他总会拒绝，万一不幸有此记录，亦需说明原因。如果已是其他总会成员，亦需一一列出。推举书和声明书需一同缴交总会书记，并预缴入会费和当年年费，经总会书记认可后方能进入投票程序。[1]

一旦进入投票程序，申请人便被列上选举名单，在大看台上公开展示三个月。展示期间申请人可享有一般会员的待遇，但不得参赛；除非经董事特许，亦不得出任骑师。三个月后，由选举委员进行投票。本来，英式总会最传统的投票方式是由选举人依次进入投票间，房内沿墙置有一排票箱，一位候选人一个，选举人从侍者手中取得小球后投入，白球表示同意，黑球表示反对。因为是以黑球数量来决定可否通过，所以申请加入总会而遭否决，英文便称为"blackballed"。[2]

但到了19、20世纪之交，上海跑马总会已不再像英国传统那样使用小球，而是改用书面进行。方法是选举前一周先由总会书记预先通知选举委员会，并于投票前一天将选票一一送交选举委员，由其签名表示收到。每张选票上各有"赞成""反对"两栏，选举委员勾选后投入总会票柜，如不勾选则代表中立。投票时间长达15天，从该月1日上午9时至15日下午7时。时间一到，票柜便移往他处，由两位董事开票计票，

---

[1] *Rules of the Shanghai Race Club 1930*, pp. 8, 10 – 11.

[2] Amy Milne-Smith, *London Clubland*, pp. 45 – 47.

并将结果在大看台上公布。其计票方式是 20 名选举委员中必须有 11 位投赞成票才算有效，出现三张反对票便无法通过。至于未通过者，一年内不得再申请。①

由于真正能过问财务、人事乃至管理经营者只有投票会员，所以获选为一般会员后自然期望更上层楼，晋升为投票会员。至于申请者的基本条件，需出任一般会员一年以上，于投票会员名额出缺时始得向总会书记提出申请。其投票过程类似，包括征得两名投票委员的提名、附议，填写推举书和申请声明等，待名单在大看台上公开展示一个月之后由选举委员会进行投票。所不同的是，申请为一般会员者仅需 11 名委员投赞成票；申请为投票会员者则需 13 名委员投赞成票方得成立，门槛更高。同样，若有三票反对就无法通过。另有一条更严格的规定，申请为一般会员者若不获通过，一年后还可再试，并无申请次数之限制；但欲晋升为投票会员者，如两次未通过，以后不得再提出申请。至于会费，晋升为投票会员后尚须另缴一次入会费。1930 年新入会者的入会费为 75 元，晋升者为 50 元，另外每年分四季共缴交年费 36 元。②

上海跑马总会借由提名附议制、不记名投票、繁复的申请手续、高昂的会费等这些方法，可以轻易地把他们认为不合适的阶级、职业或种族之人排拒在外，把他们认为合适的"绅士"拉进来。即使入会了，也还是有办法将不合适之人剔除。根据上海跑马总会的规定，如果会员破产或犯罪，或做出任何总会认为不宜的行为，包括在会所内与人争斗吵闹、积欠账

---

① *Rules of the Shanghai Race Club 1930*, pp. 8 – 12, 17.

② *Rules of the Shanghai Race Club 1930*, pp. 7 – 8, 12 – 13, 17.

单，或赛马时造假舞弊，甚至国籍与政治倾向"不合适"等，
总会均有权停止其会员身份或投票开除其会籍。[①]

　　尽管如此，上海跑马总会还是有其独特的魅力，不论一般
会员或投票会员，一旦成为其会员，便可享用总会一切的设
施。最迟至1903年，上海跑马总会已发展成一不折不扣的社
交型总会，不仅大看台每日开张，营业时间从早到晚，咖啡室
也从十年前仅有藤椅数把发展为有火炉、报纸、牌局的舒适场
所，会员吃过晚餐后可以踱过来读报、看牌、聊天。[②] 到了
1930年，会员不仅可以每月邀请访客进入总会一次，逢出差
至其他通商口岸，如香港、汉口、天津、北京等地还可以自动
成为该地赛马会的访问会员，免费享受会所的设施和自由进出
跑马场观看赛事。[③] 至此，上海跑马总会已不仅仅是一个进行
运动的场所，更是殖民社会中形塑身份的工具。

＊　　＊　　＊

　　假如将上海殖民社会比喻成一张地图，摊开后细细检视其
结构，便会发现在公部门（如公共租界工部局、法租界公董
局）与个人之间存在着各式各样的志愿性组织，分别以 club、
society、association 为名结社；结社的理由从共同的政治理念、
商业利益、艺术爱好、文学聚会、科学追求、运动同好，乃至
共济互助等不一而足。在华外人只要温饱无虞，似乎必定属于
某个社团，在公余闲暇为该会或该社无偿地付出时间与精力。

---

① *Rules of the Shanghai Race Club 1930*, pp. 23 – 28.

② "F. Dallas v. G. B. Rea," *NCH*, 20 Nov. 1903, pp. 1083 – 1085.

③ *Rules of the Shanghai Race Club 1930*, pp. 18 – 19.

撒开护卫租界安全的万国商团不论，殖民社会中的精英分子多加入了上海总会、上海跑马总会、美国总会、法国总会、德国总会、斜桥总会、美国乡村总会（Columbia Country Club）等，而地位较低的巡捕加入共济会（Masonic Club）。[①] 旅沪葡萄牙人则有自己的葡国总会（Clube Lusitano de Shanghai）；就连因躲避迫害来沪的犹太人也在迈入小康之后，能在犹太总会（Shanghai Jewish Club）的例行活动中找到位置。[②] 社交型总会以外，还有种类繁多的运动型总会，可供社群成员休闲选择。事实上，这些会社提供的不仅仅是休闲，更重要的还有认同与位阶。殖民社会就是依赖这些缩小版的市民社会才能在海外屹立不倒。

拜英式赛马在殖民社会里的特殊地位，以及上海跑马厅的庞大地产，上海跑马总会是沪上众多运动型总会中少数享有社交型或绅士型总会地位者。绅士型总会在英国本就是身份地位的象征，到了殖民社会，由于阶级的重塑更赋予其难以言喻的重要性。比赛期间，会员徽章有如钻石、名表可随身佩戴，让人一望即知；非赛事期间，会员身份也有一定的展示方法，其力量有时更胜其他外显之物。

除了同一总会会员见面时的亲切感与信赖感，在殖民社会里至少还有两种方式可以公开展示其总会身份：一是《人名录》（Who's Who），二是报纸上刊载的讣文。随着外人人数日多，到了20世纪初，在华外人开始定期出版《人名录》以介

---

① Robert Bickers, *Empire Made Me: An Englishman Adrift in Shanghai* (New York: Columbia University Press, 2003), p. 136.

② Liliane Willens, *Stateless in Shanghai* (Hong Kong: Earnshaw Books, 2010), p. 83.

绍社群成员，内容除国籍、地址、出生年份、教育背景、父母姓名、婚姻状况、职业生涯等基本信息，最后必定会列出所属总会。譬如，1905 年来华的英人施伯克（N. L. Sparke），1927 年时不仅贵为业广地产公司（Shanghai Land Investment Co.）的副总经理，更曾任工部局地产评估委员会委员，是上海地产界举足轻重的人物。他在总会一栏便列有上海总会、上海跑马总会、斜桥总会，以及"其他所有运动型总会"。[①] 1916 年来华的美侨阿乐满（Norwood F. Allman），先在美国驻北京使馆担任翻译学生，后被派驻各地任领事、副领事，1924 年辞去领事职改在上海执律师业。1927 年时，他不仅是上海万国商团美国队成员，并撰写或翻译了多份与中国商法有关的文献。因为曾在多地担任领事，他所属的总会除上海的上海总会、美国总会、美国乡村总会、扶轮社，还包括北方口岸的天津总会和北京总会。[②]

不仅《人名录》详列总会名单，在报纸讣文中其所属总会也如生平、享年、亲属一样，是一种基本信息。譬如，1930 年 1 月曾在赛马场叱咤风云的骑师密德伍（L. Midwood）去世，《北华捷报》在长篇累牍地介绍完其生平与战绩后，接下来便列出其显赫的总会名单，除上海、斜桥、跑马、高尔夫球四总会，还有伦敦的茅草屋总会（Thatched House Club）和曼彻斯特的克拉伦登总会（Clarendon Club）。[③]

---

① Carroll Lunt, comp., *The China Who's Who 1927*（Foreign）: *A Biographical Dictionary*（Shanghai: Union Printing & Service Agency, 1927）, pp. 241 - 242.

② Lunt, comp., *The China Who's Who 1927*（Foreign）, p. 5.

③ "L. Midwood," *NCH*, 28 Jan. 1930, p. 144.

　　总会身份是一种信息，它用不言自明的方式告诉别人自己属于什么阶层、与哪些人往来、喜好什么休闲、具有何种地位与身份。真正的绅士一定会加入"对的"总会，和"对的"人在一起，于是属于哪个总会便至关重要。以上海为例，要是此人同时是上海跑马总会和上海总会的成员，必然是有头有脸的人物；要是再列出英国总会，如前所述的伦敦茅草屋总会，更表示其影响力不限于中国通商口岸。

　　英式总会既有如此重要的意涵，自然吸引华人精英的加入。经过近半世纪的熏陶，到了 20 世纪初，上海已培养出一批华人精英，其父兄或为清末官宦，因办理洋务长期与外人往来；或为洋行买办，衣食起居早已中西并陈。拜其父兄之赐，他们自身多受良好的西式教育或有留学经验，对西洋事物绝不陌生。由于自小耳濡目染，他们对英式跑马产生浓厚的兴趣，养马、骑马之余，更希望加入上海跑马总会，接受一如洋人马主般的待遇。但总会之所以为总会，便在于其排他性。既排除与自己阶级不同者，亦排除租界的华人。这些华人精英在几经受挫之后便另辟蹊径，试图建立一个属于自己的英式总会，从而开始了赛马由西人而华人的转译过程。

　　从本章的案例可以看出，由于彼此的需求不同，且分别走向不同的方向，英式赛马在中国与英国之间并非一平行的移植，而是一种并行的发展。19 世纪下半叶，为了配合英国铁路网的建立，还有工人阶级实际工资增加等社会、经济变化，赛马在英国一步步朝着商业化、大众化的方向发展。然而在中国的通商口岸，赛马却与绅士型总会结合，反其道而行，逐步成为殖民社会中身份形塑的工具。与此同时，为了配合通商口岸的特殊需求，上海跑马总会不惜舍大马而就蒙古马，为后者量身定做各式规章，建立起了英式赛马在华特有的赛事系统。另外，为了在财务上转亏为盈，上海跑马总会也引入了在英国被视为非法的"赢家分成法"和赌金计算器；兼之为了更好地扮演市民社会的最佳代表，进入1920年代后，上海跑马总会更固定捐出盈余，以弥补公共租界工部局在社会救济方面的不足。以上种种都清楚显示，如果说赛马由西人而华人的变化是一种转译，那么这个变化与移转从最初的上海跑马总会即已开始。

第二章 监督下的转译：
万国体育会

在分析了英式赛马与殖民社会后，本章拟将观察重心移至华人社会与赛马的关系和互动。自从 19 世纪下半叶外人引入跑马后，一批长期与外人往来的华人开始对跑马产生浓厚的兴趣。他们不仅自己骑马、赛马，更希望加入西人的赛马会，获得如洋人马主一般的待遇。但西人赛马会是一个殖民者内部的俱乐部，不能也不愿意接受华人的加入。这些华人精英受挫之余，遂于 20 世纪初另行成立自己的马会，从此在通商口岸的赛马场上出现了西商、华商平分秋色的局面。

乍看之下，华人筹组赛马会似乎是出于对运动的爱好，但动机实不仅于此。驰骋马场固然快意，但更重要的是赛马会背后的总会组织。如前章所述，总会之制源于英国，系市民社会下的一支，享有公部门不能随意干涉的自由，也是界定社会阶级的重要工具。当大部分中国人还无法掌握总会的本质时，若干华人精英已看出它在殖民社会中的重要性。为了打入殖民社会，也为了重新排序自己在这个华洋共治环境中的位阶，华人精英乃积极投入赛马会。这个现象以上海最为明显。

1909 年，华商在若干同情华人处境的外人协助之下，率先在宝山县江湾一带购地兴建赛马场，自行成立一英式俱乐部。由于其不只是赛马，中央土地更有马球、高尔夫球等运动设施，故称作"Recreation Club"，又因其兼收华、洋会员，续冠以"International"，全名成为"International Recreation Club"，中文称作"万国体育会"。该会不仅采严格的英式规章，更向英国最重要的赛马组织，即位于纽马克特的英国赛马会登记注册，以证明其血统之纯正。

对于上海跑马总会而言，万国体育会的成立无疑是一大威胁。他们一方面担心华人无法理解英式赛马的"运动"精神，将该会变得仅有赛马之名而无赛马之实；另一方面待万国体育会在英国注册后，又担心它挑战上海跑马总会在赛马方面的权威。所幸这一切在1920年出现转机，该年万国体育会创办人叶子衡因财务危机被迫释出该会超过一半的股权，上海跑马总会遂趁机买下，从此两会形成"兄弟之邦"的关系。于是，通过高度重叠的董事名单，上海跑马总会不单可以监督其赛事，确保它以"正确"的方式进行，但凡有华人精英申请入会，也可用"分而治之"的方式加以疏导，即西人（包括日人）可同时加入两会，华人仅能加入万国体育会。

万国体育会是通商口岸第一个以华商为主的赛马会，可谓开风气之先，香港华人精英对此颇为艳羡，甚至一度考虑仿效。该会的出现，不仅提供了华人马主出赛的机会，更是培育华人骑师的温床。与此同时，华人马厩、马夫头、马夫的数量亦大增。原先仅限于西人的赛马活动，从此开始向通商口岸的华人精英扩散。在上海的带领下，到了1920年代，几个重要通商口岸，包括天津、汉口、北京、青岛等相继出现一个或多达两个的华商赛马会。本章拟以万国体育会为案例，考察华商筹组赛马会的动机、背景及过程，尤其着重其成立以后面临的困境，以及与上海跑马总会之间既竞争又合作的关系，以一窥英式赛马在华转译初期的机制与现象。

一 对高阶文化的向往

华人精英阶层的出现

上海跑马总会拥有宽阔的场地、堂皇的会所，加上英式赛马背后所代表的强势文明，凡是欲在殖民社会占有一席之地者莫不渴望加入。西人如此，华人更因其可望而不可即，尤为艳羡。整个 19 世纪下半叶，华人对跑马仅止于围观。但到了 20 世纪初，经过半个世纪的熏陶，上海已培养出一批华人骑师和马主，他们或出身买办家庭，或出身"政商"家族，① 有的甚至来自官宦之家，父兄因对外交涉或推动实业常与外人往来，耳濡目染之下熟知西方的生活方式与休闲概念，意图加以模仿。然而在尝试加入西商跑马总会未果之后，他们决定建立一个自己的赛马总会，并在清末最后数年终于成功，而这个主要的推动者是上海著名商人叶成忠（字澄衷，以字行）的四子叶子衡（即叶贻铨）。

叶子衡的父亲叶澄衷既非买办，亦非官宦，而是上海开埠后第一批甬商。上海开埠后最早占据重要位置的是广帮，但宁波商人因地利之便很快趁势崛起。谈到清末上海的宁波帮，一

---

① 冯筱才语，尤指晚清变局中与官僚密切相关的商人。冯筱才：《政商中国：虞洽卿与他的时代》，社会科学文献出版社，2013，第 1～39 页。

般认为严信厚是开山始祖，其次是小他两岁的叶澄衷。[1] 叶澄衷出身浙江镇海一个贫困的农家，父亲在他 6 岁那年去世，所以他虽曾短暂入学，但仅半年就无法继续，转而帮家里种田，又到油行替人帮佣。14 岁随乡人倪君来沪谋生，经人介绍入法租界杂货店工作。[2]

有关他早期生涯的说法不一，但可以确定的是，与租界的发展及外人的提携密切相关。他在尝试多种生意不成后，开始在黄浦江摇起舢板。[3] 正如辜鸿铭所言："至上海，时海禁大开，帆船、轮舶麇集于沪渎。成忠自黎明至暮，掉一扁舟，往来江中，就番舶以贸有无。"[4] 洋轮由于吃水深，为避免搁浅，入港后多半停泊深水区，船员上岸与回船便需轻巧的舢板协助。叶澄衷遂一面接送船员，一面做起向轮船人员兜售烟酒、罐头、食物的小生意。

有关叶澄衷的发迹，一般有两种说法。一是"西人见其年少诚笃，乐与交易"，所以他的生意特别好，很快便存得第

---

[1] 冯筱才：《政商中国：虞洽卿与他的时代》，第 4~5 页。有关严信厚的生平，参见陆志濂《"宁波帮"开山鼻祖——严信厚》，《宁波文史资料》第 5 辑，1987，第 41~44。

[2] Wright, ed., *Twentieth Century Impressions of Hong Kong, Shanghai, and Other Treaty Ports of China*, p. 560. 一说是随叔祖叶启伦来沪学生意，叶启伦为红帮裁缝，所以叶澄衷一开始先学做成衣，不成后才到杂货店。朱文炜：《"五金大王"叶澄衷》，《宁波帮企业家的崛起》，浙江人民出版社，1989，第 72 页。

[3] 大部分的记载都将叶澄衷早期经历描述成独自奋斗，但朱文炜说当时叶澄衷之兄叶嘉宝已先在上海摇舢板，接送船员之外，兼做荤、素菜，当时称之为摇小菜船。朱文炜：《"五金大王"叶澄衷》，《宁波帮企业家的崛起》，第 72 页。

[4] 汉滨读易者（辜鸿铭）：《张文襄幕府纪闻》下卷，华文书局，1969，第 9 页。

一桶金。在同治元年（1862），也就是他 22 岁那年，在虹口的汉壁礼路（今汉阳路）开设了顺记洋货号，同年迁至位置更好的百老汇路（今大名路）。① 另一种比较离奇但更为人传诵的说法是，他摇舢板时拾得西人皮箧，内有巨款，但他拾金不昧，原封奉还，西人惊喜之余，认为他为人诚实，遂经常与之往来，叶借此习得英语，并"常默究物价消长之理，商业操纵之法，久遂得其要"。② 这两种说法其实并不矛盾，不论是否曾经拾金不昧，西人在交易过程中显然认为他"开敏诚信"，从而乐于提携。③

顺记洋货号一开始的买卖内容不出食品、五金杂货、洋油、洋烛、洋线团等日用品，都是获利不大的商品，但在西人的引荐下，叶澄衷很快便从"食物五金"转向所谓的"船舶五金"。原来百老汇路虽然地僻荒凉，距外滩有一段距离，但它靠近虹口南岸的船坞区，附近码头林立。④ 尤为重要的是，新成立的船厂和机器厂，如 1862 年成立的英商祥生船厂（Boyd & Co.）、1865 年成立的英商耶松船厂（Farnham & Co., S. C.），还有 1865 年初成立于虹口、后迁高昌庙的江南机器制造总局都在附近。⑤ 修船、造船及机械制造都需要大量

---

① 陈荣广（陈伯熙）：《老上海》上册，泰东图书局，1919，第 75 页；Wright, ed., *Twentieth Century Impressions of Hong Kong, Shanghai, and Other Treaty Ports of China*, p. 560.

② 陈荣广：《老上海》上册，第 76 页。

③ 姚文枏等纂《上海县续志》第 2 册，成文出版社，1970，第 1138 页。

④ 顺记洋货号成立之前，虹口已有宝顺轮船码头和旗昌码头；顺记成立后不久，英商怡和洋行、日本邮船株式会社、轮船招商局等亦纷纷在此设立码头。王明珲、姚宗强主编《虹口区志》，上海社会科学院出版社，1999，第 32～35 页。

⑤ 黄光域编著《外国在华工商企业辞典》，第 391 页。

的金属材料，如镀锌铁片、马口铁、钢条等。叶澄衷本就擅长"食物五金"，1870 年又盘下德国人在北苏州路、乍浦路口的可炽煤铁行，该行是上海最早从事煤炭和旧钢铁进口的商行。于是他便以此为基础，开始从事五金材料的进口生意。① 后来买卖越做越大，除老顺记外，又在租界其他地方设立南顺记、新顺记等分行。②

　　五金业让叶澄衷从虹口一隅走向上海其他地方，火油业又引领他从上海走向了其他通商口岸。1883 年，美国美孚石油公司将触角伸向中国，希望从中国商家当中觅一代理，顺记洋货号的业务本就包括火油一项，叶澄衷乃雀屏中选。于是 43 岁的他开始独家代理美孚石油，从 1883 年起至 1893 年止，在这长达十年的时间里，他与宁波同乡联手，先后在宁波、温州、镇江、芜湖、九江、汉口、天津、烟台、营口，以及广东的三和等地建立顺记的分店或联号经营，竭力为火油打开销路。③

　　美孚石油的代理权不单让叶澄衷的经营版图由上海扩展至长江中下游及华北等地，更让他有充裕的资金可供调度。可能正是因为深刻领会了"物价消长之理，商业操纵之法"，他毫不客气地借操控市场上的火油数量赚取涨跌差价，同时利用美孚石油要求的付款时间与顺记给内地商家交款期限的时间差，

---

① 有关可炽顺记，参见郦千明《叶澄衷传——从舢板少年到商界巨子》，浙江大学出版社，2010，第 29~32 页。

② 朱文炜：《"五金大王"叶澄衷》，《宁波帮企业家的崛起》，第 73 页。

③ 朱文炜：《"五金大王"叶澄衷》，《宁波帮企业家的崛起》，第 73 页。有关叶澄衷与美孚石油的合作情形，详见 Sherman Cochran, *Encountering Chinese Networks: Western, Japanese, and Chinese Corporations in China, 1880 - 1937* (Berkeley: University of California Press, 2000), pp. 13 - 19.

将周转的资金投入钱庄、运输、地产、丝织、火柴等业。① 累积财富之余，他积极参与公共事务，特别是与宁波人相关的慈善事业。他与严信厚一同出任四明公所董事，提携宁波后进朱葆三、虞洽卿等人。临近去世前一年，他还独力出资十万两，在虹口成立澄衷蒙学堂。②

叶澄衷共有七子七女，七子分别为长子叶贻鉴（字松卿）、二子叶贻钊（字勉卿）、三子叶贻铭（字又新）、四子叶贻铨（号子衡，以号行）、五子叶贻锜（字铁卿）、六子叶贻镛（号戊生，字韵卿）、七子叶贻钰（号杏生，字宝卿）。其中老二贻钊自小不服管教，一度被逐出家门；老六、老七为庶出，年纪尚轻，③ 特别是老幺叶贻钰是叶澄衷的老生子，叶澄衷去世那年才出生，在出殡队伍里还需人抱着坐在轿里，无法与兄长一同步行。④

1899 年 8 月，叶澄衷自知时日不多，在遗嘱中决定不分家产，将家族沿用的"树德堂"改称"树德公司"，所有财产置于公司名下，统由长子贻鉴、三子贻铭及四子子衡共同经管，其他各房不得过问，每年各业所得盈余平分为十份，七子

---

① 有关叶澄衷在五金、火油以外的投资细节，参见朱文炜《"五金大王"叶澄衷》，《宁波帮企业家的崛起》，第 73～75 页；上海五金机械公司等编《上海近代五金商业史》，上海社会科学院出版社，1990，第 266～267 页。

② 有关叶澄衷慈善事业的详细情形，参见李瑊《叶澄衷慈善活动述略》，《宁波大学学报（人文科学版）》2010 年第 1 期。

③ 《光绪二十八年四月十四日京报全录》，《申报》1902 年 6 月 4 日，第 13 版；郦千明：《叶澄衷传——从舢板少年到商界巨子》，第 184～194 页；金贤松修《镇海沈郎桥叶氏宗谱》卷 12，1930。

④ "The Funeral of the Late Mr. Yeh Ching Chong," *NCH*, 27 Dec. 1899, p. 1286.

各得一份，其余三份留作家族公产。叶澄衷在遗嘱中规定，树德公司名下产业不得分割，各房如另外经营事业，则不在此列。① 据说，叶澄衷留下的遗产数目相当惊人，共计市值高达白银六百万两。② 1901 年 7 月，长子叶贻鉴因伤寒过世，年仅34 岁，他在树德公司的位置改由五子叶贻锜接替。③

叶澄衷的七个儿子当中，除了早逝的长子外，老四叶子衡似乎占有特殊位置。据说他生得"仪表堂堂，为人豪爽，敢作敢为"，④ 少年时在上海读书，叶澄衷为其聘请英国教师，从小深受西洋文化影响；⑤ 至稍长后的求学经历，一说曾入圣约翰书院读书，⑥ 不过更可能的是出国留学。1908 年伦敦的大英罗伊出版社（Lloyd's Greater Britain Publishing Company）继介绍澳大利亚、南非、锡兰（今斯里兰卡）等英国殖民地后，又出版一本以中国通商口岸为内容的《商埠志》，⑦ 该书图文并茂，介绍叶澄衷家族时仅展示叶澄衷、叶子衡二人照片，而叶子衡西装短发、意气昂扬（图 2－1）。当时清朝尚未倾覆，只有出国读书的人才可能公然剪辫。从他入日本籍，后担任台湾银行买办等事例来看，不排除他曾赴日短暂游学。

出生在叶家这样的家庭，叶子衡及其兄弟均爱好赛马，在

---

① "Mixed Court," *NCH*, 22 Nov. 1913, pp. 572－576.

② "The Late Mr. Yeh Ching Chong," *NCH*, 3 Jan. 1900, p. 22.

③ "Yeh," *NCH*, 31 July 1901, p. 193；"Mixed Court," *NCH*, 22 Nov. 1913, pp. 572－576.

④ 郦千明：《叶澄衷传——从舢板少年到商界巨子》，第 187 页。

⑤ 《宁波帮庄市籍人士》，http://zs.zhxww.net/rwzs/rwzs/rwzs_sbgl/20080414145054.htm，2014 年 9 月 22 日检索。

⑥ 《叶家花园设疗养院》，《申报》1933 年 6 月 9 日，第 11 版。

⑦ "20th Century Impressions of Hongkong, Shanghai and the Treaty Ports," *NCH*, 27 Dec. 1907, p. 776.

图 2 - 1　叶子衡（约 1908 年）

资料来源：Wright, ed. , *Twentieth Century Impressions of Hong Kong , Shanghai , and Other Treaty Ports of China* , p. 565.

上海跑马总会也有不少朋友，壳件洋行（Hopkins, Dunn & Co. ）大班克拉克（Brodie A. Clarke）便是叶子衡的忘年交。

克拉克系苏格兰人，1864 年前后来华，先入怡和洋行工作，1891 年获邀出任壳件洋行合伙人直至过世。[①] 壳件是沪上重要洋行，专营水陆运输、海损计算，兼营煤、油、五金、地产、证券、股票及其他经纪业。[②] 克拉克因经纪业务与沪上华商接触甚多，是个有名的"中国通"。他虽较叶子衡年长 37 岁，但二人因汇票生意混得很熟。[③] 生意之外，克拉克也是上

①　"Death of Mr. Brodie A. Clarke," *NCH* , 6 Oct. 1931, p. 13.

②　黄光域编著《外国在华工商企业辞典》，第 342 页。

③　程泽济、毛啸岑：《租界时代规模最大的赌博场所——跑马厅》，上海市文史馆编《旧上海的烟赌娼》，第 85、87 页；Wright, ed. , *Twentieth Century Impressions of Hong Kong , Shanghai , and Other Treaty Ports of China* , p. 426.

海跑马总会的活跃成员，不仅自 1891 年起出任该会董事，并曾于 1900～1902 年连续三年出任主席。[1] 因爱好运动，又积极参与万国商团、上海水龙公所等公共事务，颇受租界外人敬重。当他 1931 年以 88 岁高龄过世时，外人社群甚至称他为"租界运动之父"（Father of Shanghai Sport）。[2]

有这样重量级的人物相助，叶子衡加入上海跑马总会的可能性大增。除了会内不乏友人推荐，叶子衡的另一优势是他的日本籍。叶家兄弟多持有外国国籍，老二叶贻钊和老三叶贻铭为葡萄牙籍；叶子衡本人于 1905 年加入日籍；老五叶贻锜也于 1910 年入日本籍。[3]

挟家产与日籍之势，叶子衡自觉应不受上海跑马总会华人不得加入的限制，遂于 1907 年前后申请成为一般会员，不料投票时未获通过。他不肯放弃，又与克拉克同往香港，在后者的协助下设法参加香港赛马会比赛，返沪后以此为由再度申请加入上海跑马总会，结果仍然遭拒。两次被拒于门外，令叶子衡颜面尽失，据说他一怒之下大发少爷脾气，决定自行建立赛马场、成立赛马会。[4]

叶子衡推动成立华商赛马会，看似盛怒下的冲动之举，然而其实有迹可循。经过多年的经营，上海在 19、20 世纪之交已培养出一批以广东帮、宁波帮为主的华人精英，他们随着经济地位的日益提升逐渐感受到公共租界内华洋不平等的现象，

---

[1] Olsen, comp., *The Racing Record*, pp. 44A – 46A.

[2] "Death of Mr. Brodie A. Clarke," *NCH*, 6 Oct. 1931, p. 13.

[3] "Mixed Court," *NCH*, 22 Nov. 1913, pp. 572 – 576.

[4] 程泽济、毛啸岑：《租界时代规模最大的赌博场所——跑马厅》，《旧上海的烟赌娼》，第 87 页。

从而试图有所改变。最早集体发声的是广东帮，事由则是公家花园禁止华人入内一事。①

1885 年 11 月 25 日，以广东帮为主的华商和华人牧师，包括陈咏南、吴虹玉、颜永京、唐茂枝、李秋坪、唐景星（唐廷枢）、陈辉廷及粤东寓沪商号谭同兴等人，联名致函公共租界工部局，要求允许体面华人进入公家花园游玩。这些华人精英表示他们可以理解位于外滩的公家花园面积狭小，不适合对公众开放，但目前工部局以华洋作为入园的唯一标准，不仅站不住脚，也令人反感。作为东道主，他们得经常招待其他省来沪的贵客，有时来者身份极高，却无法入园游览，造成大家对上海公共租界的误解。②

函中指出，当初工部局建造公家花园即为提供公众休憩之地，实无理由拒绝华人入内；何况租界税捐大半来自华人，现在纳税较少的日本人、朝鲜人均可自由进入，独独排除华人，并不合理。为解决此问题，不如以发给凭证或一周开放两日等

---

① 公家花园即外滩公园，位于英租界英领事馆对面。1868 年，工部局为提供界内西人游憩空间，在浦滩余地建立此园，最初规模很小，后来日渐扩增。因其目的在为公众之用，英文名为"Public Garden"，中文则称"公家花园"。据毕可思研究，该园最初可能华洋皆可入内，但为维持西人游憩质量，很快便采取筛检制，即由巡捕负责控制，禁止衣冠不整的下等华人入园。除体面华人，在西人家中做事的仆人与佣妇只要有西人陪伴亦可入内。由于华人在园内行为不检之事层出不穷，1881 年工部局决定完全禁止华人入园，此举造成沪上华人精英极大反弹。到了 20 世纪，更有该园门口挂有"华人与狗不得入内"告示的谣传。有关该园入园政策的变化，以及其在华洋关系上的重要性，参见 Robert Bickers and Jeffrey Wasserstrom, "Shanghai's 'Chinese and Dogs Not Admitted' Sign: History, Legend and Contemporary Symbol," *The China Quarterly*, No. 142 (June 1995), pp. 444 – 466.

② "Municipal Council," *NCH*, 9 Dec. 1885, p. 658.

方式有限度地开放，或者开拓园外浦滩余地，以增加花园面积。最后，陈咏南等人还建议将跑马场中心土地改建成公园，如此便解决了空间不足的问题。①

这份说帖虽未明言，但其实将租界华人分成贩夫走卒和衣冠中人两类。前者无知无识、喧哗嘈杂、窃采花朵，本就不该入园，但后者见多识广、守礼有节，应享有与其他外人同等的待遇。

由于联名的华人精英不是怡和洋行、高易律师公馆（Dowdall, Hanson & McNeill）等重要洋行的买办，就是美国圣公会在华训练的第一批华人牧师，② 不容忽视，因此工部局1889 年便同意让体面的华人以领取执照的方式入内游览，③ 并拨款在苏州河南岸素称殷司（Ince）滩岸之处建造公园，专供华人使用，此即1890 年落成的"华人公园"。④

公家花园有限度地开放，暂时舒缓了华洋之间的紧张关系，但到了1905 年末，华人精英的敏感神经再次因"大闹公堂案"被挑起。会审公廨审理一起疑似拐卖人口案时，华洋双方因对蓄婢和执法观念的不同，在公堂上发生肢体冲突，广东帮深感受辱，遂以西人侮辱官眷为名发动罢市。⑤ 此事后来

---

① "Municipal Council," *NCH*, 9 Dec. 1885, p. 658.
② 有关上述华人身份之分析，以及广东帮在此次外滩公园交涉中所扮演的角色，参见熊月之《上海香山人与香山文化》，王远明、颜泽贤主编《百年千年：香山文化溯源与解读》，广东人民出版社，2006，第303 页。
③ 《公家花园纳凉记》，《申报》1889 年8 月11 日，第1 版。
④ 汤志钧主编《近代上海大事记》，第469、475 页。
⑤ 大闹公堂案又称黎黄氏案，论者甚多。有关该案细节，特别是广东帮商人以及宁波帮商人虞洽卿在其中扮演的角色，参见宋钻友《广东人在上海（1843～1949 年）》，上海人民出版社，2007，第348～351 页；冯筱才《政商中国——虞洽卿与他的时代》，第14 页。

虽在虞洽卿的协调下获得解决，但华洋关系再度陷入紧张。

为展现华商实力，1907 年有风声传出沪上华商准备集资购买土地建立自己的跑马场。[①] 1908 年 12 月举行成立会，其董事除横滨正金银行买办叶明斋为苏州东山人外，其他如唐寿江（唐静波）、张子标等均为粤籍旅沪富商，[②] 只是可能因租界内土地取得不易等原因未见下文。粤商未尽之事，在接下来的数年内将由甬商代为完成。

建一个自己的赛马会

1908 年，叶子衡开始着手推动成立万国体育会，时年仅27 岁，手上虽有树德公司，却属家族公产，于是他拉上当家的老三叶贻铭和老五叶贻锜一同推动此事。他首先以发行股票的方式向华商集资，资本总额据说为 50 万两，分为 5 万股，每股 10 两；另一种说法为共发行 8 万股，发起股每股 5 两，普通股每股 25 两，其中发起股分红时比普通股为多。[③]

筹股虽然顺利，但要在租界建立一个华商自己的跑马总会，既需要经费，亦需要人脉，此事势必要取得沪上其他绅商的支持。所幸宁波帮的几位重量级人物，如朱葆三、虞洽卿等均同意加入。

朱葆三与叶子衡之父叶澄衷渊源深厚。朱比叶澄衷小七岁，同叶一样少年时即只身来沪，在罐头食品号做学徒，后来

---

① "As Others See Us," *NCH*, 6 Dec. 1907, pp. 619 – 620.

② "The International Race Club," *NCH*, 5 Dec. 1908, pp. 580 – 581.

③ 程泽济、毛啸岑：《租界时代规模最大的赌博场所——跑马厅》，《旧上海的烟赌娼》，第 87 页。

结识叶澄衷，叶爱其才，助其为五金业领袖。[①] 1908 年时朱刚过 60 岁，不仅是慎裕五金店的负责人，还任华安人寿保险公司董事长，以及多家公司的董事，包括华兴水火保险公司、法国东方轮船公司、中兴面粉厂、大有榨油厂、吉邦橡胶公司、汉口自来水厂、广州自来水厂等。[②]

他同意帮助叶子衡，不仅是出于报答其父的提携之恩，也与他担任英商平和洋行（Birt & Company）买办有关。平和洋行为上海河南路上一家英商贸易行，1870 年由原和记洋行职员伯特（W. Birt）创办，以其名为西文行名。经营内容包括丝业和皮毛出口贸易，兼营保险及其他代理业务，并拥有机器打包厂，承接棉花打包业务，在沪上颇具名声。1890 年伯特退出经营，改由黎德尔（C. Oswald Liddell）和常立达尔（John Oswald Liddell）兄弟接手，迁四川路营业，更西名为"Liddell Bros. & Co."。[③] 换手之际，需要一殷实的华商出任买办，在叶澄衷的引荐下，年富力壮的朱葆三欣然就任。[④]

据说朱葆三这个买办并不事必躬亲，日常事务均交给旁人打理。他每年只在圣诞节前一天去趟洋行，平时有事，洋行大班会亲自上门求见，属于那种洋行靠他而非他靠洋行的类型。[⑤] 不管此说是否属实，平和洋行在朱葆三担任买办后营业

① 陈存仁：《银元时代生活史》，周知翁发行，1973，第 229 页。
② Wright, ed., *Twentieth Century Impressions of Hong Kong, Shanghai, and Other Treaty Ports of China*, p. 530；汪敬虞编《中国近代工业史资料》第 2 辑下册，科学出版社，1957，第 965 页。
③ 黄光域编著《外国在华工商企业辞典》，第 166 ~ 167 页。
④ 郦千明：《叶澄衷传——从舢板少年到商界巨子》，第 177 页。
⑤ 郦千明：《叶澄衷传——从舢板少年到商界巨子》，第 177 页。

的确大为扩张，不仅在天津、汉口、沈阳、哈尔滨、长春、重庆等地设立分号或代理处，进出口项目也日见增加。①

平和洋行只是朱葆三诸多事业中的一支，但出任洋行买办的确进一步加强了他与外人，特别是与赛马界的联系。平和洋行是上海有名的赛马家族，两位行东来自苏格兰爱丁堡。除了经营生意，老大黎德尔的重心主要在万国商团。他不仅不吝付出时间与精力积极参与训练，并长期担任商团轻骑队指挥官，对该队的建立卓有贡献。② 老二常立达尔则致力于赛马，他于1888 年初抵上海时便成为上海跑马总会成员，1899 年起更获选为董事，到 1918 年过世时共任董事长达 19 年。他不仅致力于推动赛事，更是大马主，其马厩"奥斯华德先生"（Mr. Oswald）的几匹良驹在 1890 ~ 1910 年代屡屡夺冠。③

平和洋行虽非开埠时即已成立的大洋行，但因黎德尔兄弟长期参与公众事务，二人分别于 1902 年、1905 年、1906 年获选为公共租界工部局董事。④ 可能因这层关系，朱葆三一生都对赛马保有一定的兴趣，他既非骑师亦非马主，但到了 1920年代频频代表万国体育会参加上海跑马总会的社交活动，被西

---

① 黄光域编著《外国在华工商企业辞典》，第 167 页。

② "Summary of News," *NCH*, 11 July 1898, p. 52; "History of The S. V. C.," *NCH*, 4 March 1922, pp. 627 – 628.

③ "Mr. John Liddell," *NCH*, 29 June 1918, p. 766. 黎德尔家族在上海赛马史上的角色不止于此，常立达尔过世后，有子媳克绍箕裘也擅赛马。其独子小立达尔（J. H. Liddell）是 1920 ~ 1930 年代上海著名的马主兼骑师，其妻可子小姐（Billy Coutts）出身赛马世家，是跑马场上的女中豪杰。此外，常立达尔的一个女婿白理纳（S. B. M. Bremner）也是 1920 年代上海著名骑师。有关可子小姐的赛马事迹，参见张宁《运动、殖民与性别：近代上海英式狩猎活动中的女性》，《近代中国妇女史研究》第 30期，2017 年 12 月。

④ 汤志钧主编《近代上海大事记》，第 926 ~ 927 页。

人昵称为"永远不老的朱葆三"。①

朱葆三对赛马有热情，虞洽卿却从实用的眼光看待赛马，视之为华洋平等往来的平台。虞洽卿是宁波帮的后起之秀，年龄远较严信厚、叶澄衷、朱葆三等人为轻，1908 年时仅 41 岁。同前人一样，他少年时来沪学生意，先是在瑞康颜料店当学徒，一面学习商业经营之道，一面利用夜校学习英文口语。凭着基础英语的能力，经人介绍进入德商鲁麟洋行（Reuter, Bröckelmann & Co.），从跑街升至买办。1902 年充华俄道胜银行（Russo-China Bank）买办，1903 年又转充荷兰银行（Nédèrlandsche Handel Maatschappij, N. V.）买办。根据冯筱才的研究，虞最迟在 1893 年进入上海上等商人的行列，开始名列顺直水灾捐款名单。②

但虞洽卿的能耐不止于此。借着鲁麟洋行与清末官场的业务往来，他逐步与中国几位重要官员建立关系，买办的经验与身份更赋予他与租界当局交涉的能力。每逢公共租界发生华洋冲突，他便积极介入任调人。久而久之，他便成为双方信任的中间人。到 1908 年，他已先后调解过 1898 年的"四明公所事件"、1904 年的"周生有事件"、1905 年的"大闹公堂案"，声望日见上升。而此前一年，他更获选连任上海商务总会的议董，得票数仅次于李云书、朱葆三、谢纶辉、周金箴等商界耆宿。四年后，他被推举为新成立的宁波旅沪同乡会会长，并以此为基础进一步累积巨大声望。③

在长期担任中外调人的过程中，虞洽卿深感华商如欲在公

---

① "Race Club Spring Meeting," *NCH*, 17 May 1924, p. 262.

② 冯筱才：《政商中国——虞洽卿与他的时代》，第 7~8 页。

③ 冯筱才：《政商中国——虞洽卿与他的时代》，第 8~17 页。

共租界取得更高的地位，华洋之间必须有平等往来的平台，而且此平台必须是西式的、符合西方人价值观的，才能让租界西人接受。西人尚武不尚文，尤其尊重志愿且无偿为公众服务者，前述平和洋行行东黎德尔积极参与万国商团即为其例。

为展现华商实力，1906 年 4 月，虞洽卿与华比银行买办胡寄梅、花旗银行买办袁恒之以维护华商利益、保护租界华人为名，发起成立华商体操会，发动租界华商的青壮职员加入，进行西式的军事训练，训练有成之后便向租界当局请求加入万国商团。几经协调，终于在 1907 年 4 月获准成立一支以华人为主的连队，称为"中华队"（The Chinese Company），从此可与租界其他连队，如日本队、美国队、葡萄牙队等平起平坐，一同练操与竞技，此即为虞洽卿推动平等往来的第一步。[1] 至于加入叶子衡筹建的万国体育会，则为虞借"体育"之名推动华洋平等往来的第二步。

叶子衡等人醉心跑马，虞洽卿则着眼于英式会所可提供的堂皇建筑和场地。赛马总会一般分成会所和跑马场两部分。上海跑马总会由于成立时间较早，土地取得相对容易，所以会所和跑马场同在一处。等到叶子衡等人筹建万国体育会时，租界附近已无空地，叶子衡等一度想在人烟尚未稠密的徐家汇寻觅合适土地，[2] 但未成功，只好把眼光移往上海县以北的宝山县。跑马场尽可偏远，但会所必须交通方便，方能供会员日常使用，筹备中的万国体育会便决定先在公共租界购置房产。

---

[1] 有关华商体操会的细节及其后万国商团中华队的发展，参见冯筱才《政商中国——虞洽卿与他的时代》，第 23 ~ 27 页；徐涛《近代上海万国商团之华员群体》，《史学月刊》2017 年第 10 期。

[2] "［Editor's Notes］," NCH, 27 June 1908, p. 839.

1908 年叶子衡等人购入静安寺路、斜桥路口的颐园。该园为一类似张园的公共花园，[1] 1905 年成立，一直供各界作集会演说、电影放映，甚至恳亲会、追悼会之用。[2] 万国体育会将之购入并进行大幅装修，历时两年有余，终于使之成为一个堂皇的西式会所，1910 年 6 月重新开放。[3]

新会所拥有宽敞的客厅、西式的大菜间及广阔的庭院，外观体面、交通便利，是官场交游的最佳基地。虞洽卿当时正奉两江总督端方之命筹办南洋劝业会。[4] 1909 年春，万国体育会会所尚未正式开幕，他便毫不客气地在此召开南洋劝业会上海协赞会，联合各省绅、商、学界以及实业名家筹备物产出品陈赛事宜。[5] 同年夏天，摄政王载沣之弟载洵被任命为筹办海军大臣，奉命偕海军提督萨镇冰南下赴宁波象山会勘军港。8 月 29 日，二人由天津乘坐军舰抵沪，沪上文武官员乃至绅商全体动员，虞洽卿也以江苏候补道的身份到驻节所在的泥城外洋务局禀见。在其穿针引线之下，次日下午即由商务总会出面，假万国体育会招待两大臣。[6] 当日下午四时，洵贝勒和萨军门前呼后拥，由行辕移往静安寺路万国体育会。先由商务总会各

---

① "The Municipal Council," *NCH*, 4 Oct. 1907, p. 17.

② 《安徽旅沪学会二次大会》，《申报》1906 年 5 月 29 日，第 17 版；《纪颐园电光影戏》，《申报》1906 年 7 月 23 日，第 4 版；《安徽旅沪学会恳观会纪盛》，《申报》1907 年 6 月 5 日，第 19 版；《追悼黄君雅平纪事》，《申报》1907 年 6 月 11 日，第 4 版。

③ 《万国体育会开会志盛》，《申报》1910 年 6 月 2 日，第 18 版。

④ 有关虞洽卿、端方以及南洋劝业会的始末，参见冯筱才《政商中国——虞洽卿与他的时代》，第 27 ~ 31 页。

⑤ 《赞助南洋劝业会之预备》，《申报》1909 年 4 月 8 日，第 19 版；《南洋劝业会上海协赞会记事》，《申报》1909 年 4 月 12 日，第 5 版。

⑥ 《海军大臣抵沪初志》，《申报》1909 年 8 月 30 日，第 4 ~ 5 版。

职员迎入客厅稍坐，复与商会职员以及商会延请陪坐之官绅合影，然后入座饮燕，据说杯觥交错，尽欢而散。①

两大臣自象山视察返沪后，复于 9 月 15 日再度来万国体育会。这次是应虞洽卿个人之邀，前来观看已加入万国商团的华商体操队表演操法。下午三时许，两大臣乘双马车抵达，先被安排至客厅小坐，再由虞洽卿以商团领袖的身份引导至院内操场阅看兵操，阅毕复入客厅，载洵颁给商团一面黄缎银顶的大清国旗，上绣蓝龙，中嵌红缎"商团"二字以示鼓励。虞洽卿并当场宣布两大臣所赐勖词。载洵、萨镇冰等人在万国体育会停留至六时前后方始离去。②

二　赛马文化的扩散

江湾造镇

虞洽卿在万国体育会的会所酬酢往来，不仅为了培植个人声望，也为了便于该会在宝山县取得土地。经过多次勘查，叶子衡等人在宝山县江湾火车站附近觅得殷字圩五图、六图内低洼田六七百亩。据说该地"只能莳种花荳杂粮，且有不能成熟之处"，很适用来建筑赛马会场。如果照一般手续出资购买，地主很可能囤积居奇，故 1909 年春由虞洽卿出面，以中外绅商需合适场地"休息并练习各种运动"为由，先向两江总督端方立案，再取得上海道蔡乃煌的支持，由他札行宝山县县令

----

① 《海军大臣抵沪二志》，《申报》1909 年 8 月 31 日，第 6 版。
② 《海军大臣返沪二志》，《申报》1909 年 9 月 16 日，第 5 版。

胡调元仿照铁路购地办法，于未曾圈定之前由宝山县县令先传各图地保谕令，查明时值价银，按亩给价，俾免抑勒。[①]

从1909年的殷字圩五图、六图，到1910年扩至十图、十一图及推七图，圈地面积也由原先的五六百亩增为1100余亩；先是每亩定价大洋15元，后又增为65元。[②] 购置如此大片土地，过程自然不无波折，有乡民不肯领价或换地者，有不愿迁坟者，还有一张珊馨在《新闻报》上刊登告白，以祖坟无故被掘为由控诉乡董串夺民产。但虞洽卿等人打着曾向端方立案，且奉摄政王谕令的大旗，在县令、乡董的竭力配合下终于在1910年底大致完成收购，开始整地、筑路等各项工程。[③]

叶子衡等人收购的土地在今日五角场西北，当时这一带都是绿野平畴、河道纵横的农村，既无马路，亦无水电，附近稍具规模的市镇只有东部的沈家行。根据《杨浦区地名志》所记，此地的城市建设实始于叶子衡等人所建之万国体育会。[④] 叶子衡等人取得土地后，第一步先修筑联外道路，五年内连续修筑了三条"体育会路"。1911年，首先向西修建至江湾车站马路一条，长1千米、宽16米，因其以煤屑铺面，俗称"煤屑路"，即今之纪念路。此路共用民地20亩余，由万国体育会以每亩银一百元的高价购入。有了这条马路，江湾跑马场便可

---

① 《创办万国体育会之计划》，《申报》1909年3月23日，第18版；《万国体育会告白》，《申报》1910年11月16日，第1版。

② 《上海万国体育会广告》，《申报》1910年5月25日，第1版；《万国体育会广告》，《申报》1910年11月16日，第1版。

③ 《告白：请看掘坟抛骨恃势伤人虐毒小民惨无天日》，《新闻报》1910年11月11日，第1张。冯筱才也认为万国体育会取得江湾土地系得到端方、萨镇冰等人的表态支持方能成功。冯筱才：《政商中国——虞洽卿与他的时代》，第22～23页。

④ 杨浦区地名办公室编《杨浦区地名志》，学林出版社，1989，第3页。

借淞沪铁路连接上海市区。①

1912年，万国体育会再接再厉，修筑一条宽16米、长达6千米的大路，从跑马场大门起，一路长驱直下，连接虹口的北四川路，俗称"老体育会路"。此路全系土工，共用银1200元，约当今东体育会路和甜爱路。② 此路一建，江湾跑马场与市区除铁路相连，更添驱车前往一途。到了1920年代，据说每逢江湾赛马散场时，"路上各车自北四川路至江湾停车处互相连贯，并未间断"。③ 1917年冬，万国体育会三度兴筑一条宽13米、长2.6千米的大路，自跑马场南首起，至虹口公园西北的葛家嘴止，俗称"新体育会路"，即今日之西体育会路（图2-2）。④

建筑联外道路的同时，叶子衡等人也开始积极整地建地。新取得的土地是上海跑马厅的两倍大，形状完整，排水良好。⑤ 万国体育会在此筑起椭圆形的跑道，共分三圈，由外而内分别为比赛时所用的草地跑道、练习时用的煤屑跑道，并设有沟渠、树丛的跳浜跑道。其中草地跑道长约2.4千米（1.5英里），直线冲刺距离超过600米，比起上海跑马厅的400米更为优越。⑥ 同时，叶子衡等人也大量招募宁夏、河北、山东等地的回民迁来江湾担任马夫和驯马师，其中以山东籍为多。

① 钱淦等纂《宝山县续志》，成文出版社，1975，第232页。
② 钱淦等纂《宝山县续志》，第232页。
③ 《江湾第101次游戏赛之第一日》，《申报》1923年9月23日，第15版。
④ 钱淦等纂《宝山县续志》，第232~233页；《上海市虹口区地名志》，第253页。
⑤ "A New Golf Course," *NCH*, 27 May 1910, p. 517.
⑥ E. J. Burgoyne, comp., F. S. Ramplin, ed., *Far Eastern Commercial and Industrial Activities, 1924* (London: The Commercial Encyclopedia Co., 1924), p. 271; W. Feldwick, ed., *Present Day Impressions of the Far East and Prominent & Progressive Chinese at Home and Abroad*, p. 319.

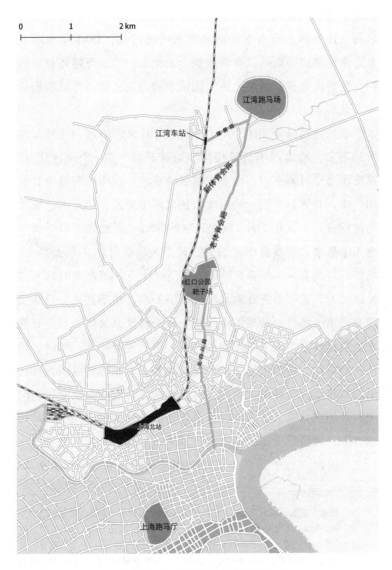

图 2 - 2　江湾跑马场筑路图

此外，并有回族马贩子往来宁夏、新疆与上海之间，协助该会取得合适马匹。据山东籍驯马师马尚贤回忆，1912 年他随父亲迁来江湾时，此地已有回族数十人聚居，均为万国体育会所招。此后人数越来越多，到了国民政府时期江湾已形成回族的一个聚居点。[①]

江湾跑马场于 1911 年初完工，但因地处偏远，外界对其所知不多。然而当年适逢法国飞行家环落（M. René Vallon）携带小型飞行器来沪，需要大型场地表演。江湾跑马场为打响知名度，乃慨然出借。当时飞机仍属草创阶段，沪上不论华洋均前所未见。该年 2 月 25 日下午环落第一次展演，即吸引中西人士搭乘沪宁线自市区前来，购票入场者计两千余人之多；场外伫立观看并不购券者亦不下四五千人。环落起飞时以人工推进加速，起飞后先在跑马场内飞绕一圈，初不甚高，后渐飞渐高，出了场外，计在空中绕行三周后仍至原处降下。当环落在空中盘旋时，众人莫不屏气仰视，待其安全降下，场内、场外欢声雷动，各西人纷纷向前脱帽致意，大家仿佛意识到自己刚刚目睹了一个新时代的来临。环落的飞行表演很快便轰动沪上，等到次日第二次展演时，观者便由原先的数千人一跃而达六万人，除搭乘火车，尚有步行及乘人力车沿小径前来者。[②]

环落的飞行表演打响了江湾跑马场的名号。到了 4 月 15

---

① 施叔华主编《杨浦区志》，上海社会科学院出版社，1995，第 962、966～967 页。

② 《飞行艇观赛记》，《申报》1911 年 2 月 27 日，第 18～19 版。后来，环落很不幸地于 5 月 6 日一次由江湾飞上海的表演中坠毁于上海跑马厅空地，当时正值上海春赛，飞机先在场内盘旋一圈向众人致意，第二圈即在众目睽睽中下坠毁，全场大哗，唏嘘不已。《环落君飞艇遭险记》，《申报》1911 年 5 月 7 日，第 18 版。

日万国体育会举行第一次华洋会友跑马时，外人社群对其所在位置乃至如何到达已不陌生。是日适逢周六，沪宁铁路特备专车自上午11时半起，至下午七时半止，随时开行。[1] 上午11时许，沪上对赛马感兴趣的马主、骑师或观者便络绎乘火车赴江湾会场，亦有骑马前往者。据《申报》报道，到了下午二时左右，中西男女来宾已达万人，其中华人七千余人；《北华捷报》的记载较为保守，估计观者约两千人。[2] 不管人数多寡，这是首次华洋共赛，也是自1898年以来华人第一次获准进入跑马场内观赛。

午后1时起赛，共赛七场，著名骑师劳伦司（B. S. Laurence）骑万国体育会书记张予权之马赢得第一场试验杯。第二场猎纸杯，限上海猎纸会（Shanghai Paper Hunt Club）会员的马匹参赛，由擅长识马的道勒斯（George Dallas）骑自家马匹胜出。第三场宝山杯，由道勒斯骑叶子衡马房之马胜出。此后华洋骑师互有胜负，其中第六场华人杯限华人骑师，共六马出赛，结果胡西藩第一，叶子衡第二，胡条肆第三。整体而言，虽然西人胜出次数较多，但中西报纸均同意华人马主、骑师表现出人意料，与西人堪称匹敌。[3]

江湾跑马场模仿上海跑马厅，场中设有售酒间、西餐室，向西有博彩处，南面有奏乐处，备有西乐一队，每赛一次，奏

---

[1] 《万国体育会第一期游戏赛马广告》，《申报》1911年3月4日，第2版。

[2] 《江湾大跑马纪事》，《申报》1911年4月16日，第18版；"International Recreation Club," *NCH*, 22 April 1911, pp. 225–227.

[3] 《江湾大跑马纪事》，《申报》1911年4月16日，第18版；"International Recreation Club," *NCH*, 22 April 1911, pp. 225–227.

乐一番，可说是"一切组织悉与泥城桥西人跑马场相同"。[①]
不仅场地安排处处以上海跑马厅为师，在内部组织方面，万国
体育会也尽量模仿上海跑马总会，委员会（General
Committee）等于上海跑马总会的董事会，设主席一人，另有
委员十人，一年一任，均从红股股东当中选任。[②]

叶子衡创建江湾跑马场，开始虽为赌一口气，拟为华人
建立一个自己的总会，但他似乎很早便决定此总会应当是国
际性的。这一方面可从其总会名称中"万国"二字看出；
另一方面也可从 1911 年万国体育会的首届委员名单中略窥
端倪。该委员会以华人为主，包括主要出资者叶子衡、叶贻
铭、叶贻锜兄弟，以及叶氏兄弟背后的支持者虞洽卿、朱葆
三，与虞洽卿一同兴办华商体操会的华比银行买办胡寄梅。
此外还有上海商务总会总理周金箴、上海绅商李平书、公平
洋行买办孙泉标等。[③] 但华董之外另有一西董克拉克，据说是
叶子衡亲自赠送红股力邀而来，可见其试图打造华洋往来平台
的企图。[④]

华人骑师和马主

经过长达四年的筹备，竭尽甬商的金钱与人脉，上海华商
终于有了自己的运动型总会。万国体育会的开办为华人精英提

---

① 《江湾大跑马纪事》，《申报》1911 年 4 月 16 日，第 18 版。

② "International Recreation Club," *NCH*, 22 April 1911, p. 225；程泽济、毛啸
岑：《租界时代规模最大的赌博场所——跑马厅》，《旧上海的烟赌娼》，
第 87 页。

③ "International Recreation Club," *NCH*, 22 April 1911, p. 225.

④ 程泽济、毛啸岑：《租界时代规模最大的赌博场所——跑马厅》，《旧上
海的烟赌娼》，第 88 页。

供了一个完美的舞台，他们终于可以上场一展身手，与西人同台竞技了。

从沪上开始英式赛马起，一直都有善骑的华人参与。大英按察使霍恩比在其回忆录中提及 1865～1876 年，沪上有两位华人极善骑，出赛时"坐姿稳定，手腕灵活，对赛事判断正确，从不因一时冲动而昏头"。[1] 之后也有一连串马夫赛的胜利名单，其中以丰茂洋行（Coutts & Co.）的马夫马永生（Cheedah）最为杰出。据说他身材胖硕，每次胜出总是高兴得有如赢得英国经典赛一般。[2] 其他如海珍马房的马夫瑞荣（Monkey）[3]、山东人（Chefoo）[4]，以及天津人高二（Tientsin）[5] 等都是屡屡夺冠的骑师。

马夫斗彩赛一般安排在春秋赛事的最后一天，由马夫身穿马主彩衣代表马房出赛。[6] 向来蓬头跣足的马夫穿上包括骑师帽、背心、窄裤、马靴等在内的西式服装，刚开始不免畏畏缩缩，后来才渐渐适应。[7]

虽然华人马夫在一次次的出赛后已逐渐学会了西人的庄重

---

① Hornby, *Sir Edmund Hornby*, p. 263.

② 《斗马纪余》，《申报》1879 年 11 月 11 日，第 3 版；"Shanghai Autumn Race Meeting," *NCH*, 14 Nov. 1879, pp. 479 – 480; W. MacFarlane, *Sketches in the Foreign Settlements and Native City of Shanghai*（Shanghai：[s. n.], 1881), pp. 35 – 36.

③ 《赛马纪余》，《申报》1878 年 11 月 11 日，第 3 版；"Shanghai Autumn Races," *NCH*, 14 Nov. 1878, pp. 478 – 479.

④ 《赛马纪余》，《申报》1879 年 5 月 4 日，第 4 版；"Shanghai Spring Races," *NCH*, 6 May 1879, pp. 443 – 449.

⑤ 《赛马纪余》，《申报》1880 年 4 月 30 日，第 3 版；"Shanghai Spring Races," *NCH*, 1 May 1880, pp. 380 – 387.

⑥ 《赛马纪余》，《申报》1878 年 11 月 11 日，第 3 版。

⑦ Coates, *China Races*, p. 81.

自持,①且每当马夫胜出,洋东亦欣然相迎,其高兴程度不下于自己胜出,②但终其19世纪,西人对马夫骑师一直采取半开玩笑的态度。马夫赛始终是一种余兴、一种似是而非的模仿,上场的马夫多以绰号名之,如"靴子"(Boots)、"阿羌"(Ahcheong)、"竹鸡"(Snipe)、"鱼"(Fish)、"鹅"(Goose)等。③原来,西人心目中的骑师应当是绅士(gentleman riders),而负责刷马、遛马的华人马夫永远难登大雅之堂。

旧一代的马夫骑师因身份低下而不受重视,新一代的华人骑师则个个出身名门,是不折不扣的精英。以江湾第一批骑师为例,最显赫的自然是叶氏兄弟。江湾成立时,叶子衡年近30岁,已过了出任骑师的最佳时期,但他不以为意,不仅以自己姓氏"叶"的义译"Leaf"为名成立马房,自称"利夫先生"(Mr. Leaf),更屡屡自任骑师,是江湾跑马场上常见的身影。一直到45岁后,他才甘心于只任马主,不再亲自上场。作为一名骑师,叶子衡其实战绩平平,最出色的不过是1926年骑自家马房的"雪而物王"(Silver Wand)赢得江湾11月出卖赛(The November Selling Plate),④不过他仍乐此不疲。

不仅叶子衡本人好骑,叶家老幺叶贻钰(叶杏生)及叶子衡的独子叶谋卓(即叶谋焯、叶谋倬)也在1920年代相继

---

① "Shanghai Autumn Races," *NCH*, 15 Nov. 1877, pp. 453 – 454.

② 《赛马纪余》,《申报》1879年5月4日,第4版;《赛马纪余》,《申报》1881年5月8日,第2版。

③ 《春赛志余》,《申报》1894年5月6日,第3版;"Shanghai Races Spring Meeting," *NCH*, 11 May 1894, pp. 729 – 730.

④ "Kiangwan Races," *NCH*, 27 Nov. 1926, p. 412.

成为跑马场上活跃的马主兼骑师。[①] 除此之外，叶家其他兄弟亦合资成立了"澄衷马房"（Messrs. Ching Chong），购入新马训练出赛。[②] 当 1920 年万国体育会允许女性成为正式会员时，[③] 叶子衡的夫人更以"叶夫人马厩"（Mrs. Yih）之名参赛，是上海赛马界最早的女性马主之一。[④]

叶家的积极参与是江湾跑马场持续运作的重要力量。也因为叶子衡对赛马的真心喜爱与无私奉献，1924 年丹麦美术家美特生（Juel Madsen）和小都易（Edmund Toeg）图绘上海赛马人物时，不仅将叶子衡名列其中，更用简单几笔素描画出他窝在总会沙发上轻松自在的神情（图 2 - 3）。此时，叶家已成为沪上赛马界不可或缺的一分子了。

除叶氏兄弟，沪上首批华人骑师还包括胡条肄、胡西藩、胡会林三兄弟。胡氏兄弟出身官宦之家，父亲为清末重要洋务大臣胡燏棻。[⑤]

胡燏棻，字芸楣，安徽泗州人，祖籍浙江萧山，同治十三年（1874）进士。他进入官场后，在李鸿章手下工作多年，先管理北洋军粮，后补天津道。据说他受李鸿章影响，喜谈洋

---

① 伯奋：《江湾新年赛马最近消息》，《申报》1923 年 1 月 16 日，第 14 版；"The Kiangwan New Year Meeting," *NCH*, 24 Feb. 1923, pp. 529 - 532；《昨日江湾赛马之成绩》，《申报》1926 年 2 月 18 日，第 14 版；"Kiangwan Races," *NCH*, 20 Feb. 1926, p. 343.

② "International Recreation Club," *NCH*, 22 April 1911, pp. 225 - 227.

③ "Ladies on the Race Course," *NCH*, 24 Jan. 1920, p. 239.

④ "International Recreation Club," *NCH*, 28 Feb. 1920, p. 568. 有关沪上华洋女性如何利用赛马、赛狗、猎纸等活动来扩大其活动范围与公共空间，参见张宁《运动、殖民与性别：近代上海英式狩猎活动中的女性》，《近代中国妇女史研究》第 30 期，2017 年 12 月。

⑤ E. J. Burgoyne, comp., *Far Eastern Commercial and Industrial Activities*, p. 242.

图 2 – 3　叶子衡（约 1924 年）

资料来源：*Celebrities of the Shanghai Turf, Sketches and Caricatures by Juel Madsen & Edmund Toeg* （［s. l. : s. n. , 1924?］），no page number.

务，后来也确实有了实践的机会。甲午战败后，他奉命至天津小站以西法练兵，号定武军；1895 年他又奉命督办连接天津与芦沟桥的津芦铁路，1897 年顺利完成后接着负责津榆铁路（天津至山海关）关外段的修筑。该段原本仅计划修至锦州，由于当时俄国正利用修筑哈尔滨至旅顺南行支路的机会觊觎东北，在他的力争下，关外段从锦州又继续往北修至沈阳附近的新民。此路线完工后，与先前之津芦线总称关内外铁路，后改称京奉铁路，是胡燏棻一生中最大的成就。此后他历任刑部、礼部、邮传部侍郎，直至 1906 年去世，《清史稿》有传。①

----

① 罗明、潘振平主编《清代人物传稿》下编，辽宁人民出版社，1993，第 133 ~ 136 页；赵尔巽等撰《清史稿》列传卷 442，列传 229，杨家骆校，鼎文书局，1981，第 12433 ~ 12435 页；《胡燏棻》，http://archive. ihp. sinica. edu. tw/ttsweb/html_ name/search. php，2015 年 9 月 16 日检索。

综观胡燏棻一生，与外人多有接触。西法练兵时与德人汉纳根（Constantin von Hanneken）往来谈判；督办铁路时与英国筑路工程师金达（C. W. Kinder）一同丈地插标、购置物料；而津榆线关外一段经费困难，得清廷允许又向英国汇丰银行借款银160万两，[①] 是洋务运动中的开明人物。他过世时，《北华捷报》称之为中国的损失，盛赞他诚实、廉洁、坦率、忠诚，处事不屈不挠，同时对英国特别亲善。[②] 凡此种种，都确定他对洋人、洋务的熟悉，在这样环境下长大的胡氏兄弟自然对西方事务绝不陌生。

胡燏棻子女成群，据说有七子五女，[③] 追随其步入宦途者似乎只有胡翔林一人，曾官至江苏财政厅厅长。[④] 胡家兄弟年龄相距甚大，1911年胡翔林已年近半百，胡西藩、胡条肆才二三十岁，胡会林更年仅15岁。[⑤] 胡氏兄弟多长于天津，很早便习得骑术，是以1911年万国体育会一开赛，胡条肆、胡西藩二人便成为江湾跑马场上第一批华人骑师兼马主；1920年前后，胡会林也加入。随着华人赛马会在各通商口岸的陆续建立，接下来数年里，三人不仅在上海赛马，更转战天津、汉口、青岛等地且屡屡胜出。[⑥]

---

① 罗明、潘振平主编《清代人物传稿》下编，第133~136页。

② "Notes on Native Affairs: A Loss for China," *NCH*, 7 Dec. 1906, p. 550.

③ "Prominent Jockey's Death," *NCH*, 15 Oct. 1921, p. 167.

④ 田原祯次郎编《清末民初中国官绅人名录》，中国研究会，1918，第274页；《江苏财界近闻》，《申报》1915年4月28日，第6版；刘寿林等编《民国职官年表》，中华书局，1995，第245~258页。

⑤ 田原祯次郎编《清末民初中国官绅人名录》，第274页；《著名骑师钟情郎德山之女》，《申报》1930年4月4日，第15版；"Prominent Jockey's Death," *NCH*, 15 Oct. 1921, p. 167.

⑥ 《天津电》，《申报》1920年10月30日，第6版；《天津电》，《申报》1921年6月13日，第6版；《青岛赛马之沪讯》，《申报》1924年7月24日，第15版。

　　胡条肆、胡西藩、胡会林三兄弟之中，骑术最精者首推幼弟胡会林。他因年轻，骑师生涯也最久，1928 年 5 月曾骑英人马主都易（R. E. Toeg）的名驹"阿立戡脱"（Alligator），赢得江湾德比赛（the Derby Stakes），是 1920 年代江湾跑马场最好的华人骑师之一。①

　　胡西藩的骑师生涯虽然不及其幼弟，但他不仅善骑，更能识马，拥有多匹良驹，其中"胜来"（Sunripe）是 1913 年江湾香宾赛冠军。胡西藩尤其令人津津乐道的是发掘了江湾第一名驹"锁雪儿尤宁"（Social Union）。②

　　1920 年，他以非常低廉的价格买下这匹无人识货的新马，将之交给其弟胡会林练骑，后为胡会林、周孳田联合组成的尤宁马房（Mr. Union）拥有。1921 年，"锁雪儿尤宁"首度参加猎纸赛即跑出佳绩，但胡西藩觉得该马年纪尚轻，要求胡会林再等一年才让它全力施展。1922 年，"锁雪儿尤宁"果然连续拿下江湾德比赛和德比杯（the Derby Cup），成为双料冠军，创下江湾跑马场的纪录。③ 只可惜在这之前的 1921 年 8 月，江湾举行赛车表演，胡西藩在旁摄取影片时意外遭冲出跑道的赛车撞击，两个月后伤重不治，年仅 30 岁，来不及见到"锁雪儿尤宁"叱咤风云。④

　　相对于胡西藩和胡会林，年岁较长的胡条肆虽然在骑术、

---

① "Local Gimcrack Dinner," *NCH*, 9 June 1928, p. 430.

② E. J. Burgoyne, comp., *Far Eastern Commercial and Industrial Activities*, p. 242.

③ E. J. Burgoyne, comp., *Far Eastern Commercial and Industrial Activities*, p. 242.

④ "Prominent Jockey's Death," *NCH*, 15 Oct. 1921, p. 167；《汽车肇祸三则》，《申报》1921 年 8 月 28 日，第 15 版。

识马等方面均略逊一筹，但对赛马的爱好一如其兄弟。他不仅是万国体育会的重要成员，而且在 1926 年上海第二个华商赛马会在引翔港成立时出任书记，为推动赛马而努力，直至 1931 年 8 月辞去该职为止。[1]

除了叶、胡两家，另外一位对万国体育会有奠基之功的是徐超侯，他是清末官督商办的主要参与者徐润的五子。

徐润，号雨之，别号愚斋，广东香山人，出身买办家族，14 岁来沪加入英商宝顺洋行，从学徒一路升至买办，并进而投资茶叶、土货、鸦片、房地产等事业。与其他粤商不同的是，他不只是个汲汲于累积财富的商人，也是中国第一批新式企业的经营者。1873 年，李鸿章经其僚属盛宣怀等介绍，罗致徐润及怡和洋行买办唐廷枢（景星）加入甫开办的轮船招商局，一任会办、一任总办。从此，徐润便将其任买办时期累积的丰富经验、过人识见及经营方法，投入此官督商办的代表性企业。[2] 此后并进一步跨足矿务、垦务，如奉令兴办安徽贵池煤矿，赴热河孤子山考察承平银矿，接办香山县天华银矿，数度会办开平矿务，奉委办建平金矿，自营锦州大凌河垦务等。[3]

徐润足迹遍及大江南北，但他与上海公共租界的发展密

---

[1] 《上海中国赛马会启事》，《申报》1926 年 3 月 10 日，第 1 版；《上海中国赛马会重要通告》，《申报》1931 年 8 月 1 日，第 7 版；《胡条肆启事》，《申报》1931 年 8 月 1 日，第 7 版。

[2] 有关徐润、唐廷枢等人对轮船招商局的经营与管理，详见黎志刚《轮船招商局经营管理问题，1872～1901》，《中央研究院近代史研究所集刊》第 19 期，1990 年 6 月；黎志刚《轮船招商局国有问题，1878～1881》，《中央研究院近代史研究所集刊》第 17 期上册，1988 年 6 月。

[3] 汪敬虞编《中国近代工业史资料》第 2 辑，第 966～968 页。

切相关。这源于他任宝顺洋行买办期间，与本书第一章曾述及的大班韦勃交好。[①] 原来 1863 年韦勃期满离沪，行前忠告便是"上海市面，此后必大"，劝徐润日后尽可将资金投入房地产。韦勃所建议的地段首先是外滩沿岸，即今日中山东一路至十六铺；次为南京、福州、河南、四川四路形成的英租界中心区；再其次是虹口美租界。当时黄浦滩不过是一平坦泥地，美租界也"榛莽未开，廛市萧条"。徐润采纳韦勃的建议，真的"有一文置一文"，前后在这一带购入土地近 3000 亩，建造市房 2400 余间，每日坐收租金 600 余两。[②]

考虑到 1899 年公共租界扩界前英租界仅 2800 多亩，可知徐润置产之多，且应有不少在未开发之美租界。虽然 1883 年中法战争爆发引发上海金融危机，徐润因周转不灵被迫卖出大部分地产而损失惨重，但从公共租界的角度来看，他的广泛置产并建造市屋是推动租界发展的重要力量。[③] 在开发的过程中，徐润本人并曾将虹口的元芳路（今商丘路）、源昌路（今醴陵路）及跑马厅北面的帕克路（今黄河路）等土地捐给工部局作为道路。是以 1911 年徐润过世时，《北华捷报》称他为租界草创时期的重要人物，在租界由一沼泽地转变成中国最重要城市的过程中扮演了不可或缺的角色。[④]

① 韦勃即 1850 年出面筹组赛马委员会的宝顺洋行行东。
② 徐润：《徐愚斋自叙年谱》，文海出版社，1978，第 93、23～24 页；Arnold Wright, ed., *Twentieth Century Impressions of Hong Kong, Shanghai, and Other Treaty Ports of China*, p. 566.
③ 有关徐润在房地产上的投资，详见全汉昇《从徐润的房产经营看光绪九年的经济恐慌》，《中国经济史论丛》第 2 册，新亚研究所，1972。
④ "A Link with Old Shanghai," *NCH*, 6 May 1911, p. 335.

徐润虽因官督商办的缘故跻身官场，但因长期任职洋行买办，十分看重西式教育。徐润共有五子，他让前三子协助经营事业，将老四、老五送至英美名校读书。同时，他鼓励子侄利用官费赴美的机会出国留学，徐超侯便是他最费心栽培的幼子。①

徐超侯，名廷勋，字超侯，以字行。8 岁起在上海学习西文，16 岁时徐润为他延请女师戴娘娘，每日午后在家教授西文两小时，如此五年。1901 年，戴娘娘因年迈返英，徐润利用此机会让 21 岁的徐超侯自费随行，抵英后又补习数年，考入牛津大学就读，直至 1911 年因徐润去世而返国。②

有关徐超侯学习的专业，说法有二：一是古典语文，③ 一是经济贸易。④ 无论为何，20 岁出头的徐超侯在英国显然如鱼得水，读书之外还从事赛马，他是唯一获准参加英格兰全国障碍赛的华人马主与骑师。⑤

后辈的回忆也说，徐超侯"在国外留学时派头很大，与英国王公贵族结交很厚，纨绔子弟，非常奢侈，与英国温沙公爵是密友"。⑥ 此说可能属实，温莎公爵即不爱江山爱美人

---

① 徐润：《徐愚斋自叙年谱》，第 94 页；"A Link with Old Shanghai," *NCH*, 6 May 1911, p. 335.

② 徐润：《徐愚斋自叙年谱》，第 118、119、126 页；"International Recreation Club," *NCH*, 14 Oct. 1911, pp. 98 – 100.

③ "A Link with Old Shanghai," *NCH*, 6 May 1911, p. 335.

④ 徐希曾口述、张秀莉整理《亲人追忆——徐润的曾孙徐希曾先生访谈》，《史林》2007 年增刊，第 189 页。

⑤ "A Link with Old Shanghai," *NCH*, 6 May 1911, p. 335.

⑥ 徐希曾口述、张秀莉整理《亲人追忆——徐润的曾孙徐希曾先生访谈》，《史林》2007 年增刊，第 189 页。

的英王爱德华八世，他早年任威尔士亲王时，于 1910 年前后就读于牛津大学莫德林学院（Magdalen College）。据说他在牛津时对读书兴趣有限，但好骑马，曾加入大学马球队。如果徐超侯与他在同一学院或者同在球队，确实有可能成为朋友。①

除威尔士亲王，徐超侯还与同样出身贵族、后来并任威尔士亲王私人秘书的汤姆斯（H. L. Thomas）结为好友。徐超侯有跳浜马名曰"美好的夜晚"（Hesperus Magnus），就是在汤姆斯的驾驭下一举夺得英国大学联赛奖杯。图 2 - 4 为二人赛后合照，二人虽穿着正式，但神态轻松，手执马鞭、毫不拘束的肢体动作显示出马主与骑师的合作关系。

不论其与爱德华八世等人友谊的深浅，徐超侯无疑是徐润诸子当中西化最深的一个。十年留英的经历在他身上留下了深刻的印记。当他回国时，已完全接受了英国上层阶级的价值观，不仅不为生活而工作，更热衷于赛马、猎纸、马球等英式运动，上海外人社群也承认他是真正的"运动家"。②徐超侯来自帝国的中心，是连外人都承认的马主与骑师，自是万国体育会拉拢的对象。叶子衡遂竭力邀请其加入，而徐超侯也不负众望，不仅担任万国体育会会员，亦出任董事，在该会与上海跑马总会的来回交锋中扮演了重要的角色。③

① "Edward Ⅷ," https：//en. wikipedia. org/wiki/Edward_ Ⅷ#cite_ note - 14
（accessed on 2015/9/30）．
② "A Link with Old Shanghai," *NCH*, 6 May 1911, p. 335.
③ 程泽济、毛啸岑：《租界时代规模最大的赌博场所——跑马厅》，《旧上海的烟赌娼》，第 88 页。

图 2 – 4　徐超侯与汤姆斯（约 1905 年）

资料来源：《竞乐画报》第 11 卷第 12 期，1937 年 3 月 27 日，第 10 页。

三　分而治之

对于沪上谣传华人计划建立赛马场，乃至万国体育会的正式成立，上海跑马总会一直密切关注。它最大的忧虑在于，华人能否掌握英式运动的基本价值，包括公平竞争（fair play）、伙伴情谊（fellowship）、业余主义（amateurism），① 以及讲诚实、重荣誉、严守规则、光明磊落、胜不骄败不馁等一连串与"运动家精神"（sportsmanship）紧密相连的内涵。它担心华人赛马会只是挂羊头卖狗肉，把重心放在随赛马而来的下注上，徒有运动之名而无运动之实。

忧虑归忧虑，上海跑马总会其实无力阻止新赛马会的成立。上海不像香港是英国的占领地，由于赛马场需要大批土地，殖民政府大可利用控制土地登记的方式阻止任何新赛马场的出现；而英人在上海仅有一面积有限的公共租界，一旦出了租界范围，工部局毫无施力之处。更令上海跑马总会尴尬的还在于该会内部有不同的声音，除了克拉克，还有一些重要会员为华人抱屈。他们认为叶子衡、徐超侯、胡家兄弟等都是故人之后，虞洽卿、朱葆三及其背后之宁波帮商人更是沪上商务运作的重要帮手，上海跑马总会不能也不该将这些华人同侪排拒在英式赛马之外。

---

① "业余主义"是英人特有的一种价值观，强调为运动而运动，此处的"业余"系针对"职业"（professional）而来。20世纪初，各式运动逐渐转向职业化，选手为金钱而竞赛，失去为运动而运动的本意，有鉴于此，上海跑马总会坚持保持其非职业性的业余态度，并坚持骑师为业余绅士（gentleman riders）。

这些同情华人的西人，不仅经常在公开场合表达其不以为然的态度，[1] 在江湾跑马场正式成立后，他们更在徐超侯和克拉克的邀约下直接参与万国体育会的运作。他们利用自身的经验与马匹协助该会在赛马界站稳脚跟，其结果是 1916 年万国体育会的改组。

1916 年，万国体育会依据英式赛马规章进行了一次严格的改组。其改变有二：一是事权两分，场地投资归股东，赛事管理则归董事；二是将原先的委员会改组为董事会，其人数先定为 9 人，后又增加至 11 人。[2] 新董事当中，以赛马经验丰富的英人占多数。除叶子衡、徐超侯、克拉克，其余包括上海重要马主马立斯（H. E. Morriss）、重要骑师小白克而、怡和洋行大班约翰斯东（John Johnstone），以及擅长识马的道勒斯等。[3]

这些人均出身于赛马世家，为过去半个世纪以来沪上培养出来的赛马精英。譬如，马立斯的父亲老马立斯（Henry Morriss），1870 年代起即在上海赛马，并在跑马厅西南的芦花荡置有大批地产；因其公馆以印第安人马霍族（the Mohawk）为名，工部局遂将跑马厅西面的道路命名为"马霍路"，[4] 而华人称这一区为"马立斯"。小白克而的父亲白克

---

① "As Others See Us," *NCH*, 6 Dec. 1907, pp. 619 - 620；《江湾大跑马纪事》，《申报》1911 年 4 月 16 日，第 18 版。

② "International Recreation Club," *NCH*, 12 Feb. 1916, p. 380; The International Recreation Club, Kiangwan, *106th Race Meeting*, *Saturday and Monday*, *19th and 21st April 1924*.

③ "International Recreation Club," *NCH*, 12 Feb. 1916, pp. 380 - 383.

④ A. H. Gordon, comp., *The Streets of Shanghai: A History in Itself* (Shanghai: [s. n.], 1941), p. 29.

（A. R. Burkill）为 1897 年上海跑马总会主席兼工部局总
董，[①] 公共租界亦曾以其名为路名，即跑马厅以北之白克路
（今凤阳路）；[②] 小白克而的哥哥伯基尔（A. W. Burkill）
再过数年也将步其父后尘，成为上海跑马总会史上任期最长
（1924～1935）、影响力也最大的主席之一。[③] 约翰斯东则是
怡和洋行大班中最好骑术者，不仅他本人对赛马乐此不疲，
其妹婿希克林（N. W. Hickling）也是沪上著名的马主；其
妹希克林夫人更是上海淑女猎纸会（Shanghai Ladies' Paper
Hunt Club）的首任会长，擅长侧坐跳栏，是沪上著名的淑
女骑师。[④]

上述英人董事中，尤其值得一提的是道勒斯。道勒斯
家族三代投入赛马业，其父巴恩斯（Barnes Dallas）为上海
英商贸易行裕泰洋行行东，以其名为行名（Dallas,
Barnes）。[⑤] 巴恩斯自 1868 年起即出任上海跑马总会董事，
1873 年开始兼任书记和马圈执事（Clerk of the Course），1886
年改为专职书记，直至 1896 年 4 月，共计在该会服务 28 年之
久。[⑥] 除父亲之外，道勒斯的长兄法兰克（Frank Dallas）为
1890 年代上海著名骑师，曾骑沙逊马房的名驹"英雄"
（Hero）在马场上叱咤风云。1905 年他过世时，上海跑马总

①　Olsen, comp., *The Racing Record*, p. 45A.

②　Gordon, comp., *The Streets of Shanghai*, p. 19.

③　"The Race Club and Mr. A. W. Burkill," *NCH*, 5 June 1935, p. 386.

④　有关约翰斯东生平及其家族在沪之活动，参见张宁《在华英人间的文化
　　冲突：上海"运动家"对抗"鸟类屠害者"，1890～1920》，《中央研究
　　院近代史研究所集刊》第 34 期，2000 年 12 月。

⑤　黄光域编著《外国在华工商企业辞典》，第 683 页。

⑥　"Readings for the Week," *NCH*, 27 Aug. 1897, pp. 387 - 388; Olsen,
　　comp., *The Racing Record*, pp. 42A - 45A.

会特别为之下半旗志哀。[1] 道勒斯的次子小道勒斯（Norman Dallas）则是 1920～1930 年代上海最杰出的骑师之一，当时的赛马评论人多认为，如将历年来沪上骑师做一评比，小道勒斯绝对名列前茅。[2]

至于道勒斯本人，他虽善骑，但因身材高大不适合出任骑师，遂专心担任马主。其马厩名为"Mr. Day"，是 1920 年代沪上数一数二的马房。且与众不同的是，资本虽有限，却经常胜出。原来道勒斯因其父开有裕泰马行，18 岁起便开始买卖马匹，随着规模的扩大成为专业的驯马师，[3] 擅长在新马中挑选貌不惊人者加以训练，然后一鸣惊人。赛马界盛传，凡是经过道勒斯君之手者，劣马亦能变良驹。[4]

这些新加入的英董，或为上海跑马总会的马主，或为该会的骑师，或为化腐朽为神奇的训练师，与先前之虞洽卿、胡寄梅、李平书等业余人士不可同日而语。他们既为万国体育会董事，也用心投入，协助该会建立跑马规则，设法使江湾跑马场成为名副其实的英式跑马场。其中以道勒斯投入最多，他不仅担任董事，更出任江湾跑马场的马圈执事，负责场地维护、草皮保养，以及比赛时跑马场上的一切事务。据说道勒斯采铁腕政策，在江湾他的话就是法律，虽然严厉，但也为江湾跑马场

---

① "Hero," *NCH*, 16 Nov. 1893, p. 795; "General News," *NCH*, 17 Feb. 1905, p. 350.

② "Mr. Frankie Vida," *NCH*, 4 March 1936, p. 405; "Racing on Decline," *NCH*, 7 Oct. 1936, p. 27.

③ "Mr. George Dallas," *NCH*, 8 Dec. 1931, p. 345.

④ 《下半年赛马之先声》，《申报》1922 年 9 月 24 日，第 13 版；"In the Dark," *NCH*, 10 May 1932, p. 212.

的成功运作奠定了坚实的基础。[1]

1916 年的改组大幅拉近了上海跑马总会与万国体育会的关系。至于 1920 年底的一场股权转移，更使得上海跑马总会成为江湾跑马场的最大股东。

原来江湾跑马场自 1911 年开始举办比赛以来，每年除新年赛和常年大赛，还日渐增加了其他例行赛事，然而看似风光的背后，叶澄衷家族其实一直处于财务危机当中。

原来叶家除五金、丝织、火柴、地产等业，有相当投资置于钱庄业。譬如，在上海设有升大、衍庆、大庆、怡庆四庄，杭州有和庆、元大二庄，芜湖有怡大钱庄。除此之外，又与姻亲湖州许家合资开设了余大、瑞大、志大、承大钱庄，即所谓的"四大"，彼此互相周转。叶氏家族经营的各字号都用叶永承号的名义出面，估计共有银 800 万两之多。[2] 1910 年 7 月，上海爆发橡皮股票风潮，[3] 沪上钱庄因过度投资接连倒闭，市面哀鸿遍野。叶家正努力撑持之际，1911 年 10 月又爆发辛亥革命，导致银根奇紧，"四大"周转不灵。当时，叶永承号和叶家弟兄个人字号共欠"四大"约 200 万两，而"四大"和叶家的升大、衍庆二庄共欠洋商银行拆票 182 万两及同业拆票 32 万余两。当危急之时，许、叶两家因"四大"

---

[1] "Mr. George Dallas," *NCH*, 8 Dec. 1931, p. 345.

[2] 中国人民银行上海市分行编《上海钱庄史料》，上海人民出版社，1960，第 743 页。

[3] 清末称橡胶为橡皮，橡树种植公司为橡皮公司，该风潮即 1910 年因投资东南亚橡胶公司而引发的金融危机。有关该风潮的细节，可参见《上海钱庄史料》，第 74～75 页。有关学者对该风潮经济与政治的详细分析，参见朱荫贵《近代上海证券市场上股票买卖的三次高潮》，《中国经济史研究》1998 年第 3 期；王路曼《投机之外的危机：国家政治视角下的1910 年上海"橡皮股票风潮"》，《史林》2014 年第 6 期。

垫款维持问题发生了争执。叶家主张按股本比例垫款，许家要求叶家先还欠款，再按股分担。两方相持不下，最后终于决裂，"四大"钱庄同时倒闭。[①]

"四大"一倒，牵连所及，叶家所设钱庄亦随之倒闭。在接下来的两年里，同业追讨、对簿公堂，无日或止。[②] 叶家除保留老顺记、新顺记几家五金行，所属各业几乎全部出顶，却仍无法还清债务。要到一战期间，五金业因欧战之故蓬勃发展，老顺记等又赚进几十万两银子，才将叶永承号的旧账还清。[③] 至于"四大"对各方的欠款，直至 1926 年始清理完毕，清理方法为欠洋商银行的拆票免利偿还，一般存款四折偿付。[④]

江湾跑马场名义上虽系华商集资，但主要资金实来自叶贻铭、叶子衡、叶贻锜三兄弟。叶家受此重创，几个兄弟纷纷退股，仅叶子衡竭力维持，但到了 1920 年他也力有未逮，通过克拉克等人向上海跑马总会示意，表示愿意出让股权。

当时上海跑马总会主席为扬子保险公司（Yangtze Insurance Association）大班杰克生（W. S. Jackson）。杰克生旅沪多年，1899 开始担任上海跑马总会董事，1912 成为主席此后连年获选，直至 1921 年 2 月退休，共任主席达九年之久，任期时间之长、影响力之大，在该会历史中仅之前的麦克列昂，以及之后的伯

---

① 《上海钱庄史料》，第 744～745 页。

② 《叶氏弟兄已入外国籍》，《申报》1912 年 12 月 15 日，第 7 版；《抵押巨款之纠葛》，《申报》1913 年 1 月 11 日，第 7 版；《总商会调停钱业风潮》，《申报》1913 年 2 月 10 日，第 7 版；《讯理押款》，《申报》1913 年 2 月 10 日，第 7 版；《抵押巨款之纠葛》，《申报》1913 年 8 月 26 日，第 7 版；《总商会评论叶氏押款之解决》，《申报》1913 年 11 月 27 日，第 10 版。

③ 《上海近代五金商业史》，第 268 页。

④ 《上海钱庄史料》，第 745 页。

基尔可与之相提并论。①

　　进入 20 世纪，上海跑马总会看台、钟楼、马厩等设施都开始略显陈旧，杰克生坐上主席位置不久便希望全面予以改建，但受限于欧战爆发，该会为证明战时赛马的正当性，接连将盈余捐出，或资助沪上因欧战而生活受困的外人，或捐款购买飞机支持英国，或参加战争捐款，没有多余的资金可以利用。② 好不容易等到战争结束可以喘一口气，1919 年 7 月杰克生说服会员通过改建计划，③ 并于 1920 年开始实施，④ 不久收到叶子衡传来的消息，表示愿意出让股权，同时出让数量之多足以让上海跑马总会掌控江湾跑马场。⑤

　　上海跑马总会在上海跑马厅仅持有一百余亩的赛马跑道，江湾跑马场的土地则是连中心带跑道面积高达 1100 亩，足足是该会原有地产的 10 倍，其价值不言而喻。权衡之下，杰克生硬生生地中断了重建计划，⑥ 于 1920 年 11 月召开临时会员

---

① Olsen, comp., *The Racing Record*, pp. 46A – 50A；"The Shanghai Race Club," *NCH*, 5 Feb. 1921, p. 357.

② "The Race Club Meeting," *NCH*, 14 Nov. 1914, p. 473；"Relief in Shanghai," *NCH*, 28 Nov. 1914, p. 669；"Overseas Aircraft Fund," *NCH*, 27 Nov. 1915, pp. 645 – 646；"Shanghai Race Course," *NCH*, 3 June 1916, p. 516；"The Race Club and War Funds," *NCH*, 26 May 1917, p. 450；"The Race Club and War Funds," *NCH*, 8 June 1918, pp. 596 – 597.

③ "Shanghai Race Club," *NCH*, 12 July 1919, p. 122.

④ "Photo：The Shanghai Race Course As It Is Now," *Special Supplement of NCH*, 3 Aug. 1920, p. 22；"Photo：The Race Course," *Special Supplement of NCH*, 3 Aug. 1920, p. 23.

⑤ "The Widely Regretted Death of Mr. W. S. Jackson," *NCH*, 14 May 1921, p. 464.

⑥ "The Widely Regretted Death of Mr. W. S. Jackson," *NCH*, 14 May 1921, p. 464；《沪敌收买江湾跑马场》，汉口《申报》1938 年 6 月 11 日，第 2 版。

大会，通过购买万国体育会股权的决议。[①] 购入这些股权之后，上海跑马总会实质上控制了江湾跑马场，至于原本计划兴建的大看台和钟楼则一直要到 14 年后伯基尔在位期间才累积到足够的资金与人力予以重建。

既然上海跑马总会实质上控制了江湾跑马场，英人在万国体育会的董事席位又占多数，上海跑马总会大可借此机会将两会合并为一，但该会并无此意，它选择采取"分而治之"的方式维持华洋隔离，亦即凡华人精英欲加入赛马会者，可申请进入万国体育会；但西人（包含日人）欲加入者，可同时申请上海跑马总会和万国体育会。如此一来，上海跑马总会希望能够一举解决华人精英的不满，同时进一步保持该会的"纯净性"。但是对华人精英而言，有万国体育会可以加入，或者有江湾跑马场可以出赛，并不完全符合其要求，他们要的是一种平等的关系，不仅双方会员相互往来，还要彼此会员可以至对方的跑马场参赛。

1920 年代初，徐超侯等便采取了两个手段，试图争取华人精英心中渴望的平等互赛。为了证明江湾赛马场血统的纯正性，他利用在英国的人脉，为该赛马场在纽马克特英国赛马会登记注册，从而成为在华各赛马会中，除上海跑马总会外唯一获纽马克特承认者。[②] 1922 年，他更趁机利用与爱德华八世的同学之谊设法向上海跑马总会施压。

该年，还是威尔士亲王的爱德华八世为答谢 1921 年日本摄政裕仁太子访英，决定巡回访问远东，足迹遍布印度、锡

---

① "Shanghai Race Club and Kiangwan," *NCH*, 6 Nov. 1920, p. 409.

② 程泽济、毛啸岑：《租界时代规模最大的赌博场所——跑马厅》，《旧上海的烟赌娼》，第 89 页。

兰、缅甸、香港、日本、马尼拉、马来西亚等地，英国在远东各地纷纷动员表示欢迎。威尔士亲王此行虽因时间之故未曾来沪，但沪上英人社群特别推举曾任工部局总董多年的庇亚士（Edward C. Pearce）及甫进入工部局担任董事的马凯（Edward F. Mackay）二人前往香港呈递欢迎词，而英太子更当场授予庇亚士爵士衔。[1] 据后人回忆，徐超侯曾趁此机会面见威尔士亲王，叙旧之余，并邀约英王储至上海江湾跑马场骑马。虽然王储后来并未因此来沪，但英国驻沪总领事署得知此事后大为紧张，深恐节外生枝，要求徐超侯撤回邀约。万国体育会于是趁机向上海跑马总会正式提出要求，希望两会今后互相合作，让彼此的会员可以至对方跑马场参赛。[2]

从后来的发展来看，上海跑马总会并未完全答应万国体育会的要求，英人前往江湾出赛者日多，但华人始终未能自由参加上海跑马场赛事。然而从此以后，双方确实以各种不同的方式开始加强彼此的往来。譬如，1922 年马立斯马房之"买司飞"（Maresfield）连续两季赢得上海香宾赛，恰巧尤宁马房之"锁雪儿尤宁"也于同年拿下江湾德比赛和德比杯双料冠军。马立斯、胡会林、周挚田等马主遂于该年底假上海跑马总会举行联合庆功宴，新任英国驻沪总领事巴尔敦（Sidney Barton）和上海跑马总会主席施迪（G. H. Stitt）均亲自出席。《北华捷报》表示，看到华人、日人以及几乎所有西方籍的马主、骑师

---

① "Prince of Wales in Hongkong," *NCH*, 8 April 1922, pp. 84–86；《香港欢迎英太子记》，《申报》1922 年 4 月 7 日，第 4 版。

② 程泽济、毛啸岑：《租界时代规模最大的赌博场所——跑马厅》，《旧上海的烟赌娼》，第 88~89 页。

因赛马而欢聚一堂，显示运动不仅没有阶级，同时没有国界。[1]

1924 年 2 月，江湾新年赛结束后，叶子衡也在尚未正式落成的叶家花园举行餐会作为颁奖典礼，席间除华人马主和骑师，如叶新福、苏经田、张经贯、盛恩颐、盛升颐、谭竹馨、贺其良、陈其浩、周挈田、胡会林、黄贤、刘顺德、刘坤山、伍宝初、余兆炜等人，沪上西人骑师如海而（W. Hill）、海马惟去（V. M. Haimovitch）、大轧糯（W. A. Dalgarno）、恩卡纳沙（Charlie Encarnacao），还有上海跑马总会书记欧尔圣（A. W. Olsen）、日人马主松元茂、英国兽医季洛克（H. E. Keylock）等均踊跃出席。主席克拉克致辞时表示，万国体育会能有今日如此成绩，首先必须归功于叶子衡，他总是对困难微笑以对，在对的时候做出对的抉择。叶子衡则由书记谭雅声代致答词，感谢所有赛马界的朋友，不论华洋，谢谢他们为赛马运动的付出，他自己本人也将继续竭尽所能，为推动良好的运动（good sport）与良好的伙伴关系（good fellowship）而努力。[2]

这些庆功宴和餐会都是上海跑马总会与万国体育会会员见面交谊的好机会。不过常态性的华洋交流，还在于两会彼此的互赠奖杯。1921 年 11 月，万国体育会率先于上海秋赛捐赠"华友杯"，与原有的"上海奖"合并，共称"华友杯及上海奖"（The Chinese Cup and Shanghai Stakes）。[3] 上海跑马总会也于次年江湾新年赛时捐赠"上海跑马总会杯"（The Shanghai Race

---

① "A Champions' Dinner," *NCH*, 9 Dec. 1922, p. 671.

② "The Kiangwan Races," *NCH*, 16 Feb. 1924, p. 256.

③ "The Autumn Races," *NCH*, 12 Nov. 1921, p. 457.

Club Cup）以为回报。① 此后成为定例，特别是"华友杯及上海奖"，每年两次，固定在春秋两季大赛的第二天举行，奖杯由万国体育会提供，上海跑马总会则另外再添加奖金1000两以示鼓励，该赛很快便成为当日的主要赛事。②

万国体育会既提供了奖杯，自然也会派代表团前去颁奖。为慎重计，上海跑马总会特别在第四日开赛前举行小型餐会，作为颁奖典礼。时日一久，餐会竟成为两会往来的重要桥梁。以1923年5月春赛的餐会为例，不仅英国驻沪总领事巴尔敦亲自出席，甫经威尔士亲王封爵的前上海跑马总会主席庇亚士也到场观礼；而万国体育会则由朱葆三领军，张籥云代为翻译。在大批华洋马主、骑师的围绕下，上海跑马总会董事里德首先代表主席发言，他先回顾"华友杯"的起源，以及过去数届得奖人名单，接着以恳切的语气表示："我及我的同侪，均希望本会与中国友人间的好意与运动家精神能长久持续，也希望我们能相互合作，共同为业余赛马（amateur racing）而努力。"张籥云代朱葆三致辞时表示，"华友杯"象征彼此间的伙伴情谊与关心，也期盼此关系不会因任何政治或社会的变动而变化。③

向来不擅言辞的马立斯获奖后致答词时也难得长篇大论地说道："奖杯或锦标固然美丽，但我们都知道它真正价值在于所代表的意义，身为上海跑马总会会员，我想不出还有哪座奖杯比'华友杯'更值得珍惜，它是一个华洋友谊的象征……，

---

① "The Kiangwan Races," *NCH*, 4 Feb. 1922, p. 315.

② "Shanghai Autumn Races," *NCH*, 11 Nov. 1922, p. 384; "The Autumn Race Meeting," *NCH*, 8 Nov. 1924, p. 240.

③ "Official Tiffin at the Race Club," *NCH*, 19 May 1923, p. 459.

赢得此杯，将使我时刻记得华友的善意，以及华洋和好的理想。"他说既然现在中英双方正在讨论庚子赔款的问题，要消弭彼此歧见，不如将其中部分款项用来在中国各地建立跑马场，因为"只有在跑马场，才能把我们双方最好的部分带出来"。①

1923年11月秋赛第四日的餐会，上海跑马总会主席施迪除继续强调华洋友谊，更将两者关系比拟为一长一幼，上海跑马总会为"资深的运动组织"，万国体育会有如"长得很好的发育中之小孩"。施迪特别强调跑马是一种"干净的运动"（a clean sport），希望万国体育会能与上海跑马总会密切合作，共同保持上海赛马运动的纯净。② 1924年5月的春赛，上海跑马总会新任主席伯基尔在餐会致辞时说，每一届"华友杯"都进一步巩固了华洋之间的友谊，西人与华人之间在政治上和生意上或许有不同意见，但在运动方面大家完全一致。③

综观这些致辞，上海跑马总会除不断强调华洋友谊，其核心内容在宣扬英式运动的基本价值，包括公平竞争、伙伴情谊、为运动而运动，以及宁愿输也不作弊、胜不骄败不馁等一连串与运动家精神相连的内涵。上海跑马总会明白万国体育会已成长到一定程度，无法再对之视而不见，他们期望这个新兴的华人赛马会能够了解并完全接受上述的英式价值观，并以这种价值观为基础进行比赛。至于万国体育会的致答词，则强调运动家之间的亲睦，对于上述英式价值总是闪闪烁烁，看不出彻底接受的决心。不论如何，上海跑马总会已成为江湾跑马场

---

① "Official Tiffin at the Race Club," *NCH*, 19 May 1923, p. 459.

② "Shanghai Autumn Race Meeting," *NCH*, 17 Nov. 1923, pp. 480–481.

③ "Race Club Spring Meeting," *NCH*, 17 May 1924, p. 262.

的最大股东，英人也大批进驻万国体育会的董事会，英式赛马
在华的传播与转译，可以确保在殖民者的监督下顺利进行。

*　　*　　*

上海万国体育会是通商口岸最早成立的华人赛马会，不仅
成立的时间早，且拜英人马主和骑师的高度参与之赐，被公认
为华商马会中最正宗者，其规范之完整，足以与老牌的上海跑
马总会相提并论。可说它的出现，不仅为中国其他口岸提供了
一个模仿对象，就连身为英国占领地的香港也对之艳羡不已。

进入 20 世纪后，几个大通商口岸的西商赛马会都感受到
华人精英要求加入的压力，其中以上海、香港两地最为明显。
这些华人精英在财富、教育、教养各方面与英国殖民者相比毫
不逊色。他们之中有些人甚至已经打入英国的上层社交界，所
以无论从任何角度讲都难以将之拒于门外。但是总会是殖民社
会塑造阶级的重要工具，一时很难开放。以香港赛马会为例，
选择一再抗拒，直至 1926 年底才因省港大罢工等政治考虑采
取 “纳而治之” 的方式，选择性地接纳华人精英。① 然而上海
跑马总会则因为已有万国体育会的存在，而且由于自身对该会
人员和财务的高度参与，遂可以用已在江湾为华人另建一更
大、更好的赛马场为由，继续婉拒华人的加入。

从华人的角度来看，叶子衡创办万国体育会时，虽以建一
个华人自己的总会为号召，但他与同侪深知赛马是一项英式运

---

① Henry Ching, *Pow Mah: A Historical Sketch of Horse and Pony Racing in Hong
Kong and of the Royal Hong Kong Jockey Club* (Hong Kong: H. B. L.
Dowbiggin, 1965), p. 75.

动，需有上海跑马总会的参与承认才有意义，是以从建立之初便希望它是一个华洋往来的平台。也就是说，上海新兴的华人精英深刻了解到英式总会在殖民社会的重要性，而希望以万国体育会这个俱乐部为工具，打入殖民社会，重新排列自己在这个华洋共治环境中的位阶。而英式总会的会员制，也可以让他们引入其他气味相投的华人，进一步塑造精英阶层的内容。

这些精英经常家族联袂加入赛马会，除了前述的叶澄衷、胡燏棻、徐润等家族，还包括清季名宦盛宣怀家族，如盛宣怀四子盛恩颐、七子盛升颐、长孙盛毓常等。此外，还有汇丰银行买办席家的席云如、席鹿笙叔侄，广东旅沪富商陈炳谦、陈其浩父子，怡和丝厂华董徐鸿逵（字棣山）之子徐凌云，粤东寓沪商号谭同兴主人谭干臣之子谭竹馨，扬州盐商周扶九之孙周翚田，清末浙东诗人白华山人之孙厉树雄等人。他们的父兄在清末时期或因筹办洋务，或因官督商办，或因担任买办而与外人往来密切；进入民国后，他们自己成为重要的华人马主。这种由父兄而子侄的过程，本身即是一种文化转译的现象，父兄对西方文化的懵懵懂懂，到子侄时已能切实掌握。而为了与正统英国文化相联结，他们容许英人介入，甚至寻求英国纽马克特赛马会的认证，务求比英国人更英国。

然而，要掌握多少西方文化才算是真正的掌握？要多英式才称得上比英国人更英国？看似完整无误的文化转移，其实在初期即已出现细微而有趣的偏移。当华人精英进入梦寐以求的赛马世界后，很快便发现赛马文化中虽有难以言喻的乐趣，但也有诸多文化上的要求，这些要求尤其表现在语言文字方面。

英式赛马是一个全英文的世界，不仅赛马规则、奖项名称、赛马节目表、赛马成绩等均为英文，就连马匹、马厩、马主的名称也以英文公布。华人精英多受过良好的西式教育，一开始这些并不是问题。在各类制度中，他们尤其享受赛马文化中的匿名制。

以马主身份为例，英式赛马崇尚低调，骑师虽以真名出赛，马主和马厩名称却多半采用化名。譬如，前述平和洋行行东常立达尔在跑马场上称"Mr. Oswald"、善于识马的道勒斯为"Mr. Day"、怡和洋行经理约翰斯东称"Mr. John Peel"等，除非圈内人，外人很难弄清楚。华人加入赛马界后，随俗也改用化名，如叶子衡便以树叶之意自称"Mr. Leaf"、胡会林与周擎田合称"Mr. Union"、维昌洋行华总经理贺其良名"Mr. Tucksing"等。不过对大部分华人而言，英文本身即是一种屏障，无须再为此另拟化名，故不少华人马主选择直接用英文姓名上阵，如大马主盛恩颐为"Mr. Edward Sheng"、叶新福为"Mr. S. F. Yih"、谭竹馨为"Mr. J. H. Tam"等。

常周旋于华洋之间者，对之或许一望即知，但对沪上一般大众而言，即使报纸上长篇累牍地报道赛马结果，亦难看出其端倪。换言之，这个英文世界将他们与殖民社会大幅拉近的同时，也将他们与华人社会隔绝。不过，这对华人精英而言与其说是个问题，倒不如说是种保护，免于他们受到无法了解者的批评。由于制度上的设计，华人马主在赛马场上的丰功伟业，乃至马匹拍卖会上的一掷千金，只有圈内人才能得知与欣赏，但这也正是英式总会的真谛。它是一个封闭的、排他的、精英的小众团体，也是个低调神秘、一般人无法了解、外人需费尽力气才能进入的世界。

英文不是问题，但随之而来的文字游戏就比较令人泄气。英人不仅喜欢在马主身份和马厩名称上使用化名，更喜欢在为马匹命名时大玩文字游戏。华人精英虽优游于赛马文化，但英文毕竟非其母语，除叶子衡、徐超侯等人外，其他人实无法在这个全英文的世界里旁征博引地玩文字游戏，更不用说享受其中的乐趣。

以徐超侯在牛津参加大学联赛时的名驹"Hesperus Magnus"为例，此名为拉丁文，意指"美好的夜晚"（great evening）。借此名称，马主可以传达自己受过良好的古典教育，而识者也可心领神会。又如，本书第一章曾提及开埠初期怡和洋行与宝顺洋行斗富，怡和有名驹"Pons Asinorum"失利，将挑战杯拱手让给了宝顺的"Eskdale"。"Eskdale"是英格兰湖区的一个地名，暗指宝顺洋行家族最初发源地；"Pons Asinorum"则为拉丁文，直译是"bridge of asses"（驴子的桥梁），意指数学几何中的等腰三角形定理，由于该定理是欧几里得《几何原本》一开始较困难的命题，被视为数学能力的一个门槛，又被称为"笨蛋的难关"，亦即无法理解此一命题的人，可能也无法处理后面更难的命题。[1] 凡此种种，都具言外之意、弦外之音，必须具有同等文化修养者方能掌握。这种文字游戏经过转译之后到了华人马主手上，受限于文化上的不等同，不仅马名中罕见拉丁文，甚至日趋直白，如"Become Rich"（发财）、"Black Tiger"（黑虎）等。[2]

华人精英并非没有学养，既然不能在英文上与洋人玩文字游戏，便转而在服色或中文译名上做文章。譬如，前曾述及的盛家老四盛恩颐，是 1920～1930 年代江湾跑马场的重要马主，

---

[1] 《驴桥定理》，https://zh.wikipedia.org/wiki/%E9%A9%B4%E6%A1%A5%E5%AE%9A%E7%90%86，2019 年 6 月 28 日检索。

[2] 《统一马名消息》，《申报》1927 年 12 月 27 日，第 16 版。

其马房的骑师衣帽最初为五色国旗式，北伐完成后改为蓝白两色相间，取青天白日之微意。① 盛恩颐马房的马匹多以"ment"或"ship"结尾，如 Advancement、Appointment、Admiralship、Auditorship、Leadership 等，每逢必须译成中文便于华人观众下注时，选择具文化意涵的"宣武门""正阳门""海天春""江南春""牡丹春"等作为上述马匹之译名。②

同样为江湾资深马主的周孶田，在沪上与盛恩颐并称"周三盛四"。③ 他的马匹多以"Grand"开头，如 Grand Harvest、Grand Matador、Grand Parade 等，在选择译名时，周孶田采用与原意毫无关联，但在中文世界属于好兆头的"顺骥""望骥""申骥"等。④

还有，后来出任中国赛马会董事的陆季寅，虽然他的马房规模不大，也很少胜出，但他选择以中国古典文学中具有重要地位的 Chrysanthemum（菊花）为其马匹命名，如 Golden Chrysanshemum（金菊）、Green Chrysanthemum（绿菊）、Scarlet Chrysanthemum（红菊）、Thorny Chrysanthemum（刺菊）等，⑤ 从而形成自己的特色，赛马场上一望即知。

借援引自身文化传统，从中国古典文学里借用典故与意象，华人马主在英人强力监督的情况下巧妙地创造出属于自身

---

① 《江湾全国香宾锦标大赛纪详》，《申报》1927 年 6 月 10 日，第 16 版。
② 《统一马名消息》，《申报》1927 年 12 月 27 日，第 16 版。
③ 宋路霞：《盛宣怀家族》，上海科学技术文献出版社，2009，第 149 页。
④ 《统一马名消息》，《申报》1927 年 12 月 27 日，第 16 版。
⑤ "The Kiangwan New Year Meeting," *NCH*, 24 Feb. 1923, pp. 529 – 532; "Kiangwan Races," *NCH*, 20 Feb. 1926, p. 343; "High Dividends Feature First Yangtzepoo Race Meeting," *The China Press*, 1 May 1927, pp. 1, 8; "New Year Races are Featured by High Dividends," *The China Press*, 3 Jan. 1929, pp. 5 – 6.

的文化乐趣。这些文字虽不是欧洲中世纪知识人使用的拉丁文，论古典与寓意却不遑多让。于是，在殖民社会的背景下，华人马主借着为马厩、马匹命名的机会，在英式赛马活动中悄悄注入了若干中国色彩与元素，让看似正宗的英式运动朝着中国的方向略为偏移。

第三章 转译的失控：上海中国赛马会

万国体育会固然开通商口岸风气之先，成立了华人赛马会，但究其实，它是一个由华洋共同参与的赛马组织，而不是一个纯粹的华人总会，而且越至后期，外人对其经营和运作的参与越深。更重要的是，万国体育会既为总会，便具有排他性。当它满足了从清末乃至民初沪上重要家族的文化实践时，也将一些新兴的中间阶层排除在外。

进入民国后，各类的专业人士日渐兴起。这些中产华人尽管资金有限，但也希望买下一两匹马，过过马主的瘾，遂希望能有一个阶级限制更为宽松的赛马会。与此同时，参与赛马的人日益增多，上海、江湾两赛马场的赌金收入日甚一日，对于有生意头脑的商人或帮会人士而言，经营赛马场显然是个值得投资的事业。于是在1923年底，有一批与法租界关系密切的青帮人士与商人合资在引翔乡购地建立跑马场，成立商业性的赛马公司，名为远东公共运动场股份有限公司。他们刚开始委托"远东赛马会"（Far Eastern Race Club）经营，结果不成功，1926年遂转而央请原江湾跑马场的华人马主和骑师加入，共组"上海中国赛马会"，对外以挽回利权、纯粹华商为号召，对内则寻求青帮三大亨黄金荣、张啸林、杜月笙的支持，希望能在娱乐事业日见蓬勃的上海占得一席之地。结果在1931年，杜月笙、张啸林以赈济16省水灾为名发起了中国空前未有之百万香宾大赛，结合赌博与慈善，成功地将上海中国赛马会的声誉推向了巅峰。

上海中国赛马会与上海跑马总会、万国体育会不甚相同，后两者拥有自己的跑马场，负责赛事的总会与管理场地的场方实为一体，所以营利并非其最重要考虑，如何为"运动"而"运动"才是它们念兹在兹的目的。而上海中国赛马会打从一开始便是场地与总会二分，远东公共运动场拥有场地，而上海中国赛马会对场地仅有租用权，没有所有权。前者有如赛马公司，营利是主要目的；后者仍似英式总会，身份、地位是其主要内容。在这样的情况下，双方不免有一定的拉扯与紧张。1933年底，上海中国赛马会一度停赛；1935年，远东运动场亦一度考虑解散，拟依地亩价格分还股东，后来幸赖一些华人马主不肯放弃，该赛马会才又复兴。

上海中国赛马会的产生，展示了英式赛马会在华的变迁。它由原先殖民社会的支柱、华洋往来的平台，最终成为一个完全华人的马会。借此，跑马文化一步一步地民主化，除了越来越多中产华人加入，成为马主、出任骑师，也有越来越多的观众前往参与。另外，上海中国赛马会的案例也显示了殖民社会流动之迅速，在制度不明的情况下，任何人都有机会取得最大利益。洋人来沪淘金，从只有一个皮箱开始，最后跃升洋行行东的案例固属常见；华人从开始时贫无立锥，在短短十年内成为社会上呼风唤雨的人物亦非绝无仅有。上海中国赛马会不仅向中间阶层的人提供了享受英式总会的机会，也让社会底层的白相人有了攀爬殖民社会的阶梯。他们成功地利用这舞台，或享受西式运动的刺激，或从幕后走到台前放肆地展现自己。原先阶级意味深厚的英式"总会"与"运动"，在此做了耐人寻味的翻转与改变。

一　纯粹华人的赛马机关

筹设远东公共运动场

或出于对英式总会的欣羡，或出于对赛马场赌金收益的向往，1923 年 12 月，范回春等人率先发起组织上海第三个跑马场，名曰远东公共运动场，并依照公司条例登记为股份有限公司。① 1924 年 5 月 26 日，该公司在《申报》发出第一号通告，声明为"创导文化，增进体育"，将在引翔乡建立一完全为华人创办之公共运动场，此事已禀奉淞沪护军使公署批准，并在上海县公署立案，一俟筹备妥定即行从事建筑。筹备主任除范回春外，尚包括四明商业储蓄银行总经理孙衡甫、合丰地产公司董事包达三，筹备员则有许存诚、沈瓠隐、张予权、曹振声，以及黄金荣、张啸林、杜月笙等日渐蹿升的帮会人士。② 同年 8 月 10 日，远东运动场发出第二号通告，表示其资本总额为国币 100 万元，分为 10 万股，每股 10 元，已全由发起人

① 《广告：远东公共运动场股份有限公司对于陆惠生为引翔港跑马事紧要声明》，《申报》1928 年 12 月 1 日，第 1 版；《范回春等昨晚宴客》，《申报》1924 年 6 月 1 日，第 15 版。

② 《广告：远东公共运动场通告第一号》，《申报》1924 年 5 月 26 日，第 1 版。

与创办人分认足额。① 8 月 17 日，并于法租界圣母院路（今瑞金一路）二号范回春宅邸举行创立会，选出董事和监察人。② 首届董事除筹备委员，尚包括律师金立人（金煜）、上海童子军联合会俞元爵、姚显亭等人。③ 1927 年，又选出引翔港乡董王铨运、宁绍轮船公司经理袁履登及袁履登的前任石运乾等人加入董事阵容。④

综观远东运动场的发起人与董事，可大致分为两类。一是以法租界为重心且对娱乐业富有经验的帮派中人；二是致力于土地开发的地产商或当地士绅。前者以范回春、黄金荣为首，后者则首推包达三、王铨运。

以发起人范回春为例，据曾任黄金荣管家的程锡文及曾任杜月笙总账房的黄国栋回忆，范回春与其兄范开泰都是上海有名的白相人，亦即流氓。范开泰之妻史锦绣更是白相嫂嫂中的头面人物，与黄金荣原配林桂生是结拜姊妹，名气比范开泰还大。⑤ 范氏兄弟均出身城隍庙，范开泰开木器行，人称"乌木开泰"；范回春则一面开设天成象牙店，一面在法租界包销鸦片，是租界举足轻重的大烟土商。黄金荣在城隍庙裱画店当学徒时就与他们认识，二人在青帮中被称作老前辈。⑥ 除混迹江

① 《广告：远东公共运动场通告二》，《申报》1924 年 8 月 10 日，第 1 版。
② 《广告：远东公共运动场创立会公告》，《申报》1924 年 8 月 6 日，第 1 版。
③ 《远东公共运动场昨日开幕纪》，《申报》1926 年 2 月 1 日，第 10 版。
④ 《远东公共运动场股东会记》，《申报》1927 年 6 月 21 日，第 15 版。
⑤ 程锡文口述、杨展成整理《我当黄金荣管家的见闻》，《旧上海的帮会》，第 138 页。
⑥ 黄国栋口述、罗醴泉整理《杜门话旧》；郁咏馥：《我所知道的杜月笙》，均收入《旧上海的帮会》，第 254、271 页；《范东林禀请启封象牙店》，《申报》1925 年 3 月 29 日，第 15 版。

湖，范回春也是白相人当中少数曾具有官员身份者。1925 年 1
月，他一度被江浙联军第一路总司令齐燮元委任为上海县知
事，只是由于军阀权力内斗的关系，接任仅两日便遭撤换。①

亦正亦邪之外，范回春本人对娱乐业经验丰富。1920 年
代初，因见上海大众娱乐日见蓬勃，他相继投资小世界游戏
场、胜洋影片公司等事业。② 1926 年，又于虹口翔舞台原址创
办中美大戏院，专映国产名片。③ 1928 年，复将其圣母院路二
号之花园改建为一大规模之露天跳舞场，初名梵王宫饭店，后
更名为大观园舞场。④ 不只范回春如此，三大亨中的黄金荣也
对娱乐业兴致勃勃，先后在法租界开设过老共舞台、共舞台、
大舞台、黄金大戏院。1931 年，沪上游戏场的发轫者黄楚九
过世，黄金荣更趁机以 70 万元的代价盘下其生前所经营的大
世界，进一步跨足游戏场业，成为娱乐界大亨。⑤

基于对娱乐业的敏感，范回春、黄金荣等人嗅出赌马事业
的潜力，希望借远东运动场分一杯羹；包达三、王铨运则看中
跑马背后巨大且可立即获得的利益，即地产投资。跑马场需要
大批土地，在土地供应日见窘迫的上海，兴建"运动场"是
开发土地最顺理成章的理由，包达三、王铨运便代表这一派的

---

① 《齐燮元委任范回春为上海县知事》，《申报》1925 年 1 月 15 日，第 10
版；《范回春接任上海县知事》，《申报》1925 年 1 月 16 日，第 10 版；
《齐委上海知事范回春昨又撤任》，《申报》1925 年 1 月 17 日，第 14 版。

② 《本埠影戏业之猛进观》，《申报》1922 年 12 月 9 日，第 18 版；金普森、
孙善根主编《宁波帮大辞典》，宁波出版社，2001，第 173 页。

③ 《中美大戏院开幕预志》，《申报》1926 年 4 月 16 日，第 21 版。

④ 《梵王宫饭店筹备就绪》，《申报》1928 年 5 月 26 日，第 14 版；《大观园
舞场将开幕》，《申报》1928 年 5 月 13 日，第 15 版。

⑤ 章君榖：《杜月笙传》第 1 册，陆京生校订，传记文学出版社，2002，第
67 页；任建树主编《现代上海大事记》，第 471 页。

考虑。这二人出身迥异，一新一旧，却在远东运动场这件事上有了共同点。

包达三为浙江镇海人，1924 年时年仅 40 岁，远较黄金荣、范回春等人年轻。因家境贫困之故，他 16 岁即赴上海，在纸店当学徒，22 岁时东渡日本，先学商科，后转入明治大学学习法律。读书之余，并加入中国同盟会，结识蒋介石、张群、周佛海、傅筱庵等人。辛亥革命前夕返沪，曾参与攻打江南制造总局等役，后又参加二次革命。1917 年，原本热心政治的包达三生命出现转折，该年他前往广州，结识富商之女王文宁，次年二人结婚，从此弃政从商。1919 年，他先往开封开设乾蛋厂，1921 年更在上海创立合丰公司，专门在沪北一带购置地亩，扩充市集。远东运动场开始筹设后，合丰遂成为出面搜购农地的重要组织。[①] 包达三投资工商业目光敏锐，颇具魄力，其后又创设振新冰鲜贸易公司（1924），[②] 往苏北办理盐垦（1926），[③] 并相继出任宁波旅沪同乡会、上海总商会理事等职，日益攀向事业巅峰。[④]

包达三之外，另一个关键人物是引翔乡当地士绅王铨运。王铨运，字际亨，年龄较包达三稍长，走的是传统科举路线。他 1876 年出生于引翔港一个士绅家族，其父王增祚为监生，3 岁时父亲过世，家族陷入困难，幸赖其母谈氏从事女红撑持，

---

① 《广告：合丰公司紧要启示》，《申报》1924 年 5 月 23 日，第 1 版。
② 《振新公司开创立会》，《申报》1924 年 5 月 14 日，第 21 版。
③ 《筹备苏皖浚垦银行之沪闻》，《申报》1926 年 3 月 18 日，第 14 版。
④ 有关其生平细节，参见汪仁泽《包达三》，中国社会科学院近代史研究所中华民国史组编《中华民国史资料丛稿：人物传记》第 13 辑，中华书局，1982，第 35～37 页；霞関会編『現代中国人名辞典』江南書院、1957、548–549 頁。

一面侍奉翁姑，一面以余资供儿子入县学读书。① 王铨运在母亲的督促下用心科举，以童生身份屡屡参加县试、府试，② 终于在1905 年，亦即科举考试的最后一年通过院试，取得了秀才资格，当时已年近 30 岁。③ 挟功名之势，他很快便在乡中跻身名流，除创办义学、小学堂、初级学校，④ 1911 年引翔乡自治筹备公所选举时更高票当选为议员。⑤ 民国建立后，顺理成章地代表引翔乡出任上海县议事会议员，1914 年更获县公署委任为经董，负责辅佐县知事，经理该乡自治事业，成为一方之长。⑥

王铨运在《申报》上的名声并不好，被描述成"素来健讼"。⑦ 曾被控包庇赌台、盗卖义冢、拐卖乡民有夫媳妇等，是个争议很大的人物。⑧ 1917 年他更因涉嫌诈欺取财遭上海县署撤销其经董之职，⑨ 直至 1922 年 9 月才又重任引翔乡副经董。⑩

综观其所涉案件，多与地产买卖纠纷有关，缘因他自跻身

① 姚文枏等纂《上海县续志》第 3 册，成文出版社，1970，第 1366 页；《节妇仰事俯蓄之事略》，《申报》1915 年 9 月 4 日，第 10 版。

② 《县试终复案》，《申报》1893 年 5 月 1 日，第 2～3 版；《上海县试正案》，《申报》1896 年 4 月 28 日，第 2～3 版；《松江府试十四志》，《申报》1896 年 6 月 13 日，第 2 版；《上海县试正案》，《申报》1901 年 4 月 7 日，第 2 版。

③ 《松郡院试一等案》，《申报》1905 年 9 月 6 日，第 9 版。

④ 姚文枏等纂《上海县续志》第 2 册，第 657、665 页；姚文枏等纂《上海县志》，成文出版社，1975，第 637、639 页。

⑤ 《我早知王铨运票数量多》，《申报》1911 年 2 月 17 日，第 19 版。

⑥ 姚文枏等纂《上海县志》，第 168～169、172、177～178 页。

⑦ 《乡董控告僧人之丑态》，《申报》1910 年 1 月 26 日，第 19 版。

⑧ 《闸北：图董庇赌》，《申报》1913 年 1 月 29 日，第 7 版；《检察厅传讯私卖义冢案》，《申报》1914 年 12 月 5 日，第 10 版；《禀讦引翔港乡经董之批词》，《申报》1914 年 12 月 16 日，第 10 版。

⑨ 《县署更换引翔乡经董》，《申报》1917 年 3 月 23 日，第 11 版。

⑩ 姚文枏等纂《上海县志》，第 178 页。

名流以来一直致力于推广道路建设。引翔乡位于租界北面，东濒黄浦江，南连租界，西面、北面与宝山县接壤。该地在行政区划上虽属上海县，但因租界阻隔其间，与县城联络不便，在开发方面亦远远落后其他地区，全乡河浜纵贯，多属农地，仅美国浸礼会在该地东南设有沪江大学。[①] 王铨运认为引翔地连租界，具有发展优势，却一直没有开发，主要在于只有乡间小道，没有宽广的现代道路，所以积极投入乡内筑路，并利用其身份上的优势在征收农地时压低价格，同时趁便为自身添购地产。[②]

1918 年，淞沪护军使卢永祥因军事所需，抽派第十师步兵协助沪北工巡捐局，沿依周塘堤岸修筑军工路。[③] 当时王铨运便积极参与，并因筹款有功而获七等嘉禾章。[④] 路成次年，王铨运复于该路中段之虬江桥块拓地一方，兴建纪念碑亭一所以壮其事。[⑤] 军工路从杨树浦尾公共租界起，至吴淞蕴藻浜止，全长 4800 丈（约 17 千米）、宽 4 丈（14.2 米），煤屑面，[⑥] 是一条不折不扣的马路。有了这条南北向的大道，不仅淞沪兵防的联系大为加强，虬江桥一带更开始有工厂进驻，市面日形繁荣。[⑦]

军工路之后，王铨运再接再厉。1920 年，粤商马玉山为

---

① 《商量引翔港设厅问题》，《申报》1912 年 8 月 12 日，第 7 版。

② 《引翔港乡业户反对筑路》，《申报》1923 年 4 月 24 日，第 15 版。

③ 《军署派兵筑造依周塘马路》，《申报》1918 年 7 月 10 日，第 10 版；《依周塘马路举行开工礼》，《申报》1918 年 8 月 25 日，第 10 版。

④ 姚文枏等纂《上海县志》，第 1257 页。

⑤ 《军工路纪念亭将行落成礼》，《申报》1919 年 7 月 24 日，第 11 版；《军工路纪念亭落成会纪》，《申报》1919 年 7 月 28 日，第 11 版。

⑥ 《军工路工程始末记》，《申报》1919 年 5 月 11 日，第 18 版。

⑦ 《建筑依周塘路余闻》，《申报》1918 年 12 月 4 日，第 10~11 版。

建立中华国民制糖公司在沪北觅地建厂。除在吴淞新辟商埠购地 70 余亩，[①] 1921 年又在王铨运的协助下于引翔乡距军工路半里处取得一厂址地基。为联络方便，乃出资将原有乡道拓宽筑成纵贯南北道路一条，定名为马玉山路，[②] 又称第一里道。该路 1923 年初步完工，[③] 南起引翔港镇，北至沈家行镇，长 4.6 千米，宽 5 米，[④] 往南更与租界华德路相接。[⑤] 此路开通后，引翔交通顿形便利，据王铨运之子王洪恩言："由沪乘汽车，行不半时，已达吾乡中心。"[⑥]

1922 年，沪北工巡捐局继而在引翔北面修筑了一条东西向的翔殷路，将殷行、引翔、江湾三地连成一气。[⑦] 是以 1923 年底，范回春、包达三等人找上王铨运时，引翔已有南北向的军工路、马玉山路两条马路，加上东西向的翔殷路，联外道路较为方便，正适合在此取得土地建立赛马场。于是在王铨运的协助下，范回春、包达三等人选定引翔乡六图东畔羔字圩内的一大块土地。该地位于马玉山路旁，可由租界驱车直入，距离东边的军工路也不远，交通堪称便利。但此地多为良田，为避免纠纷，1924 年初王铨运等人先与当地地保、图董等商定，

---

① 《马玉山公园缘起概略》，《申报》1921 年 5 月 19 日，第 11 版。
② 《马玉山炼糖厂之预备》，《申报》1921 年 4 月 8 日，第 10 版；姚文枏等纂《上海县志》，第 758 页。
③ 《严禁毁折里道旁树木之布告》，《申报》1923 年 4 月 2 日，第 15 版。
④ 《杨浦区地名志》，第 241 页。
⑤ 《引翔乡筑路之咨请》，《申报》1925 年 2 月 9 日，第 15 版。
⑥ 王洪恩：《引翔乡马玉山路记》，《申报》1923 年 4 月 14 日，第 19 版。该路今已不存，大体为今营口路北段和双阳路南段，见《杨浦区地名志》，第 241 页。
⑦ 《杨浦区地名志》，第 221~222 页。

然后便以包达三经营之合丰公司之名圈进 600 亩土地。①

圈地初期尚无纠纷，但 1924 年 5 月远东运动场拟扩大收购面积，使之成为一个 800 亩大的椭圆形场地，并请军工路马步巡派遣警察多名偕同丈量员，将原定地亩以外的土地一并圈入。此举不仅引起附近农民的恐慌，更给予乡中好事者可乘之机。②

5 月 22 日，首先有乡民以"六图保产团"的名义在《申报》头版刊登启事，指称王铨运、包达三等人蓄意不良，以建筑运动场名义购地，连周边未买之地亦一并划入，似乎意图贱价收购，以便事后再转售获利。该文强调田地为农民衣食所恃，此举置乡民生死于不顾，请求各界主持公道。③ 次日，又有六图图董奚洪泉，捆业代表赵鸿第、赵刘福及地保陆少卿等联名发出辩驳，表示该运动场系其禀请官厅邀同沪绅前来创办，目的在"促进文化，补助体育"；王铨运为引翔乡士绅，素为乡人所推崇，包达三则为商业巨子，向来热心公益，所谓的六图保产团如果真有地产问题，应当向官厅申诉，不当借端造谣，意存索诈。④ 合丰公司也刊登紧急启事，说明该公司购置地亩向来一本和平，人皆称道，兴建运动场究竟对地方是利是害，自有公断。⑤

---

① 《引翔乡六图乡民组织保产团》，《申报》1924 年 5 月 23 日，第 14 版。
② 《引翔乡六图乡民组织保产团》，《申报》1924 年 5 月 23 日，第 14 版。
③ 《广告：引翔乡民对于圈地恐慌之呼吁》，《申报》1924 年 5 月 22 日，第 1 版。
④ 《广告：引翔乡公民图董捆业地保公启》，《申报》1924 年 5 月 23 日，第 1 版。捆业为清末上海、松江、青浦、南汇一带的地方税收组织，专门负责协助官方催缴忙漕钱粮，常与图董、地保等并列。《上海县恢复捆业制度》，《申报》1931 年 9 月 10 日，第 14 版。
⑤ 《广告：合丰公司紧要启示》，《申报》1924 年 5 月 23 日，第 1 版。

这些一来一往的启事，显示地产买卖的巨大利益，吸引了各方的觊觎。范回春因此以筹备主任的身份，派职员黄天爵专门下乡调查此事，除向乡民解释其目的在于"提倡体育，振作市面"，对于六图保产团所提条件也一一应允。经过近一个月的斡旋，双方达成共识。1924 年 6 月 19 日、20 日，六图保产团和范回春先后在《申报》头版刊登启事，表示先前误会系因办事人员处置不当造成，现在误会冰释，① 六图保产团"对于范先生仁爱颇为感激，除即日取消保产团名义外，并将事实登报公告"。②

扫除了圈地的障碍，远东公共运动场终于在 1924 年 8 月取得引翔乡六图羌字圩内八百五十六亩一分六厘六毛五丝的土地，③ 其面积虽比江湾跑马场略小，但较上海跑马厅的 500 亩大了 70% 之多。接着整地、建地，于 1924 年底建成椭圆形的跑马场和可容纳两千人的大看台。④

取得场地后，尚须筑路。1925 年 2 月，远东运动场在其南面修筑了一条圆沙浜支路，该路虽宽仅 2 丈（7.1 米）、长仅 3 里（1.5 千米），但因将马玉山路与军工路连成一气，该场出入更加方便。此路因有一土地堂，筑成后改称观音堂路，即今日之佳木斯路。⑤ 1926 年 8 月，淞沪商埠督办公署更决定自租界宁国路起辟一新路向北接通淞沪路，与翔殷路

---

① 《广告：范回春启事》，《申报》1924 年 6 月 20 日，第 1 版。

② 《广告：引翔乡六图保产团启事》，《申报》1924 年 6 月 19 日，第 1 版。

③ 《广告：远东公共运动场通告一》，《申报》1924 年 8 月 10 日，第 1 版。

④ "Racing at Yangtszepoo!" *NCH*, 24 May 1924, p. 295; "Racing at Yangtszepoo," *NCH*, 15 Nov. 1924, p. 276.

⑤ 《引翔乡筑路之咨请》，《申报》1925 年 2 月 9 日，第 15 版；《杨浦区地名志》，第 208 页。

成交会之势，此即后来之黄兴路。① 所以，当 1926 年远东运动场开赛一年后，引翔乡道路规模大致成形，由军工路、宁国路、马玉山路并虬江桥等处均可直达场所（图 3 - 1）。②

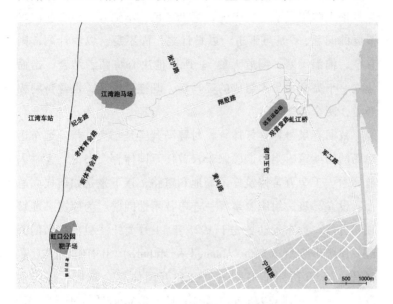

图 3 - 1 引翔跑马场及其周边道路

上海中国赛马会的建立

远东公共运动场虽然一开始便带有一定的流氓色彩，对外时却以提倡实业、挽回利权为号召。除不时在启事中以提倡体育为由，范回春在 1930 年出版的《海上名人传》中，也对为

---

① 《商埠署开辟引翔乡马路》，《申报》1926 年 8 月 20 日，第 15 版；《引翔港开辟马路消息》，《申报》1926 年 8 月 31 日，第 15 版；《杨浦区地名志》，第 217 ~ 218、219 页。

② 《广告：远东公共运动场开幕通告》，《申报》1926 年 1 月 30 日，第 3 版。

何发起创办远东运动场有所说明。据说范回春体型魁梧，向来喜好体育，某次前往赛马场观看西人赛马，见到骑师驾驭马匹手法精妙，不觉喜形于色，深叹"是亦体育之一端也"。接着又见华人购买马票一掷千金，毫无吝色，不觉开始担心起国家漏卮的问题，"是虽细事，以日计之，固不足，以岁计之，则有余，涓涓不塞，漏卮大矣"。所以他决心将两者结合，出面建立一个完全由华人组成的赛马场，既推广体育，也避免利权外溢，两全其美。①

范回春虽号称喜好体育，对赛马其实是个大外行。远东运动场的初期董事当中，除张予权曾任万国体育会书记，无一人是马主。千辛万苦修筑好了场地和道路，接下来是如何成立总会、设立马厩、组织赛事等一连串技术性问题。为使赛马能够顺利进行，远东运动场先于 1925 年 11 月委托法租界有名的薛迈罗律师事务所（Seth, Mancell & McLure）出面组织"远东赛马会"，并仿照上海跑马总会和万国体育会章程，拟定规章，征求会员。② 1926 年 1 月 31 日，远东运动场正式开幕，当天在远东赛马会的协助下顺利举行了五次试赛。③ 但薛迈罗等人对赛马亦非行家，赛马会组织未尽完善，加上账目问题，双方合作不久即告搁浅。④ 远东运动场无奈之下只好转而向上海的西人和华人马主求助。

---

① 海上名人传编辑部编《海上名人传》，文明书局，1930，第 33 页。
② 《广告：远东赛马会通告》，《申报》1925 年 11 月 17 日，第 1 版；"Ad. : Far Eastern Race Club," *The China Press*, 17 Nov. 1925, p.9.
③ 《远东公共运动场昨日开幕纪》，《申报》1926 年 2 月 1 日，第 10 版。
④ 《上海中国赛马会卷土重来小史》，《竞乐画报》第 1 卷第 1 期，1935 年 10 月 26 日，第 7~8 页；《公共公廨案汇录》，《申报》1926 年 12 月 15 日，第 11 版；《上海临时法院》，《申报》1928 年 2 月 8 日，第 15 版。

远东运动场的成立是上海跑马界众人瞩目的大事。外人因事关自身利益，一直保持谨慎观察的态度。早在 1924 年 5 月该运动场筹办之初，《北华捷报》就进行了相关报道，[1] 接着平均每半年出现一篇专文，分别分析其资金来源、购地过程、设施建设进度等，直到 1926 年 2 月中国赛马会正式成立才转而报道其赛事结果。大体而言，外人对远东运动场一直是担心多于期望。他们先是忧心其浓厚的商业动机，认为在利益的驱策下难以贯彻真正的运动精神；后来又担心该运动场只会依样画葫芦地筑看台、建马厩，缺乏对英式赛马的了解，最后可能步上汉口华商跑马场的后尘，变成一个只有赛马外观却无实质的四不像。[2] 外人对之虽感忧心，但当远东运动场前来求助时，他们却不愿介入，因为手上已同时拥有上海跑马总会和万国体育会，实在没有余力再介入经营另一个赛马场。

西人马主不愿介入，华人马主却对新跑马场抱持同情的态度，其中尤以叶子衡最为积极。叶子衡虽为万国体育会的创办人，但自 1920 年出售大部分股权后便经营权旁落，许多政策无法自己做主。兼之上海跑马总会在出赛规定方面，对华人马主有许多不尽公平之处，其中最明显的是，由于该会不收华人会员，而万国体育会的会员却华、洋皆有，结果导致西人马主和骑师可以来江湾跑马场赛马，而华人马主和骑师却不能到上海跑马厅出赛的奇特现象。如此一来，西人马主的出赛机会远远超过华人马主。以 1924～1925 年为例，平均西人马主一年可出赛 32 天，而华人马主却仅有 18 天，无论出赛经验、奖金

---

[1] "Racing at Yangtszepoo," *NCH*, 24 May 1924, p. 295.

[2] "Racing at Yangtszepoo," *NCH*, 15 Nov. 1924, p. 276.

收入、声望累积等，华人马主都因此略逊一筹。[①] 如果远东运动场能开始赛马，华人马主将多一个驰骋竞赛的场地，也可以培养出更多华人骑师。基于此，当远东运动场向万国体育会接洽时，以叶子衡为首的华人董事遂决定施予援手，为远东运动场组织一个新的赛马会。

除了上述理由，叶子衡等人对这个新赛马组织还有更大的期望。至 1926 年，万国体育会成立已有 17 年之久，经过长期出赛已培养出一批相当优秀的华人骑师。从 1910 年代的刘顺德、胡西藩、胡条肄、吴星阁、叶子衡，到 1920 年代的胡会林、李大星、黄坤山、黄贤、宋立峰、伍宝初、余兆炜等，不少人被认为骑术足与西人一较长短，其中以刘顺德最令人称道。

刘顺德为江湾跑马场著名骑师，1912 年起即经常为叶子衡、盛恩颐、周孳田等著名马房出赛，有时代表上海出战天津，可称得上是沪上第一批本土骑师。[②] 他骑术精湛，尤其难得的是出赛时光明磊落，有勇有谋，既不耍小动作，也不一味地横冲直撞、不用脑筋，符合西人运动家的标准，西人或昵称他为"那个聪明的骑师"（that clever jockey），或称赞他竞赛时颇具风度（with good style）。[③] 到 1920 年时，刘顺德已被赛马界公认为华人骑师中的佼佼者，足与白兰（J. K. Brand）、克劳根（W. G. Crokam）、小白克而、海而等西人一

---

① "Racing at Yangtszepoo," *NCH*, 15 Nov. 1924, p. 276; "To Boycott Foreign Race Meeting," *NCH*, 12 Sept. 1925, p. 354.

② 《万国体育会举行赛马》，《申报》1912 年 2 月 21 日，第 8 版；《天津电》，《申报》1920 年 10 月 30 日，第 6 版。

③ "The Kiangwan New Year Meeting," *NCH*, 24 Feb. 1923, p. 530; "New Year Race Meeting," *NCH*, 7 Jan. 1928, p. 26.

流骑师并列。①

　　叶子衡和刘顺德是华人当中少数被外人社群认为是真正了解英国狩猎文化的"运动家"，不论在马场或私下往来皆被西人引为同侪。他们二人虽然与外人平辈论交，并在赛马文化中悠然自得，但均认为有必要再成立一个新的赛马会。当时上海已是东亚参与及关注赛马人数最多的城市，也是中国最大的赛马中心，每年都有从南到北的马主前来参加比赛，但是上海跑马总会和万国体育会在规章方面仍偏保守，并以私人俱乐部自居，不愿出面领导商讨当时中国赛马界许多亟待解决的问题。例如，虽然中国各赛马会的规章多以英国的"Rules of Racing"和"National Hunt Rules"为基础，却没有两个赛马会是完全一致的。到了1920年代，甚至还出现许多既有规章无法顾及者，如马匹的分类问题、骑师业余或职业化的问题，还有是否能像英国、澳大利亚或印度般建立一个全年性甚至全国性的赛马日程表等，这些均亟须有一个与"跑马总会"（Race Club）或"体育会"（Recreation Club）不一样的组织来进行统合。②有鉴于此，叶子衡、刘顺德等人在筹组新赛马组织时，便决定效法英国赛马会和香港赛马会，以Jockey Club为名，将之命名为"上海中国赛马会"（Chinese Jockey Club of Shanghai），并期许这个新的组织在未来能扮演某种领导角色。

　　在叶子衡、刘顺德等人的推动下，上海中国赛马会于1926年2月28日宣告成立，并于3月8日假爱多亚路联华总会宴请赛马界和新闻界人士。该会以"纯粹华人之赛马机关"

---

① "International Recreation Club," *NCH*, 28 Feb. 1920, p. 570.

② "Racing in China," *NCH*, 19 Dec. 1925, pp. 544 – 545.

为号召，董事均为万国体育会之华人马主和骑师，如叶子衡任名誉董事，谭竹馨为董事长，周孳田、陈其浩、刘顺德、陆季寅、盛恩颐、苏经田、蔡国保、叶新福、袁祖怀、席鹿笙等为董事，胡条肄为书记等。所征求之正式会员亦以"曾为马主人或骑师之我国人为限"，西人仅能出任非正式会员，享有一切会员权利，但不得参与经营。该会将以引翔远东运动场为比赛场地，至于英式总会最重要的会所，上海中国赛马会已情商洞庭席家，租用其福煦路 181 号宅邸。① 该宅坐落于法租界，前门临巨籁达路，后门临福煦路，原为汇丰银行买办席鹿笙和其母共居之处，占地数十亩，花园草坪，三层大洋房，浑雄壮丽，足堪为新总会之会所。②

一俟筹备就绪，该会便于 1926 年 3 月 21 日举行初次赛马。由于有远东赛马会的前车之鉴，此次比赛只能成功不能失败。远东运动场和上海中国赛马会均为此全力以赴，不仅提高奖金以吸引马主前来参赛，③ 为求盛大，更运用人脉广邀名人捐赠银杯和奖品，黎元洪、徐世昌、孙宝琦、张謇、章炳麟、孙传芳、卢香亭、陈陶遗、夏超、张载阳、宋之瑷、严春阳等

---

① 《中国赛马会成立》，《申报》1926 年 3 月 9 日，第 15 版；《上海中国赛马会之初次赛马》，《申报》1926 年 3 月 21 日，第 15 版；"Yangtszepoo Race Club," *NCH*, 13 March 1926, p. 478.

② 1927 年 8 月之后，此地改由杜月笙等人以四千两银子一个月的高价租下作为轮盘赌场，此即后来人所共知的"一百八一号"。上海中国赛马会则改租静安寺路 121 号盛家花园为会所。《席鹿笙夫妻反目之讼案》，《申报》1923 年 3 月 15 日，第 15 版；胡叙五：《上海大亨杜月笙》，蔡登山编，秀威资讯科技有限公司，2013，第 97~98 页；《中国赛马会之新消息》，《申报》1927 年 8 月 23 日，第 15 版；《剧场消息二》，《申报》1928 年 12 月 16 日，第 29 版。

③ "Yangtszepoo Race Club," *NCH*, 13 March 1926, p. 478.

人均在其列。① 当天头场"成立纪念杯赛"的奖杯，便是由黎前大总统所赠，并由苏经田马房之"拜根麦南"（Bargain Money）赢得。② 据报道，当天共赛七次，进行顺利。下午一时三刻起赛，开赛前一小时便涌入三千左右的华人观众，稍后又有西人数百人抵达，其中包括上海跑马总会的一位董事、数位执事，以及许多重要马主。③

开幕赛成功后，上海中国赛马会开始定期举行非正式的游戏赛，除了7、8两月天气太热不宜赛马外，大抵每个月两至三次，每次一至两天，每次都吸引了相当多的华人观众，人数仅次于江湾跑马厅。到了1926年底，上海中国赛马会和远东运动场已站稳脚步，被一般大众称为"引翔跑马厅"，与上海跑马总会的上海跑马厅、万国体育会的江湾跑马厅并列，稳坐沪上跑马场第三把交椅，但是引翔跑马厅仍有隐忧。第一，主要赛马的日子已被上海跑马厅和江湾跑马厅挑走。譬如，上海跑马厅专以西商休息的日子为标准，如元旦、复活节、圣诞节等；江湾则选定与中国有关的传统节日，如端午、中秋，此外亦固定在国庆节和共和纪念日举行赛马。引翔跑马厅成立后，只好拣剩下的星期日比赛。④ 有时江湾赛事在周六，隔日即是引翔赛事，彼此间隔太过接近，不仅骑师、马匹容易疲乏，日久观众亦恐失去兴趣。

第二，更重要的是，成立已久的上海跑马厅、江湾跑马厅

---

① 《远东运动场赛马有期》，《申报》1926年3月13日，第17版。

② "First C. J. C. Winner，"《竞乐画报》第1卷第1期，1935年10月26日，第3页。

③ "Chinese Jockey Club，" *NCH*, 27 March 1926, p. 582；《上海中国赛马会之初次赛马》，《申报》1926年3月21日，第15版。

④ 叶梦影：《说赛马》，《申报》1925年10月2日，第17版。

均有自己的经典大赛，如上海跑马厅有圣立治赛（Shanghai St. Leger）、上海德比赛（Shanghai Derby），江湾跑马厅有却令治杯（Challenge Cup）、江湾德比赛、江湾德比杯等，每逢比赛，沪上马主、骑师竞相投入以求夺魁。而上海中国赛马会则因成立不久，尚无值得称道的大赛。由于缺乏西人马主和一流骑师的参与，胜出者往往都是那几张熟面孔，赛事可预测性大，长此以往，对跑马场的经营而言不是件好事。为求突破上述困境，也为了创造自己的品牌，1926 年底上海中国赛马会乃致力于塑造自己的经典大赛。

经典大赛金尊赛

1926 年 12 月，上海中国赛马会率先推出前所未闻的"金尊赛"（The China Gold Vase），灵感来自英国最富盛誉的爱斯科金杯赛（Ascot Gold Cup）。爱斯科金杯赛创于 1807 年，通常在每年 6 月爱斯科年度大赛的第三天举行，专供 3 岁及 3 岁以上擅跑长途的成年马竞赛，胜者不仅享有优渥奖金，并可永久保有金杯。[①] 此金杯双耳有盖，造型优美，价值不菲（图 3 - 2）。

上海中国赛马会的目的既然在打响名号以吸引中西人士之目光，乃以此赛为范本，所谓"英国有盛行之爱司考金杯赛，中国则有中国金尊赛"。为塑造有中国特色之奖杯，上海中国赛马会在周代祭器中采选一有耳有盖之古尊为造型，并不惜以

---

① "Ascot Gold Cup," https://en. wikipedia. org/wiki/Ascot _ Gold _ Cup（accessed on 2016/5/31）.

图 3 - 2　1825 年英国爱斯科赛之金杯

资料来源：Charlton Hall Auctions, Columbia, South Carolina, USA.

赤金 170 两铸成，价值高达鹰洋一万元（图 3 - 3）。[1]

该会不仅在奖杯上用尽心思，在规则方面亦别出心裁。由于上海、江湾两跑马厅的经典赛多集中于春季，秋季经典赛较少，特别是秋季没有关于新马的大赛，所以该会将金尊赛定于 12 月，并规定参赛者必须是当年胜出的新马，路程为 1.25 里，较一般香宾赛为长，意图使之成为当年新马的总冠军赛。为增其难度，该会更规定马主必须连续两年胜出方能永久拥有奖杯。[2]

上海中国赛马会于 1926 年 10 月开始计划此赛，由于金尊价值高昂，消息一出赛马界即议论纷纷。[3] 到了 12 月初，除

① 《中国金尊赛》，《竞乐画报》第 1 卷第 7 期，1935 年 12 月 7 日，第 5、27～28 页。

② 《中国金尊赛》，《竞乐画报》第 1 卷第 7 期，1935 年 12 月 7 日，第 5、27～28 页。

③ "Chinese Jockey Club," *NCH*, 16 Oct. 1926, p. 124.

图 3 - 3 上海中国赛马会金尊赛奖杯

资料来源：《竞乐画报》第 1 卷第 7 期，1935 年 12 月 7 日，第 5 页。

奖杯之外，该会进一步提高奖金，另外加赠头、二、三马洋5000 元，使头奖奖金高达 15000 元，金额超过该年春季江湾香宾赛的 10000 元，被认为"实开中国各赛马场之新纪元"。①

上海中国赛马会的精心设计果然达到了预期的效果，高额奖金不仅吸引西人马主前来，也吸引大批观众。1926 年 12月 4 日比赛当天，金尊赛被安排在第六场，共 14 匹马起步，均为一流良驹，比赛激烈，直到最后冲刺处才拉开距离，最后由英人劳爱德女士（Miss Ada Law）的灰马"皮套克"（Beattock）夺冠，骑者为沪上著名骑师吼达（A. J. P. Heard）。赛后由上海跑马总会董事贝思（B. D. F. Beith）颁奖，贝思在致辞时表示，上海中国赛马会在短短一年内就站稳脚跟实属

---

① 《中国赛马会将举行金尊赛》，《申报》1926 年 12 月 3 日，第 11 版。

不易，他相信该会不仅不会消失，且会继续提供质量优良的运动赛事。贝思的发言，代表资深赛马会对新进小老弟大方的鼓励，也是对其努力的肯定。①

　　为了避免金尊赛昙花一现，在接下来的数年里，上海中国赛马会排除万难，固定在每年 12 月的第一个周六举行比赛。1927 年，劳爱德女士无马出赛，故未能连胜两次获得金尊。是年为叶子衡夫人之"惠特大梦色根"（White Diamond Ⅱ）得胜，骑师则为老将海马惟去。1928 年，因金尊赛声誉日隆，连上海著名"蒙"（Morn）马房的马主沙逊（D. E. Sassoon）都开始留意此赛，并派出旗下两匹良驹出赛，惜未获胜。该年由于竞争激烈，最后由华人马主张叔驯之"拜波兰"（Biplane）和英人马主意来耶斯（Fred. Elias）之"比给毕"（Busy Bee）并列第一，骑师则分别为恩卡纳沙和海马惟去。1929 年，由徐椿林、童振远共同拥有的"胎而未莫恶"（Tell-me-more）获得第一，童振远身兼骑师，这也是华人骑师首次记名于金尊之上。②

　　此后，金尊赛年年按期举行，其间仅 1932 年和 1934 年略有变动。③ 整体而言，上海中国赛马会投入大量资金、人力，不仅成功打响了金尊赛的名号，使之成为该会最具代表性的经典大赛，更使金尊赛成为沪上每年新马的最后冠军赛，上海德

① "Chinese Jockey Club," *NCH*, 11 Dec. 1926, p. 505.

② 《中国金尊赛》《照片：金尊赛历届冠军之图》，《竞乐画报》第 1 卷第 7 期，1935 年 12 月 7 日，第 5、14～15、27～28 页。

③ 1932 年上海发生"一·二八"事变，该年春季上海跑马厅、江湾跑马厅的新马赛中断，金尊赛也因此顺延至次年 6 月举行。1934 年之金尊赛则因上海中国赛马会与远东运动场解约而暂停一次，但 1935 年随即恢复。《中国金尊赛》，《竞乐画报》第 1 卷第 7 期，1935 年 12 月 7 日，第 5、27～28 页。

比、江湾德比赛，乃至江湾德比杯的得主均在此决一胜负。此赛也意外地帮了马贩不少忙，因马主欲夺金尊，每每不惜重资购进新马，从而带动赛马界的良性循环。只是该赛规定马主必须连赢两次方能永久拥有金尊，一般而言，很难连续两年取得当年最好之新马，虽富有如沙逊者，每年选购马匹众多也仅在1932年以"维而克蒙"（Welcome Morn）获得一次胜出。是以一直到1937年，引翔跑马厅因战事被迫停赛为止，尚无人得以保有金尊。金尊遂成为赛马界梦寐以求却难以企及的荣誉。[1]

以金尊赛奠定基础后，上海中国赛马会旋即于次年12月举行首次正式常年大赛，前后共四天（1927年12月3~4日、10~11日）。每天均有紧要赛事，第一天有引翔乡圣立治赛、第二天有金尊赛、第三天有引翔乡大香宾赛、第四天有全国甲种马锦标大赛。[2]

到了1928年，引翔跑马厅已与上海跑马厅、江湾跑马厅平起平坐，不仅固定举行常年大赛，且被纳入每年的赛马日期表。由于引翔跑马厅的加入，上海赛事数量大为膨胀。1925年，引翔跑马厅尚未开赛时，沪上全年赛马仅33天；引翔跑马厅开赛后，1928年增为68天，1934年更进一步增为76天。[3] 以1928年为例，当年上海赛马界的重要赛事包括元月底的江湾新年

---

① 《中国金尊赛》，《竞乐画报》第 1 卷第 7 期，1935 年 12 月 7 日，第 5、27~28 页；《中国金尊赛》，《竞乐画报》第 10 卷第 74 期，1936 年 12 月 12 日，第 15 页。

② 《下半年赛马日期详纪》，《申报》1927 年 8 月 23 日，第 15 版；《各团体消息》，《申报》1927 年 11 月 20 日，第 19 版。

③ 《明年赛马日期表》，《申报》1924 年 12 月 21 日，第 14 版；《民国十七年赛马日期表》，《申报》1927 年 12 月 17 日，第 16 版；"Racing Programme for Next Year," *NCH*, 27 Dec. 1933, p. 507.

赛、4 月初的江湾常年大赛、5 月初的上海春季大赛马、5 月底的引翔常年大赛，以及 11 月初的上海秋季大赛马，这些均为四天的大赛。除了正式大赛外，还有各跑马厅的单日游戏赛、三总会的联合赛、上海元旦赛等，基本上除了 7、8 两月天气太热暂时休赛外，几乎没有一周没有赛事，有时一周超过两天有比赛。三个跑马厅当中，尤以引翔跑马厅比赛次数最多，譬如 1928 年上海跑马厅共有赛事 16 天、江湾跑马厅有 22 天，而引翔跑马厅则多达 30 天。[①]

二　赛马的民主化

引翔跑马厅的出现不仅使赛马天数大增，也为有心成为马主或骑师的华人打开了一扇大门。自 1926 年起，华人马主人数日增，其阶层从早期洋务官宦之后或买办家族子弟，逐步扩及沪上其他殷实富户。譬如，前述曾勇夺金尊赛的华人马主张叔驯便出身"南浔四象"之一的张家。

所谓"南浔四象"，系指 1843 年上海开埠之后，因供应洋行生丝出口而致富的南浔商人。依其家产多寡，又有"象""牛""狗"之分。据说当时资产在五百万元以上者为象，一百万元以上者为牛，十万元以上者为狗，而该镇共有"四象、八牛、七十二墩狗"。四象分别为刘镛、张颂贤、庞云鏳、顾福昌；八牛为邢、周、邱、张、陈、金、梅、邵等八家。[②] 其中位居四象之次的张颂贤，孙辈人才辈出，有收藏家张石铭、

---

① 《民国十七年赛马日期表》，《申报》1927 年 12 月 17 日，第 16 版。
② 有关南浔富户，详见林黎元《南浔的"四象八牯牛"》，《湖州文史》第 4 辑，浙江人民出版社，1986，第 49~52 页。

中国国民党元老张静江、金融家张澹如等。张叔驯为张石铭的三子，名乃骥，号齐斋。[①]

南浔富户因与洋行生意往来而发家，生活本就中西文化并陈。[②] 辛亥革命之后，张石铭举家避居上海租界，在苏州河畔的石路（今福建中路）大宅居住，与沪上繁华之地比邻而居。[③] 在这样环境中长大的孩子经常胆大活泼，嗜好探索新事物。据其后人追忆，张叔驯便是这样一个随和的"快乐王子"，深受家族成员及朋友喜爱。他一生喜好新奇事物，包括运动、赛车、赛艇、跳舞、跑马，以及一切具有创意的机械或玩具。因家学熏陶，他也爱好鉴赏与收藏古画、古物，尤其嗜好玉器和古泉（古钱）。[④] 早年由于父亲管教严厉，难以发挥。1925年，张石铭遭人绑架，后虽以 20 万元赎金获释，但从此身体每况愈下，对子孙的管束也逐渐松弛。[⑤] 时年 26 岁的张叔驯开始可以顺着自己的性情从事喜好的活动。1926 年 9 月，张叔驯先与程云岑共同发起成立古泉学社，发行《古泉杂志》月刊。[⑥] 次年更加入上海中国赛马会，出任新手骑师，并在 1927 年 6

① 有关张家的家族世系，参见宋路霞、张南琛《细说张静江家族》，上海辞书出版社，2014，第 365～388 页。

② 出身南浔八牛之一金家的金开英先生便回忆，他的祖父金焘最喜爱西洋文化，不仅与外国人往来，还喜欢搜集西洋玩意儿。他们家有一个英国买回来的大自鸣钟，金焘做了一个钟楼把它装起来，让全南浔镇的人都可以听到这座大钟报时的声音，全镇的人每天也靠这座钟来校正时间。陆宝千访问、黄铭明纪录《金开英先生访问纪录》，中研院近代史研究所，1991，第 2～3、15～16 页。

③ 宋路霞、张南琛：《细说张静江家族》，第 7、71 页。

④ 宋路霞、张南琛：《细说张静江家族》，第 170～171、206～207 页。

⑤ 《绑票匪徐财神之讯判》，《申报》1926 年 12 月 12 日，第 11 版；宋路霞、张南琛：《细说张静江家族》，第 83～84 页。

⑥ 《董绶经等组织古泉学社》，《申报》1926 年 9 月 9 日，第 16 版。

月 11 日引翔第 22 次初学骑赛中获得第三名。[①]

　　1928 年张石铭过世，张叔驯开始拥有经济自主权，更进一步出任马主，先以自己英文名"Mr. S. C. Chang"为名，成立"张叔驯马房"，继以"Mr. Plane"为名，成立"波兰马房"。后者马匹均以"波兰"（plane）结尾，如 Aeroplane、Biplane、Monoplane、Yellow Plane 等。1928 年底举行的金尊大赛，张叔驯便以"拜波兰"与英人意来耶斯共享金尊。[②]张石铭过世五年后终于分家，张叔驯分得价值二百多万元的遗产，成为房地产巨商，无论在收集古钱还是养马、赛马等方面都有了充足的财源。[③] 接下来数年，张叔驯左手搜购古钱，右手买马，逐渐在两界闯出名号。在古泉界，他与寓居天津的方劬园（药雨）并称"北方南张"；[④] 在赛马界，他不仅活跃于江湾和引翔两跑马厅，更于 1932 年获选为上海中国赛马会董事。[⑤]

　　除了勇夺金尊，张叔驯赛马生涯中有两桩最得意之事：一是任骑师时大爆冷门；二是拉马走上海跑马厅大看台。

　　张叔驯成为马主后，仍不能忘情骑师生涯，时不时骑

①　《昨日引翔乡赛马之成绩》，《申报》1927 年 6 月 12 日，第 21 版；"Chinese Jockey Club Race Meeting," *NCH*, 18 June 1927, p.518.

②　此事尚有一插曲，当时"拜波兰"实为最红之马，独赢票售至 2000 余张之多，本可轻易取胜，但因骑师恩卡纳沙过于大意，终点冲刺不足，最后竟被判为与"比给毕"并列第一，观众大为不满，差点造成风潮。《中国金尊赛》，《竞乐画报》第 1 卷第 7 期，1935 年 12 月 7 日，第 5、27～28 页。

③　宋路霞、张南琛：《细说张静江家族》，第 171 页。

④　丁福保编《古钱大辞典》第 5 册，世界书局，1962，第 18 页。

⑤　《上海中国赛马会第六期正式大赛马，民国二十一年十一月十九、二十、二十六及二十七日》，上海中国赛马会，1932，第 1 页。

自家马房的马出赛。1932 年他与出身赛马世家的徐椿林①合组 "Ster" 马房，购入 "爱轧令门"（Agreement）、"皮亚尼"（Peony）等名不见经传的马。该年 11 月 20 日引翔跑马厅比赛，他骑 "爱轧令门" 参加第八场 7 法郎的 "南方杯赛"（The Southern Cup），无人留意，大家看好的是沪上著名骑师小道勒斯骑的 "曼来索司"（Merry Thoughts），结果 "爱轧令门" 竟意外击败 "曼来索司"，大爆冷门，当时全场只有 12 人买 "爱轧令门" 的独赢票，5 元一张的独赢票可获奖金 1365 元，赔率高达 273 倍，立刻成为场中话题。②

第二件得意之事是拉马走过上海跑马厅的大看台。③ 如前章所述，上海跑马总会不接受华人会员，华人马主鲜有机会在上海跑马厅出赛，仅偶尔因慈善联赛方才破例。结果，1933 年初 "Ster" 马房的 "皮亚尼" 便在这样的慈善赛里意

---

① 徐椿林出身赛马世家，其父徐凌云为怡和丝纱厂华董徐鸿逵之子，也是沪上第一代华人马主。万国体育会成立后，徐凌云同时拥有 "Mr. Z. L." 和 "Mr. Cloud" 两个马房，前者为其英文名字 Zee Ling Yuen 的缩写，后者则源于其中文名字中的 "云" 字。如同张叔驯一般，徐凌云也同时脚跨传统与现代，他一面活跃于赛马界，另一面则醉心于昆曲，18 岁即登台，是有名的票房名家。徐凌云共有四子，分别承袭了他在这两方面的爱好，徐椿林即其在赛马方面的继承者。Olsen, comp. , *The Racing Record*, pp. 180, 2A, 8A；徐凌云：《我家与怡和丝纱厂的关系》，《旧上海的外商与买办》，上海人民出版社，1987，第 36 页；方家骥、朱建明主编《上海昆剧志》，文化出版社，1998，第 302 页；吴新雷主编《中国昆剧大辞典》，南京大学出版社，2002，第 432 ~ 433 页；刘郎：《闲居集》，广宇出版社，1983，第 170 页。

② "Merry Commander," *The China Press*, 21 Nov. 1932, pp. 6 - 7. 此事后来成为家族逸事，只是一传再传之下不免夸大。宋路霞、张南琛：《细说张静江家族》，第 206 页。

③ 依照赛马惯例，每场赛事胜负已定之后，获胜的前三名可由马主牵着马连同马背上的骑师一同走过看台，接受观众的鼓掌喝彩，这是马主、骑师最光荣的时刻。这种众人瞩目的时刻，赛马界一般称为拉马走大看台。

外拿下总冠军。[1] 当张叔驯与徐椿林身着马主骑装，昂首阔步地牵马走过上海跑马厅大看台时，那种扬眉吐气之感不禁更胜平时。[2]

张叔驯不仅自己赛马，也试图把这种运动推广给家人。1929 年其妻徐懋倩女士在其鼓励下成为马主，是沪上少数的女性马主，马房名"张叔驯夫人"（Mrs. S. C. Chang），马匹多以"plain"结尾，如 Manchurian Plain、Siberian Plain 等。[3] 1930 年前后，张叔驯还为不到 10 岁的儿子张南琛买下一匹可爱的小马驹，试图培养儿子的跑马兴趣，可惜最后没有成功。抗战全面爆发后，为避战祸，1938 年张叔驯举家赴美，他的古钱和赛马两事业也同时告终。抗战胜利后，张叔驯曾于1946 年短暂回沪处理财务，随即返美，不到两年即去世。[4] 总计其马主生涯约有 10 年之久。[5]

上海中国赛马会不仅为沪上殷商富户打开了参与跑马的大

---

[1] "Peony Captures Charity Sweep," *NCH*, 1 Feb. 1933, p. 186; "Y. K. Wouk Rides Peony to Win," *The China Press*, 28 Jan. 1933, p. 7.

[2] "Photo: Peony Scores Again," *The China Press*, 28 Jan. 1933, p. 7.

[3] *The Racing Record*（*Form at a Glance*）: *A Complete Record of Racing at Shanghai, Kiangwan and Yangtszepoo for 1929*, vol. Ⅻ（Shanghai: The Shanghai Race Club, 1930）, p. 114.

[4] 宋路霞、张南琛：《细说张静江家族》，第 206～207 页。

[5] 张家不仅张叔驯赛马，其同父异母弟张景裴也是引翔马主。张景裴名乃骊，系张石铭的小儿子，与张叔驯相差 14 岁。1934 年，年方 21 岁的张景裴开始投入赛马，除了以自己的英文名"C. P. Chang"为名成立马房，并出任骑师。其马房规模不在其兄之下，1934 年共有 15 匹马获胜，总计获得奖金 1.6 万余元。孤岛时期张景裴仍活跃于赛马界，太平洋战争爆发后始不见出赛。无论战前或战后，张景裴均留在上海，与母亲、妻子及五个女儿平静度日。宋路霞、张南琛：《细说张静江家族》，第336～338 页；《说说前周赛马》，《竞乐画报》第 1 卷第 1 期，1935 年 10

门，也让马主身份进一步扩及正在兴起的中间阶级，特别是公司经理人等专业人士。譬如，1934 年前后进入赛马界的丁雪农便为太平保险公司的经理。

丁雪农，原名乐平，江苏扬州人，上海复旦大学毕业后赴美读书，入宾夕法尼亚大学，回国后先任职交通银行，1929 年又应金城银行总经理周作民之聘创办太平保险公司，任总公司协理兼上海分公司经理。在其经营下，不到 10 年，该公司发展成当时规模最大的一家保险公司。1935 年，太平、安平、丰盛三家公司合并，成立太安丰总经理处，丁雪农任协理，并任上海市保险业同业公会常务委员兼华洋联合委员会委员，同时组建华商联合分保公司，这是华商自办的第一家再保险公司。

丁雪农在事业正盛时踏入赛马界，马房名"Mr. Light"，马匹则多以"Gold"开头。② 他马主生涯当中最得意之事，当推 1935 年 12 月以名驹"果而维是"（Gold Vase）赢得上海中国赛马会第九次金尊赛。此次赛事强敌环伺，"果而维是"在最后 0.25 英里处杀出重围，追上爱伦马房的"罗巧司脱"（Rochester），二马并肩奔驰近 30 码，难分胜负，后来在骑师纳特（V. V. Needa）的巧妙驾驭下于最后一刻纵身往前，以

---

① 月 26 日，第 17 ~ 18 页；*The Racing Record（Form at a Glance）：A Complete Record of Racing at Shanghai, Kiangwan and Yangtszepoo for 1934*, vol. XVII（Shanghai：The Shanghai Race Club, 1935），p. 129；*The Racing Record（Form at a Glance）：A Complete Record of Racing at Shanghai for 1939, Ending with 6th Jan., 1940*, vol. XXII（Shanghai：The Shanghai Race Club, 1940），p. 41.

② *The Racing Record：A Complete Record of Racing at Shanghai, Kiangwan and Yangtszepoo for 1934*, p. 137.

一个马身的长度胜"罗巧司脱"，此时一旁屏息以待的观众不禁欢声雷动。据记者记载，当丁雪农以马主身份拉马走过大看台时，"观众欢声之热烈，为本埠马场所久已未闻者"。① 从《竞乐画报》② 所刊的照片也可看出，当时马鞍上的纳特、拉着缰绳的丁雪农，还有背后的操练马夫王小麻子都脚步轻快，意气风发，甚至连刚刚胜出的"果而维是"嘴角也仿佛带着一抹笑意（图 3 - 4）。同年，丁雪农当选上海中国赛马会董事，同时出任磅称执事（Clerks of the Scales），负责比赛时马匹和骑师的称重。③

同一时期加入赛马界的钟可成也同样出身专业经理人。钟可成，广东潮州人，上海清心中学毕业后，先入圣约翰大学，后因欲借庚子赔款出国留学而转入清华学校。1915 年，名列清华学校第六次遣派出洋学生名单，前往哈佛大学修习政治，后又转入威斯康星大学修习经济，1920 年前后返国。④ 钟可成家境并不富

① 《谈谈前周赛马》，《竞乐画报》第 1 卷第 8 期，1935 年 12 月 14 日，第 8 页。

② 《竞乐画报》系上海一份专门报道休闲娱乐的周刊，1935 年 10 月 26 日开始发行，1937 年 3 月 27 日前后停刊，其内容包括各式体育活动，尤以赛马为重，中英文并列，沪上著名骑师胡会林为其发行人。有关其出版宗旨，参见《引言》，《竞乐画报》第 1 卷第 1 期，1935 年 10 月 26 日，第 2 页。

③ 《上海中国赛马会程序单》，《竞乐画报》第 1 卷第 1 期，1935 年 10 月 26 日，第 9 页。赛马之余，丁雪农也热心推动体育活动，尤其是足球，他是华东体育会创办人之一，1931 年任东华足球队常务委员，1943 年任东华足球队董事长。孙曜东口述、宋路霞整理《十里洋场的风云人物》，联经出版公司，2008，第 16～17、20～21 页。

④ 《清华学校第六次遣派出洋学生》，《申报》1915 年 8 月 1 日，第 10 版；《南洋烟公司欢送留学生宴会》，《申报》1920 年 8 月 15 日，第 10 版；马学强、张秀莉：《出入于中西之间：近代上海买办社会生活》，上海辞书出版社，2009，第 93、108 页。

图 3-4 1935 年 12 月丁雪农赢得金尊赛后拉马走过大看台

资料来源：《竞乐画报》第 1 卷第 8 期，1935 年 12 月 14 日，第 9 页。

裕，据说留学时多靠南洋烟草公司行东简家的资助。[①] 回国后入美商中国营业公司（China Realty Co., Ltd.），任华副经理兼股东。中国营业公司经营房地产、放款、抵押及营造、测绘、保险代理诸业务，为上海实力最雄厚的地产公司之一。[②]

---

① 胡兰成：《今生今世》，中国长安出版社，2013，第 373 页。
② 黄光域编著《外国在华工商企业辞典》，第 123～124 页。

钟可成任职该行之余兼营证券交易，在抗战前已闯出名号，与另一交易界名人顾兆麟并称上海滩最大的外汇经纪人，经常为沪上富户处理投资事宜。[①] 据胡兰成回忆，钟可成相貌堂堂，才气非凡，人既聪明，又具胆量，交易所里的大来大去都能从容以对。最重要的是他为人正直，虽面对青帮大亨杜月笙亦不假辞色，沦陷时期对李士群夫妇也曾当面批驳。沦陷时期钟可成留在上海，不少重庆要人在沪财产托其经管。钟可成处于战时复杂环境，一边是汪精卫伪政权，一边是上海的日军，依然不觉得需要应酬请托，看在胡兰成眼里不得不称赞他"真是好角色"。[②]

钟可成 1931 年即为引翔跑马厅马主，马房名"Mr. K. C. Chung"，1934 年名列胜出马主名单，该年有六匹马胜出，共获得奖金 3500 多元。[③] 1935 年 10 月，他被选为上海中国赛马会董事，兼围场执事（Charge of Paddocks），负责比赛时草地围场的秩序。[④] 1936 年尚经常胜出，他拉马过大看台时或身着风衣，或身穿长袍，总是面露微笑，一派悠闲（图 3 - 5）。抗战全面爆发后，即不见其涉足赛马界。

吴启鼎，号芭汀，浙江慈溪人，日本阪神财阀吴锦堂

---

① 许晚成：《上海名人录》，龙文书店，1941，第 1563 页；孙曜东口述、宋路霞整理《十里洋场的风云人物》，第 307 页。与钟可成并列上海滩最大外汇经纪人的顾兆麟也热衷赛马，1927 年即为引翔跑马厅骑师。《昨日引翔乡赛马之成绩》，《申报》1927 年 11 月 28 日，第 11 版。

② 胡兰成：《今生今世》，第 373~374、378~379 页。

③ 《慈善香宾得主》，《申报》1931 年 10 月 27 日，第 15 版；*The Racing Record: A Complete Record of Racing at Shanghai, Kiangwan and Yangtszepoo for 1934*, p. 130.

④ 《上海中国赛马会程序单》，《竞乐画报》第 1 卷第 1 期，1935 年 10 月 26 日，第 9 页。

图 3-5　1936 年 2 月钟可成赢得引翔赛马后拉马走过大看台

资料来源:《竞乐画报》第 2 卷第 9 期,1936 年 2 月 29 日,第 17 页。

之侄,是另一位喜好赛马的专业经理人。他的身份较特殊,横跨政界与工商界,为民国时期的银行家、金融家、财政官员。

1915 年,他毕业于美国北俄亥俄大学(Ohio Northern University)经济学系。返国后历任财政部缉私处秘书兼运输局局长、闽海关监督、江苏沙田局局长、税务署署长等职。① 从事公职的同时,他也进入金融界。1931 年 10 月,吴启鼎与其堂兄吴启藩共同筹办江浙商业储蓄银行,自任董事长。② 1936 年,四明银行改为官商合办,他奉财政部命任董事长,抗战全面爆发后又兼任总经理,不久去香港,1940 年转往重庆,在内地各省广设四明银行分支,对开发

① George F. Nellist, *Men of Shanghai and North China：A Standard Biographical Reference Work*(Shanghai：The Oriental Press, 1933), pp. 437, 439；戚再玉:《上海时人志》,展望出版社,1947,第 52 页。

② 《江浙银行创立会纪》,《申报》1931 年 10 月 19 日,第 11 版；《江浙银行昨日开幕》,《申报》1932 年 6 月 23 日,第 12 版。

西北经济金融事业多所建树。抗战胜利后，四明银行率先复员，吴启鼎仍任董事长兼总经理，并任四明保险公司总经理、上海市银行商业同业公会理事、上海第一届参议员。[①]

吴启鼎是少数具官员身份却活跃于赛马界者。他于1930年同时加入万国体育会和上海中国赛马会，成立"反来"（Fairy）马房，马匹多以"Fairy"为名，如 Fairy Crane、Fairy Hawk、Fairy Kite、Fairy Pride 等。[②] 当年12月，甫入赛马界的他便以"反脸开特"（Fairy Kite）勇夺第五次金尊赛，这是继张叔驯、徐椿林之后的第三位华人金尊马主。该赛经过颇为曲折，本来维克多沙逊（Sir Victor Sassoon）马房的"别的福耳衣夫"（Beautiful Eve）先到终点，但因冲刺时骑师张英达故意拉马向内阻碍他马前冲之路有违运动精神，上海中国赛马会董事会遂决定取消其冠军资格，改以次到终点的并头马同列第一，即吴启鼎的"反脸开特"与道勒斯的"思为刺兰得"（Switzerland），骑师分别为陆致和与小道勒斯。[③] 从当日的照片可以看出，吴启鼎身着西装，头戴呢帽，胸前挂着望远镜，当其拉马走过大看台时马夫紧随在侧，二人均昂首阔步，意气风发（图3-6）。

---

① 戚再玉：《上海时人志》，第52页；中国经济资料社编《上海工商人物志》，中国经济资料社，1948，第52~53页；金普森、孙善根主编《宁波帮大辞典》，第118页。

② *The Racing Record（Form at a Glance）：A Complete Record of Racing at Shanghai, Kiangwan and Yangtszepoo for 1930*，vol. XIII（Shanghai：The Shanghai Race Club, 1931），p. 117.

③ 《中国金尊赛》，《竞乐画报》第1卷第7期，1935年12月7日，第5、27~28页；"Beautiful Eve Wins China Gold Vase Classic," *The China Press*, 8 Dec. 1930, p. 8.

图 3 - 6　1930 年 12 月吴启鼎赢得金尊赛后拉马走过大看台

资料来源:《竞乐画报》第 1 卷第 7 期, 1935 年 12 月 7 日, 第 14 页。

　　吴启鼎勇夺金尊赛后, 在赛马界声名大噪, 被称作"那位著名的华人马主"(the wellknown Chinese owner)。[①] 1932 年获选为上海中国赛马会董事;[②] 其"反来"马房连战皆捷, 1937 年仍名列胜出马主名单。[③] 直至抗战全面爆发, 吴启鼎离沪赴港, 赛马界始不见其踪迹。

[①] 《中国金尊赛》,《竞乐画报》第 1 卷第 7 期, 1935 年 12 月 7 日, 第 27 页。

[②] 《上海中国赛马会第六期正式大赛马》, 第 1 页。

[③] *The Racing Record (Form at a Glance): A Complete Record of Racing at Shanghai, Kiangwan and Yangtszepoo for 1937, Ending with 8th Jan. , 1938 (Deemed the Last Race Meeting of 1937)*, vol. XX (Shanghai: The Shanghai Race Club, 1938), p. 65.

除了这些叱咤风云的中产上层，还有一些资金有限的中产下层也趁机进入赛马界，浅尝当马主的滋味。欧阳洪钧（欧阳鸿钧）便是一例。

欧阳洪钧出身旅沪粤商家族，其父欧阳星南为广益号杂粮行店主，在广帮中属中等资产。[1] 欧阳洪钧出洋留学归国后在上海市公安局任英文秘书。[2] 据说他平日作风洋派，常身穿白色法兰绒西装，鼻架白金托力克眼镜。[3] 欧阳洪钧自小爱好运动，14 岁就在精武体育会参加网球单组比赛，令在场中西来宾啧啧称奇。[4] 1926 年上海中国赛马会成立时，他年仅 23 岁，开始执管父亲遗产，经济上有较大自由度，[5] 遂立即把握机会出任马主，以自己英文名"H. C. Euyang"为马房名，马匹多以"Prince"开头，如 Prince Paulbert、Prince Robert、Prince Altai 等，[6] 并经常骑自家马房的马匹出赛。[7] 1928 年名列胜出马主名单，计有 7 匹马胜出，共得奖金 1.4 万余元，在赛马界是举足轻重的人物，不时接受记者访问，发表他对赛事的看法。[8]

---

[1] 《公共公廨讯案汇录》，《申报》1925 年 5 月 1 日，第 15 版；上海市工商业联合会、复旦大学历史系《上海总商会组织史资料汇编》，上海古籍出版社，2004，第 367、1046 页。

[2] 《秘书索诈案续审记》，《申报》1932 年 9 月 13 日，第 15 版。

[3] 《嚇诈案中五区公安局书记自首》，《申报》1932 年 8 月 31 日，第 15 版。

[4] 《精武体育会球术之进步》，《申报》1917 年 7 月 31 日，第 11 版。

[5] 《公共公廨讯案汇录》，《申报》1925 年 5 月 1 日，第 15 版。

[6] *The Racing Record（Form at a Glance）: A Complete Record of Racing at Shanghai, Kiangwan and Yangtszepoo for 1928*, vol. XI（Shanghai: The Shanghai Race Club, 1929), p. 225.

[7] 《昨日中国赛马会赛马消息》，《申报》1926 年 5 月 17 日，第 15 版；《昨日江湾赛马之成绩》，《申报》1926 年 9 月 19 日，第 15 版。

[8] 《引翔乡正式赛马第四日预测》，《申报》1927 年 12 月 11 日，第 16 版。

只是这种荣景有如昙花一现，养马、赛马需要持续投入金钱，欧阳洪钧资金有限，1929 年便仅有一匹马胜出，[①] 1930 年以后更不再出现于胜出马主名单。可能因经济困难，1932 年欧阳洪钧涉嫌利用其公安局秘书身份恐吓妓院，最后以共同恐吓未遂罪被判处徒刑一年六个月，马主生涯也同时告终。[②]

除了公司经理人，上海中国赛马会的成员还包括其他新兴的专业人士，譬如"Mr. L. Q. Woo"马房的马主吴麟坤为沪上著名律师，[③] 其弟吴麟江亦活跃于赛马界，为引翔跑马厅最早的一批华人骑师。[④] 又如"Mr. A. E. Wong"马房的马主王岳峰出身建筑业，他是新苏记营造厂厂主，1931 年与馥记营造厂厂主陶桂林等组织建筑学会，发行《建筑月刊》，[⑤] 1950 年并在香港协助钱穆创办新亚书院。[⑥] "Mr. Y. H. Chou"马房的马主周君常则为沪上德国系统训练的医师，他出身南浔八牛的周家，上海同济大学毕业后曾赴德、奥进修，获医学博士学位，

---

① *The Racing Record: A Complete Record of Racing at Shanghai, Kiangwan and Yangtszepoo for 1929*, p. 117.

② 《五区公安局英文秘书索诈案判决》，《申报》1932 年 9 月 20 日，第 15 版。

③ 《照片：数位上周末赛马得冠军之马主》，《竞乐画报》第 10 卷第 47 期，1936 年 6 月 6 日，第 13 页；张丹子编《民国三十二年中国名人年鉴：上海之部》，中国名人年鉴社，1944，第 285 页。

④ 《昨日引翔乡赛马之成绩》，《申报》1927 年 10 月 17 日，第 11 版；"Chinese Jockey Club Meeting," *NCH*, 22 Oct. 1927, p. 150.

⑤ 《上海中国赛马会开幕志盛》《引翔乡赛马成绩》，《竞乐画报》第 1 卷第 2 期，1935 年 11 月 2 日，第 3~4、18 页；许晚成：《上海人名录》，第 72 页。

⑥ 钱穆：《八十忆双亲师友杂忆合刊》，东大图书公司，1986，第 247、253 页；钱行、钱辉：《父亲钱宾四和香港新亚书院》，《无锡县文史资料》第 5 辑，1987，第 64~65 页。

诊所设于静安寺路，专攻儿科。① 他们均因上海中国赛马会的成立方才有机会进入赛马界，享受出任马主或骑师的乐趣。

三 青帮三大亨

中间阶级加入赛马的情形十分明显，但令人惊讶的是，日见兴起的青帮大亨及其徒众竟也卷入这股潮流，投身英式赛马文化且乐此不疲。

早在引翔跑马厅草创时期，青帮大亨便涉足其间。1923年，范回春等人为了扩大声势，从一开始便邀请黄金荣、张啸林、杜月笙等人出任远东运动场董事，故从购地、筑路到上海中国赛马会的建立均可见他们的身影。黄、杜、张三人虽同时涉入跑马场，但态度迥异。黄金荣主要是出于商业考虑，视之为娱乐事业版图的延伸，对出任马主这种无利可图的事情毫无兴趣；张、杜二人对英式赛马却另有想法。

1920年代，正是青帮三大亨快速蹿升的时代，他们的生意主要在烟、赌两项，而烟土生意尤为紧要。原来上海自19世纪中叶起便是鸦片贸易的重要进口港，进入20世纪后，因受中国禁烟的影响更成为鸦片走私的中心。

1906年，清廷受日俄战争日本战胜的刺激，明谕10年内分阶段根除鸦片，此举得到英国政府及国际社会的支持。英方

---

① 《医学博士周君常将返国》，《申报》1924年2月21日，第14版；《介绍德医》，《竞乐画报》第10卷第43期，1936年5月9日，第31页；《周君常顾鹏程昨晨突遭绑架》，《申报》1940年5月19日，第11版；《周顾被绑案》，《申报》1940年5月20日，第8版；林黎元：《南浔的"四象八牯牛"》，《湖州文史》第4辑，第74~75页。

同意自 1908 年起，共分 10 年，每年分期减少印度鸦片输入中国的数量。1917 年底禁令届期，英人控制的上海洋药公所遂将库存烟土全数售予北京；1919 年，北洋政府在几经犹豫之后终于将之销毁，从此种植、吸食以及买卖鸦片在中国成为非法。但烟土生意利润太厚，于是转入地下。上海因地利之便，不论跨海而来的印度土、波斯土，或者后来居上的国产云土、川土、北口货，均在此地进行集中与分销。[1]

据马丁（Brian G. Martin）的研究，1920 年代烟土走私进入上海的网络大致为，印度土、波斯土由海路从波斯湾的不什尔（Bushire）和君士坦丁堡等港口运往上海，或者以包裹方式邮寄；国产的云土则兵分两路，主力先以火车运至法属印度支那的海防或其他港口，再以轮船转往上海，而少部分则与川土一同借长江轮运经宜昌、汉口、南京运至上海。[2] 如此庞大的利益，加上上海三界分立的特殊情况，正让青帮有机会染指。

1910 年代，上海的烟土商多集中于公共租界，并由所谓的"大八股党"予以保护，[3] 法租界的帮派仅能用零星抢夺的

---

[1] Brian G. Martin, *The Shanghai Green Gang: Politics and Organized Crime, 1919–1937* (Berkeley: University of California Press, 1996), pp. 46–47. 中译本参见布赖恩·马丁《上海青帮》，周育民等译，上海三联书店，2002，第 41~42 页。

[2] Martin, *The Shanghai Green Gang*, p. 47；布赖恩·马丁：《上海青帮》，第 42 页。

[3] 所谓的"大八股党"由八位成员组成，分别是沈杏山、季云青、杨再田、鲍海筹、郭海珊、余炳文、谢葆生、戴步祥。1910 年代，他们借着投效上海的两大缉私机构——缉私营和水警营，以及公共租界巡捕房，将公共租界水陆两途查缉烟土的大权抓到手里，接着化暗为明，广向界内土行老板收取大量保护费，从而形成缉私、警务与土行联手的运销结构。章君毅：《杜月笙传》第 1 册，第 163 页；Martin, *The Shanghai Green Gang*, pp. 49–50；布赖恩·马丁：《上海青帮》，第 43~46 页。

方式略沾微利。但 1923 年情势丕变，该年公共租界配合英方政策开始禁烟，接连破获鸦片库房。到了 1925 年初，烟土商不得不全数转移阵地至隔邻的法租界，依附于黄金荣、张啸林、杜月笙的势力，黄金荣等人遂从烟土的抢夺者一跃而成为烟土的保护者，并进而成立三鑫公司，将烟土行业归并一致，所有进出运销集中办理。

三大亨一方面与浙江、江苏军阀先后建立了关系，使海运或河运而来的鸦片从轮船卸下后，可在军队的保护下一路顺畅地运至法租界；另一方面也于 1925 年 5 月下旬，与法租界当局签订半官方协议，双方约定，次年 6 月起，凡三鑫公司烟土，法租界当局均视而不见，不予取缔，三鑫公司则上缴一定比例的数额为报。至此，三大亨及其手下的"小八股党"完全掌握了上海的烟土生意，鸦片交易也自此迈入一个稳定且制度化的阶段。①

所谓衣食足而知荣辱，既然有了源源不绝的烟土收益，三大亨便想进一步博得他人的敬重，特别是有心"向上"的杜月笙，开始识字、习字、请人读报，无论天气多热，也一袭长衫，力求斯文。②

1926 年上海中国赛马会成立，黄金荣不为所动，张啸林、杜月笙二人虽不好骑术，但考虑到加入赛马会能成为马主，可打入以英语为主的殖民社会，又符合白相人追求得意、风光的心理，乃以远东运动场董事的身份申请加入，成为该会的正式会员，并分别以自己的英文名成立马房。张啸林马房名"Mr. S. L. Chang"，马匹多以"Horse"为名，如 The Brass Horse、

① 有关上海青帮与烟土买卖的关系，详见 Martin, *The Shanghai Green Gang*, pp. 44–48；布赖恩·马丁：《上海青帮》，第 39～49 页。

② 章君穀：《杜月笙传》第 1 册，第 295～296、315 页；第 2 册，第 231 页。

The Iron Horse、The Tin Horse、The Wellknown Horse 等；杜月笙马房则名 "Mr. Y. S. Doo"，马匹多以 "辣虚"（Rush）结尾，如 Beautiful Rush、Gold Rush、Maskie Rush、On the Rush 等。考虑到杜月笙当时斗大的字都不识一箩筐，却决定迈入全是英文的赛马界，的确需要一些勇气。在这个阶段，骑师胡会林可能提供了一些技术性帮助，如决定英文马名、设计马房服色、接洽西人骑师等。[1]

张、杜二人加入赛马界后成绩不俗。1928 年名列胜出马主名单，张啸林有 4 匹马胜出，共得奖金 6300 元；杜月笙更胜一筹，有 8 匹马胜出，共得奖金 8300 余元。[2] 此后张、杜二人以每年最少两匹、最多 8 匹胜出的数量一直维持至抗战全面爆发。

虽然张啸林、杜月笙从未赢得金尊赛之类的经典大赛，且每年从赛马方面赢得的奖金数目与其烟土收益相比微不足道，但马会会员的身份让他们得以与沪上其他中外马主平起平坐。1928 年，上海中国赛马会进行内部改组，一方面重新厘清该会与远东运动场的关系，使双方从原先的余利均沾办法改为租地契约；[3] 另一方面进一步调整董事名单。恰好张、杜二人因 "四一二" 事变社会地位提升，遂因此获选为董事。到了 1931 年，二人更进而并列上海中国赛马会总董（图 3 -7、图 3 -8）。[4]

---

[1] 1927 年，当时尚在青岛发展的英籍骑师纳特初次访沪，便曾在胡会林的牵线下替杜月笙马房的 "Gold Rush" 出赛。《二十四年骑师冠军之 "纳特"》，《竞乐画报》第 2 卷第 1 期，1936 年 1 月 1 日，第 23、25 页。

[2] *The Racing Record：A Complete Record of Racing at Shanghai，Kiangwan and Yangtszepoo for 1928*，pp. 222，225.

[3] 《上海中国赛马会卷土重来小史》，《竞乐画报》第 1 卷第 1 期，1935 年 10 月 26 日，第 7 ~8 页。

[4] 《广告：发售救济各省水灾大香宾票通告》，《申报》1931 年 9 月 16 日，第 3 版。

图 3 - 7 上海中国赛马会总董
张啸林（1931）

资料来源：《竞乐画报》第 2 卷第 8
期，1936 年 2 月 22 日，第 16 页。

图 3 - 8 上海中国赛马会总董
杜月笙（1931）

资料来源：《竞乐画报》第 2 卷
第 7 期，1936 年 2 月 15 日，第 16
页。

出任上海中国赛马会总董，让杜月笙如虎添翼。自与南京
国民政府建立了特殊关系以后，他便开始有计划地改善自己的
社会形象，一方面涉足工商界，逐步打入银行、航运、鲜鱼等
行业，并相继出任面粉、纱布、金业交易所理事长，最终成为
不折不扣的工商界巨子；[①] 另一方面积极介入赈济救灾等活
动，开始以慈善家的身份出现。不同于过去以善堂、庙宇、商
会、同乡会等机构劝募的方式，杜月笙擅长用新式手法筹集赈
款，包括演剧助赈、南北伶界会演、名媛选举、慈善大香宾

---

① 上海社会科学院政治法律研究所社会问题组编写《大流氓杜月笙》，群众
出版社，1965，第 39~44 页；章君毂：《杜月笙传》第 3 册，第 1~6、
40~48 页。

等，而上海中国赛马会总董的身份正是他可以在慈善赛马上着力的重要原因。

1931 年夏天，中国发生特大水灾，长江、淮河、黄河、大运河四大巨流同时暴溢，不仅沿岸地区灾情严重，并波及黄河流域南部，导致受灾区域蔓延 16 省，灾民多达五千万人，堪称民国时期最大的一次自然灾害。国民政府也因此实施了有史以来最大规模的救助，① 一方面于 8 月 14 日成立专责机构"救济水灾委员会"，以宋子文、许世英、刘尚清、孔祥熙、朱庆澜等高官为特派委员，宋子文为委员长，赋予其办赈最高权限，并与已有各赈务机关通力合作;② 另一方面向美国贷购小麦 45 万吨，作为救灾的主要资金与物资来源。③ 救灾分急赈、农赈、工赈三方面进行，其中以救济生命的急赈最为优先，上海作为中国最富裕的城市，对此自然责无旁贷。早在 8 月 6 日，上海政商各界领袖虞洽卿、张之江、王晓籁、许世英等便率先发起成立"上海筹募各省水灾急赈会"（以下简称"上海水灾急赈会"），④ 杜月笙、张啸

---

① 有关此次国民政府赈灾组织的特殊性及其对民间义赈经验的援引，参见朴敬石《南京国民政府救济水灾委员会的活动与民间义赈》，《江苏社会科学》2004 年第 5 期。

② 国民政府救济水灾委员会编《国民政府救济水灾委员会报告书》，国家图书馆出版社，2009，第 41 页;《救济水灾委员会经办各项事宜》，《申报》1931 年 8 月 20 日，第 13 版。

③ 有关贷购美麦的缘由、运送过程以及对国民政府经济负担的评估，参见王林《评 1931 年江淮水灾救济中的美麦借款》，《山东师范大学学报》2011 年第 1 期。

④ 《筹募各省水灾急赈会》，《申报》1931 年 8 月 5 日，第 13 版;《广告:上海筹募各省水灾急赈会启事（一）》，《申报》1931 年 8 月 8 日，第 2 版。

林均名列常务委员名单。[①] 待国民政府成立救济水灾委员会，并广征中外热心公益人士出任委员时，张、杜又各自与夫人相偕成为该会的聘请委员，在救灾活动中全力以赴。[②] 由于赈灾需款孔急，上海水灾急赈会既需要有效动员组织，也需要开发更多的劝募方法。[③] 杜月笙向许世英表示，像以前那样拿了捐簿请人捐款，不仅吃力，收效也不大，这次必须想些不同的花样。[④] 他想出的"花样"有二：一是演戏赈灾，另一便是慈善赛马。

　　1931 年 8 月 28 日，黄金荣、杜月笙、张啸林等人率先发起演戏助赈，由律和、中华公、雅歌集三票房同人假座大舞台举行联合义演，希望筹足 6 万元；[⑤] 9 月 12 日，上海水灾急赈会更假座逸园举行茶会，宣布将举行一破天荒之百万大香宾赛。茶会由市长张群亲自主持，沪上绅商王晓籁、郑毓秀、钱新之、林康侯、穆藕初、吴蕴斋、闻兰亭、王一亭、史量才、张竹平等数百人参加。张群首先发言，表示自灾情开始以来沪上各界已尽力援助，但募款迄今仅得 70 余万元，实不敷分配，现在张啸林、杜月笙二君发起百万大香宾赛计划，希望大家踊跃协助。张啸林接着说明办法，上海水灾急赈会以上海中国赛

---

① 《广告：上海筹募各省水灾急赈会启事（二）》，《申报》1931 年 8 月 13 日，第 7 版。

② 《国民政府救济水灾委员会报告书》，第 573～574 页。

③ 据孙语圣研究，1931 年水灾救治呈现惊人的多样化，不仅捐助主体多元，包括同乡会、同业公会、政界、实业界、宗教界、文化界、军界及大量个人等；在捐助方式上也呈现惊人的多样性，如营业助赈、捐薪、书画助赈、礼仪助赈、广告捐助等。详见孙语圣《民国时期救灾资源动员的多样化——以 1931 年水灾救治为例》，《中国农史》2007 年第 3 期。

④ 章君縠：《杜月笙传》第 3 册，第 38 页。

⑤ 《各省灾赈昨讯》，《申报》1931 年 8 月 29 日，第 18 版。

马会的名义发行慈善香宾票十万号，头奖 44.8 万元，二奖 12.8 万元，扣除奖金后约可有 20 万元移充水灾赈款，开奖则以 10 月 25 日引翔跑马厅香宾大赛为准。当场分认 5 万号，张、杜二人率先各自认销 2000 张，其他与会人士各依能力认销 1000、500、100 张不等，剩余的 5 万号则由《申报》《新闻报》《时报》《时事新报》《民国日报》《大陆报》六报馆代为分售。①

百万大香宾的这个点子不仅新颖，也符合一般人心。如前所述，所谓"香宾票"指的是跑马厅每季决赛时发行的一种马票，性质与彩票类似，因其以当季所有胜出马匹的"总冠军赛"结果为准，取其英文 Champion 之音，故称香宾票。该票一般事先通过马会会员销售，每张各有一组号码，如"二一二五一""三二一九八"等，比赛前方始摇出票号，譬如"比给毕"的号码是"三八五四八"、"皮套克"的是"一三九一〇"等。香宾票的中奖率极低，② 但奖金极高，以香宾票每张 10 元计，其报酬可能是原票价的数万倍。由于奖金高度集中，一旦中奖便是一大笔横财，因此香宾奖落谁家向来是众所瞩目的大事。

香宾票在上海发行已久，人尽皆知，因此利用香宾票赈灾的确是个绝佳的主意。问题在于，香宾票发行票数的多寡与跑马厅的规模有直接关系，过去仅上海跑马厅曾售

---

① 《水灾急赈会昨日议决发行慈善香宾》，《申报》1931 年 9 月 13 日，第 18 版；《广告：上海筹募各省水灾急赈会慈善大香宾票发起人认销数目列下》，《申报》1931 年 10 月 13 日，第 2 版。

② 香宾票中奖率极低的原因有二：一是买到的号码不易摇中；二是即使摇中，派到的马匹也不一定能获胜。

出 5 万张，头奖奖金最高 22.4 万元；[①] 至于江湾、引翔两跑马厅，由于号召力有限，一般只能发行一两万张而已。[②] 现在杜月笙等人计划发行十万张，头奖奖金冲高至 44.8 万元，不仅赛马界人士需全数出动，还需说服原先对赛马不感兴趣的人购买。因此，张啸林、杜月笙一改过去通过马会会员发售的方式，转而通过报纸媒体，向一般大众发动大规模的广告攻势。

自 9 月 12 日的茶会起，至 10 月 25 日的慈善香宾大赛举行日止，张、杜二人以上海中国赛马会总董的身份，不断通过报纸媒体释放香宾票的信息。一方面向读者重复解释办法，说明凭票十足领奖，不会对得奖人再行募款，也无以往香宾票需会员签字等复杂手续；[③] 另一方面除六大报馆，又争取到永安公司、中汇银行、通汇信托公司、大来银行、虹口通商分行、一品香旅社等作为代销机关，[④] 并增添外埠人士邮购办法，[⑤] 务使有意者便于购得。最重要的是，杜月笙等人针对一般市民开发出一连串动人心弦的广告词，譬如购买香宾票"既赈灾黎，复增兴趣"；[⑥] 头奖高达44.8 万元，此机会"千载一回，切勿错过"；票款仅 10 元，买者不仅可负起"救灾、救国之责任"，并有"发财、造福之机会"。[⑦] 在报纸媒体的配合下，杜月笙等人不

---

① 问冰口：《上海之大小香宾潮》，《申报》1928 年 3 月 19 日，第 16 版。

② 俊超：《江湾香宾大赛纪详》，《申报》1928 年 4 月 13 日，第 17 版。

③ 《破天荒之慈善香宾赛》，《申报》1931 年 9 月 16 日，第 15 版。

④ 《慈善香宾票畅销》，《申报》1931 年 9 月 29 日，第 12 版。

⑤ 《水灾香宾票昨日起售》，《申报》1931 年 9 月 25 日，第 15 版。

⑥ 《广告：发售救济各省水灾大香宾票通告》，《申报》1931 年 9 月 16 日，第 3 版。

⑦ 《广告：慈善香宾票头奖十四万八千元》，《申报》1931 年 9 月 21 日，第 2 版。

仅将救灾、救国、发财这三个毫不相关的东西共置一篮，也将救灾、救国等"大我"目标与发财、造福、积德等"小我"目标成功相连，从而创造出一种"何乐而不为"的气氛。

在各方的大力推动下，到了 10 月 13 日，各代销机构已销出 4 万余张，其中单是申报馆便卖出 5500 张；新闻报馆居次，亦有 5000 张。10 月 15 日，发起人认销之 5 万号票款也陆续缴回。① 10 月 25 日，引翔跑马厅如期举行水灾香宾大赛，下午 1 时开赛。② 上海中国赛马会特别邀请许世英、褚民谊、刘志陆、王一亭、徐寄顾、林康侯、袁履登、邬志豪等社会名流执行摇彩以昭公信，并由黄金荣、王晓籁、傅筱庵、周文瑞等人监督，张啸林和杜月笙负责报彩。据说当天来宾多达数万人，大家均兴高采烈，其盛况前所未有。为杜绝弊端，特别等待赛马起步后才摇出对应马匹之号码。结果头奖为美孚公司火油部经理许文亮等五人获得；二彩为中国营业公司同时也是前述著名马主的钟可成等 20 余人合得；三彩则为跑马场临时售出，得主为广帮协泰和之何君。③ 赛后，上海中国赛马会随即将募得的 20 万元交给上海水灾急赈会，该会又从中拨出 10 万元送国民政府救济水灾委员会，指定办理河南省灾区粥厂。④

---

① 《广告：上海募集各省水灾急赈会慈善大香宾票发起人认销数目列下》，《申报》1931 年 10 月 13 日，第 2 版。

② 《广告：今日引翔乡水灾香宾大赛》，《申报》1931 年 10 月 25 日，第 3 版。

③ 《慈善香宾得主》，《申报》1931 年 10 月 27 日，第 15 版。

④ 《广告：上海筹募各省水灾急赈会鸣谢中国赛马会香宾盈余助赈二十万元》，《申报》1931 年 11 月 2 日，第 2 版；《广告：上海筹募各省水灾急赈会拨出慈善香宾助款项下振款十万元》，《申报》1931 年 11 月 25 日，第 2 版。

此事尚有插曲，赛前杜月笙等人虽曾公开声明不对得奖人再行募款，但赛后上海水灾急赈会还是函请香宾得主助赈，在舆论压力下许文亮等五人后来被迫每人各捐助大洋一万元赈灾。此外，报纸上有关香宾赛的报道甚多，许文亮因此声名在外，甚至一度被当成富商遭绑架。①

百万大香宾的成功，大大地提高了杜月笙等人在赛马界的地位，高达十万号的香宾票销售是各赛马厅从未能企及的数字。是以当上海中国赛马会经营出现问题时，杜月笙便很自然地成为该会求救的对象。

1933 年 11 月，上海中国赛马会因财务问题将营业权让渡予远东公共运动场。② 远东运动场先自行举行赛马，后又于 1934 年夏将场地租予兴业银行陆锡侯举行拖车走马（trotting races）等活动，但均不成功。③ 到了 1935 年 8 月，远东运动场无以为继，董事会乃提议"划分地亩作价发还股

① 《灾民救济昨讯函请慈善香宾得主助赈》，《申报》1931 年 10 月 29 日，第 11 版；《赈济灾民消息香宾得主捐五万元》，《申报》1931 年 10 月 31日，第 15 版；《美孚油行华经理许文亮被绑》，《申报》1936 年 7 月 15日，第 14 版。

② 《广告：上海中国赛马会让渡营业权声明》，《申报》1933 年 11 月 2 日，第 2 版；《广告：江万平会计师代表中国赛马会分派剩余财产结束解散清算手续通告》，《申报》1933 年 11 月 3 日，第 2 版。

③ 所谓拖车走马系由骑师以两轮马车驾马竞速，是一种英式赛马娱乐性更高的比赛。陆锡侯本想以此在上海娱乐界另创一番事业，不料上海市政府以其组织行动几近赌博拒绝给照。他几度闯关不成，终于放弃。结果跑马场荒废，兴业银行也因其挪用款项而走向倒闭。《市府禁止引翔比赛走马》，《申报》1934 年 8 月 23 日，第 12 版；《市政当局严禁国际赛马会》，《申报》1934 年 8 月 24 日，第 15 版；《公安局奉命彻查变相赌博之赛马会》，《申报》1934 年 8 月 28 日，第 13 版；《市当局严办走马比赛》，《申报》1934 年 10 月 13 日，第 14 版；《捕房对陆锡侯等正式起诉》，《申报》1934 年 10 月 23 日，第 11 版。

东", 并于股东会中付诸表决, 幸亏多数股东主张复兴未获通过。① 此时, 亟须一位举足轻重的人物出面重组赛马会, 在几位华人马主的推举下, 杜月笙当仁不让出任上海中国赛马会会长, 张啸林仍为董事长。果然, 在杜登高一呼之下, 该年 10 月 27 日成功复行比赛, 并于接下来数年里持续稳定比赛。②

重新开幕当天, 上海中国赛马会于引翔跑马厅的会员餐室举行聚餐, 140 位中西马主共聚一堂, 杜月笙、张啸林分别以该会会长和董事长的身份居中而坐, 上海跑马总会主席安诺德 (C. H. Arnhold) 和万国体育会会长马勒 (N. E. Moller) 一旁相陪 (图 3 - 9)。向来拙于言辞的杜月笙在席间发表演说, 表示"吾人在此不景气时代复兴中国赛马会, 纯为鼓励骑马运动, 振兴尚武精神, 非以图利为目的"。上海跑马总会主席安诺德则代表该会致辞, 表示欢迎。③ 至此, 杜月笙已不仅是一区区马主甚或会长, 而是"赛马运动的赞助者"(patron of sports), 是"赛马运动复兴的领导人"(a leader in sport revival), ④ 而张啸林则是著名的"赛马体育家"。⑤ 白相人追求的得意、风光于此达于极致。

---

① 《广告: 远东公共运动场有限公司召集第九届股东定期会公告》, 《申报》1935 年 8 月 28 日, 第 2 版; 上海通社编《旧上海史料汇编》上册, 北京图书馆出版社, 1998, 第 470 页。
② 《序言》《上海中国赛马会开幕志盛》, 《竞乐画报》第 1 卷第 2 期, 1935 年 11 月 2 日, 第 2、3 ~ 4 页。
③ 《序言》《上海中国赛马会开幕志盛》, 《竞乐画报》第 1 卷第 2 期, 1935 年 11 月 2 日, 第 2、12 ~ 13 页。
④ "A Leader in Sport Revival," 《竞乐画报》第 2 卷第 7 期, 1936 年 2 月 15 日, 第 16 页。
⑤ 《竞乐画报》第 1 卷第 2 期, 1935 年 11 月 2 日, 第 12 ~ 13 页。

四　白相人马主

张啸林、杜月笙不是赛马界仅见的白相人。随着张、杜二人的脚步，不少帮派中人也陆续加入了上海中国赛马会，优游其间。他们有些是张、杜的同辈，有些是杜月笙手下的"小八股党"，有些更来自三大亨早年烟土买卖的对手"大八股党"。令人惊讶的是，他们都展现出对英式赛马文化真诚的喜爱，海上闻人马祥生即为一明显例子。

马祥生是常州人，据说早年在沪上制皮箱的作坊里当学徒，因偷东西被赶出，流落于十六铺，经常在轮埠上睡铁板过夜，遇有洋船靠岸才得以在船上大厨房里临时干些杂活，因此会说几句"洋泾浜"法语。[①] 他与杜月笙系同参弟兄，均拜通字辈的陈世昌为老头子。[②] 后来两人一同靠着进入同孚里黄金荣的公馆内打杂，才逐渐在法租界有了一席之地。杜月笙从跑腿开始，马祥生则在厨房内掌勺。杜月笙原名"月生"，二人因名字当中都有个"生"字，而与金廷荪、徐福生、吴榕生、顾掌生等人并称黄金荣左右的"八个生"，在流血拼命的行当中为自己挣得一席之地。[③]

随着烟土生意日渐稳固，马祥生也开始独当一面。除了经常代杜月笙与法国巡捕、包探打交道，由于出身厨师，他先盘下雪园老正兴、聚商楼等菜馆，后来又投资游艺场、戏院等，

---

① 《大流氓杜月笙》，第 9 页。
② 《陈世昌逝世》，《申报》1949 年 4 月 10 日，第 4 版。
③ 章君毅：《杜月笙传》第 1 册，第 69、100 页。

图 3 - 9　1935 年 10 月上海中国赛马会开幕聚餐照

说明：正中四人由右至左，分别为中国赛马会会长杜月笙、董事长张啸林、万国体育会会长马勒、上海跑马总会主席安诺德。

资料来源：《竞乐画报》第 1 卷第 2 期，1935 年 11 月 2 日，第 12～13 页。

当起从事合法生意的老板。① 1938 年底，他与电影界巨头合组
五福游艺公司，于福煦路、亚尔培路口兴建金门大戏院，自任
董事长。② 与此同时，他似乎也经营花会赌博，在两租界广设
花会听筒，引诱中下阶层的女性、工人下注。③

　　1926 年，他的经济虽刚略有基础，但上海中国赛马会一
成立他即加入，并以自己的英文名"C. S. Ma"为马房名，
马匹最初多以"spur"结尾，如 Williamspur、Jackspur 等。④
1928 年起改以"曼来"（Merry）为名，如 Merry Fair、Merry
Friend、Merry Lad、Merry Lord 等，中文赛马界称之为"曼来
马房"。

　　张啸林、杜月笙二人主要把赛马当作攀升殖民社会阶梯的
工具，马祥生却非如此，他对赛马似乎有着真诚的兴趣。他加
入上海中国赛马会后，一方面热心采办新马，逐步扩大其马房
阵容；另一方面又于 1928 年加入万国体育会，以求增加出赛
机会。⑤ 在马祥生的努力下，曼来马房成绩优异，单是 1928
年就有 16 匹马胜出，⑥ 而且此后数量与年俱增。1929 年 18 匹

---

① 《大流氓杜月笙》，第 9、44 页；《中国征信所资料》，第 17 页，上海市
　私营企业业务管理委员会档案，档案号：Q320 - 1 - 441 - A，上海市档
　案馆藏。
② 《五福游艺公司昨开创立会》，《申报》1938 年 12 月 28 日，第 11 版；
　《福煦路畔金门大戏院讯》，《申报》1939 年 1 月 14 日，第 15 版。
③ 薛畊莘：《我接触过的上海帮会人物》，《旧上海的帮会》，第 103 页。
④ "C. J. C. Races," *NCH*, 25 Sept. 1926, p. 609; "Chinese Jockey Club,"
　NCH, 16 Oct. 1926, p. 124.
⑤ "I. R. C. New Year Race Meeting," *NCH*, 28 Jan. 1928, p. 146.
⑥ *The Racing Record: A Complete Record of Racing at Shanghai, Kiangwan and
　Yangtszepoo for 1928*, p. 231.

马胜出，[①] 1930 年 22 匹马胜出，[②] 到了 1934 年胜出马匹更高达 34 匹，是该年所有马房之冠。不仅华人马主中无人可敌，就连沪上最著名的西人马主沙逊也甘拜下风。[③] 正因其成绩出众，1932 年马祥生获选为上海中国赛马会董事兼执事，负责维持比赛时跑道和围场的秩序。[④]

大部分的青帮马主在抗战全面爆发后或者离沪，或者停止赛马，但马祥生一直持续下去。1937 年初，因不景气之故，引翔跑马厅马主纷纷将马匹卖出，马房流失严重，马祥生和盛恩颐是当时少数没有放弃大马房的马主。[⑤] 无论是孤岛时期还是日军占领下的"上海体育会"，马祥生始终不曾停止出赛，坚持至 1945 年上海跑马厅停赛为止，赛马生涯达 20 年之久。[⑥]

马祥生和杜月笙一样识字有限，开支票不签名，连盖印章也要人代办，[⑦] 但他有一个优势，即外貌与一般习见的江湖打

---

① The Racing Record: A Complete Record of Racing at Shanghai, Kiangwan and Yangtszepoo for 1929, p. 123.

② The Racing Record: A Complete Record of Racing at Shanghai, Kiangwan and Yangtszepoo for 1929, p. 123.

③ The Racing Record: A Complete Record of Racing at Shanghai, Kiangwan and Yangtszepoo for 1934, pp. 128–149.

④ 《上海中国赛马会第六期正式大赛马》，第 1 页。

⑤ "Chinese Lose Interest in Racing," The China Press, 13 April 1937, p. 6.

⑥ 太平洋战争爆发后，日军进入租界，为了维持和平形象，竭尽可能地维持上海跑马厅的营运。不仅以华人和日人马主取代原来的英美马主，更在马匹采购方面尽量予以方便。1943 年 8 月 1 日公共租界交还国民政府，该年 12 月 30 日日军当局将跑马厅移交"上海特别市政府"，双方议定成立"上海体育会"，以继承上海跑马总会和上海运动事业基金会两组织的财产与事务，以周文瑞为理事长、方伯奋为秘书。在该会的运作下，上海跑马厅一直维持赛马至 1945 年战争告终。有关抗战时期上海跑马厅的营运情形，详见张宁《"马照跑、球照打"：对日抗战时期的上海跑马厅》，"战争下的城市"国际学术研讨会，2018 年 12 月 5～6 日。

⑦ 张绪谔：《乱世风华：20 世纪 40 年代上海生活与娱乐的回忆》，第 191 页。

手不同，风度翩翩，一副白面书生的模样。[1]　与他同时代的马主张绪谔后来回忆在上海跑马厅见到他的样子，也说敌伪时期的马祥生"五十上下年纪，身材适中，面貌清秀，文质彬彬，不太像想象中的帮会人物，但开口说起话来，就是十足的白相人味道了"。[2]《竞乐画报》中留下许多他胜出时的照片，一袭长衫、头戴呢帽，冬季外面再加件大衣，文雅的外貌的确让他看起来风度翩翩（图 3 - 10）。

图 3 - 10　1936 年 3 月马祥生赢得引翔赛马后拉马走过大看台

资料来源：《竞乐画报》第 2 卷第 11 期，1936 年 3 月 14 日，第 13 页。

马祥生可能是青帮人物中最享受赛马文化的人。他自己虽不好骑，但对西人马主的习惯，他毫不客气地全盘接受。譬如，他不仅自己牵马走大看台，也学沪上西人让自己的小孩上

[1]　簾外风：《上海大亨杜月笙续集》，蔡登山编，秀威资讯科技有限公司，2013，第 183 页。
[2]　张绪谔：《乱世风华：20 世纪 40 年代上海生活与娱乐的回忆》，第 191 页。

来一同牵马。1936 年 3 月 22 日，恩卡纳沙骑曼来马房之"曼来索司"赢得江湾第六次之"徐家汇平力赛"（The Siccawei Handicap）。胜出之后，马祥生让他两个读小学的儿子拉马，只见两个虎头虎脑的小家伙胸前别着贵宾证，一左一右地拉着辔头大步向前，马祥生则笑吟吟地跟在旁边，后面还有一个笑逐颜开的马夫，大家都充分享受了胜利的荣耀（图 3-11）。

图 3-11　1936 年 3 月 22 日马祥生江湾胜出后让儿子拉马走过大看台

资料来源：《竞乐画报》第 2 卷第 13 期，1936 年 3 月 28 日，第 19 页。

马祥生不仅让儿子上场，由于胜出次数多，有时甚至不吝让自家兄弟风光风光。杜月笙虽贵为会长，但因马房规模有限，少有拉马走大看台的机会。1936 年 6 月 7 日，引翔跑马厅于常年大赛第四天举行中断多年的"淑女银袋赛"（Ladies' Purse），①并由姚玉兰以上海中国赛马会会长杜月笙

----

① 有关淑女银袋赛的详细情形，参见本书第四章。

夫人的身份颁奖（图 3 – 12），结果恩卡纳沙骑曼来马房之
"曼来梅马立司"（Merry Memories）再次胜出。此次比赛既然
由杜夫人亲自颁奖，马祥生便很大方地让杜月笙代其牵马走大
看台，以与颁奖的杜夫人相互辉映（图 3 – 13）。

　　除了马祥生，青帮中还有一些地位较低的首领同样热衷赛
马，其中尤以"小八股党"① 中的高鑫宝最为突出。

　　高鑫宝又名高怀德，上海跑马厅西南"马立斯"一带人。
他身材高大，外号"Long Man"，是八股党中的长人。后人回
忆说，他平时言行举止略带洋气，缘因他出身贫苦，自小便到
西人网球场上担任球童，替人捡拾网球，时日一久，不仅练出
眼疾手快的好身手，还有一口无师自通的英语。稍长，他至英
人的斜桥总会作仆佣，该会是上海数一数二的英式总会，专供
西人户外打球、休憩之用。他在该处据说曾当到干事之职，只
是因为西人总会讲究礼节，不易讨好，后来才决定转业为龙飞
汽车行的电话生，脱离仆佣之列。②

　　由于当时上海打电话来雇用汽车的多属西人，说的全
是英语，高鑫宝能听得分明，讲得清楚，虽是"洋泾浜英
语"，却是白相人中少数能以英语对答者。龙飞原为马车
行，而马车夫多半在帮，后来虽改成汽车行，但只是将牲
畜改为机器，一般环境并未有太大改变。高鑫宝为了工作、
为了前途，便在做电话生的阶段拜了"大"字辈的王德林

---

①　所谓"小八股党"系指杜月笙手下的一些青帮首领，据马丁的研究，他
　　们又可分为内外两部分：内部核心为顾嘉棠、高鑫宝、叶焯山、芮庆荣，
　　外部成员则为杨启棠、黄家丰、姚志生和侯泉根。布赖恩·马丁：《上海
　　青帮》，第 50 页注 4。

②　簾外风：《上海大亨杜月笙续集》，第 139 页。

图 3 - 12　1936 年 6 月 7 日杜月笙夫人颁发中国赛马会淑女银袋奖

资料来源:《竞乐画报》第 10 卷第 48 期, 1936 年 6 月 13 日, 第 15 页。

图 3 - 13　1936 年 6 月 7 日马祥生赢得引翔淑女
银袋赛, 杜月笙代其拉马走大看台

资料来源:《竞乐画报》第 10 卷第 48 期, 1936 年 6 月 13 日, 第 15 页。

为老头子，从此便如水之就下，再难回头。他在马立斯一带聚众斗殴、打群架、敲竹杠、砍人、绑票，凶悍异常，是当地有名的"斧头党"。杜月笙就是看中他的凶悍才将其收编，成为"小八股党"中核心分子，与顾嘉棠、叶焯山、芮庆荣并称"四大金刚"，被认为是其中头脑最灵活、最擅长临机应变者。[①]

由于这段奇特的经历，高鑫宝对西人的体育活动、生活方式乃至英式总会均不陌生，心中可能早存"有为者亦若是"的想法。经济基础稳固后，他先在法租界自来火街开设"大盛土栈"贩卖烟土，专门销往太湖沿岸地区，生意颇为兴盛。1933年由于竞争者众，他突然决定洗手不干，并于三年后租下麦特赫司脱路三〇六号，开设丽都花园舞场，从此由法租界转到公共租界做起舞场老板。该地原为沪上"地皮大王"程霖生之孙程贻泽的住宅，花园洋房，占地甚广。高鑫宝将之辟成跳舞厅、夜花园、大饭店、游泳池四部，并以马积乾为经理，很快便成为同业中的佼佼者。杜月笙、张啸林、多子大王王晓籁等都是跳舞场中的常客。高鑫宝以主人身份结纳名流，招待巨商，与做土栈老板时的专营非法勾当自不可同日而语。[②]与此同时，他也越来越在公开场合使用"高怀德"这个名字，英文拼成"W. T. Kow"，仿佛有意与过去做一切断。

高鑫宝大约于1934年加入上海中国赛马会，马房名

---

① 簾外风：《上海大亨杜月笙续集》，第139~140页；《大流氓杜月笙》，第9页。

② 簾外风：《上海大亨杜月笙续集》，第141~143页；《丽都花园明日开幕预志》，《申报》1936年9月14日，第13页。

"Mr. King"，马匹均以 "King" 为名，如 Cheerful King、Ideal King、King of Kings、Sporting King、Victory King 等。1934 年有六匹马胜出，共得奖金 4800 元。[1] 他一直活跃于跑马场，直至抗战全面爆发。《竞乐画报》留下不少他胜出的照片，果然是一位异常高大的汉子，足与赛马界的另一 "长人" 道勒斯媲美（图 3 - 14）。

每逢胜出，高鑫宝除了亲自牵马走过大看台，也经常由其夫人牵马，借此让她出出风头（图 3 - 15）。[2] 高夫人娇小玲珑，穿着入时，看来应该是他的宠妾花情媚老六。[3] 高家不仅高鑫宝热衷赛马，其弟高怀良比他更早加入上海中国赛马会，是引翔跑马厅第一批华人骑师兼马主。[4] 二人如同前述的吴麟坤、吴麟江一般，是赛马界有名的兄弟档。

高氏兄弟对运动的爱好不仅限于赛马，除了驰骋马场，他们还热衷于其他西式体育活动，特别是足球。

高鑫宝成为丽都舞场主人后，先于 1938 年出资成立丽都足球队，后又将其扩大为丽都体育会，自任会长。除足球队外，丽都体育会又相继成立越野、竞走、田径等队。[5] 高鑫宝

---

[1] *The Racing Record*：*A Complete Record of Racing at Shanghai*，*Kiangwan and Yangtszepoo for 1934*，p. 136.

[2] 有关杜月笙、高鑫宝等如何模仿西人借赛马场合彰显其女眷，参见张宁《运动、殖民与性别：近代上海英式狩猎活动中的女性》，《近代中国妇女史研究》第 30 期，2017 年 12 月。

[3] 妙人：《金廷苏痛哭高鑫宝》，《晶报》1940 年 3 月 20 日，第 4 版。

[4] 《昨日引翔乡赛马之成绩》，《申报》1926 年 9 月 12 日，第 15 版；"Chinese Jockey Club，" *NCH*，18 Sept. 1926，p. 559；*The Racing Record*：*A Complete Record of Racing at Shanghai*，*Kiangwan and Yangtszepoo for 1928*，p. 229.

[5] 任建树主编《现代上海大事记》，第 726 页。

赞助体育不只是挂名，他对丽都体育会竭尽心力，尤其是足球，每逢丽都足球队与他队比赛，他总是每赛必到，即便事忙也要等到开球之后才离开，加上平日对队员生活十分关心，因此球员多被其感动，比赛起来全力以赴，经常胜出。[①] 1939 ~ 1940 年，丽都足球队更连续两届战胜西人强队，勇夺沪上足球最高荣誉"史考托杯"。[②]

图 3 - 14 1936 年 3 月高鑫宝赢
得引翔赛马后牵马
走过大看台

资料来源：《竞乐画报》第 2
卷第 11 期，1936 年 3 月 14 日，第
13 页。

图 3 - 15 1935 年 12 月高鑫宝
夫人拉马走过引翔
赛马场大看台

说明：右后随行者为马祥生。
资料来源：《竞乐画报》第 1
卷第 9 期，1935 年 12 月 24 日，第
17 页。

---

① 宜尼：《高鑫宝与中华队》，《社会日报》1940 年 3 月 28 日，第 2 版。
② 薛理勇主编《上海掌故辞典》，上海辞书出版社，1999，第 363 ~ 364 页。

1940 年 3 月 15 日，高鑫宝因涉嫌投伪被军统特工暗杀身亡。① 数日后，适逢上海足球联合会（Shanghai Football Association）举行年度"国际杯"（International Cup）足球赛，决赛由中华队对葡萄牙队，中华队队员虽来自沪上各球队，实则丽都队员居半。上半场双方以 2 比 2 陷入胶着，下半场西籍裁判盘脱（S. E. Burt）在哗然声中硬判中华队犯规，导致中华队落败。② 《社会日报》记者在报道此事时感叹：如果高鑫宝还在世，盘脱一定不敢如此颠倒黑白，轻视中华队。当日观者也都说："高鑫宝死，中华队就感到失去领袖人物的痛苦了。"③ 由此可见高在足球界的分量，他不仅是丽都队的赞助人，也是中华队的保护者。

与高鑫宝同属"小八股党"的叶焯山（叶焯三）也同样爱好赛马，是白相人中真心热爱英式运动者。

叶焯山是广东潮州人，从小在上海长大，小名阿根，由于他曾在美国领事馆当过司机，所以外号"花旗阿根"。与其他"小八股党"成员不同，叶焯山一开始并未混迹帮派，而是由马车夫、汽车夫慢慢做起。只是据说他在程霖生公馆当司机时干了一桩不可告人的勾当，虽然人财两得，却因此坏了名声，无人问津，后来才投身黑道，做起白相人来。由于他原有正当职业，属于有身家之人，在"小八股党"中较其他人身份略高，

---

① 孙曜东口述《十里洋场的风云人物》，第 25 页；《丽都舞厅主人高鑫宝遭狙击》，《申报》1940 年 3 月 16 日，第 10 版。

② 有关《北华捷报》对此赛之报道，以及中西读者的反映，参见 "International Cup Won by Portugal," *NCH*, 27 March 1940, p. 494; "Football: China v. Portugal Match," *NCH*, 27 March 1940, p. 501; "Football Report," *NCH*, 3 April 1940, p. 24.

③ 宜尼：《高鑫宝与中华队》，《社会日报》1940 年 3 月 28 日，第 2 版。

加上功夫和枪法了得，为人口风又紧，很快便成为杜月笙身边的核心分子，与顾嘉棠、高鑫宝、芮庆荣并称"四大金刚"。只是其为人拘谨本分，拙于言辞，不似其他兄弟如此耍得开场面。[①]

进入 1930 年代，烟土买卖日趋稳定，叶焯山也和其他青帮人物一样开始追求正经生活。不过，他不开舞厅、不经营戏院，也不购置地产，而是投入赛马，且热衷的不是一般赛马，却是外人社群盛行的猎纸赛。

猎纸赛是英人在海外发明的一种没有狐狸的猎狐赛，多在冬日周六午后举行，其方法由一人扮成猎物，当天上午先行至上海近郊分撒纸片作为"兽迹"，不同颜色代表不同意思，譬如紫色表示需跃入溪涧，绿色代表可以过桥。布置妥当后，下午大批参赛者再骑马一拥而上，在田陌、溪涧，甚至坟间循线前进，以先达终点者为胜。赢者除获颁一小银杯，还可享有头戴高帽、身穿红色外套，以及为下周赛事安排路线的特权。[②]

由于骑者在旷野中跳沟越涧，需要更多对马匹的控制与技术，也较赛马更接近英国的狩猎文化，因此在殖民社会里，猎纸赛被视为最纯净的运动，其地位较一般在固定跑道上竞速的赛马更胜一筹。要参加猎纸赛，必须先加入上海猎纸会。该会入会审查虽不像赛马会那般严格，但受限于对马匹习性的了解与驾驭能力，早期华人参与者有限，仅叶子衡、刘顺德、黄坤山等曾在此英式运动中崭露头角。

叶焯山出身马车夫，熟知马性，又喜好速度，1933 年在

① 簾外风：《上海大亨杜月笙续集》，第 169、170、172、176～177 页；章君穀：《杜月笙传》第 1 册，第 166 页；《大流氓杜月笙》，第 8 页。

② 张宁：《跳沟越涧：猎纸赛与上海殖民社会》，"外侨与近代中国口岸城市"国际学术研讨会，2014 年 11 月 29～30 日。

经济上行有余力之后，便毫不犹豫地与华人骑师童振远一同加入猎纸会，开始在冬日午后随着大队出赛。到了 1933 年 12 月 16 日该季第四次赛，二人已开始名列前茅，在当日参赛的百余人中分列第五和第六；① 1934 年 2 月该季的最后一次越野赛，叶焯山更进而取得第四名的佳绩。② 1935 年冬季他再接再厉，在大队中奋力向前，恰逢《竞乐画报》取镜，留下珍贵镜头，该报形容他为"纸猎会中华人最热心于享穿红衣荣誉之叶焯山氏"（图 3 – 16）。

图 3 – 16　1935 年 12 月叶焯山参加猎纸赛时的情景

资料来源：《竞乐画报》第 1 卷第 8 期，1935 年 12 月 14 日，第 13 页。

从照片中叶焯山的服色可以看出，截至 1935 年 12 月，他尚未在越野赛中夺冠，因此不能如后方紧随者一般头戴高帽、

① "M. Bolton Wins Muddy Hunt on Frontier Guard," *The China Press*, 17 Dec. 1933, p. B1; "Fourth Paper Hunt in Rubicon," *NCH*, 20 Dec. 1933, p. 467.

② "Charlie Cumming's 'Pink'," *NCH*, 21 Feb. 1934, p. 302.

身穿红色猎装。我们不知他在接下来数年的猎纸赛中是否终于跑得第一，不过可以确定的是，他曾享有比"身穿红衣"更大的荣耀。

原来上海猎纸会在每年赛季行将结束时，必假上海跑马厅举行常年大赛，其比赛方式如一般赛马，只是障碍赛居多，凡猎纸会和其他马会的会员均可参加。1934年2月的常年大赛，叶焯山便以马主身份胜出，赢得太古洋行经理白朗（N. S. Brown）所赠之奖杯。当时的猎纸会会长正是本书第一章曾提及的业广地产公司总经理施伯克。他在颁奖时指出，这是华人第一次能在常年大赛中胜出。叶焯山则在致答词时表示，对获得此奖感到无限欣喜。[1] 由于猎纸赛在殖民社会中性质特殊，是比一般赛马更高的荣誉，因此后人回忆叶焯山时多盛赞他"养过马，做过马主，拉过马头"，享受过一般白相人少有的风光。又说他喜欢开车，在帮派人物中是除了三大亨之外，最早拥有自己的汽车者，所谓"于十里软红尘中，扬鞭走马，夺路飞车，确曾快意过来"。[2]

除了马祥生、高鑫宝、叶焯山，白相人当中热衷赛马的还有出身"大八股党"的谢葆生和戴步祥，以及帮会名人王永康等。

谢葆生外号"马夫葆生"，他先在上海跑马厅的马房当马夫，后又出任马贩，至蒙古替外人采买马匹多年，据说著名马主马立斯即为其老东家。[3] 1910年代，他转而投效上海两大缉私机构之一的缉私营，并与在公共租界警务处任包探的戴步祥

---

① "The Paper Hunt Dinner," *NCH*, 7 March 1934, p. 382.

② 簾外风：《上海大亨杜月笙续集》，第176页。

③ 《"马夫葆生"》，《申报》1946年7月13日，第4版。

等共组"大八股党",借着控制缉私营、水警营和公共租界巡捕房,联手扮演起公共租界烟土商保护者的角色。[1]

谢葆生、戴步祥靠烟土起家,王永康靠的则是收粪。他是公共租界的粪把头,专门包揽界内的倒马桶行业,一方面向居民收取粪车费,另一方面把收集来的肥水卖给粪船农夫作为肥料,这也是一个没有帮派背景难以经营的行业。[2]

到了1930年代末,他们已不再为生存而打杀,而是转行做起合法生意。譬如,谢葆生开设了卡德浴室、新闸旅馆,后来还成为仙乐舞厅的经理;[3] 戴步祥为大中华饭店经理;[4] 王永康则是大康公司经理。[5] 抗战全面爆发后,杜月笙及"小八股党"纷纷退出赛马圈,他们反而相继投入,成为日军治下"上海体育会"的重要马主。谢葆生马房名"P. S. Zia",马匹多以仙乐舞厅的英文"Ciro's"命名;王永康则以"Grand"为其马房命名,马匹多以"Grand"开头;至于戴步祥虽非马主,但他与其子是场场必到的赛马迷。[6]

为何有这么多帮会人物热衷赛马,而且其中不乏真心喜爱此英式运动者?检视其背景,可以发现他们或者出身殖民社会底层,靠着租界的特殊环境而发迹;或者曾在洋人机构或沪上大家中担任过仆役、马夫、马贩、汽车夫或接线生,对赛马或

① 章君穀:《杜月笙传》第 1 册,第 163 页。
② 薛畊莘:《我接触过的上海帮会人物》,《旧上海的帮会》,第 102、105 页。
③ 《大流氓杜月笙》,第 44 页;马军:《舞厅市政:上海百年娱乐生活的一页》,第 332 页脚注 14。
④ 《大中华饭店昨宴报界》,《申报》1929 年 1 月 12 日,第 16 版。
⑤ 张丹编《民国三十二年中国名人年鉴:上海之部》,第 421 页。
⑥ 张绪谔:《乱世风华:20 世纪 40 年代上海生活与娱乐的回忆》,第 164、189~191 页。

英语世界不仅不陌生，且有一定的内在渴望，是以一旦有机会便毫不犹豫地投入。

*　　*　　*

　　上海中国赛马会的成立，不仅让许多先前艳羡英式总会却不得其门而入的中间阶层得以一偿宿愿，也让一些出身殖民社会底层的白相人获得驰骋马场的机会。这些人加入马会成为马主不是为了金钱，经营马房是个赔本生意，所赢的奖金经常还不够买马、养马的费用。他们也不是为了出名，赛马界是个匿名的世界，即使是专门报道赛马的《竞乐画报》也多用马主的英文姓名，除非身在其中，外界很少能从"Mr. Plane""Mr. King""Mr. Y. S. Doo"这类名称联想到对应的马主是张叔驯、高鑫宝、杜月笙。骑师人尽皆知，马主总是隐身幕后。他们享受的不是大众的名声，而是那种小众的精英感。如同本书前两章所言，运动、总会与殖民之间有着难分难解的关联。打入运动型总会就等同打入了殖民社会，获得圈内人的肯定或尊重就如同在租界体系中有了一席之地。

　　本章所展示的文化转译，便在于英式总会由万国而中国的过程。如果说，上海跑马总会和万国体育会的成员多为殖民社会中的华、洋精英；到了上海中国赛马会的阶段，英式总会便成为华人中间阶层的乐园。专业人士如银行经理、保险公司经理、建筑厂厂长、律师、医师，甚至公安局英文秘书等，这些过去不太可能加入英式总会的华人，因上海中国赛马会的成立而获得了与西人马主平起平坐的机会。

不仅如此，这个"民主化"的模式由中间阶层继续往下。为了攀爬殖民社会的阶梯，青帮人物也先后加入上海中国赛马会。他们或以个人方式出任马主，驰骋马场；或以董事身份致力于慈善赛马，为赈济水灾出一份心力。也正是在这样的过程中，英式运动或英式总会展现了文化转译时的失控。上海跑马总会对这个号称纯粹华人的赛马会既无力阻止，又无法在社交上对之视而不见，于是每当三会共同比赛或互相往来时，可以见到英国绅士与黑帮大亨并列，正经生意人与白相人把盏言欢。在奇特的殖民社会中，赛马以及赛马会出现了最出人意表的转变。

类似的现象同样出现在马主与骑师身份的混淆上。在英国的赛马界，马主与骑师通常属于两个不同的社会阶层，骑师多出身低微，只因骑术精湛才被马主聘雇；马主则出身上层，只因求胜才雇用骑师。简言之，两者仅因马匹方有交集。外人社群在通商口岸建立起英式赛马后沿袭此例，为避免骑师有职业化之嫌，经常为其在洋行中安插闲差，以示该骑师自有工作，无须靠出赛维生，但仍难掩骑师与马主之间身份上的鸿沟。

这种情况在赛马文化扩及华人后发生了明显的变化。对华人精英而言，马主与骑师同样代表西方文化，彼此之间并无高下之别，反而是骑师驰骋马上，比隐居幕后的马主更能为观众所辨认也更出风头。是以华人进入赛马界多从担任新手骑师开始，待其建立马房、成为马主之后，只要年纪、体能允许，亦念念不忘其骑师生涯，时不时骑自家马出赛。结果形成通商口岸华人马主与骑师身份重叠的现象。

西人骑师多处于外人社群的中下层，而华人骑师则与马主一般，多半出身名门、富有钱财，驰骋马场只为证明自己可以掌握西洋文化，并享受胜出时众人欢呼的明星感。[1] 由小众而大众，由隐微而张扬，于是英式赛马那种匿名、低调的文化在此做了另一个有趣的翻转。

① 童仲屏：《大赌场——汉口西商赛马会》，《武汉文史资料》总第 12 辑，内部发行，1983，第 148 页。

第二部分

运动与娱乐

第四章　从观看到下注

本书的前半部分已对上海的三个赛马组织进行了论述，目的在展示运动、总会及殖民三者之间的复杂关系。然而，运动组织固然重要，但是对于像赛马这种"观众性运动"而言，观者的目光与欣赏更是关键。是故，本书后半部分拟把重心由运动组织转向观众，特别是考察其行为的变化。为了更细致地检视此变化，本书还将观察对象从赛马进一步扩及其他两种性质相近、不是传自英国的西式活动——赛狗和回力球。借着同时审视赛马、赛狗、回力球这三种西式运动，我们可以发现，在上海开埠近一百年的光阴里，西式运动在华的传播在观众方面同样出现了转译的现象，即华人观众的兴趣由最初的观看逐步转往下注；并且因着他们积极参与这些新式博弈，一步步将这些运动娱乐化了，最后甚至援引中国的赌博传统对这些西式活动重新进行了诠释。

19世纪下半叶，赛马在英国已发展成一项观众性运动。除了骑师，大部分的参与者并不亲自从事此活动，而是借由购票入场观看，取得其所提供的刺激与满足感。观众性运动无疑是现代社会一个特有的现象，进入20世纪以后更形白热化。为了满足城市居民休闲的需求，体育活动进一步被大众化、职业化了。也就是说，一方面参与者与比赛者脱钩，由职业选手来进行比赛，展现给多数热情的观众观看；另一方面，观众在观赏竞技的过程中可能对球队或选手个人产生认同，成为其球迷或运动迷，形成今日所谓的"粉丝"（fans）现象。论者以为，现代人通过观看竞争激烈的赛事得以暂时摆脱一成不变的工作与生活，达到纾解压力的效果；又或者寻得认同的对象，释放平日无法展现的情绪与情感；更理想的情况是，借着观赛，或许进而习得运动精神和运动家风度等运动文化的内涵。①

今日许多竞争性强的运动项目，像是棒球、篮球、网球、美式足球、英式足球等均已发展成有组织的观众性运动。许多人借着关心赛事，而非亲自下场来宣称自己热爱运动。不过，在本章所讨论的 19 世纪下半叶至 20 世纪初，这种现象才刚萌芽，当时大型有组织的赛事，如美国大联盟或足球世界杯等才刚起步，② 球员与选手的职业化尚未完成。至于广播、电视等可以实况转播或重复播出的媒体，更分别要到第一次世界大战和第二次世界大战以后才逐渐普及。换言之，在一个仅仰赖围观和报纸报道的年代，英式赛马正悄悄地以观众性运动先驱者的姿态出现。

另外，中国虽然没有西式运动的传统，但自晚明以来，在

---

① "国立编译馆"主编《教育大辞书》第 10 册，第 1057 页。
② 虽然早在 19 世纪末，棒球界和足球界即努力争取有组织的赛事，但今日所谓的美国大联盟（Major League Baseball）和四年一次的足球世界杯（FIFA World Cup）要迟至 1903 年和 1930 年才正式开始。"Major League Baseball," https：//en. wikipedia. org/wiki/Major_ League_ Baseball（accessed on 2019/5/16）；"FIFA World Cup," https：//en. wikipedia. org/wiki/FIFA_ World_ Cup#Previous_ international_ competitions（accessed on 2019/5/16）.

江南市镇以及一些通都大邑已逐步发展出丰富多彩的公众娱乐,像庙会、赛会、看戏、斗鸡、蟋蟀局、鹌鹑局、花会等。[①] 由于这些活动经常具有观看和下注的元素,遂为上海居民在接纳赛马这项奇特的异国事物时,在心理上和形式上提供了一定的准备。是以英式赛马引入上海后,华人观众很快便聚而围观,万人空巷,蔚为风潮,有如参加庙会、赛会一般。[②] 而待终于可以入场、有机会下注时,更热衷于购买马票,仿如参加斗鸡、蟋蟀局、鹌鹑局一般。只是赛马的局面更大、手法更现代化、下注者更众,再加上其背后先进文明与高尚娱乐的意涵,文化的延续性与断裂性遂联手将赛马的娱乐效果一步步推向了殖民社会的各个阶层。

赛马可称得上是中国最早的观众性运动,引领风骚近80年之后,另外两个新发明的同类型运动,即跑狗与回力球才相继引入,吸引更多城市居民入场观看,从而进一步加速了从运动到娱乐的转变。本书的后半部分,即从华人观众的角度,分析沪上居民对跑马、跑狗、回力球这三项西式活动的反应与解释。本章先着重于跑马一项,主张观看和下注是跑马观众的最大乐趣,前者以"看与被看"最为核心;后者则混合了"斗

---

① 巫仁恕:《优游坊厢:明清江南城市的休闲消费与空间变迁》,中研院近代史研究所,2013,第25~26页;何汉威:《清末广东的赌博与赌税》,《中央研究院历史语言研究所集刊》第66本第2分,1995年6月。

② 这种对城市"异景"的追求与围观,其实是清末上海的一个持续性现象。除了看跑马,还包括上海邑城隍每年清明、中元、十月三巡会,以及民初盛宣怀去世后轰动一时的大出丧等。陈熙远:《往返于坛庙之间——从上海三巡会看官方祀典与民间信仰的交接与互动》,"都市繁华:1500年来的东亚城市生活史"国际研讨会,2009年3月26~29日;Qiliang He, "Spectacular Death: Sheng Xuanhuai Funeral Procession in 1917," *Twentieth-Century China* 41: 2 (May 2016), pp. 136 – 158.

智"和"赌运气"的双重心理。借分析场内外观众在观看和下注方面的行为变化，本章清楚显示，赛马作为一种娱乐，其观众逐渐由原先的"看跑马"悄悄地向"买马票"的方向做出了改变。

一 看跑马

1842 年《南京条约》签订后，通商口岸一一开辟，待租界事务粗定，外人社群便寻觅场地举行赛马。到了 1860 年代，北至北京、天津、牛庄、芝罘，南至宁波、福州，还有长江流域的上海、九江、汉口都先后成立了赛马总会，定期举行比赛。同时，殖民社会的领导阶层亦大力推动骑马、赛马等运动，以重塑社会阶级、规训年轻成员、培养社群向心力，以及传递英式价值观。

撇开赛马的内在因素不论，跑马本身自有其娱乐性。从场内西人观者的眼光来看，此乐趣主要来自观看，而其所看的对象与性别也有密切关系。终其 19 世纪下半叶，由于外人社群长期男女比例悬殊，每逢春秋两季赛事来临，在大看台上除了看马匹、看骑师、看比赛结果，更重要的是看盛装而来的淑女，而淑女也视春秋大赛为展示新装的最佳时机（图4－1）。①

观赛马与观"观赛马"

外人跑马，是为了凝聚社群向心力，但对通商口岸的华人

---

① 有关西人淑女从观赛到实际参与赛马的过程及其性别意涵，详见张宁《运动、殖民与性别：近代上海英式狩猎活动中的女性》，《近代中国妇女史研究》第 30 期，2017 年 12 月。

图 4 - 1 1900 年上海赛马时仕女如云

资料来源：James Hsioung Lee, *A Half Century of Memories*（Hong Kong: South China Photo-Process Print Co., 1968），p. 70.

而言，它自始便是一项众人热衷的娱乐。整个 19 世纪下半叶，不分口岸，华人均视跑马为"娱人耳目"的盛景。每当赛季来临，观者不惮劳苦前往城外跑马场，或租马车、或坐东洋车、或乘轿、或步行，使原本荒落之地"至是有尘嚣气象"。① 由于目的既在观看，华人踊跃的程度与天气好坏成正比，天晴，则无家、无业不往；② 天雨，就裹足不前，跑马场边一片寂寥。③ 是以人数有高有低，但大抵风和日丽时在万人上下。

以上海为例，1878 年华人观赛人数最高可达两万。④ 一般认为，同治时期上海县城人口约在 20 万人。⑤ 以此数据估算，在赛季时，上海约有一成的华人居民涌向了跑马场观赛，减去走不动和走不开的，此数目不可谓之少。只是自 1898 年起至 1919 年止，除了上海当地的道台、县令或会审公廨谳员等得以受邀入场，大多数的华人均不得其门而入，仅能站在跑马场的东面和北面隔着壕沟与木栏远眺。但他们毫不在乎，因为对城市居民而言，这是有如钱塘观潮的"奇景"，也是回去后可以津津乐道的"异事"。是以观者无贫富贵贱之分，也无男女老幼之别。譬如，《申报》便形容聚集在上海跑马厅东面和北

① 《记西人赛马事》，《申报》1873 年 11 月 3 日，第 2 版。
② 《论跑马》，《申报》1880 年 11 月 3 日，第 1 版。
③ 《赛马遇雨》，《申报》1877 年 11 月 3 日，第 3 版。
④ "Shanghai Spring Races," *NCH*, 4 May 1878, p. 460.
⑤ 此处感谢巫仁恕研究员的帮助与提醒。关于上海县城人口，依《上海县志》所记，同治朝上海县人口在 54 万人左右，但此数字为城乡并计，如依城乡比例计算，大抵县城人口在 20 万人。此外，1896 年美国领事馆估算上海中国界人口约 20 万人；1909 年上海城自治公所调查城厢户口总数亦为 244388 人。由此而推，估计同治朝上海城厢人口在 20 万人左右当不为过。俞樾、方宗诚纂《上海县志》，成文出版社，1975，第 378 ~ 379 页；汤志钧主编《近代上海大事记》，第 505、676 页。

面的人潮，"有匠工短衣窄袖者，有方袍圆领者，以及绮罗子弟、苍白父老，更有老妪少妇，咸接趾错履，延颈注目，以争一看"。①

外人跑马为求赛事精彩有趣，有其特定规则，最明显的即为"以高度计算负重"（weight for inches），亦即身材较高的马匹要让磅给较矮的马匹，② 胜出多次的马匹也必须添加铅块，给予其他马匹机会，如此才不至于由少数良驹纵横全场，失去竞逐的乐趣。然而，华人观者对此既不了解，也不感兴趣，他们看的是马背上的"玉勒金鞍"、③ 骑师身上的"锦衣花帽"、④ 赛马厅上泰西仕女的"绿意红情"、⑤ 马匹奔驰时的"逐电追风"，还有一圈下来"前者忽后、后者忽前"的捉摸不定。⑥ 而《申报》访事者多不谙西语，对赛事结果不是语焉不详，仅用颜色区分马匹和骑师，便是道听途说，人云亦云，如"胜者为黑马，其人乃红衣黑背心"，⑦ 或"赛者极多，其胜者闻亦系旗昌，尚未深悉"。⑧

访事者已如此，一般观者的信息可想而知。但这不妨碍众人的游兴，赛前数日大家已屈指预计；⑨ 赛后更大肆品评，在

① 《跑马景象》，《申报》1874 年 11 月 3 日，第 2 版。
② 所谓"让磅"系指增加马匹负重以示公允。根据著名马评人简而清言，除了身高，香港还有雄马要让磅给雌马、年龄大的马要让磅给年幼的马等奇特规则。简而清：《香港赛马话旧》，第 20 页。
③ 《斗马记二》，《申报》1879 年 11 月 5 日，第 3 版。
④ 《记西人赛马事》，《申报》1873 年 11 月 3 日，第 2 版。
⑤ 《春赛纪实第一》，《申报》1896 年 5 月 5 日，第 3 版。
⑥ 《再纪跑马》，《申报》1876 年 11 月 6 日，第 2 版。
⑦ 《再纪跑马》，《申报》1877 年 11 月 5 日，第 3 版。
⑧ 《赛马续述》，《申报》1877 年 5 月 2 日，第 2~3 版。
⑨ 《赛马遇雨》，《申报》1877 年 5 月 1 日，第 3 版。

归途中"口讲指画，说某也勇、某也怯、某也胜、某也负"；①
回去后更对友朋吹嘘："余第见其一次也，五马齐驱，而衣蓝
衣者居上矣。"② 有时天气不佳，视线有限，能看到什么颇值
商榷。譬如 1880 年便有人承认："穷目力之远，不过瞬息即已
过去，人则如蚁，马则如豆，方欲注视而狂风扑面，尘沙眯
目，不可耐也。"③

距离的遥远、信息的不足，再加上天气因素，19 世纪的
看跑马显然是不折不扣的看热闹。但正因是局外人看热闹，无
输赢胜负之心，其兴奋刺激之情才显得更为纯粹。正如 1884
年《点石斋画报》所形容："一人获隽，夹道欢呼，个中人固
极平生快意事也，而环而观者如堵墙，无胜负之撄心，较之个
中人尤觉兴高彩烈。"④《申报》也说："其胜者胜、负者负，
华人殊不介意，惟西人则或为之喝采，或为之太息。"⑤

而在各项赛事中，华人最爱看的便是"跳浜"，即障碍赛。
在跑马规模大备的 1870 年代，上海春秋大赛每次赛期一般连续
三天，然后在周末进行最后的决赛。主要赛事多在最外圈的草
地跑道上进行，但第三日会安排一场与众不同的障碍赛，其方
法是在最内圈的跳浜区每隔一段距离挖一条宽度不同的沟渠，
四周再累土注水为沟壑，土堆更插上木条花草，有如竹篱。由
于上海人称小河沟为"浜"，称竹篱、柳条编出来的东西为
"箕"，华人遂称此赛事为"跳浜"或"跳花箕"（图 4 - 2）。⑥

---

① 《赛马续述》，《申报》1877 年 5 月 2 日，第 2～3 版。
② 《论跑马》，《申报》1880 年 11 月 3 日，第 1 版。
③ 《论跑马》，《申报》1880 年 11 月 3 日，第 1 版。
④ 吴友如主编《点石斋画报》，甲 2，广东人民出版社，1983，第 15 页。
⑤ 《阅本报春赛纪实书后》，《申报》1896 年 5 月 8 日，第 1 版。
⑥ 《一蹶不振》，吴友如主编《点石斋画报》，戊 10，第 74 页。

图 4 - 2 1884 年上海赛马第三日跳浜赛

资料来源：吴友如主编《点石斋画报》，戊 10，第 74 页。

"跳浜"是观赏性很高的比赛，原因在于速度不是唯一考虑，马匹跳跃的能力与临场的胆识才是关键。习于障碍的马匹自然可一跃而过，但习于平地的马匹则往往临水畏葸不前，必须加以鞭策才能勉强跃过。有时场中小浜顺利通过，待跳大浜时各骑却纷纷落水，甚至有骑师摔落坐骑，被马所压而身受重伤者。[①] 因其具危险性，每当比赛时，观者不论中西均"目不转瞬"，等到各骑全数通过才"欢叫之声

---

① 《三纪跑马》，《申报》1879 年 5 月 3 日，第 4 版。

达于四野"。①

　　华人喜爱跳浜，是因为其新奇可喜，足以一扩耳目，他们尤其喜爱观看骑师翻身落水的狼狈样。每逢听到马匹摔人前的颠蹶声、落水时的泼剌声，看到骑师连人带马摔落水中，"如鲤跃、如龙跳"，还有拖泥带水从沟渠中爬起垂头丧气的模样，华人观者无不拍手大笑，引以为乐。② 由于华人爱看跳浜，所以赛季第三日通常也是华人聚集最多的一日。1877 年春赛赛事稍有更改，跳浜提前举行，但众人不知，第三日赛事已毕大家仍站立路旁"翘首跂足以望跳浜"，等待最好看的"嬉春异景"，③ 跳浜的吸引力由此可见一斑。

　　华人看跑马的兴致既真且切，但跑马不是他们唯一观看的东西，除了场内，还有场外。每年两季的赛马在跑马场边形成了一个临时的休闲空间，这几天里有如中国的节庆、西人的假期，日常生活的一切拘束和规章均得到暂时的解放。在西人这边，一连数日的赛期不仅领事署、海关、会审公廨下午均停办公事，洋行、银行、工厂也歇业半天，还有停泊各口岸的英法军舰，其水手、士兵一般只有在周日才获准登岸游玩，但在赛马期间不遇周日也准其自由上岸，饮酒、赌博，百无禁忌。④ 租界巡捕对于赌博向来态度严厉，跑马期间便较为宽纵，凡有外人在跑马场外摆设赌台者并不禁止，以至于跑马场一带赌摊、酒肆林立，形成一脱离常轨的放

---

① 《斗马记三》，《申报》1879 年 11 月 6 日，第 3 版。
② 《跑马景象》，《申报》1874 年 11 月 3 日，第 2 版；《记赛马跳浜》，《申报》1876 年 5 月 4 日，第 2 版。
③ 《三记赛马》，《申报》1877 年 5 月 3 日，第 2 版。
④ 《论西人赛马之盛》，《申报》1879 年 5 月 13 日，第 1 版。

纵天堂。①

在华人这方面，由于赛马封关，凡与洋场有往来的行业这几日均陷入沉寂，成半歇业状态。随着上海市面的展开，到了19世纪末，这些行业从钱庄、茶行、丝行、烟土、洋货进一步扩大到汇市、股票、标金等业，为跑马提供了一定的人群基础。② 许多与外人没有直接关系的行当从业者也受跑马新奇有趣的吸引前来一观，而来者除文人雅士、冶游子弟、富商显宦、工匠负贩，还有青楼名妓、大家闺秀、小家碧玉，甚至湖丝阿姐、摇纱阿姐，乃至许多自己开店的女性均呼姨唤姊，趁跑马假期及时行乐。③

看跑马的风潮如此之盛，1879年6月14日美国《哈泼杂志》(Harper's Weekly) 在介绍英国赛马之余，竟刊出一幅众人赶往上海跑马厅看跑马的木版画，题为"去看德比大赛的上海"(Going to the Derby at Shanghai)。画中有男有女、有西人有华人，有衣冠楚楚的绅士，也有纵马街头、不顾行人的水兵，大家或坐车、或乘轿、或骑马、或步行，万众一心地齐赴跑马场观看比赛。这幅画虽然可能是结合了多张图像拼接而成，但确能看出当时赛马活动已经像赶集那样热闹，一番万人空巷的景象了（图4-3）。④

不仅美国《哈泼杂志》刊出上海看跑马的画，清末画家

---

① 《赌徒狡狯》，《申报》1895年5月1日，第3版；"Shanghai Autumn Races Meeting," NCH, 7 Nov. 1879, p. 455.

② 《银行周报》第2卷第19期，1918年，第26页；《银行周报》第6卷第44期，1922年，第5页；《银行周报》第7卷第18期，1923年，第4页；《经济统计》五月份，1925年，第4页。

③ 包天笑：《心上温馨（一五二）》，《申报》1930年3月20日，第11版。

④ 此资料为审查人提醒，谨在此致谢。

图4-3 去看德比大赛的上海

资料来源："Going to the Derby at Shanghai," *Harper's Weekly*, 14 June 1879, pp. 468-469.

吴友如也用画笔生动地描绘出这个场畔临时性的休闲空间（图4-4）。清末小说家孙玉声更通过主人翁谢又安和杜少牧之眼，用文字加予描述。

> 但见场上边人山人海，那马车停得弯弯曲曲的，不知有几百部，也有许多东洋包车在内。车中的人，男的、女的、老的、小的、村的、俏的，不知其数。还有些少年子弟坐着脚踏车在场边兜圈子儿，瞧看妇女吊膀子的。又有些乡村男女与着一班小孩子们，多在场边搭着的木板上头高高坐着，真正看跑马的。至于那些大人家出来的宅眷，不是坐在马车上瞧，也有到泥城桥堍善钟马房洋台上面出资观看的人。这座洋台每逢春秋两季跑马必招看客登楼观

看，第一日、第二日每人收洋二角，第三日收洋三角，去的人却也不少。①

图 4－4　清末上海跑马厅畔华人观赛马

资料来源：吴友如主编《点石斋画报》，甲 2，第 15 页。

在这个空间里最吸引人之处，在于不论青楼、红楼均任人平视。② 对不少平时没机会进剧馆、酒楼一睹名妓风采，或与大家女性有所接触的"饿汉"而言，此时不啻天赐艳福，忙

---

① 孙家振：《海上繁华梦》上册，百花洲文艺出版社，1993，第 79 页。
② 《春赛三志》，《申报》1892 年 5 月 5 日，第 2 版。

着在跑马场四周跑来跑去，东张西望，"不见马上之人，而惟视车中之美也"。① 即使不是"饿汉"，身属文人雅士之流，见到青楼名妓倾城而出，衣香鬓影，极尽妍态，也忍不住"左顾右盼"。②

男性趁看跑马之便"看人"，上海的高级妓女也把握此良机"被看"。她们招摇过市，放肆地向公众展示自己。上海妓女早期原居于城内方浜的三牌楼、四牌楼、陈市安桥一带，等到租界成立后，洋场商业兴盛，又无城墙、城门等"栅栏锁钥之禁"，遂逐步迁往英租界，尤其集中于四马路一带，即今福州路，在新式里弄中从业。随着租界的日见繁华，上海妓家也出现了明显的变化，从县城时期的人数有限，无甚可论，到十里洋场时高张艳帜，众人乐道，且做派也从原来的本分收敛，一变而为明目张胆、无所顾忌，不仅在服饰装扮上争奇斗艳，在日用陈设上也极尽洋派之能事。③ 加上小报文人的大肆渲染，利用新式媒体之便，日日记载其一举一动和风流韵事，使得这些妓女俨然清末洋场繁华的代表，也是电影、画报出现之前中国近代城市最早出现的一批明星。④

明星需要舞台和观众，而每年两次的赛马便是她们向众人展示的最佳舞台。大约自 1870 年代起，为吸引公众的注意，

---

① 《论跑马》，《申报》1880 年 11 月 3 日，第 1 版。

② 张焘：《津门杂记》，文海出版社，1960，第 295 页。

③ 老上海（吴趼人）：《胡宝玉（一名〈三十年来上海北里怪历史〉）》，《清末小说》第 14 号，1991 年 12 月 1 日，第 93 页。

④ 有关晚清上海高级妓女勃兴的文化现象以及小报文人在其中扮演的角色，参见 Catherine Vance Yeh, *Shanghai Love: Courtesans, Intellectuals, & Entertainment Culture, 1850 – 1910* (Seattle: University of Washington Press, 2006).

妓家最上层之长三、幺二便开始视跑马为展现其新装和新妆的最好机会。每当赛期将近，各家莫不置好衣裳，雇好马车，准备届时与客人同游。同时马车也有讲究，最好是四轮的轿式马车，高车驷马，所谓"四面玻璃、一行粉黛"，路人可一望而知。① 有时没有客人相招，资产丰厚的妓女也不惜自掏腰包与姊妹携手同游。② 她们的身影如此醒目，葛元煦在1876年形容上海跑马的情景时便道："是日观者上至士大夫，下及负贩，肩摩踵接，后至者几无置足处。至于油碧香车，侍儿娇倚，则皆南朝金粉、北地胭脂也，鬓影衣香，令人真个销魂矣。"③

到了1880年代，看跑马更进而成为上海高级妓女"卜身价"的手段。在这几日，生意可以不做，跑马却不可不看，所谓"秦楼幺妓、楚馆荡娼，于此数日内深以不观跑马为耻，虑为姊妹行中鄙贱"。④ 既然要"卜身价"，便要相互竞赛、引人讨论，不仅比装扮，还要比马车、马夫、婢女、相好等。

到了1890年代末，特别是花界"四大金刚"——林黛玉、陆兰芬、金小宝、张书玉等人出现后，这种竞奢夸富的现象变得更为显著。当时马车流行的款式已从轿式一跃而为皮篷式（一种敞篷马车）。赛马期间，高级妓女不仅要包下最好的马车、跑得最快的马，以及风头最健的马夫，且为了出奇制胜，还开始鼓励马夫以彩绸装饰马身、马鞭及缰绳,⑤ 同时自掏腰包为马夫制作色彩鲜艳的制服,⑥ 搭配西式便帽，以与自

---

① 《记西人赛马事》，《申报》1873年11月3日，第2版。
② 《论跑马》，《申报》1880年11月3日，第1版。
③ 葛元煦：《上海繁昌记》，文海出版社，1988，第16页。
④ 《论跑马》，《申报》1880年11月3日，第1版。
⑤ 《装车出色》，《游戏报》1897年11月1日，第2版。
⑥ 《赛马说》，《游戏报》1899年5月1日，第1~2版。

己的服饰搭配，讲究者并且要"日换一套"。① 以 1899 年春赛第一日为例，"四大金刚"的排场分别为："林黛玉着杨妃色珠边衫，坐黑轮皮篷，马夫蓝缎号衣，湖色缎镶，头戴外国草帽；陆兰芬品蓝黑珠边衫，马夫青灰缎号衣；金小宝墨绿珠边袄，坐黄色红轮皮篷，马夫蓝缎号衣与黛玉同；张书玉衣蟹壳青袄，马夫蓝缎号衣。"②

赛马之日，这些高级妓女并不停在一处观看，而是"驾香车、携艳婢，驰逐于大马路、四马路之间"；③ 有时往张园喝茶，有时往他处寻乐，但到下午三四时赛事将尽时便会见到她们姗姗而来。所以《游戏报》形容："每夕阳西下，至跑马厅一望，停马观赛者衔尾相接，衣香鬓影，宝气珠光，几令人不可逼视。"④

利用重要节日出游以为公众性的展示，乃明清以来江南名妓的惯用手段。只是明清之际，时间多半在端午、中元、中秋等传统节日，清末上海则更改为春秋两季大赛马；过去使用的交通工具多半是游船画舫，现在则变为西洋马车。⑤ 是以这些高级妓女的驰逐与姗姗而来均是公众性的，而当她们停马观赛时，其一举一动也是众人目光的焦点。1897 年上海秋赛第二日，一位为《游戏报》访事的小报文人与朋友同往跑马厅观

① 《西历一千八百九十九年上海春赛第三志》，《游戏报》1899 年 5 月 5 日，第 2 版。
② 《西历一千八百九十九年上海春赛第一志》，《游戏报》1899 年 5 月 3 日，第 2 版。
③ 《秋赛纪三》，《申报》1898 年 11 月 4 日，第 3 版。
④ 《赛马说》，《游戏报》1899 年 5 月 1 日，第 1～2 版。
⑤ 巫仁恕：《优游坊厢：明清江南城市的休闲消费与空间变迁》，第 280～282 页。

赛，结果为场边的高级妓女所吸引，"其马车皆环集于围场之外，每当赛马时，各校书之在车中者，或坐或立，指点成趣，或笑语生春，或倚情郎，或嗔雏婢，种种娇媚之态，虽古人百美图讵能比其繁华，方斯妍丽"。这位访事文人看到几乎忘情，还好他的朋友提醒他，此行目的是报道赛马，不可光忙着看倌人，忘了正事。①

跑马场边这个临时形成的休闲空间，不仅是青楼名妓展现自己的舞台，也是其他想在洋场上出风头者的机会。这些人包括"某局中提调某太守之宠姬"，一般扎彩马车多用五色绢采，她则别出心裁，用绣球木、香蔷薇各种鲜花装扎，经过之处花香扑鼻。② 还有"某华妇"，她浑身西装，与一西妇同乘皮篷马车招摇过市，"马夫均带红缨凉帽，着蓝色号衣"。③ 除了这些来历不明的女性，在20世纪初，这种借跑马出风头的做法更进一步扩展到社会上一般的时髦男女。据署名"醉痴生"的国医何立三④回忆道：

---

① 《沪滨秋赛记》，《游戏报》1897年11月3日，第1版。

② 《西历一千八百九十九年上海春赛第二志》，《游戏报》1899年5月4日，第1~2版。

③ 《西历一千八百九十九年上海春赛第三志》，《游戏报》1899年5月5日，第2版。

④ 此处感谢孙慧敏副研究员的帮助与提醒。何立三为上海著名国医，看诊之余喜欢舞文弄墨，先后为《游戏杂志》《申报》《春秋》《金刚钻》等报刊撰文，与郑逸梅为好友。他撰写游戏文章时多用"醉痴生"一名，以医家身份发言时则用本名。但有时为告诫病家故，虽署名醉痴生，文末又以本名附识。有关其生平逸事，参见郑逸梅《逸梅丛谈》，新文丰出版公司，1978，第334~336页；郑逸梅《艺林散叶续编》，中华书局，1987，第145页。有关其笔名、本名并用的情形，参见醉痴生《迷信之害》，《申报》1929年1月17日，第22版；醉痴生《卫生三字诀》，《申报》1929年3月20日，第18版。

当时青年男女，如闺阁名媛、青楼妓女，以及洋行朋友、滑头大少、蜡烛小开之辈，每至跑马之期，靡不竞斗新装，为出风头之绝好机会，赶制时新衣服，一般布政使，遂大忙、特忙。时男女均尚窄袖，男则油松大辫，以庄绒马褂、一字襟马甲、十行湖色绵袍为最时髦。女则发髻垂肩，珠翠满头，两臂金条脱以多为贵，招摇过市，毫不为忌。[1]

由此可知，西人赛马时，华人群体并非被动的观众，而是积极主动地参与了通商口岸文化的创造，观赛马与观"观赛马"形成一对互为对象的关系。与此同时，报纸上也出现了《看跑马极时衣料》的广告，推销"外洋新到各色银光罗纹十锦缎"，以及"新出五彩织金袄料"等时新用料，以为看跑马裁制新衣之用。[2] 于是，看跑马与观赏赛马观众，两者合而为一，共同成为清末上海的城市盛景，而且久而成俗，不论身居城内或租界，每当西商赛马之日，城市居民"必到跑马场一走以为荣"。[3] 即使已观看了多次，早已失去新奇可喜、一扩耳目的功能，但城市居民依然乐此不疲。1880 年一位文人便说：他在上海已居住七年，每年春秋两季西人跑马期间，三天之中还是会往跑马场观赏一至二次，之所以如此，"非好游也，亦居沪之习务然耳"。[4]

---

① 醉痴生：《二十年前之跑马讯》，《申报》1929 年 11 月 15 日，第 19 版。
② 《广告：看跑马极时衣料》，《游戏报》1900 年 11 月 4 日，第 3 版。
③ 《观赛败兴》，《申报》1896 年 5 月 6 日，第 3 版。
④ 《论跑马》，《申报》1880 年 11 月 3 日，第 1 版。

从场外到场内

跑马场边每年两次围观远眺的惯例，一直持续到1920年代初才逐渐为入场近观所取代。之所以如此，与20世纪初上海的几个巨变有密切关系。第一，城市面积大幅扩张。上海城区原以县城为主，以城墙为城、乡界线；租界建立后，遂以洋场为北市，县城及其城厢地区为南市。19世纪下半叶，上海两租界数度扩界，从原先的黄浦江畔一隅逐渐向西、向北扩展，至20世纪初规模大备。北市如此，南市也因商业发展与市区扩张，自1906年开始讨论拆除城墙一事，最后在1914年完成拆除，华界、租界从此连成一片，一同将原先属于"乡"的部分逐步纳入城市的范围。[①]

第二，随着城市面积扩大，上海的人口也随之大增。1865年开埠初期，上海仅69万余人，1910年已逾128万人，而且此后一路攀升，增长速度越来越快。1915年增至200万人，1930年跃升为314万人，1949年时达500万人，稳坐中国各大城市人口龙头之宝座。[②] 其中，外人人口虽有增加，但华人人口增长得更快，无论在公共租界或法租界，一直占总人口的九成以上。[③]

---

① 通商口岸城市向外扩张的情形，亦可见于天津、汉口、重庆、广州等城市。有关此现象的分析，可参见刘石吉《从筑城到拆城：近世中国口岸城市成长扩张的模式》，刘石吉、王仪君编《海洋历史文化与边界政治》，高雄中山大学人文研究中心，2012；刘石吉《城市市镇乡村——明清以降上海地区城镇体系的形成》，邹振环、黄敬彬主编《江南与中外交流》，复旦大学出版社，2009。

② 参见邹依仁《旧上海人口变迁的研究》，上海人民出版社，1983，第90~91页。

③ 参见邹依仁《旧上海人口变迁的研究》，第127、141页。

城市人口的快速增长，为职业和阶级的分化奠定了一定的基石。除了新兴的资产阶级和勉强仅得温饱的下层劳役，进入 20 世纪后，两者之间还逐渐出现了一批中间阶级人员。这些人大体上包括了公司经理、商铺店主、工厂女工、一般职员、写字楼职工、学校老师，乃至新形成的专业人士，如律师、报人、作家、医师、会计师等。他们有些生活殷实，有些未必，但对公余或工余之休闲娱乐的要求甚为一致。除传统的烟、赌、娼，他们希望城市能提供一些新式的现代休闲，一些配得上新时代但又为多数人负担得起的娱乐。

作为新兴起的现代城市，上海（或者说城市中脑筋动得快的生意人）感受到了这个需求，从而做出两项响应。一是将多种娱乐集结在一起，形成一种新的娱乐方式；二是将原先仅供精英休闲的活动予以大众化，使一般民众也能以较低的价格享受。到了 1910 年代，上海游戏场的出现反映了第一种风潮；而 1920 年代末舞厅在上海的流行则为第二种方式的体现。游戏场将原先在茶馆、戏园、市集分别进行的活动全放在一栋建筑物里，仿佛"娱乐活动的百货公司"①，只要一张门票，游人可以在里面待上一整天，享受戏曲、戏剧、说书、电影、猜谜、魔术、哈哈镜，甚至拳击表演。如果说游戏场将各种娱乐置于一炉，让城市居民可以尽情享乐，那么舞厅就是将原先仅供外人或高级华人联谊的社交舞进一步大众化。想要享受跳舞的刺激与乐趣，无须正式场

---

① 魏斐德（Frederic Wakeman Jr.）言。Frederic Wakeman Jr., "Licensing Leisure: The Chinese Nationalists' Attempt to Regulate Shanghai, 1927 – 49," *Journal of Asian Studies* 54: 1 (Feb. 1995), p. 19.

合，不必外人邀请，更不用自携女伴，只要买票，便有年轻貌美的舞女陪你跳舞，[①] 而每张舞券仅大洋 3 角，即 3 角钱，"便可与合意的舞女，做 5 分钟热烈的周旋"。[②] 这些再加上百货公司的兴起、有声电影的普及，使得上海娱乐大众化的趋势日渐明显。

就在游戏场、百货公司相继兴起之时，受到万国体育会成立的影响，上海的赛马活动也日益走向大众化。大体而言，自 1911 年起，万国体育会居先，上海跑马总会随后，至迟至 1920 年两赛马会已完成转化，将赛马从精英阶层的休闲余兴转变成城市居民可自由参与的公众娱乐。短短十年内，跑马在上海居民心中便由一高高在上、仅供外人休闲的"体育活动"，逐步转变为只要买票即可入场下注的"高尚娱乐"。

而这个转变主要源自赛马会两项新的机制：一是增加赛马的次数；二是开放华人入场观赛。

在万国体育会成立之前，上海赛马每年仅两次，每次三至四天，时间有限，无法提供或成为常态性的娱乐。然而 1911 年万国体育会开赛后，因其深知不可能与历史悠久的春秋两季大跑马相比，故采取小而美的方式，除了正式赛马为两日外，其他一律为一个下午，而且为争取城市居民的参与，时间不是选在周六就是华人节日，如端午、中秋，后来再加上国定假日，如国庆节、共和纪念日等。[③] 单是 1912 年便有 8 日之多，

---

①　有关舞厅在上海的兴起，以及市政当局试图对其进行的规范，参见马军《舞厅市政：上海百年娱乐生活的一页》。

②　上海社会研究所编《上海神秘指南》，上海社会出版部，1930，第 66 页。

③　叶梦影：《说赛马》，《申报》1925 年 10 月 2 日，第 17 版。

平均分配在春季的 2 月至 4 月，初夏的 6 月，以及秋季的 9 月
至 11 月。①

这个做法显然相当符合城市居民的需求。自 1919 年起，
上海跑马总会也开始依样画葫芦，在春秋大赛之外另在周六下
午举行单日的特别赛。② 霎时，上海一年内便有超过 30 天的
赛事。③ 等到 1926 年上海中国赛马会成立后，上海的赛马日
期更增为 68 天。④ 除了炎夏，基本上每周均可找到赌马、看
马之处。至此，赛马已变得完全大众化，不再是偶一为之、人
人期待的假日节庆，而是城市中间阶层的日常消费与休闲娱
乐。它的性质与内容从此大大改观。

除了赛马次数的增加，另一个更为重要的改变是上海
跑马总会开放华人入场。上海跑马之初，本来任由华人同
观，并无歧视，但自 1898 年起，为了加大会员与非会员，
乃至华人与洋人的区隔，乃禁止华人入场，后来成为
定例。⑤

上海跑马总会禁止华人入场，万国体育会却想尽办法吸引
华人观众。自 1911 年该会开始赛马起，华人观者只要买票即

---

① "International Recreation Club," *NCH*, 24 Feb. 1912, pp. 512 – 513;
"International Recreation Club," *NCH*, 23 March 1912, pp. 782 – 783;
"International Recreation Club," *NCH*, 13 April 1912, pp. 104 – 105;
"International Recreation Club," *NCH*, 1 June 1912, pp. 621 – 624;
"International Recreation Club," *NCH*, 15 June 1912, pp. 773 – 774;
"International Recreation Club," *NCH*, 28 Sept. 1912, pp. 903 – 904;
"International Recreation Club," *NCH*, 26 Oct. 1912, pp. 255 – 256;
"International Recreation Club," *NCH*, 30 Nov. 1912, pp. 609 – 611.
② 《西商赛马记》，《申报》1919 年 3 月 30 日，第 11 版。
③ 《民国十二年之赛马日期表》，《申报》1922 年 12 月 29 日，第 14 版。
④ 《民国十七年赛马日期表》，《申报》1927 年 12 月 17 日，第 16 版。
⑤ 邓卢：《跑马》，《申报》1914 年 5 月 7 日，第 14 版。

可入场观赛。该会同时压低票价，一开始头等票每张售洋 2 元，二等票售洋 1 元，① 后来一律降为 1 元。②

　　万国体育会开放华人入场，带给上海跑马总会相当大的冲击。一方面，舆论开始对它有所批评，中文报纸有关跑马的报道逐渐从赞扬西人重视武备，转而讽刺上海跑马总会的政策，指称上海跑马厅为"白种天骄行乐之所"，华人皆不许厕身其间。这些言论对上海跑马总会造成了一定压力。③另外，上海跑马总会本身在 20 世纪初也面临转型危机。早期外人人数不过数千，人与人之间大体认识，举行赛马有如大型野餐会。但自 1905 年起，租界外人人数开始过万，且日渐攀升，举行比赛时，外人见面互不相识已为常事；加上日、俄等籍人士陆续涌入，特别自 1915 年起日人在公共租界的人数已超过英美人数的总和，④ 大幅冲淡了原先以英式社交为主的社会生活。赛马遂失去原先加强外人社群向心力、巩固社群意识的功能。

　　在此情形下，上海跑马总会不得不重新思考其政策与定位。经过多年的考虑，该会 1919 年终于决定改弦更张，开放华人入场。当年春赛开赛在即，该会首度在中文各大报刊登广告，邀请华人入场观赛，门票价格为男宾四天连券 6 元、单日券 3 元；女宾较为优惠，四天连券 3 元、单日券 2 元。⑤ 到了该年秋赛，单日券价格又不分男女，一律降为

---

① 《万国体育会第一期游戏赛马广告》，《申报》1911 年 3 月 4 日，第 2 版。
② 《万国体育会赛马广告》，《申报》1911 年 6 月 2 日，第 1 版。
③ 蹩卢：《跑马》，《申报》1914 年 5 月 7 日，第 14 版。
④ 邹依仁：《旧上海人口变迁的研究》，第 145 页。
⑤ 《广告：上海春季大跑马》，《申报》1919 年 5 月 1 日，第 2 版。

2 元。①

为了配合华人观众的需求，上海跑马总会进一步决定在
1919 年秋赛结束后对跑马厅的空间进行改造，② 将公共出入
口由北面的静安寺路移往西面车辆较少的马霍路，又将在
场内的会员看台更改为公共看台，而看台南边有一方草地
可供来宾休憩散步，北面则有一长 110 米的公共饮食所及
女性休息室。前者设有酒吧和餐室，供应各式餐点，后者
号称"专为优待中国女性而设"，备有安乐椅、盥洗具等。
新设施在 1920 年秋季开始启用，单日券价格更进一步降为
1 元，与江湾赛马场门票一致。③

上海跑马总会一开放华人入场，华人观众便如水之赴壑，
"一时马霍路上，车水马龙，士女如云，载欣载奔"。④ 每次前
往观赛者动辄七八千人，⑤ 其声势竟不逊于开放之前的隔沟远
眺。以至于经常为《自由谈》撰文的石重之感叹道，看赛马
"着实带着些永久的色彩"。⑥ 上海跑马总会观众动辄七八千
人，加上江湾跑马场比赛时观众一般可达五千人上下。⑦ 保守
估计，到了 1920 年代，上海积极参与跑马的人口在一万人上
下，其中四千左右为外人，六千左右为华人。⑧

---

① 《广告：上海春季大跑马》，《申报》1919 年 11 月 7 日，第 1 版。
② "Shanghai Race Club," *NCH*, 12 July 1919, p. 122.
③ 《秋赛今日起赛跑马厅之新布置》，《申报》1920 年 10 月 2 日，第 11 版；
　 "Shanghai Race Club," *NCH*, 9 Oct. 1920, p. 109.
④ 吴云梦：《特别赛马花絮录》，《申报》1928 年 3 月 24 日，第 17 版。
⑤ 《〈赛马指南〉发售预约》，《申报》1923 年 8 月 11 日，第 17 版。
⑥ 石重之：《赛狗及其他明园赛狗不日开幕》，《申报》1928 年 5 月 1 日，
　 第 26 版。
⑦ "The Kiangwan New Year Meeting," *NCH*, 24 Feb. 1923, p. 529.
⑧ "Racing in China," *NCH*, 19 Dec. 1925, pp. 544 – 545.

二　买马票

宣传与教育

如前所述，在英式赛马中，赌马与观赛实为一体的两面。赌博使得赛事更加刺激，观看则让输赢更具成就感。由于赛马的乐趣同时来自观看与下注，上海跑马总会打从一开始便允许场内小赌，1888 年更进而引入"赢家分成法"，作为最主要的下注方法。其下又分"独赢"（win）、"位置"（或称"马位"，place）等名目。所谓"独赢"，即下注者买一个号码，若该马跑得第一，即可赢得彩金；至于"位置"，机会更大，所买号码的马匹不论跑第一或第二，均可分得彩金。"赢家分成法"的好处在于娱乐性强，只要跟着热门马下注，赢的概率很高。只是如果下注者众，平分后的彩金也多半有限，只有爆出冷门时，才可能抱得多数彩金而归。①

"赢家分成法"引入后广受观众欢迎，赌金收益年年上升，到了 1895 年已成为除门票、会员会费之外的重要收入。②1901 年，上海跑马总会更进一步，引入另一种新式赌法"赌金赢者独得制"（sweepstakes），或称"摇彩"（cash sweep）。③这种赌法近似彩票，其办法是事先发行马票，开赛前先摇出票

---

① 刘仑：《上海的赌博机关与所引起的社会问题》，毕业论文，私立沪江书院社会科学系，1943，第 20～21 页。
② "Shanghai Race Club," *NCH*, 25 Jan. 1895, p. 129; "The Shanghai Race Club," *NCH*, 31 Jan. 1896, p. 173.
③ "Shanghai Spring Meeting 1901," *NCH*, 15 May 1901, p. 942.

号，再摇出参赛马匹的号码，如果该马在比赛中跑第一，持该票的人便中头奖。奖金是全部卖出的票款扣除手续费后，剩下数目的七成为头奖，二成为贰奖，一成为叁奖。"赌金赢者独得制"的特色在于奖金高度集中，只是中奖概率极低。尤其是每季最后总冠军赛的摇彩票，俗称"香宾票"，其奖金较一般赛事为高，一旦中奖便是一笔横财，后来演变成华人场外下注的最爱。

是以进入 1920 年代后，赌博已成为沪上赛马的重要成分，不论是想要小赌助兴还是大赢一场，都有方法可循。早年华人对此虽有所闻，但因不能入场无法参与；现在万国体育会和上海跑马总会相继开放，上海居民很快便发现展现在眼前的，不仅是从远眺到近观，更是一项全新的赌博方式。

这两种赌法当中，"赌金赢者独得制"非常接近清末的"白鸽票"（一种在吕宋开奖的彩票），大家对之并不陌生；但是"赢家分成法"颇为新鲜，为上海居民前所未见。当时，上海已有各式赌博，如麻将、摇摊、番摊、牌九及花会等，分别适合社会上不同阶层所需，但赢家通常只有一位；然而"赢家分成法"可以让场内多数人同时赢得彩金，娱乐性高。况且，传统赌博一般规模不大，参与人数有限，即使赌场中的一场摇摊，下注者也不过数十人，仅有花会可让数百上千的人同时参与。[①] 然而借着赌金计算器的协助，赛马可让成千上万的人同时下注，加上跑马厅宏伟堂皇，占地广阔，在城市居民心中代表西洋、现代、体面等多重意涵，遂为城市中产所乐于

---

① 但花会主要吸引社会下层的仆妇、劳役及不识字妇人，兼之开奖处所神秘而行踪不定，通常被认为是无知无识之人才会从事的昏暗活动，详见本书第六章。

参与。

等到上海跑马总会开放入场后，华人不再是局外人看热闹，也不再是"无胜负之撄心"了。于是为了协助城市居民对赛马有更多的了解，《申报》自 1922 年秋起开始聘请上海跑马总会职员方伯奋撰写较为完整的赛马报道。自此之后，对于赛事的描述不再只是用颜色区分的"第二次十五马大英公司黄衣帽黑马胜"，[①] 而是清楚地说明赛事名称、参赛马匹、骑师姓名、所负磅数，以及"独赢""位置"的赔率等，甚至连与赛而未胜者的细节也一一列出，使人一目了然。[②] 除了赛事结果，方伯奋并在赛前提供读者试马成绩、骑师动向等消息；[③] 比赛当天，又在报上刊登赛马预测；[④] 重要大赛时，更于跑马场畔分送赛马预测表等，以便观者下注时有所依据。[⑤]

1923 年，赛马老手邱如山"为观赛者谋利便着想"，出版了一本袖珍型手册，名曰《赛马指南》。该手册将该年各马之比赛情况列表说明，并注明马匹擅长泥地还是烂地，使观者易于辨别。[⑥] 1924 年，"晋阳逸民君"更将其数年所得赛马经验及购票之秘诀编印成书，名曰《赛马必读》。[⑦]

除了个别赛马老手的努力，上海跑马总会也与其他赛马会合作，共同推动赛事一致化。自 1918 年开始，上海跑马总会

---

① 《春赛初志》，《申报》1910 年 5 月 4 日，第 19 版。

② 《上海第四次特别赛马纪》，《申报》1922 年 10 月 8 日，第 14 版。

③ 伯奋：《上海秋赛消息及试马之成绩》，《申报》1922 年 10 月 20 日，第 14 版；伯奋：《上海星期二三之试马成绩》，《申报》1922 年 11 月 2 日，第 14 版。

④ 伯奋：《今日赛马之预测》，《申报》1922 年 11 月 7 日，第 14 版。

⑤ 伯奋：《今日开幕之上海秋赛》，《申报》1922 年 11 月 6 日，第 14 版。

⑥ 《〈赛马指南〉发售预约》，《申报》1923 年 8 月 11 日，第 17 版。

⑦ 《出版界消息》，《申报》1924 年 7 月 24 日，第 21 版。

便赞助其书记欧尔圣编写英文跑马书，名曰《赛马纪录》
（*The Racing Record*），第一期厚厚一大册，内容除将过去近半
世纪上海赛马成绩予以整理，并将过去一年上海、江湾两跑马
场所有赛事之成绩分列条目，依不同距离、赛事列表分析。该
书不仅对得奖的马匹、骑师、马主进行排名，对于未能得奖的
马匹也一一列出，书末更将上海、香港、汉口、天津等地跑马
场的规章制度附上，仿佛一本赛马大全。① 在第一期、第二
期，《赛马纪录》除文字外，还包含大量照片，赛马界重要人
物如马主、骑师、总会董事和著名马匹，乃至赛季时人头汹涌
的情形，以及大香宾票的广告牌等均一一入镜。② 从 1926 年
起，该书更纳入引翔跑马场的赛事成绩以为记录。此书自
1918 年 7 月开始出版，每年一期，至 1942 年 10 月上海跑马总
会被迫停赛才告结束，③ 历时近 25 年，是英式赛马在中国最
完整也最详尽的权威跑马书，更是各马主战绩的珍贵记录。

　　除了有意识地为赛马留下历史记录，上海跑马总会也与其
他赛马会携手统一赛马用词，特别是马匹名称的中文译名。如
前所述，赛马是个全英文的世界，马房和马匹的名称尤其是马
主玩弄文字游戏、制造文化趣味的机会。受文化背景和语言能
力的限制，华人马主鲜能在这方面与西人一较长短。但华人并
非没有自己的文化传统，既然不能在马匹的英文名称上发挥，
他们便转而在马匹的中文译名上做文章，于是将"Advancement"

① Olsen, comp. , *The Racing Record*.

② Olsen, comp. , *The Racing Record*；A. W. Olsen comp. , *The Racing Record*
（*Form at a Glance*）, *1919*（Shanghai：Shanghai Race Club, 1920）.

③ *The Racing Record*（*Form at a Glance*）：*A Complete Record of Racing at
Shanghai for 1942, Commencing with 17th January, 1942 and Ending with
10th Oct. , 1942*, vol. XXV（Shanghai：The Shanghai Race Club, 1943）.

译为"宣武门"、"Leadership"译成"牡丹春"、"Workmanship"译为"玉堂春",借援引中国传统文字或意象制造自己的文化乐趣。这种情形在江湾跑马场比赛时即已开始,引翔赛马场成立后更甚。华人马主固然乐在其中,对一般华人观众而言却颇为困扰。同一匹马在不同的跑马场参赛,名称有的音译、有的义译,各不相同,极易造成混淆。为避免观者不便,也为阻绝华人自成一格的文化乐趣,1927年底上海跑马厅遂联合江湾、引翔等跑马场,以统一马名为名将马匹的中文译名一律改为音译。譬如,"Become Rich"称"皮克姆立去"、"Graceful"称"葛雷司夫而"、"Workmanship"称作"华克门歇浦"。从此不再有"发财""威仪""玉堂春"之类的译名,[①] 华人马主援引中国传统文化为马匹命名的机会因此被斩断。

上海跑马总会忙于统一赛马用词,其职员方伯奋则向观众提供实时预测。自1928年元旦大赛起,方伯奋将场畔预测表进一步扩充为《赛马专刊》,要价小洋4角,内容包括当天参赛的马匹名称、最近状况、先前成绩,乃至该匹马平时在三处跑马场之试马成绩等。《申报》称之为中文的跑马书,"对于不识英文之观赛者,不能不手此一篇,以作观赛南针",[②] 又称"为我国爱观赛马者不可不读之书"。[③] 这种小册子原本仅有中文,有趣的是,仅有英文易造成困扰,仅有中文也易形成

---

① 《民国十七年赛马之新消息》,《申报》1927年12月20日,第15版;《统一马名消息》,《申报》1927年12月27日,第16版。

② 《民国十七年赛马之新消息》,《申报》1927年12月20日,第15版。

③ 《出版界消息》,《申报》1927年12月30日,第17版。

混淆，于是在读者的反映下，该刊先增添英文附号，[1] 后更直接改为中英合璧，以便读者查阅。[2]

除方伯奋外，同年"秦、赵两君"亦于赛马期间发行《得利稳跑马特刊》，每本售小洋 4 角，以预测准确为号召，争取华人观者青睐。[3] 1931 年，上海小报中最具规模的《社会日报》也加入战局，于赛马期间发行两大张的增刊，随报免费附送，以供关心赛马者参考。[4] 其内容除三个跑马场的赛马日期、新马试练成绩、老马试练成绩、当日赛事预测等，尤其突出的是"今日有希望之名驹成绩摘录"一栏。该栏将重要马匹的历年成绩依照赛事距离分类，详列其负重、时间、速度、跑道位置、骑师姓名、同场对手，乃至最后冲刺秒数等细节，使观者可以据此分析各马匹的状况、习性和胜出的概率。[5] 至此，有关赛马的中文资料大备，不论行家或非行家均可找到适合的资料协助下注（图 4 - 5）。是以《申报》形容："每逢赛事，赛马纪录和赛马预测几乎人手一编，赛毕随手一丢，地上残片满地，有如秋季落叶，随风飞舞。"[6]

在这样密集的宣传与教育下，城市居民逐渐掌握了下注的方法与技巧，而所谓的"马迷"也逐渐出现，鸳鸯蝴蝶派的主力赵苕狂便为其中之一。据说他每逢春秋大赛必参与，否则茶不思、饭不想，"心慌意乱，不知怎样才好"。他甚至

[1] 《引翔乡赛马消息》，《申报》1928 年 2 月 1 日，第 15 版。
[2] 《出版界消息》，《申报》1928 年 2 月 24 日，第 16 版。
[3] 《出版界消息》，《申报》1928 年 1 月 5 日，第 24 版。
[4] 《社会日报发行春季赛马号》，《申报》1931 年 5 月 3 日，第 16 版。
[5] 《赛马专刊》第 1 号，《社会日报》附赠，1936 年 3 月 14 日。
[6] 吴云梦：《特别赛马花絮录》，《申报》1928 年 3 月 24 日，第 17 版。

图 4-5 下注前的研究

资料来源：Coates, *China Races*, p. 276.

因此和老板约定，每逢赛马季必须让他放假。可能是因为赌马需要观察与分析，特别吸引喜欢用脑的知识人。赵苕狂坦承，跑马这种赌博比其他赌法来得厉害，若是上瘾，休想戒得掉。他有一个朋友因为输得太多，一度发狠话说再也不要赌了，但等到下次比赛，又见到他手上挟着本《赛马指南》，静静地站在场边。①

赵苕狂是看准便紧跟不舍的那种观众，有匹马名叫"亨利第八"（Henry Ⅷ），是都易马房的马匹，1921 年曾连赢两次，从此赵苕狂便"摸热屁股看定他去买"，出来一次买一次，几乎没有停过。刚开始经常落空，1922 年春赛第一天第一场终于爆出冷门，5 元一张的独赢票彩金高达 790 多元。可惜的是，当天赵苕狂因赶稿迟到刚好错过，只能徒呼负负。②

除"独赢"和"位置"这两种朴素的赌法，1930 年代跑狗、回力球赛相继风靡上海，为了对抗这两种赛事的多元下注方法（详见本书第五章、第六章），1936 年起赛马界又陆续引入了更复杂的赌法。譬如，该年引翔跑马场曾短暂引入"单独赢"（singles）、"双独赢"（doubles）、"联赢"（trebles）等下注法，亦即同时买两场至三场的独赢。③ 1937 年，上海跑马总会也陆续引入与"多场预测"（forecast）相关的各式下注法，如"独赢预测"（win forecast pool）、"连位"（place forecast）、"累积连位"（accumulating place forecast pool）等。所谓"独赢预测"，是下注者同时猜 10 场头马号码，可不按顺序；"连位"则同时买头马、二马两个号码，顺序不可颠倒；"累积

---

① 苕狂：《跑马琐记》，《游戏世界》第 12 期，1922 年，第 1~2 页；孔海珠：《聚散之间：上海文坛旧事》，学林出版社，2002，第 86~87 页。

② 苕狂：《跑马琐记》，《游戏世界》第 12 期，1922 年，第 2 页；"The Spring Race Meeting," *NCH*, 6 May 1922, p. 400.

③ 《中国赛马会今日夏季游艺赛马》，《申报》1936 年 7 月 4 日，第 15 版；"Ad.: Notice to Members of the Hongkong Victoria Club and the Chinese Jockey Club of Shanghai"，《竞乐画报》第 10 卷第 50 期，1936 年 6 月 27 日，无页码。

连位"则是"连位"的进一步延伸，如单场无人猜中，奖金可挪至下一场，依序累积。① 1944 年，"上海体育会"也发行"特别连位票"（special forecast pool ticket），凡买中头马、二马的连位票和头马、三马的连位票，皆可获配彩金。② 这些都是"赢家分成法"的变形，可鼓励下注者运用头脑与赛马知识，同时预测多场赛事结果，以增加下注的趣味。

由于下注因素的加入，场边观众开始不自觉地改变观看的习惯，原先跑来跑去看热闹的情形不再，取而代之的是站定一处屏气凝神地注视。赛马场上素来便有的看与被看依旧持续。中西仕女仍旧利用此场合进行服装展示;③ 专为看人而去的观者觉得看人赢钱的样子比赛马本身还要有趣。④ 但因多数观者已有胜负之心，所看重点遂由看人转移至奔跑中的马匹与骑师，加上周遭声音嘈杂、马匹奔驰、观众情绪大起大落形成的一股兴奋感，场内气氛正如 1930 年新感觉派小说家刘呐鸥所描述："尘埃、嘴沫、暗泪和马粪的臭气发散在郁悴的天空里，而跟人们的决意、紧张、失望、落胆、意外、欢喜造成一个饱和状态的氛围气。"⑤

---

① "Ad. : Racing," *The China Press*, 24 March 1937, p. 6 ; "Novel Forecast Pools to Be Introduced," *The China Press*, 24 March 1937, pp. 6 – 7.

② 张绪谔：《乱世风华：20 世纪 40 年代上海生活与娱乐的回忆》，第 159 ~ 160 页。

③ "Champions Day Brought out a Disposition for Warmer Garb," *NCH*, 8 Nov. 1924, p. 241.

④ 刘呐鸥：《两个时间的不感症者》，李欧梵编选《上海的狐步舞：新感觉派小说选》，允晨文化实业股份有限公司，2001，第 327 页。

⑤ 刘呐鸥：《两个时间的不感症者》，李欧梵编选《上海的狐步舞：新感觉派小说选》，第 322 页。

图 4 - 6   1938 年上海跑马春赛时人潮汹涌

资料来源：Coates, *China Races*, p. 269.

场外下注香宾票

自从上海跑马总会开放华人入场以后，观看与下注均移至场内进行，特别是"独赢""位置""连位"等赌法均需入场才能下注，同时还得费心研究各式资料方有胜算。对于好谈"马经"的"马迷"而言，固然视之为乐事，但对于那些对赛马本身并无兴趣，只是想试手气的人来说就略有不便了。不过令人惊讶的是，后者很快找到了场外下注的方法，那便是购买事先发行的马票——"香宾票"。

"香宾票"又称"香槟票""香饼来司""香饼票",俗称"竞马彩票"。如前所述,这种马票本系"赌金赢者独得制"的一部分,1901年引入后,虽能以小钱换取高额奖金,但仅限场内发行,而且由于性质太过接近彩票,上海跑马总会恐怕引起租界当局的反感,1912年还一度全面停止这类下注方法,[①] 但欧战爆发又被迫恢复。此乃源自大战爆发后,上海跑马总会基于爱国心,也为了证明自身存在的正当性,不仅积极参与各式捐款援助英国战费,更在其主席杰克生的推动下发起成立"上海救难基金"(Shanghai Relief Fund),以照顾沪上因战争而生活发生困难的西人家庭。[②] 于是乎,基于募款的需求,1915年上海跑马总会决定重启停止数年的"赌金赢者独得制",并将其严格限定为"会员摇彩"(members' sweep),仅会员方可认购,以避免公众赌博之名。[③] 在会员制的大旗底下,上海跑马总会紧接着将"香宾票"改造成一种募款的方法。首先,将场方抽成比例由一成提高到两成;其次,以"会员香宾"的名义赛前向会员发行;[④] 最后,一步步增加发行量,鼓励会员向外推销(图4-7)。

其具体办法为:赛季数月前开放"香宾票"供会员认购,每张10元,票上印有一组号码,如"一三八八九""三三〇九"等,决赛当天方始摇出票号,决赛如有30匹马符合资格便

---

① "Shanghai Race Club," *NCH*, 11 May 1912, p. 396.

② "Shanghai Relief Fund," *NCH*, 31 Oct. 1914, pp. 339 – 341; "The Race Club Meeting," *NCH*, 14 Nov. 1914, p. 473.

③ "The Spring Races," *The Shanghai Times*, 11 May 1916, p. 4.

④ "Shanghai Autumn Race Meeting," *NCH*, 13 Nov. 1915, p. 479; "Shanghai Race Club," *NCH*, 11 Nov. 1916, p. 326.

图 4 - 7　1919 年 11 月香宾广告牌前的人潮

资料来源：Olsen comp. , *The Racing Record（Form at a Glance）, 1919*, p. 14A - 1.

摇出 30 组号码。① 譬如，"华伦飞"（Warrenfield）的号码是
"四九六六八"、"富而好施"（Full House）是"一三八八九"

---

① 所谓的"符合资格"，除春秋大赛当日胜出的马匹，平日特别赛的头马亦
有资格参与此"总冠军赛"，因此符合资格者众。在 1920 年代，一般有
二三十匹；进入 1930 年代，因赛事的扩张进而增为五六十匹。不过，由
于马主对马匹状况的考虑，符合资格者虽高达数十匹，但最后真正报名
上场者则可能仅十余匹。

等，依此类推。如果"华伦飞"在决赛中跑第一，该票持有人便中头奖，奖金是全部卖出的票款，先扣除上海跑马总会两成的手续费，再扣除一成给摇出但未胜之号码作为小彩，剩下数目的七成为头奖，二成为贰奖，一成为叁奖。[①] 1923 年 11 月起，又将小彩的份额由原先的一成提高到两成，其余办法相同。[②] 正如市面一般奖券那样，香宾票的得奖与否全凭运气，既不需要分析什么马匹状况，也不需要了解骑师的能力，这种赌法对于喜好斗智的马迷来说缺乏趣味。[③] 但正因其不用脑筋、不需任何赛马知识即可参与，加上奖金高度集中，可以花小钱中大钱，反而成为场外下注者的最爱。

香宾票发行数量本来有限，在欧战之前最多仅五六千张，头奖亦不过三四万元，[④] 买者均为场内观众。但经 1915 年上海跑马总会改造后，在会员的努力推销下，1916 年秋赛史无前例地卖出一万张，总下注金额高达 10 万元；[⑤] 1918 年春赛再接再厉，卖出 1.6 万张，下注金额高达 16 万元。[⑥] 以两成计，上海跑马总会可抽得 2 万至 3.2 万元。这些抽成多被用来捐给如红十字会、蓝十字会及上海救难等基金和筹措战机捐款。[⑦]

欧战结束后，虽然援助英国战费的需要不再，但租界内各

---

① 伯奇:《春季大赛末次练马纪》,《申报》1923 年 5 月 6 日, 第 14 版。

② 问冰□:《上海之大小香宾潮》,《申报》1928 年 3 月 19 日, 第 16 版; "The Shanghai Champions," *SCMP*, 9 Nov. 1923, p. 8.

③ 张绪谔:《乱世风华: 20 世纪 40 年代上海生活与娱乐的回忆》, 第 160 页。

④ "Shanghai Race Club," *NCH*, 6 May 1910, p. 325; "Local News," *SCMP*, 5 May 1911, p. 2.

⑤ "Shanghai Race Club," *NCH*, 11 Nov. 1916, p. 326.

⑥ "Shanghai Spring Race Meeting," *NCH*, 18 May 1918, p. 427.

⑦ "Shanghai Race Club," *NCH*, 11 Dec. 1915, p. 819.

式西人慈善团体需款孔殷，多靠上海跑马总会春秋大赛香宾票之结余，于是发行量不减反增。1921 年秋赛首先卖出前所未有的 4.5 万张；[1] 1922 年秋赛进而超过预定的 5 万张，使得该会不得不在正票之外另外发行附票以满足购票者的需求。[2] 到了 1923 年秋，上海跑马总会干脆将香宾票分为 A 字和 B 字两种，[3] A 字发行完之后再发行 B 字，前者固定 5 万张，后者亦售至三四万张，数量十分惊人（图 4-8）。[4] 这种 A 字、B 字并存的现象一直维持到 1931 年秋，上海跑马总会才合并 A、B 两种，改为联合发行 12.5 万号，并修改奖金分配方法，把小彩奖金的成数由原先的两成进一步提高为四成，其余办法不变。[5]

眼见上海跑马总会发行"会员香宾"卓然有成，一战后通商口岸各赛马会纷纷跟进。以上海为例，除上海跑马总会，每逢春秋大赛，万国体育会和上海中国赛马会亦发行香宾票，但数量有限，通常只能发行一两万张，规模远不能与上海跑马总会相比。上海之外，北京、天津、香港等地两万张左右已属佳绩，[6] 更不用说通商口岸其他更小型的赛马会，数量仅以千计。[7] 经过一再扩大发行，到了 1930 年，上海跑马总会的香

---

① "Shanghai Races," *SCMP*, 10 Nov. 1921, p. 6.

② 伯奋：《上海秋赛之第三日》，《申报》1922 年 11 月 9 日，第 14 版。

③ "Shanghai Races," *SCMP*, 8 Nov. 1923, p. 10.

④ 梦影：《香宾零话》，《申报》1926 年 10 月 25 日，第 13 版。

⑤ 《上海跑马总会大香宾票新章》，《申报》1931 年 7 月 27 日，第 11 版；"Shanghai Champions," *SCMP*, 4 Aug. 1931, p. 7；伯奋：《今秋大香宾票之详细情形》，《社会日报赛马专刊》1931 年 10 月 3 日。

⑥ C. J. 生：《京津沪之比较观》，《晶报》1924 年 4 月 18 日，第 3 版；"Champions Sweep," *SCMP*, 23 Feb. 1933, p. 8.

⑦ 上述口岸之外，其他稍具规模者当属青岛万国赛马会发行之香宾票，但其发行量一般亦仅数千张。《青岛大赛结果》，《申报》1930 年 5 月 23 日，第 14 版。

图 4 − 8　1927 年 11 月上海跑马总会 B 字香宾票

资料来源：John Bull Auctions。

宾票已高居远东各赛马会奖金金额之冠，销售遍及各通商口岸，其香宾大赛亦被誉为远东最重要的赛事。[①]

　　香宾票的丰厚盈余正是上海跑马总会慈善捐款的主要来源。[②] 据估计，1920 年代末 1930 年代初，该会的捐款每年在 18 万至 26 万元。[③] 本书第一章已述及，该会在 1922 年

① "Shanghai Racing Sensation," *SCMP*, 13 May 1930, p. 6; "Shanghai Champions," *SCMP*, 4 Aug. 1931, p. 7; C. J. 生：《京津沪之比较观》，《晶报》1924 年 4 月 18 日，第 3 版。

② 《兑换店禁售香宾票开始磋商调解》，《申报》1938 年 10 月 30 日，第 10 版。

③ "Shanghai Race Club Gifts," *NCH*, 15 Dec. 1928, p. 449; "Shanghai Race Club," *NCH*, 8 June 1929, p. 393; "Shanghai Race Club Charities," *NCH*, 14 Dec. 1929, p. 449; "Race Club Charities," *NCH*, 20 May 1930, p. 315; "Shanghai Race Club," *NCH*, 2 June 1931, p. 308; "The Race Club Charities," *NCH*, 1 Dec. 1931, p. 309; "Race Club Charities," *NCH*, 31 May 1932, p. 346; "Shanghai Race Club," *NCH*, 14 Dec. 1932, p. 417; "Race Club Gifts," *NCH*, 14 June 1933, p. 428.

秋赛后的捐款对象即有 49 个之多，到了 1927 年春季赛马更增至 52 个，以公共租界外人社群为主，大致包括医院、孤儿院、妇女之家、难民收容所、盲人院、红十字会、基督教青年会、美国妇女总会、英国妇女协会、专门照料水手及人力车夫的教会服务团，以及英国水兵俱乐部等各式团体。而且所照顾对象不止英人，还包括租界内社会、经济能力较差的欧陆人士，如波兰、葡萄牙、意大利、挪威、丹麦、瑞典、荷兰、捷克、芬兰、西班牙、匈牙利、苏联等国人士。①

这些捐款在很大的程度上纾解了租界当局在社会福利方面的负担，加上上海跑马总会属于私人俱乐部，香宾票理论上仅对会员发行，是以该票虽然是不折不扣的彩票，工部局却认定它不属于公众赌博，对它采取睁一只眼闭一只眼的态度。

事实上，上海跑马总会之所以能够如此一而再、再而三地扩大发行量，除了外人社群的支持，更重要的是华人的积极投入，而华人主要是冲着高额奖金来的。随着发行量的扩大，香宾票的头奖金额也日益升高。如前所述，欧战之前头奖不过三四万元，欧战之后节节上升。1919 年秋赛头奖奖金达到 4.9 万余元；② 1921 年春赛进一步升至 20.16 万元；③ 1922 年秋赛更创历史新高，高达 25.2 万元。④ 1923 年大香宾票分为 A 字和 B 字后，基本上 A 字头奖固定为 22.4 万元；B 字头奖多则

---

① "Shanghai Race Club Disbursements," *NCH*, 25 June 1927, p. 561.
② "The Shanghai Champions," *SCMP*, 13 Nov. 1919, p. 6.
③ 《西商春赛三纪》，《申报》1921 年 5 月 5 日，第 11 版。
④ 伯奋：《上海秋赛之第三日》，《申报》1922 年 11 月 9 日，第 14 版。

20 万元，少者也有 13 万元。① 以香宾票一张 10 元而论，其赔率高达两万多倍。沪上奖券虽多，但奖金数额之巨，跑马大香宾实为第一。② 加上该会在上海历史悠久，声誉卓著，奖金向来十足付现，从不拖延。③ 庄家背景之硬，也难有其他机构可比，④ 遂大幅加强了沪上华人的购票意愿。

由于购票不易，华人购买香宾票的历程可大致分为与外人合资和独立购票两个阶段，大抵 1910 年代属于前者，1920 年代以后转向了后者。

欧战甫结束，华人便对这种跑马票跃跃欲试，只是其销售必须通过上海跑马总会会员，最初仅有在洋人家中工作者才有机会一试手气。譬如，1919 年秋赛的头奖便由百代公司总经理勒白黎（P. Le Bris）家之佣妇、马夫、汽车夫、厨子、西崽五人合资购得，各自所付金额从 5 元到 5 角皆有，得奖后大家依照所占股份均分。⑤

由于必须托人购买，在购买过程中华人经常因不懂规矩而吃闷亏。譬如，1917 年秋赛，老闸捕房的翻译王肇林和沪上著名美籍律师罗杰（H. D. Rodger）合资购买了八张跑马票，

① 《上海春赛第三日之成绩》，《申报》1925 年 5 月 7 日，第 14 版；《秋季大香宾揭晓》，《申报》1930 年 11 月 6 日，第 15 版；《春季大香宾昨日举行之结果》，《申报》1931 年 5 月 7 日，第 11 版。

② 《春季大香宾讯》，《申报》1940 年 5 月 4 日，第 11 版。

③ 《乡间赛马之厄运》，《竞乐画报》第 11 卷第 12 期，1937 年 3 月 27 日，第 12、23、25 页。

④ 苕狂：《跑马琐记》，《游戏世界》第 12 期，1922 年，第 2 页。

⑤ "［Editor's Notes］," NCH, 15 Nov. 1919, p. 431；"［Editor's Notes］," NCH, 13 Dec. 1919, p. 704；"Departure of M. Le Bris," NCH, 14 Aug. 1920, p. 439；《香宾票轶话》，《紫兰花片》第 20 期，1924 年，第 21～26 页；《买跑马票中奖之纠葛》，《申报》1919 年 12 月 6 日，第 11 版。

决赛前果然有一张摇中热门马匹。为了降低风险，罗杰在未告知王肇林的情况下，以 1 万元代价卖出该票的一半股份。这原本是会员间常见的避险行为，但王肇林的权益因此深受损失，原因是该匹热门马最后跑得第一，原本可均分高达 7.9 万余元的奖金，王肇林最后只分得 2.45 万元。①

王肇林本人对此事并不特别在意，但老闸捕房的西人捕头听说此事后均替他打抱不平，认为罗杰卖出的那一半股份既然事先未告知王肇林，就应该算是罗杰自己的股份，不该中奖后又来分王肇林的那一半。外人社群对此也议论纷纷，消息甚至传至天津。罗杰对此不堪其扰，由于其客户以华人富户居多，深恐这种说法影响其业务，乃于 1917 年 12 月向会审公廨提出诉讼，控告王肇林诽谤。②

此案由美国驻沪副领事博金斯（M. F. Perkins）会同李�仙襄谳共同审理，经过长达两个多月的审讯，传唤多名中西证人到场，1918 年 2 月终于定谳。博副领事判定王肇林在得彩之后的言论并不构成诽谤，因此此案不成立。该判决同时指出，不论最初票钱是谁出的，也不论卖出的那一半股份属谁，此马票案实为一委托行为，在此过程中，罗杰律师已尽力维护王肇林的权益，并无占华人便宜之情形。罗杰在定谳之后也发出声明表示，他提出诉讼原本就是为了以正视听，现在诽谤案

---

① 该香宾票头奖奖金为 7.9 万元，原本由罗杰与王肇林均分，两人应各得 3.95 万元。由于罗杰事先以一万元为代价卖出该票的一半股权，最后奖金的算法遂变成奖金的半数即 3.95 万元，加上卖出的一万元，以此为总数，扣掉若干战费捐之后，由罗杰与王肇林均分。结果王肇林仅分得 2.45 万元，比原来不出卖股权的情况足足少了近 1.5 万元。《公廨复讯购买跑马票纠葛案》，《申报》1917 年 12 月 20 日，第 11 版。

② "The Champions Sweep," *NCH*, 22 Dec. 1917, pp. 726 – 730.

虽不成立，但会审公廨的判词已还其清白。[1]

进入 1920 年代，早期与外人合资的方式转变成由中产华人独立购买。有关系的人可以在赛前向会员或会员的朋友转购，[2] 而没有关系的人也可以在赛季开始后入场购买。为了配合工部局不得公开发售的禁令，上海跑马总会对购买资格的限制时紧时松，但大体上处于"上有政策，下有对策"的状况。譬如 1922 年春赛时，上海跑马总会应工部局的要求，一方面在场内卖香宾票的地方围起栅栏，不准非会员进入；另一方面为了确保马票的销量，又经常派会员站在栅栏附近，一般华人如欲购票，只要把钱从外面递进去，说声 Please，多能如愿。工部局虽派有巡捕在场，但因购买者为会员，不违反工部局指令，所以也无可奈何。[3]

1925 年 5 月，沪上发生五卅惨案，民族情绪高涨，上海跑马总会为避免华人指责其知法犯法，该年秋赛再度严格执行非会员不可购票的禁令。此时华人购票比例已高达七成，销量遂骤然下滑，五万张香宾票有将近半数未能销出，上海跑马总会深为所苦，次年春即修改政策，规定只要是赛季，任何人均可入场同享购买香宾票券之权。[4]

1929 年 11 月，受租界纳税华人会大力抨击赛狗场的影响（参见本书第五章），上海跑马总会再度紧缩了政策，将赛季自由购买的措施取消，仅限会员有购票之权，而且只售号头而

---

① "Champions Libel Case," *NCH*, 2 Feb. 1918, pp. 257 – 258.

② 《海关邮局不得因赛马放假》，《申报》1928 年 11 月 14 日，第 15 版。

③ 苕狂：《跑马琐记》，《游戏世界》第 12 期，1922 年，第 3 页。

④ 摘星：《不许华人购香宾票之原因》，《中国画报》第 24 期，1925 年，第 1 页；陆奚鸟：《香宾杂谈》，《中国摄影学会画报》第 34 期，1926 年，第 1 页。

不发券，辗转托购者仅能拿到一张书面声明，上面写着几号到几号已由某会员代为保管，中奖时需由会员签字代领。过去本来就有所谓的"西人签字费"，此时上海跑马总会更进一步明文化，规定中奖者需给经售会员一成佣金。[1]

虽说赛季时前往跑马厅既可购票，又可观赛，一举两得，但大部分购买香宾票的人对赛马其实毫无兴趣，也不想花钱入场，他们取得香宾票的方法是至洋行、公司的熟人处请人出让。例如，1922年春赛头奖为中国电报局10位局员共同获得，过程曲折，颇能反映当时华人辗转购票的情形。

此事缘由据说为得奖人之子亲述。因电报局中有位老局员购买香宾票多年，已成习惯，春赛开始后便往其子工作之洋行询问，是否有人愿意出让香宾票，其子建议他转往舅舅所在之日清洋行询问。老局员便转至在日清洋行任司账的大舅子处，表示想买两张香宾票，一张给自己，另一张则替山东一位朋友购买。大舅子表示可以想办法代购，要老局员明天再来。第二天来时，大舅子说只买到一张，他自己有两张是连号，不如连号给老局员，他留下新买的一张也是一样。老局员便带着两张香宾票回到电报局。大家听说他买得跑马票，都抢着要入股。说也奇怪，老局员向来独买，不喜与人搭股，这次却欣然同意。不过有一个问题，票有两张，一张是"二一二五〇"，一张是"二一二五一"，到底留下哪张好？这时一旁刚好有位同事正在看灵学会章程，看到第十一条，遂建议留下那张末尾是"一"的，大伙均无异议，于是把"二一二五一"留下，"二

---

[1] "S. R. C. Champions Prize," *The China Press*, 14 Nov. 1929, pp. 1–2.

一二五○"寄往山东。①

到了决赛当天，由于各股东都不认为会中奖，所以无人留意此事。直到第二天看报才发现"二一二五一"中了头奖，众人想望的 22.5 万余元就这样毫不费劲地落在了他们身上。大家赶紧找了位上海跑马总会有势力的洋人签字，将钱领出，按股份分配，出一元的得了两万多，出 5 角的得一万多，个个都成了小富翁。大家连续请了三天客，还到照相馆拍了张合照作为纪念。因为灵学会的章程有功，又合捐了 2000 块钱，一同入会做了会员。②

这个故事还可以窥见在香宾票销售的过程中，报纸或媒体所扮演的特殊角色。原来随着发行量的扩大，越来越多的香宾票落入非会员的手中，而这些人往往鲜少入场观赛，主要靠看报得知中奖消息。对他们而言，看跑马无足轻重，从报上看中奖号码和得奖故事才是重点。

自 1920 年起，报上不断刊出华人得彩的消息，有蔡同德药店小主人，③ 有大坂公司朱姓账房，④ 有某代办公司之四茶役，⑤ 有鸿丰钱庄同人，⑥ 给人一种"有为者亦若是"的假象，从而带动更多的华人加入购买者行列。

更重要的是，除定期刊出得奖号码，沪上中英文报纸更经

① 《中一九二二年上海春赛香宾票者之谈片》，《紫兰花片》第 3 期，1922年，第 29~32 页。
② 《中一九二二年上海春赛香宾票者之谈片》，《紫兰花片》第 3 期，1922年，第 32~33 页。
③ 《香宾票得奖者之确讯》，《申报》1921 年 5 月 7 日，第 11 版。
④ 茗狂：《跑马琐记》，《游戏世界》第 12 期，1922 年，第 3 页。
⑤ 成言：《大香宾得主记》，《晶报》1927 年 5 月 9 日，第 2 版。
⑥ 猫驼：《本届香宾得主》，《晶报》1928 年 11 月 12 日，第 3 版。

常大篇幅地报道香宾得主的故事，进一步强化了"好运来时挡都挡不住"的想法。譬如，1924年2月江湾跑马场举行新年大香宾赛，3位华人警员奉派前往维持秩序，在决赛前一刻合买了一张香宾票，结果竟然中得头奖7万余元；[①] 又如，1924年11月上海秋赛的头彩，系由奉天兵工厂总理英人苏顿上尉（Captain F. A. Sutton）获得，据说当时奉天英侨总会总共向上海订了30张香宾票，由会员分认缴钱，苏顿的那张是最后没人要时硬派给他的；[②] 又如，1934年4月江湾大香宾头奖为上海体育界重要人物英人李思廉（A. H. Leslie）独得，李思廉早已买下五张香宾票，比赛当天清晨一位朋友又坚决再出让一张给他，他为情谊所迫勉强接受，讵料反而得奖。[③]

除了意外之财，还有许多与大彩擦身而过的故事。譬如，1924年春季香宾头彩由惠尔生（Walter E. Wilson）夫妇等五人合得，此事系在麻将桌上临时起意，五人各出2元，托一位名卜德亨的友人购买。卜德亨购入两张后，自己保留前一号，将后一号让与惠尔生等人，结果竟与20余万元之奖金绝缘。[④] 1926年春赛，B字香宾头彩为一日人错失。据说他共买了三张香宾票，开彩前夕忽然有一位远方朋友写信来托买一张，他随手抽出一张寄去，不料却是头彩。[⑤] 这些香宾得主的故事，在在鼓励读者有机会不妨一试手气，说不定好运会从天而降；

① "Lucky Policemen," *SCMP*, 11 Feb. 1924, p. 8.

② 《香宾票头奖之得主》，《申报》1924年11月10日，第14版；"Romance of the Champions," *NCH*, 22 Nov. 1924, p. 314.

③ 《江湾大香宾英人李思廉得头彩》，《申报》1934年4月5日，第13版。

④ 《大香宾票得标者之趣闻》，《申报》1924年5月10日，第2版；"Shanghai Champions," *SCMP*, 14 May 1924, p. 10.

⑤ 浮云：《本届香宾票之得主》，《晶报》1926年5月27日，第2版。

况且就算不中，也只是哀叹"富贵自有天定，横财不发命穷人"罢了。

三　香宾潮

大香宾潮

在报纸的推波助澜下，华人购买香宾票渐成风潮，并在1928年突然达到前所未有的高峰。该年，沪上报纸出现大批有关赛马的新词，如"跑马汛""香宾潮"，前者意指每年春秋两次的香宾大赛有如汛期，定时到来；后者则形容购买者争先恐后的情形，有如潮水。同时出现的用词还包括"香宾市""香宾癖""香宾票迷"等。① 经过近十年的运作，到了此时，香宾票22.4万元的头奖金额已深入人心，几达无人不知的地步。所谓"一本万利"，即为厚利，更何况香宾票还"一本两万利"，自然不能错过，而且其吸引力不限于上海一地。

早在1920年代初，上海马票便已通过种种渠道在各通商口岸出售，最常见的是通过同一家铺子在不同城市的联号或分号代销。譬如，1924年4月25日，远在北京的鲁迅便在专卖花粉香水的苏城著名老店"月中桂"的京城分号买了一张香宾票，而且价格稍昂，原本10元的马票到了北京卖11元。第二天，鲁迅更慎而重之地将它寄给在上海的三弟，显然是希冀

① 含骼：《香宾错过之趣话》，《申报》1928年3月16日，第17版；问冰□：《上海之大小香宾潮》，《申报》1928年3月19日，第16版；陆奚鸟：《香宾迷信谭》，《申报》1928年4月24日，第17版。

中奖。① 由此可见，欲购香宾票者人不限于上海一地。

市场既大，1928 年春许多彩票业者见有利可图，乃在赛前通过关系向少数会员购入巨额票数，每张价昂 5 角，然后以 11 元的价格在市面出售或转售，最高时可卖到 15 元左右，京、津、汉等地每张也可卖到 14 元或 15 元。据说彩票店一年的收益全靠此时。② 彩票业者的加入，顿时将香宾风潮推向了顶端，因其扩大了香宾票的销售渠道，欲购者不必再辗转托人。于是许多原先醉心于麻雀、花会的赌徒纷纷转换赛场。有以每张 12 元的代价连购五张者；也有罄资滥买，孤注一掷者；更有拜佛许愿，如狂如颠者。③

上海跑马总会很快便发现事情不对，出面调查制止，但风潮已然造成。④ 香宾票需求量既然大增，一些彩票掮客遂趁此机会仿造 A 字香宾票，最初只在英租界商业区内向洋行、银行职员兜售，⑤ 后来甚至往北到虹口一带，或向码头上停泊的外籍轮船伙夫兜售，或沿路向乡民推销，骗人钱财。⑥ 进入 1930 年代，更有印刷所参与大量印制，分销外埠，使捕房防

---

① 《鲁迅日记》上册，人民文学出版社，1962，第 485 页。这条资料系审查人提醒，谨在此致谢。
② 神鸡：《香宾领奖之一幕趣史》，《骆驼画报》第 27 期，1928 年，第 1 页；吴云梦：《特别赛马花絮录》，《申报》1928 年 3 月 24 日，第 17 版；拾得：《津沪香宾趣闻记（一）：上海之趣闻》，《上海画报》第 173 期，1926 年，第 2 页。
③ 陆奚鸟：《香宾迷信谭》，《申报》1928 年 4 月 24 日，第 17 版。
④ 神鸡：《香宾领奖之一幕趣史》，《骆驼画报》第 27 期，1928 年，第 1 页。
⑤ 《有人兜售伪香宾票》，《申报》1928 年 4 月 14 日，第 15 版；《兜售假香宾票者吃官司》，《申报》1928 年 4 月 15 日，第 15 版。
⑥ 《伪造跑马总会香宾票》，《申报》1931 年 10 月 13 日，第 16 版；《沿路兜售假香宾票》，《申报》1929 年 4 月 23 日，第 15 版。

不胜防。[1]

正因购票者众，为求得奖，大量与鬼神有关的奇谈也开始出现。譬如，前述电报局 10 人共得香宾头奖一事，得奖之后，许多人替老局员惋惜，认为当初要是拒绝同事搭股肯定可以独得奖金，但老局员很豁达地表示富贵不能强求。原来购票两个星期前，他曾向乩坛叩问终身休咎，所得乩文中有一句"独得无有偏爱日"。当时不明就里，待中奖后方意会到"偏爱日"中的"日"字，指的可能是日清洋行。也就是说他在别处找不到人出让，只有到日清洋行才能买到跑马票，所以他无法独做富翁，此乃命中注定之事。灵学会章程一事亦加强了这种鬼神之说。[2]

又如，据说某公司同仁合购香宾票屡屡不得，大家懊恼万分，后来有人想到传说合家生肖俱全能主大富大贵，乃提议同仁凑足十二生肖购买，结果生肖虽全，却仍竹篮打水一场空。[3]

还有某位"太原公子"因事逗留沪上，春赛时忽得奇梦，梦见自己买中香宾票，号码中有三个 3 字，一连好几个晚上都如此，不由得他不怦然心动。可是他资本有限，乃约一位"城北徐公"一同前往购买，他这位朋友是个好好先生，无可无不可地答应。等到决赛的前一日，"太原公子"先到，发现 A 字香宾票早已售罄，B 字香宾中有 3 字的还剩三张，他只有

---

① 《私印赛马香宾票判罪》，《申报》1931 年 11 月 22 日，第 20 版；《伪造小香宾票判罪》，《申报》1932 年 10 月 13 日，第 16 版；《罗松山穷极无聊伪造香宾票》，《申报》1933 年 5 月 18 日，第 11 版。

② 《中一九二二年上海春赛香宾票者之谈片》，《紫兰花片》第 3 期，1922 年，第 33～34 页。

③ 陆奚鸟：《香宾迷信谭》，《申报》1928 年 4 月 24 日，第 17 版。

25 元，无法尽购，只有等徐公到来。没想到徐公以为先前之言是玩笑话，身上也没有多带钱，只好匆匆回家取钱。其家距跑马场不远，一去一回不过 10 分钟，但就在这 10 分钟内，一位广东人把 B 字剩余票券全部买去，待徐公赶到时已没有跑马票可买，后来这张有三个 3 字的香宾票果然中了头彩，15 万元的奖金就这样为 10 分钟的时间所耽误。①

小香宾

香宾风潮不仅见于上海跑马总会发行的香宾票，也见于许多依照香宾大赛结果而开奖的"职工俱乐部香宾"。

原来进入 1920 年代，沪上许多机构相继成立职员俱乐部。俱乐部运作需要经费，为配合此潮流，除了 10 元一张的大香宾票，上海跑马总会又默许一些相关俱乐部发行面额较小的会员香宾以为资助。譬如，上海万国商团为使成员有休憩之处，乃于 1922 年底成立俱乐部（The Shanghai Volunteer Corps Club），借用福州路工部局四楼为会所，辟室数间，分设健身房、洗浴室、书报室、休息室等，面积虽有限，但布置精雅；② 次年并增设厨房、餐室等设施，以供会员聚餐之用。③ 俱乐部的经营与扩充均需要经费，为使会所顺利运作，1926 年春该俱乐部乃按照上海跑马厅章程发行一种会员香宾彩，每张价格仅一元。除俱乐部抽一成为经费，其余五成为头奖、二

① 含貉：《香宾错过之趣话》，《申报》1928 年 3 月 16 日，第 17 版。

② 《万国商团俱乐部开幕》，《申报》1922 年 12 月 19 日，第 13 版；"The Volunteer Club Opening," *NCH*, 23 Dec. 1922, p. 800.

③ "The S. V. C. Club," *NCH*, 3 Feb. 1923, p. 321.

成为贰奖、一成为叁奖，一成由摇出而未得者分派之。[1] 因其面额仅为一般香宾票的 1/10，故俗称"小香宾"。据估计，上海万国商团俱乐部每季小香宾的发行量一般在一万号上下，头奖可得五千元左右。[2]

到了 1930 年，上海万国商团的华队俱乐部起而代之，因其专为华人队员而设，开奖依据也改以江湾跑马厅结果为准，票价仍为一元，发行量较高，一般在 1 万至 1.5 万张，但因俱乐部抽成增为两成，头奖份额降为四成，因此头奖金额也在五六千元。[3]

除了上海万国商团俱乐部，1927 年夏上海跑马厅的华籍职员也有感于华人员工下班后，应如西人般有一休闲之处，乃决议成立"上海跑马总会同人俱乐部"（The Race Course Staff's Club）。在上海跑马总会主要管理人物，如华经理洪贤舫、西人书记欧尔圣的大力支持下，总会当局同意让他们免费租用马霍路德福里的三幢空屋，该俱乐部遂以此为会所，分设怡情室、乒乓室、沐浴室、阅报室、会客室等设施。[4] 1932 年德福里改建，会所面临被拆除的命运，洪、欧两君又施予援手，说服上海跑马总会在原地为之斥资重建，新会所果然于次年落成，美丽壮观，俱乐部为之大置器皿家具，于是规模渐

---

① 《商团总会香宾彩揭晓》，《申报》1926 年 5 月 5 日，第 15 版。

② 《商团香宾券消息》，《申报》1927 年 10 月 29 日，第 15 版。

③ 《商团华队俱乐部香宾票得彩揭晓》，《申报》1930 年 4 月 22 日，第 16 版；《商团华队俱乐部秋季小香宾摇出彩号》，《申报》1931 年 10 月 12 日，第 14 版；《商团华队俱乐部小香宾摇出彩号》，《申报》1933 年 4 月 22 日，第 12 版；《启事：鸣谢万国商团华队俱乐部小香宾头奖》，《申报》1933 年 4 月 30 日，第 7 版。

④ 《上海跑马总会同人俱乐部十周纪念刊》，上海跑马总会同人俱乐部，1939，第 6~7、21、24~26、28 页。

具，加入者踊跃一时，俨然华人职工俱乐部中重要者。①

除提供会员健全的休闲设施，该俱乐部并热心推动体育活动，以乒乓球赛最为主要。1929 年，该部发起举办上海乒乓球锦标赛，特备大银杯一具，命名为"香宾杯"，并规定胜出队伍必须连胜三届，中无间断方可拥有此杯。该赛每年春秋两季定期举行，是沪上运动界的重要赛事。② 此外，该俱乐部有意识地参与社会服务，对于公益善举，如抗战献金、难民捐、奖学金及施送时疫水等均不落人后。③

该俱乐部之所以能有如此发展，除了上海跑马总会当局的支持，小香宾票实为关键原因。该俱乐部自创办以来，每年春秋两季发售会员香宾票，一切以上海跑马总会 A 字大香宾票之办法为依据，无论票额之总数、奖款之分配、得奖之号数、佣金之所得均完全相同。唯一不同者，在于票款仅为大香宾票的 1/50。除了沿袭上海万国商团俱乐部小香宾每张一元的传统，该俱乐部又别出心裁地在每张之下分出五个连号，每号 2 角钱，以每季发行一万张、头奖 4480 元计，2 角钱即可买一个四千多元的梦，可谓"价廉奖重"，其销售手法较上海万国商团俱乐部不啻更进一步。④

除了上述这两家俱乐部，其他以发行会员香宾票来筹措经费者还包括银行公会俱乐部（The Chinese Bankers' Club）、沪上著名的票房雅歌集、沪宁沪杭铁路同人会、上海华商俱乐

---

① 《上海跑马总会同人俱乐部十周纪念刊》，第 25、29 页。
② 《上海跑马总会同人俱乐部十周纪念刊》，第 109 ~ 110 页；《跑马同人俱乐部香宾杯之纠纷》，《申报》1934 年 6 月 4 日，第 11 版。
③ 《上海跑马总会同人俱乐部十周纪念刊》，第 22、25、27 页。
④ 《上海跑马总会同人俱乐部十周纪念刊》，第 157 页。

部、上海工部局华员俱乐部、中国肥皂公司同仁俱乐部、圣约翰大学校友所组的梵王渡俱乐部等，不一而足。[①] 此外，还有一些挂羊头卖狗肉的投机小香宾，号称总会或俱乐部，其实既无会员，奖金分配办法亦颇为可疑。[②] 简言之，不管有无上海跑马总会许可，又是否真有会员之实，上海跑马厅春秋两季会员香宾的结果已成为沪上各小香宾票的重要依据，以 1/10 甚或 1/50 的票价，搏一个不逊于大香宾倍数的彩金。在上海跑马总会的率领下，大小香宾票以资助总会或俱乐部之名，共同形成一股席卷沪上的香宾风潮。

慈善香宾与航空公路建设奖券

不过，1920 年代末掀起的香宾狂潮进入 1930 年代后意外出现降温的状况。如前所述，眼见香宾票市场蒸蒸日上，上海跑马总会不由得信心满满，乃于 1931 年秋决定合并 A 字、B 字，一举扩大发行 12.5 万张；同时为增加中奖机会，所有符合资格的马匹均摇出双号，亦即最后将有两个头奖、两个贰奖、两个叁奖，一同均分奖金。在新制之下，如果发行量够多，那么奖金金额与原先差距并不太大。如果 12.5 万号全数售出，两名头奖得主可各得 21 万元，与原先的 22.4 万元仅相

---

① 梦影：《香宾零话》，《申报》1926 年 10 月 25 日，第 13 版；《两路同人会发售会员香宾票》，《申报》1928 年 3 月 9 日，第 15 版；《发行秋季会员小香宾票预告》，《会声》第 3 卷第 10 期，1933 年，第 4 页；《各俱乐部小香宾票揭晓》，《申报》1933 年 5 月 11 日，第 11 版；问冰□：《上海之大小香宾潮》，《申报》1928 年 3 月 19 日，第 16 版。

② 陆奚鸟：《劝君莫买香宾票》，《常识》第 1 卷第 41 期，1928 年 4 月 27 日，第 161～162 页；叔豪：《当局宜取缔小香宾》，《福尔摩斯》1928 年 9 月 23 日，第 1 版。

差 1.4 万元;[①] 但如果发行量不如预期,头奖金额将大幅滑落,1931 年秋赛的情形便是如此。上海跑马总会的如意算盘甫上阵便不如预期,该季仅售出 8.4 万余张,头奖奖金骤降至 14.2 万余元。接着发售数量又上下震荡,1932 年春赛不到 6 万张;1932 年秋赛稍稍上扬至 8 万余张;但次年秋赛又下降至 3 万多张。

有鉴于新制效果不佳,1934 年春上海跑马总会被迫改回单号头,但发行量仍继续下滑,该季仅售出 2.8 万余张;1935 年秋赛售出 1 万张出头;到了 1936 年秋赛竟低于 1 万张(图 4-9)。随着销售的滑落,头奖奖金也节节下降,从 14.2 万余元、10 万余元、7 万余元,一路下滑至 3 万多元,远非当年的 22.4 万元可比。[②]

之所以如此,与大环境息息相关。1932 年"一·二八"事变后,上海百业凋敝,于是原先热衷追逐香宾票者逐渐降温。但从实际面而言,导致香宾票发行量节节下降的还有两个直接的因素:一是慈善香宾票的排挤;二是航空公路建设奖券的竞争。如本书第三章所述,1931 年夏天中国发生了来势凶猛的特大水灾,在上海市政府的要求与支持下,杜月笙等以上海中国赛马会的名义发行慈善香宾票十万号,并于 10 月 25 日

---

① 《上海跑马总会大香宾票新章》,《申报》1931 年 7 月 27 日,第 11 版;"Shanghai Champions," *SCMP*, 4 Aug. 1931, p.7;伯奋:《今秋大香宾票之详细情形》,《社会日报赛马专刊》1931 年 10 月 3 日。

② 《秋季大香宾揭晓》,《申报》1931 年 11 月 5 日,第 16 版;《春季大香宾揭晓》,《申报》1932 年 5 月 5 日,第 9 版;《秋季大香宾揭晓》,《申报》1932 年 11 月 10 日,第 15 版;《秋季大香宾揭晓》,《申报》1933 年 11 月 9 日,第 11 版;《春季大香宾揭晓》,《申报》1934 年 5 月 10 日,第 12 版;《秋季大香宾揭晓》,《申报》1935 年 11 月 7 日,第 12 版;《秋季大香宾揭晓》,《申报》1936 年 11 月 12 日,第 11 版。

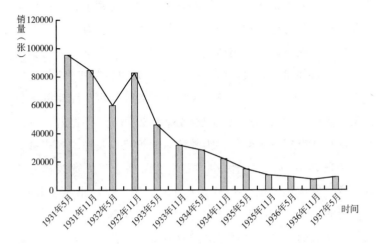

图 4 - 9　上海跑马总会香宾票发行数量（1931 ～ 1937）

在引翔跑马厅举行水灾香宾大赛，头奖高达 44.8 万元。借此，共募得 20 万元援助各省受灾民众。

慈善赛马并非新鲜事，在此之前上海跑马总会和万国体育会便曾利用新年举行慈善赛马，但其捐助对象主要是租界内的慈善团体和医院。① 然而，杜月笙的百万香宾大赛不仅将赈济对象由租界扩及华界，更由上海扩及其他省份；最重要的是，从此为上海市政府开启了一个社会救济的金库。

过去，由于租界的关系，上海市政府对于香宾票的收入只有眼红的份。现在有了杜月笙开创的先例，接下来数年，每逢天灾人祸，上海市政府便出面号召上海各赛马会举办慈善香宾赛。1931 年的百万香宾大赛刚告一段落，次年元月又发生"一·二八"事变，沪北受灾尤重。到了该年底，眼见灾民无

---

① 《上海新年赛马之先声》，《申报》1923 年 12 月 20 日，第 14 版。

法过冬，上海市市长吴铁城乃联合英美驻沪总领事，出面要求沪上赛马会举行慈善香宾赛。事关沪上治安，上海跑马总会责无旁贷，乃同意联合万国体育会、上海中国赛马会、上海猎纸会、上海市临时市参议会，共同发起"万国慈善赛马"。此赛最后在 1933 年 1 月 26 日于上海跑马厅举行，共发行香宾票 11 万张，募得赈款 25 万元，头奖则高达 39 万元。[①] 接着，万国慈善赛马结束还不到半年，为救济东北难民以及豫皖鄂三省灾民，1933 年 6 月 3 日上海中国赛马会又将金尊大赛改作慈善香宾赛，原本预定发行香宾票十万张，最后仅售出 8.2 万张，共募得赈款 16.4 万元，头奖金额为 34.4 万余元。[②]

这几次的慈善香宾都是通过政府机关、公司行号、报纸媒体，以半认购、半摊派的方式强力推销。短短三年，前后三次慈善香宾赛，发行数量又远高于一般香宾寒，上海可投入购买马票的余钱本就有限，在挤压之下，上海跑马总会香宾票的销售数量因此大幅滑落。

除了慈善香宾，对上海跑马总会打击更大的是 1933 年开始发行的"国民政府航空公路建设奖券"。这是一种由国家主导、以兴办公共建设为名而发行的国家型奖券（state lottery）。国民政府自成立以来，即擅于以奖金为诱因筹措建设经费和军

---

① 《本埠举行万国慈善比赛大跑马》，《申报》1932 年 12 月 10 日，第 12 版；《万国慈善赛马续报》，《申报》1932 年 12 月 14 日，第 12 版；《广告：注意慈善大奖》，《申报》1932 年 12 月 18 日，第 4 版；《万国慈善赛展期举行》，《申报》1933 年 1 月 11 日，第 11 版；《慈善香宾揭晓》，《申报》1933 年 1 月 27 日，第 2 版。

② 《两善团联席会议举行慈善香宾》，《申报》1933 年 2 月 3 日，第 14 版；《中国赛马会金樽大赛改作慈善香宾》，《申报》1933 年 2 月 27 日，第 10 版；《豫皖鄂三省筹振金樽香宾票揭晓》，《申报》1933 年 6 月 4 日，第 13 版。

费，早在广州时期便于 1926 年 2 月、1926 年 8 月、1927 年 8 月三度发行"有奖公债"。① 虽号称抽奖还本，但"虽有抽签，无兑无奖"，② 以致北伐完成后粤、汉等地商会对此怨声连连，先后通过全国经济会议以及全国商会联合会催促财政部偿还清理。③ 1927 年 12 月，财政部部长孙科一度想故技重施，发行有奖公债 500 万元，其条例已明令公布，④ 包括南京在内的江苏等地并以半劝募、半摊派的方式开始执行，⑤ 但因国民政府信用不佳最后不了了之。⑥

　　国民政府统一全国后，中国最富裕的东南数省一下子落入其掌控，有奖公债的办法不能再用了，眼见沪上香宾热潮风起云涌，财政部便转而把脑筋动到发行奖券上头。奖券即彩票，

① 三次"有奖公债"的发行办法分别为，第一期总额 500 万元、第二期 1000 万元、第三期 500 万元，每张债券票额五元，其特色在于将月息一分全数移做抽奖奖金，不再另外发给利息。当发行总额为 500 万元时，一等奖奖金 2 万元；发行总额为 1000 万元时，一等奖奖金则可达 5 万元。至于本金则以抽签方式分期还本。换句话说，五元的代价买得的是每月的中奖机会以及不太可能的抽签还本。不管如何，头一二期均如期售罄，第三期则未售完，仅募得 200 万元左右。毅庐：《粤省发行有奖公债五百万》，《申报》1926 年 2 月 2 日，第 9～10 版；锡：《粤省开辟黄埔之急进》，《申报》1926 年 8 月 14 日，第 9～10 版；《粤省发行第三次公债五百万》，《申报》1927 年 8 月 3 日，第 9 版；《昨日经济会议三次大会》，《申报》1928 年 6 月 29 日，第 13～14 版。
② 《全国商会昨上国府两呈文》，《申报》1928 年 11 月 21 日，第 13 版。
③ 《昨日经济会议三次大会》，《申报》1928 年 6 月 29 日，第 13～14 版；《全国商会昨上国府两呈文》，《申报》1928 年 11 月 21 日，第 13 版。
④ 《国民政府令第九十六号》（1927 年 12 月 6 日），档案号：001－012470－0017，"国史馆"藏；《财政部拟办有奖公债》，《申报》1927 年 12 月 4 日，第 7 版；《财政部进行有奖公债》，《申报》1928 年 1 月 8 日，第 9 版。
⑤ 《宝山县劝募有奖公债布告》，《申报》1928 年 2 月 2 日，第 13 版；《首都纪闻》，《申报》1928 年 4 月 19 日，第 6 版。
⑥ 《各界对于奖券之误会》，《申报》1928 年 7 月 12 日，第 15 版。

从革命的角度来看是一种不劳而获的赌博，国民政府对之早悬禁令，人尽皆知。现在要改弦易辙，必须师出有名，而发展航空和建设公路恰好提供了一个光明正大的理由。

1932 年 "一·二八" 事变爆发，日军利用空军优势肆虐中国领空，重要文化机关如上海商务印书馆闸北总厂、编译所、东方图书馆等因此被炸毁，珍贵书籍毁于一旦。[①] 当时民意普遍认为中国要能抵御外侮，必须发展航空和公路事业，但这两种建设费用甚巨，非国家预算所能支应。此时财政部部长兼代理行政院院长宋子文乃趁机提出发行航空公路建设奖券之议，所谓 "国家建设事业，经纬万端，其切中需要而为目前不可或缓者，厥有二端，一为发展航空，一为筑造公路。惟举办此种重大事业，宜筹有巨款，回顾国库空虚，军政费用且虞不给，一时安有余力增此担负。益以募集内债既属未能，筹措外债势又不可，再四思维，拟请发行奖券以为筹款之一策，此项奖券之发行应由中央慎定规章，特设专责机关严行监督办理"。[②]

此议名正言顺，冠冕堂皇。1933 年 1 月 11 日，中央政治会议乃通过行政院所呈之《航空公路建设奖券条例》，[③] 其要点为：每年发行不记名奖券四次，每次 50 万张，每张售价国币 10 元；如全数卖出，共可得 500 万元，其中半数充作奖券奖金，半数在扣除发行销售等费用后概充发展航空及筑造公路

① 《日炸文化机关》，《申报》1932 年 2 月 12 日，第 5 版；《商务印书馆呈请政府要求赔偿》，《申报》1932 年 2 月 16 日，第 2 版。

② 《中央政治会议函国民政府（府字第 159 号）》（1933 年 1 月 13 日），档案号：001 - 012470 - 0017，"国史馆"藏。

③ 《中政会通过三届立法委员名单》，《申报》1933 年 1 月 12 日，第 3 版。

之经费。①

有鉴于先前有奖公债发行成绩不佳，这次宋子文对航空奖券精心规划，针对彩票市场提出多项诱导性措施，包括提高头奖金额、提高中奖率、保证奖金十足发给、设立专责机构严格监督办理等。

第一，为吸引彩票买者，财政部将航空奖券一等奖奖金提高至 50 万元。如前所述，上海跑马总会香宾票头奖仅 22.4 万元，慈善香宾头奖最高时也不过 44.8 万元，现在航空奖券进一步将之提高至 50 万元，其金额不仅超过先前的香宾票，更超过中国曾发行的所有彩票，对彩票买者而言是个绝大的诱惑。

第二，财政部也在航空奖券办法中大幅增加小奖数量，以提高中奖率。除大奖如一等奖 1 张、二等奖 2 张、三等奖 4 张、四等奖 10 张、五等奖 50 张、六等奖 100 张、七等奖 500 张，各得 50 万元、10 万元、5 万元、1 万元、2000 元、500 元、200 元之外，还特别加入与一等奖末二字相同者 4999 张、与一等奖末一字相同者 49999 张，各得 70 元和 20 元。② 如此，总奖票额高达 5 万多个，号称"每十张奖券必有一张中奖"。③

在国家与市场机制的密切合作下，航空奖券果然成果辉煌。头两期分别于 1933 年 7 月 1 日和 10 月 31 日发行，很快售罄。由于发行顺利，信心渐足，开奖及给奖委员组和财政委员组联席会议乃决议自第三期起，将原定的三个月发行一期改

---

① 《宋子文提议发行航空公路建设奖券》，《申报》1933 年 1 月 13 日，第 9 版。
② 《航空公路建设奖券条例要点》，《申报》1933 年 1 月 12 日，第 7 版。
③ 《广告：国民政府航空公路建设奖券购券常识》，《申报》1933 年 5 月 22 日，第 11 版。

为两个月发行一期。[①] 到了第 13 期（1935 年 8 月 9 日），更进一步修改为每月开奖一次，并将券额减为 30 万张，头奖降为 25 万元，奖额则增加 630 个。[②] 此后，每月固定于第一个或第二个周五开奖，直到 1937 年 11 月因抗日战争全面爆发才中止，前后共 40 期。[③]

航空奖券挟国家之名，成功地抢夺了香宾票的市场，在头奖 50 万元或 25 万元的吸引下，把上海跑马总会打得溃不成军。最可怕的是，自第二期起，"为便利下层社会购买起见"，[④] 航空奖券开始分条出售，即将原先一张 10 元的奖券分作十条，每条售价一元。[⑤] 此举将购买门槛大幅降低，当时一个银行职员月薪仅 80 元、[⑥] 英文速记员 100 元，[⑦] 对这些中间阶层而言，10 元买一张奖券可能要考虑再三，可是花一元试试手气就相对容易多了。

不仅顾客群因此大幅扩大，许多公司行号更趁机搭航空奖券的便车，为其商品做促销。例如，《小日报》为征求八周年纪念订户，凡联合 10 户同时订阅半年者，可获赠航空奖券一条；[⑧] 南京路大纶绸缎洋货局规定凡购货满 15 元者，即赠券

---

① 《第三期航空奖券缩短奖期变更摇法》，《申报》1933 年 11 月 6 日，第 11 版。

② 《十三期航空券消路畅旺》，《申报》1935 年 7 月 10 日，第 14 版。

③ 《四十一期航券停止开奖》，《申报》1937 年 12 月 3 日，第 4 版。

④ 《航空奖券近讯》，《申报》1933 年 7 月 12 日，第 15 版。

⑤ 《航空奖券第二期今日不及开始发售》，《申报》1933 年 8 月 15 日，第 16 版。

⑥ 伏羲：《花旗银行职员失踪》，《福尔摩斯》1930 年 2 月 14 日，第 1 版。

⑦ 《青年会职业介绍部征求人才》，《申报》1935 年 1 月 22 日，第 14 版。

⑧ 《广告：小日报捌周年纪念》，《申报》1933 年 9 月 2 日，第 11 版。

一条；^①上海中法储蓄会公告该会已购买航空奖券多条，准备分赠入会新储户；^②亨得利钟表行秋季大减价25天，也以分条的航空奖券为赠品；^③九福公司更在其十周年出品中附有纪念赠券，凡集六张即可兑换航空奖券一条。^④总之，分条出售使得航空奖券成为一种奖品、赠品，甚至礼品，^⑤出现了许多前所未见的用途。

买十送一

航空奖券一步步向下扩展市场的同时，上海跑马总会香宾票的销量也随之步步下滑。1934年春赛头奖奖金仅12万余元，几乎是当年22.4万元之半，沪上三日出刊的小报《晶报》乃发出香宾票需要改革的声音。据署名"鹊尾"的记者分析，如将香宾票与航空奖券做一比较，头奖金额的多寡还在其次，前者会员制造成的不便才是令购者裹足不前的最大原因，"盖凡购票者，多不满于得奖后，需合经手会员以一成之酬庸也"。^⑥1935年春赛香宾头奖金额继续下跌至6万多元，记者"非会员"进一步指出下跌的原因有三：一为买票需经会员手，殊多手续；二为辗转托买，得奖后不及航空奖券之痛快；三为不能如航空奖券之分条出售，难以普及。^⑦

---

① 《广告：大纶绸缎洋货局》，《申报》1933年9月7日，第2版。

② 《广告：幸运的连索上海中法储蓄会》，《申报》1933年9月4日，第2版。

③ 《广告：五十万待君领亨得利钟表行》，《申报》1933年9月12日，第18版。

④ 《广告：九福公司十周纪念大赠券》，《申报》1933年12月6日，第9版。

⑤ 《广告：开送礼之新纪元》，《申报》1933年12月12日，第9版。

⑥ 鹊尾：《香宾马票宜改良》，《晶报》1934年5月12日，第3版。

⑦ 非会员：《上海西人跑马总会香宾之今昔观》，《晶报》1935年6月4日，第2版。

上海跑马总会对上述这些问题并非不了解。早在 1920 年代末，由于该会坚持仅会员方能购票、兑奖，已造成许多华洋之间的票款纠纷，[①] 其中尤以 1929 年顾兆麟的案例最引人瞩目。

该年上海跑马总会的秋季香宾大奖为华人骑师也是著名外汇经纪人顾兆麟所得，其票来自万国体育会书记谭雅声（Y. S. Day）。当顾兆麟前往谭雅声处领取奖金时，谭雅声却扣下四成回佣，22.4 万元只剩不到 14 万元。在交涉过程中，顾表示愿出二成作为佣金，而对方坚持要四成，顾觉得要求太过，乃拒绝领取奖金。他一方面上书万国体育会和上海跑马总会，请求仲裁；一方面延请律师蒋保厘帮同交涉，表示必要时将走司法一途。[②] 谭雅声这边则将奖金全数退回给原经手会员，抽手不管，领奖似乎从此无望。舆论最初多站在顾兆麟这边，觉得谭雅声身为万国体育会书记不该如此贪心，谭雅声只好出面接受英文《大陆报》（The China Press）采访，加以说明。[③]

原来万国体育会与上海跑马总会有兄弟之谊，每年谭雅声均为其代售大量马票。该季谭雅声又通过上海跑马总会会员购入 4500 张香宾票，4000 张分售给万国体育会和中国赛马会的华人会员，500 张则由谭雅声以私人名义认购。随着赛期接

[①] 例如，1928 年春赛香宾为祥茂洋行一华人职员所得，该职员系委托其西人同事亚文（S. R. Owen）购买，待中奖后，得奖人在请求亚文出面签字领奖时，亚文却突然要求将签字费由一般习惯的一成提高为两成，得奖人认为佣金太高不肯应允，亚文则以拒领为要挟，双方僵持不下，以致开奖后迟迟不见人前来领奖，外间一度盛传得遭人绑架。神鸡：《A 字香宾头奖纠葛之真相》，《骆驼画报》第 26 期，1928 年，第 2 页。

[②] "$224,000 Champions Prize Remains Unpaid," The China Press, 13 Nov. 1929, p.1;《大香宾奖款之纠纷》，《申报》1929 年 11 月 14 日，第 15 版。

[③] "Explanation in Dispute of First Prize of Champions Sweep," The China Press, 14 Nov. 1929, pp.1, 4.

近，需求孔殷，谭雅声又以约定抽成的方式，分别以抽一成五至五成的比例——转让，而顾兆麟这张便是所谓"约定抽成"的部分。比赛前两天顾兆麟前来要求出让，双方说好该票谭雅声附股三成。既然中奖，他自然有权扣下四成，除了自己的三成外，另一成给经手会员。①

万国体育会收到顾兆麟的投诉后，随即召开董事会议予以讨论，最后决议此事属于谭雅声个人行为，应交由双方私下解决。在双方律师往来协调后，此事终于在 12 月底达成协议，由蒋保厘律师代顾兆麟取回八成奖金。② 由于当初谭雅声在第一时间即将全部奖金退还给原经手会员，显见不是为了贪图钱财，《大陆报》认为谭雅声之所作所为完全符合"绅士"的标准，发生如此不幸的风波，主要还是因为上海跑马总会严格限制非会员购买所致。③

香宾票多次转手后不仅所有权容易模糊，转让时的层层经手费更使奖金大幅缩水，得主很难痛快得起来。例如，1926年秋赛 A 字大香宾得主为四明银行行长孙衡甫之如夫人，由于该票系辗转购得，得奖后掀起绝大纠纷。

此事各报众说纷纭，不过仔细爬梳之后可以看出大致过程。缘有孙长康为九江路信昌股票公司主人，此人素营汇票，每逢春秋大赛辄向上海跑马总会洋人处捎得香宾票多张转售海上各银行界人士。该年适认购 50 张，其中"一二四二九"

---

① "Explanation in Dispute of First Prize of Champions Sweep," *The China Press*, 14 Nov. 1929, pp. 1, 4;《大香宾头彩纠葛仍未解决》，《申报》1929 年 11 月 19 日，第 15 版。

② "Dispute of Big Champions Prize Is Now Settled," *The China Press*, 21 Dec. 1929, p. 1.

③ "S. R. C. Champions Prize," *The China Press*, 14 Nov. 1929, pp. 1 – 2.

"一二四三〇"两号售予四明银行行员郑余繁。因该行行长之如夫人欲购香宾票，郑余繁遂将后者让出。开赛当日摇出票号，该号恰好摇得热门马匹"灰铁克劳夫"（Wheatcroft），此时孙夫人或出于自愿，或在孙长康和郑余繁的怂恿下，以3万元的代价将半张出售给马会某洋人以降低风险。结果"灰铁克劳夫"赢得头马，孙夫人遂得22.4万元的一半，外加3万元，共洋14.2万元。但要领得奖金并不容易，首先必须由西人会员出面签字，孙夫人需付其一成之签字费，即2.2万余元；此票为郑余繁转让，孙夫人又赠其1.4万元作为转手费。讵料领奖时又生波折，孙衡甫之子为庶母往来奔走，与马会要人进行辩论，最后奖金幸未充公。为感谢孙衡甫之子的辛劳，孙夫人又赠其2万元。于是，号称22.4万元的大香宾最后到手时实际仅得8万余元。①

香宾票购票手续如此繁杂，兑奖过程中经手费用如此之多，难怪航空奖券一出香宾票销量便节节下滑。上海跑马总会虽明知香宾票已发展成一种不折不扣的彩票，也明知会员制是造成香宾票难以与航券竞争的重要原因，但它无法放弃非会员不得购票的禁令，原因是无论国民政府还是公共租界工部局均明令禁赌，失去了这张"并不出售、仅给会员"的护身符，在上海及其他各通商口岸，香宾票都将无所遁形。

会员制虽不可放弃，销售手法却可以改善。1937～1938

---

① 长虹馆主：《大香宾票得主》，《福尔摩斯》1926 年 11 月 12 日，第 1 版；华生：《秋季香宾票之波折》，《福尔摩斯》1926 年 11 月 15 日，第 1～2 版；佼佼：《秋季香宾票之波折》，《福尔摩斯》1926 年 11 月 15 日，第 2 版；画话：《秋季香宾之尾声》，《中国摄影学会画报》第 66 期，1926 年，第 1 页。

年，上海跑马总会开始针对销售进行一连串的改革。1937 年 3
月，上海跑马总会开始模仿航空奖券将香宾票分条出售，与航
空奖券不同的是，每张分成 11 条，而非十条，每全张仍售国
币 10 元，零售每条则为一元，等同买十送一，亦即零售商每
卖出 11 条便可赚进一元，更添其销售意愿（图 4 - 10）。[1]

图 4 - 10　1939 年 11 月上海跑马总会 A 字香宾票第一条正反面

资料来源：上海阳明拍卖有限公司提供。

1938 年秋，上海跑马总会更进一步放松对销售渠道的控
制。除了固有的会员购票，更容许沪上的彩票行、烟纸店或兑

---

① "Ad. : Racing," *The China Press*, 24 March 1937, p. 6；《广告：上海秋季大
　香宾本星期六开奖》，《申报》1937 年 12 月 7 日，第 1 版。

换店代为经售。① 一开始，工部局警务处以违反赌博禁令为由，派出巡捕予以警告，但上海跑马总会辩称，这些商店只是代为出让而非出售，加上沪上慈善团体纷纷施压，英驻沪总领事亦介入调停，工部局最后只好退让，表示如果只是出让则不在查禁之例。② 除了彩票行、烟纸店的销售渠道，赛季开始后，上海跑马总会更在跑马厅门外另设售票处以方便买客，有意购票者不必购买门券入场即可购得香宾票。③

这一系列便民的措施推出后，加上1937年11月航空奖券退出市场，使得原先买航空奖券者回头买香宾票，香宾票的销售遂开始逐步上升。④ 1938年秋售出2.4万多张；⑤ 1940年春赛更售出A字4.5万多张、B字7500张；⑥ 到了1941年春赛则完全恢复至原先发行的5万张，头奖高达19.6万余元。⑦ 至此，香宾票又重回彩票业霸主的宝座。

---

① 《公共租界兑换店不准售香宾票》，《申报》1938年10月29日，第10版。
② "Police Ban on Sweeps Fails to Stop Sales," *The China Press*, 29 Oct. 1938, p. 2；《兑换店禁售香宾票》，《申报》1938年10月30日，第10版；《大香宾票销数陡增》，《申报》1938年11月3日，第11版。
③ 《兑换店禁售香宾票》，《申报》1938年10月30日，第10版；《新年大香宾票后日开奖》，《申报》1939年1月2日，第10版。
④ 渔郎：《上海虽经战事，特种营业并不衰落》，《社会日报》1937年12月16日，第4版。
⑤ 《广告：上海秋季爱字大香宾票揭晓》，《申报》1938年11月10日，第1版。
⑥ 《春季大香宾昨日揭晓》，《申报》1940年5月9日，第8版；《广告：上海春季副香宾票奖号揭晓》，《申报》1940年5月19日，第5版。
⑦ 《春季A字香宾奖号揭晓》，《申报》1941年5月9日，第8版。至于未能恢复到头奖22.4万元的数额，主要是因为奖金分配方法的改变，除上海跑马总会两成佣金，另外还加抽一成救难善捐。《广告：上海春季A字大香宾票揭晓》，《申报》1939年5月11日，第2版；《秋季赛马讯》，《申报》1939年9月29日，第11版。

＊　　＊　　＊

英式赛马本包含观看和下注两个因素，观看使输赢更具成就感，下注则让赛事更为刺激。早期由于华人不能入场下注，"看跑马"成为赛马传入中国后最明显的大众活动。每逢春秋两季比赛，华人观众莫不或车或轿地长途跋涉前往，跑马场畔因而形成一个临时性的休闲空间。除了看比赛，也可供良家女性和高级妓女一同"看与被看"。进入民国，特别是1919年上海跑马厅开放华人入场后，展现在华人观众面前的是一项前所未见的赌博方式。在新赌法的刺激下，华人的行为很快地由"看跑马"转为"买马票"。等到上海跑马总会开始以变通的方式对外发行香宾票后，在喜好以小博大的华人中间形成一股购买风潮。

在本书的前半部，我们看到马主阶级民主化的情形，由洋人而华人，由城市精英而新兴中产阶级，有时甚至由中产而社会底层。至于在本章讨论的观众部分，其阶级也有明显层层下降的情况。由场内而场外，借着分条出售，大小香宾票一步步触及社会的每个阶层。到了这个阶段，许多人已经对"看跑马"完全失去了兴趣，他们既不愿花钱入场，也不耐烦研究马匹、骑师、赛事记录等资料，他们在意的是赛事结果，是赛马开出的号数。华人注意力由观看到下注的转变明显可见。

除了这些与赌徒无异的参与者，对那些真正喜好马匹的华人观众而言，英式赛马又究竟代表了什么？我们或许可从清末民初重要政治家、书法家谭延闿的日记中略窥一二。

谭延闿生平好马，属于那种传统重马术不重速度的大家。

1914 年他在青岛第一次观看英式赛马时，一开始觉得这种比赛"狂奔斗捷，无甚意味"，但后来看到有一匹马起步时不求争快，以保存实力，待快到终点时才全力冲刺，终于脱颖而出，谭延闿对其颇为赞赏，认为它"尚有智术也"。①

1915 年谭延闿旅居上海，先后在上海跑马厅附近，或立于路旁，或在一品香番菜馆和新世界、大世界等游戏场楼上凭栏眺望，开始对赛马渐生兴味。② 在远眺数年之后，谭延闿终于在 1921 年开始入场观赛。是年春，他与亲友先至江湾看跑马，大家根据报纸的预测下注，马票每张 5 元。他先以 5 元买第四次第四马的"独赢"，中得头马，但彩金仅 6 元 8 角。他解释说，这是因为"盖好马买者多，又与赛马只七匹也"。后又以 5 元买第五次第五马的"位置"，亦赢得头马，彩金仅 5 元 8 角。③

此后他或往江湾跑马厅，或在上海跑马厅看跑马，每次必买马票，成绩有输有赢。一次他先赢后输，刚好打平，结束后在跑马厅附近的茶楼上品茗，优游之余忽然发出这样的评论："西人之跑马正与乡人唱戏、聚赌同工也。"④

乍听之下，此语颇为突兀，跑马如何与唱戏、聚赌同工，而且还"西人"与"乡人"相提并论？不过，如果考虑到明清以来江南市镇的公众娱乐传统，便可猜想此语可能是因为跑马

---

① 《谭延闿日记》，1914 年 5 月 24 日，中研院近代史研究所近代史全文数据库，http://dbj.sinica.edu.tw: 8080/handy/Controller.asp（2011 年 3 月 11 日检索）。以下引用网页信息和检索时间均同，不另注明。
② 《谭延闿日记》，1915 年 11 月 13 日；1916 年 6 月 14 日；1917 年 10 月 17 日、11 月 12 日。
③ 《谭延闿日记》，1921 年 2 月 11 日。
④ 《谭延闿日记》，1921 年 5 月 3 日。

同时包含了观看和赌博的元素，正与唱戏、聚赌相同；也可能表示一为城市人之休闲，一为"乡人"之娱乐，两者本质实一。又或者对谭延闿这种传统好马的大家而言，此时英式赛马已不再是一种驰骋原野的马术，而是一种与看戏无异的公众娱乐。

但赛马究竟还是与一般赌博不同，尽管同是博输赢，但城市居民认为跑马体面、现代、光明，不必以一般赌博视之。1926 年《申报》自由谈刊登的《赛马谈》便说道："愿诸君以赛马作运动观、作消遣品，勿以赌博视之。即稍稍下注，亦须审慎，以验己之观察及判断力如何，如此则输赢不巨，胜固可喜，败不足忧，斯则不失赛马之精神耳。"[①] 1923 年 2 月，江湾跑马厅大看台重建完工，举行落成礼，淞沪护军使何丰林在致辞时也盛赞跑马"于公共娱乐之中，隐寓提倡尚武精神"，与"吾国古时风俗，每于三月上巳良辰举行马射"相仿佛。[②]

是以源自英国狩猎文化的赛马，因能与中国传统尚武精神进行联结，而被接受为一种"体育"。其强烈的赌博成分可以暂时被搁置一旁不论。但当 1928 年跑狗引入中国后，虽然同样源于英国狩猎文化，同样属于观众性运动，但由于主角由马匹变成了猎犬，顿失"尚武"联结，中国社会发现自己无法以"运动"或"体育"视之，其赌博特征便骤然浮现，无处回避了。上海市政府趁机借此攻击租界当局引诱华人赌博，华洋双方遂展开一场"是运动还是赌博"的大型辩论攻防战。

---

① 亦豪：《赛马谈》，《申报》1926 年 11 月 5 日，第 17 版。
② 《江湾跑马厅落成之何使演辞》，《申报》1923 年 2 月 26 日，第 14 版。

第五章　是运动还是赌博？

如本书第一章至第四章所述，英式赛马自 19 世纪中叶引入上海以来，借由"运动""总会""殖民"等概念，到了 20 世纪初已逐步在地化。华人精英和城市中产阶级上层先后参与这项体育活动，他们或建立英式总会，成为马主，力图在殖民社会中与西人平起平坐；或出任骑师，纵横马场，享受英式运动的竞赛刺激。除了这些可以接触马匹的马主和骑师，城市中的一般大众也借着入场观看，或在场外购买香宾票积极参与此项活动。到了北伐成功，国民政府进入上海时，赛马已俨然成为上海城市文化中不可或缺的一环。对不同的人群而言，它或许代表了运动，或许代表了赌博，但跑狗的出现将这种运动与赌博混杂的特性进一步朝着后者的方向推移。

跑狗活动因为可以追溯到英国早期贵族间"猎犬逐兔赛"（coursing），所以 1920 年代发明以后不仅在英国受到欢迎，沪上赛马界人士也对之颇为青睐，乃安排于 1928 年引入上海。于是短短数月，上海便出现了三家跑狗场。这些赛场相继开赛，因娱乐性极高而广受沪上华洋居民欢迎。但跑狗令人无法忽视的赌博特性，很快就引起了究竟是运动还是赌博的争议。

跑狗不同于跑马，跑马可与中国古代讲求骑射或牧围的传统相联结，故较少受到舆论质疑；跑狗则无法以尚武的精神予以诠释，加以沪上跑狗场均由西人经营，位于租界，遂成为华人团体指控外人借治外法权引诱华人赌博的最佳案例。1928～1931年，跑狗场饱受华方舆论抨击，华人以赌博与犯罪息息相关为由，要求租界当局关闭跑狗场。但外人受跑狗可溯及早期英国贵族狩猎活动的观念影响拒绝合作。从此，双方展开了长达三年的拉锯战。本章将以此争议为例，讨论观众性运动在上海进一步深化的现象。

我们可以看到，跑狗的引入与上海赛马界密切相关。赛狗总会与赛马总会之间不仅在组织、人员上相互重叠，且沪上第一批狗主亦多来自马主。尤有甚者，赛狗总会的入会门槛较低，使得一批原先没有加入或无法加入马会的中上阶层，特别是华人女性得以利用此机会加入赛狗会。她们借着成为会员，终于可与其父兄一样自由进出总会，享受观赛与出赛的乐趣。

本章同时要指出，纵然英人在论辩时坚称跑狗是一种良善的运动或休闲，但此活动之所以能够风靡英国和上海，靠的却是它强烈的赌博特质，亦即每晚六至十场、每20分钟一次下注机会。沪上赛狗场从一开始设计时，便清楚意识到其顾客群在华人大众，是以故意降低门票的价格和下注金额，并依循欧美惯例，不惜大量使用电力在夜间比赛，以便民众在下班或下工后参与。于是在三家跑狗场的推动下，观看与下注合而为一，观众性运动借此更进一步地往中下阶层扩散。

一　现代大众娱乐

从猎犬逐兔到赛狗

以今日眼光观之，赛狗无疑是一种赌博，但这项活动自1920年代出现时，乃至于到了今日却经常号称是一种"运动"，特别是在英国，这与英国近代狩猎文化有着密不可分的关系。

赛狗使用的猎犬是一种特殊的狗种，中文或翻译为灵猥（greyhound），身躯瘦长，锐眼疾走（图5-1）。沪上著名的综合性小报《晶报》对其外貌的形容颇为生动："具狼行，身瘦腿长，头尖尾细，善驰跃，每小时可疾驰四十五至五十英里。"① 更重要的是，灵猥与其他猎犬不同，它主要仰赖视觉而非嗅觉追逐猎物，因此可以在人的控制下在空旷的场地上竞速。这正是它成为猎犬逐兔赛和赛狗专用狗种的原因。

早在中世纪撒克逊及诺曼人时期，英国便有携灵猥狩猎的习惯，唯只盛行于少数地主和贵族之间。16世纪，地主和贵族阶级开始出现猎犬逐兔的比赛，并在18世纪蔚为风潮。最初是少数的俱乐部私下进行，但在1831年英国正式通过《狩猎法》（Game Law）后，开放性的赛事与日俱增。1858年，全英猎犬逐兔俱乐部（the National Coursing Club）正式成立；1882年，又模仿赛马建立灵猥血统簿，凡无法上溯其血统谱系者，即不可在全英俱乐部所辖的赛场出赛，赛事规章更为周全。

---

① 《参观上海万国赛狗会记》，《晶报》1928年5月6日，第2~3版。

图 5 - 1　灵猩身型瘦长，轻轻一跃就优雅地跳过障碍

资料来源：*The North-China Daily News*，28 May 1928，p. 12.

其赛事分成旷野和固定场地两种，以前者更受重视。比赛办法是先纵兔于前，再放灵猩追逐于后，裁判骑马紧随。因野兔奔走方向不定，灵猩必须在群犬中奔走跳跃保持优势，因此除速度是评审要件外，猎杀技巧和灵敏度更是取分的关键。①

　　猎犬逐兔赛与狩猎关系密切，是乡绅等上层阶级的休闲活动，所以自始即被视为一项运动，并经常与赛马相提并论。

　　19 世纪下半叶，猎犬逐兔赛已成为常规性的比赛，赛季自每年 9 月始，次年 3 月终，盛况不下于赛马。例如，曾任香港怡和洋行大班的英国国会议员加律治（Sir Robert Jardine）纵横于英国各大马赛盛事，1869 年以栗色雄驹"僭王"（Pretender）同时夺下纽马克特赛马会的"两千几尼赛"（the 2000 Guineas）和埃普索姆赛马会的"德比大赛"，但真正让

① Athelstan Ridgway, ed., *Everyman's Encyclopedia*, Third Edition, vol. 4（London：J. M. Dent & Sons Ltd., 1950），pp. 310 - 311.

他得意的还是四年后以灵猩"妙丽儿"（Muriel）拿下猎犬逐兔赛的最高荣誉——滑铁卢杯（Waterloo Cup），显示猎犬赛的重要性实不亚于赛马。[1]

猎犬逐兔的比赛虽然刺激，但参与人数终究有限。要能吸引一般大众，达到充分参与的目的，恐怕必须去除那些技巧、角度、灵敏度等模糊的裁判空间，同时有固定的场地、足够的视野和光线，最好还能控制猎犬行进的方向。1922年前后，美国俄克拉荷马州一位名叫欧文·史密斯（Owen Patrick Smith）的人，据说因见猎犬逐兔赛中野兔被猎犬四分五裂的情形太过残忍，乃发明一种以假兔代替野兔的比赛。[2]

该比赛以电动假兔为饵，设置在一定的轨道上滑行，一旁则派专人控制速度。电兔先经过狗笼绕场一周，然后放出灵猩，灵猩因纯靠视觉狩猎，看见假兔踪迹早就焦躁不已，笼门一开，立刻夺门而出，紧追不舍。在专人操作下，灵猩纵使全力奔驰，对电兔却始终可望而不可即，达到"猎犬逐兔"的目的。然后以先达终点的灵猩为优胜，而观众在看台上全程参与，一览无余。从此，一项崭新的大众娱乐就此展开，名为"跑狗"（greyhound racing）。[3]

除去以电动假兔控制方向，跑狗的另一项发明是夜间比赛。原来跑狗在美国初起时生意不佳，顾客有限，为吸引邻近

[1] Blake, *Jardine Matheson*, pp. 150–151.

[2] Roy Genders, *Modern Greyhound Racing and Coursing* (London: Sporting Handbooks, 1949), p. 35; "History of Greyhound Racing in the UK," http://lovegreyhounds. co. uk/racing_history. php（accessed on 2017/4/27）.

[3] "History of Greyhound Racing in the UK," http://lovegreyhounds. co. uk/racing_history. php（accessed on 2017/4/27）；瘦鹃：《申园试犬记》，《申报》1928年7月14日，第21版。

赛马场的观众看完赛马后顺道前来观看赛狗，遂改在夜间进行，而跑道两侧加装了巨型探照灯，灵猩号衣一目了然。结果电力带来的现代感果然吸引了大批人潮。从此，跑狗与夜色、电力密不可分，同时也意外成为一般大众下工后的最佳娱乐。①

跑狗虽然发明于美国，却在英国暴得大名。1925年，这项活动经美国人穆恩（C. A. Munn）率先引入英国。穆恩先联合南英格兰著名猎犬逐兔赛裁判林恩狄克逊少校（Major Lyne-Dixson）共同推行这项活动；后因欠缺资金，又与社会阶级较高、28岁时便因第一次世界大战战功而获空军准将衔的克里奇利（Brigadier-General A. C. Critchley）联络，请求资助。②

据说，克里奇利当时正因其男仆赌马债务而头痛不已，当听说此事，他第一个念头便是赛狗价格相对低廉，却可提供同样的乐趣，这项新玩意不正有如穷人的赛马吗？为中下阶层计，也为自身投资计，他遂决定投入此事业。③ 克里奇利等人先成立一家名为"英国赛狗协会"（Greyhound Racing Association Ltd.）的公司，然后在素有猎犬逐兔赛传统的英格兰西北部寻找合适场地，几经波折后在曼彻斯特设立"美景"（Belle Vue）跑狗场。1926年7月，该跑狗场开始正式比赛，其成功控制电兔和猎犬的特色立刻引起轰动。④ 不出数周，美景跑狗场的观赛

---

① A. R. D. Cardew, *All about Greyhound Racing* (London: Mathews & Marrot, 1928), p. 8.

② Genders, *Modern Greyhound Racing and Coursing*, p. 35.

③ "Harringay Stadium," https://en. wikipedia. org/wiki/Harringay _ Stadium (accessed on 2017/4/27).

④ Roy Genders, *The Greyhound and Greyhound Racing: A History of the Greyhound in Britain from Earliest Times to the Present Day* (London: Sporting Handbooks, 1975), pp. 60 – 61.

人数便由最初的 1700 人剧增为 17000 人，下注金额更高达数千英镑。①

1927 年，英国赛狗协会再接再厉，进军伦敦。一方面取得伦敦西部的白城运动场（the White City）作为总部；② 另一方面在伦敦北部兴建一座哈林盖运动场（Harringay Stadium）。该年下半年，白城和哈林盖双双开始比赛，一时首都赛犬蔚为风潮，其景况之盛，前所未有。原本进入酒吧消磨时间的人群纷纷转赴赛狗场，令酒吧主人叫苦连天。③ 其他城市诸如伯明翰、爱丁堡、利物浦、莱斯特、布莱顿、普利茅斯、加迪夫等亦纷纷跟进。与此相对，报上赛狗消息充斥。1927 年 8 月 20 日，路透社自伦敦报道，该年自元月以来，英国已成立了 33 家赛狗公司，每家至少需 180 只猎犬才能维持营运，而 1926 年灵猩血统簿有记载者仅 2712 头，是以猎犬价格大涨，头等灵猩每头已由原先的 30 英镑涨到史无前例的 300～500 英镑。两天后，路透社又报道纽约市市长至伦敦白城运动场观赏英美对决赛，当代表英国的"水泡沫"（Water Bubble）逆转获胜时，全场欢呼声响彻云霄。④

1927 年底，一位英侨自欧美返沪后撰文抱怨。他此行周

---

① "Our History," http：//www. ngrc. org. uk/pages/about＿us/our＿history. asp.（accessed on 2017/4/27）.

② 白城运动场本为 1908 年伦敦夏季奥运会而建，系英国第一个奥运会运动场。其场地居中，周围备有层层座椅，被认为是运动场具备观众席的先驱。因久未使用将近荒废，英国赛狗协会接手后将之改造为赛狗场和赛车场。该场地自 1927 年起至 1984 年拆除，一直是英国赛狗界的首要场地。"White City Stadium," https：//en. wikipedia. org/wiki/White＿City＿Stadium（accessed on 2017/4/27）.

③ "Greyhound Racing in Shanghai," *NCH*, 14 Jan. 1928, p. 54.

④ "Greyhound Racing Boom in England," *NCH*, 27 Aug. 1927, p. 379.

游英、美、法等国，原想趁机找人讨论上海治外法权的问题，不料大家对此均不感兴趣，美国人只关心该年 5 月林白（Charles Lindbergh）横越大西洋飞行的创举，英国人则只想谈论跑狗所带起之风潮。[①]

毋庸讳言，赛狗在英国的兴起与工人阶级的休闲需求密切相关。据史家罗杰·芒廷（Roger Munting）分析，在两次世界大战之间，英国的工人阶级经历了两项重要改变：一是实际薪资的上升；二是工作时间的缩短。如以 1930 年为基数 100，1920 年的实际薪资为 91.2，1935 年则上升为 108.3，1938 年虽稍稍下降至 107.7，但整体上升趋势则一。与此相对，此时期物价呈下滑之势，更使工人的实际收入向上提升。另外，欧战甫结束，英国政府便于 1919 年明令将每日工作时间减为八小时，工人阶级的工余时间因而大增。[②]

有钱有闲之后需要的便是休闲。赛狗价格低廉，足可负担。同时夜间比赛，不妨碍工作。最重要的是，英国对赌博规定严格，赛狗场是少数可以公开下注的地方。原来，英国 1853 年赌博法规定，凡在任何"房子、办公室、房间或地方"赌博者，均属违法。原本以为这个定义能够涵盖所有场所，但后来法院判例显示赛马场不在此列。赛狗传入英国后，遂援引赛马场之例公开下注，而此正符合工人阶级的需求。[③]

所以，上述的赛狗狂潮并非昙花一现，而是愈演愈烈，并

① "Who's Right and Who's Wrong?" *The China Weekly Review* (hereafter *CWR*), 1 Oct. 1927, p. 117.

② Roger Munting, *An Economic and Social History of Gambling in Britain and the USA* (New York: Manchester University Press, 1996), p. 32.

③ "Revision Urged of Gaming Laws in Great Britain," *The China Press*, 29 Nov. 1927, p. 3; "Shanghai 'Travesty of Sport'," *NCH*, 28 Jan. 1928, p. 147.

且很快朝着大众娱乐的方向迈进。随着赛狗场在英国各城市如雨后春笋般地成立，赛犬协会也自 1927 年 6 月起定期在伦敦白城运动场举行"英格兰赛狗德比大赛"（the English Greyhound Derby），力图将该运动场塑造成赛狗界的圣地。①1929 年，超级猎犬米克米勒（Mick the Miller）的出现，进一步让这项运动打入英国人的心。

米克米勒生于爱尔兰，1929 年始至英格兰参赛，它不仅屡破纪录，所向披靡，更于 1929 年、1930 年连续夺得德比大赛冠军，仅 1931 年在观众的叹息与不平下饮恨。在赛场上，当众犬纷纷扰扰、兴奋地无法控制自己时，米克米勒清楚地展现出冷静、聪明、不屈不挠的特点。据说它在转弯时会故意放慢速度，以免与其他狗群挤成一堆；它总是想办法切入内线，仿佛知道那是抵达终点的最短距离；冲过终点后，它也泰然自若，不像其他猎犬因假兔突然不见而悻悻不已。赛事之余，它不仅出入上流社会，晋见英王、王后，甚至还参与大屏幕的演出。在报纸杂志的密集报道下，英国大众热切地观察它的一举一动。当时正值世界经济大萧条时期，这只超级猎犬的传奇不仅为英国社会注入了浪漫与刺激，也为困惑的人们提供了一个逃避的出口（图 5 - 2）。②

米克米勒是赛狗界第一个但不是最后一个明星，在大众文

---

① "White City Stadium," https：//en. wikipedia. org/wiki/White_City_Stadium（accessed on 2017/4/27）.

② Brian Belton, *When West Ham Went to the Dogs*（Stroud：Tempus Publishing Ltd.，2002），pp. 59 - 74；Michael Tanner, *The Legend of Mick the Miller：Sporting Icon of the Depression*（London：Highdown, 2004），p. 83；"Mick the Miller," https：//en. wikipedia. org/wiki/Mick_the_Miller（accessed on 2017/4/29）.

图 5 - 2　最盛时期的米克米勒

资料来源：布兰登·贝里（Brendan Berry）提供。

化的推动下，赛狗的荣景在 1940 ~ 1950 年代达到顶峰。据估
计，当时英国每年约有 25 万人次前往观赛。1946 年的德比大
赛观众人数更高达 5.8 万人。① 该年，英国赛狗运动的下注金
额也超过赛马和足球。② 赛狗作为 20 世纪英国最重要的运动
与娱乐之一，一直要到 1960 年之后才因为法令、税制、电视
转播的出现等诸多因素开始走下坡路。③

---

① Genders, *Modern Greyhound Racing and Coursing*, p. 36；"Hhistory of
　Greyhound Racing in the UK," http：//lovegreyhounds. co. uk/racing _
　history. php（accessed on 2017/4/27）.

② 《跑狗》，《时与潮》第 26 卷第 3 期，1947，第 27 页。

③ 1960 年英国通过《投注与博彩法案》（Betting and Gaming Act），允许场
　外设立投注店，此举让欲赌狗者不必入场即可下注，入场观赛人数因而
　下降。随之而来的电视转播更使情况雪上加霜。"History of Greyhound
　Racing in the UK," http：//lovegreyhounds. co. uk/racing_ history. php（accessed
　on 2017/4/27）.

赛狗传入上海

跑狗在英国掀起的热潮，很快便受到上海英侨的关注。由于赛马在上海已有悠久历史，观赛、下注普遍为中外社群所接受，赛马界不少成员对跑狗这项性质相近但利润似乎更丰厚的运动兴趣盎然。麦边洋行合伙人惠廉·麦边（William R. B. McBain）和利安洋行合伙人海因姆（Ellis Hayim）首先展开行动。

惠廉·麦边出身上海著名的麦边家族，是上海殖民社会的第二代。其父乔治·麦边（George McBain）1870 年代即自苏格兰来华，以经营长江轮船航运起家；1890 年代又因投资苏门答腊北部的烟草种植进而参与当地的火油开采。到了 1890 年代，乔治·麦边已是上海的重要商人，多次当选法租界公董局董事，在外人社群中深受敬重。1904 年，乔治·麦边因支气管炎引发其他疾病意外去世，享年 57 岁。《北华捷报》用相当强烈的字眼深表惋惜，称之为"母国送来远东质量最好的人"，称其过世是"对上海以及远东外人社群的一大打击"。①

乔治·麦边为家族事业打下基础，但守住事业并让其进一步扩张的则是其夫人西西尔（Mrs. Cecile Marie McBain）。如同当时大多数来华外人般，乔治·麦边早年用心于事业，近 40 岁才步入婚姻。1887 年 12 月，他在新加坡迎娶仅 18 岁的西西尔。② 关于其夫人的来历说法不一，有的说是船家

---

① "The Death of Mr. George McBain," *NCH*, 18 Feb. 1904, pp. 338–339；黄光域编著《外国在华工商企业辞典》，第 326~327 页。

② "Marriage," *NCH*, 20 Jan. 1888, p. 53; "McBain," *NCH*, 23 Aug. 1924, p. 320.

女，有的说是流落宁波街头的孤儿。不论如何，西西尔应是欧亚混血无疑。[1] 年轻的西西尔嫁给乔治·麦边一年后长女出生，接着几乎每隔一年就生一个小孩，两人共育有五子四女。[2]

1904 年乔治·麦边去世时虽儿女成群，但不是年仅十余岁的少年，就是尚在稚龄的幼童，无法担起乔治·麦边在公司的职务。为了维护家族事业，麦边夫人做了一个不寻常的决定。1906 年 6 月，她决定下嫁与其夫友善且熟悉公司业务的弗里曼（R. S. Freeman），后者同意冠上麦边姓氏，将姓名更改为马克拜（R. S. Freeman McBain，或称 R. S. F. McBain），成为麦边洋行主人。在这样的安排下，麦边夫人成功地保全了家族利益，并与具骑士精神的马克拜联手进一步扩张事业版图。[3]

二人主掌家族事业近 20 年，其间除了长江轮运以及苏门答腊煤油事业蒸蒸日上外，麦边洋行更进一步涉足沪上房地产业和华北煤矿开采。1904 年，麦边夫人率先在公共租界西面静安寺路、戈登路、爱文义路之间建起广达 60 亩的

---

① 其后人亦言西西尔是奥地利与华人的混血，参见 York Lo, "From No 1 on the Bund in Shanghai to a Kaolin Mine in Cha Kwo Ling, Hong Kong-the Century Old China Coast Saga of the McBains," http: //industrialhistoryhk. org/from - no - 1 - on - the - bund - in - shanghai - to - kaolin - mine - in - cha - kwo - ling - the - century - old - china - coast - saga - of - the - mcbains/#_ edn9 （accessed on 2017/5/3）. 以下引用该文时，不再一一注明网址及检索日期。

② York Lo, "From No 1 on the Bund in Shanghai to a Kaolin Mine in Cha Kwo Ling, Hong Kong"; "Inward," *NCH*, 15 Oct. 1902, p. 810.

③ "McBain-McBain," *NCH*, 7 Sept. 1906, p. 595; "M. M. Tackey v. R. S. F. McBain," *NCH*, 23 Oct. 1909, pp. 187 – 209.

麦边花园；1913 年又在外滩一号建立了高七层的麦边大楼（the McBain building）。麦边花园于 1922 年底转售上海饭店公司，改建为著名的大华饭店；麦边大楼则于 1917 年转售亚细亚火油公司，作为该行在华总部，后称"亚细亚大楼"。①

麦边夫人用心于地产投资，马克拜则涉足华北煤矿业。1918 年，马克拜以麦边洋行主人身份发起开办上海兴利垦殖公司（Shanghai Exploration & Development Co., Ltd.），投资经营华北门头沟煤矿。② 同年，他又与祥茂洋行主人伯基尔及汇通洋行董事惠而司（A. J. Welch）等共同发起开办上海银公司（Shanghai Loan & Investment Co., Ltd.），经营放款融资。③ 这两个公司均以麦边洋行为总代理，由该行控股。等到 1924 年麦边夫人去世时，她与马克拜已为其五子四女建立起一个横跨航运、矿产、金融、房地产开发的事业王国。

本章的主角惠廉·麦边正是乔治·麦边的次子。他 1891 年生于上海，先就读于上海圣芳济书院（St. Francis Xavier's College），1910 年前后又与长兄乔治、四弟内维尔先后返回英国读书，入剑桥大学。欧战爆发后，兄弟三人一同走上战场，乔治加入皇家空军，不幸于 1918 年 10 月战死沙场；惠廉先后在野战炮兵队和皇家空军服务，因表现英勇，多次获颁奖章，最后以少校军衔退役；内维尔则加入皇家炮兵，后获陆军上尉衔。战争结束后，惠廉和内维尔双双返回上海接手父亲的业务。随着

---

① "Shanghai Hotels' New Scheme," *NCH*, 4 Nov. 1922, p.299；熊月之主编《上海名人名事名物大观》，上海人民出版社，2005，第 525~526 页。
② 黄光域编著《外国在华工商企业辞典》，第 48 页。
③ 黄光域编著《外国在华工商企业辞典》，第 54 页。

麦边夫人的去世，马克拜逐步淡出家族事业。到了 1926 年，惠廉已以次子身份成为麦边家族的掌门人，并于 1926 年和 1927 年当选为工部局董事。1927 年，年仅 36 岁的惠廉·麦边事业正隆，喜好赛车、飞行、骑马等具强烈速度感的运动，尤其热衷赛马，他是上海跑马总会和万国体育会的双料成员，也是上海跑马场和江湾跑马场的重要马主。[①]

惠廉·麦边出身于沪上苏格兰家庭，同样对推动赛狗不遗余力的海因姆则出身上海犹太家族。海因姆 1894 年生于巴格达，1911 年始抵沪，后往伦敦大学接受教育。其家族声势显赫，母亲是沙逊家的小姐，妻子则是沪上另一犹太家族伊莱亚斯（Elias）家的长女。拜家族人脉和自身能力，1924 年他已是利安洋行的合伙人。该行不仅经营证券、股票、汇票等业务，更资助许多推动上海发展的重要计划，因此被称为"远东最显赫的股票经纪公司和财政代理人"。[②] 1927 年，海因姆因此成为上海众业公所（Shanghai Stock Exchange）主席，并担任宏恩医院（Country Hospital）管理人，以及中国公共汽车有限公司（China General Omnibus Co., Ltd.）董事等职务。他同惠廉·麦边一样热衷赛马，也是上海跑马总会和万国体育会

---

① Nellist, *Men of Shanghai and North China*, pp. 271 – 272；"The New Councillors," *NCH*, 6 March 1926, p. 426；G. V. Carey, *The War List of the University of Cambridge, 1914 – 1918* (Cambridge：Cambridge University Press, 1921), pp. 177, 286；York Lo, "From No 1 on the Bund in Shanghai to a Kaolin Mine in Cha Kwo Ling, Hong Kong."

② S. Ezekiel, comp., *Leaders of Commerce, Industry and Thought in China* (Shanghai：Geo. T. Lloyd, 1924), p. 169；黄光域编著《外国在华工商企业辞典》，第 357 页；Nellist, *Men of Shanghai and North China*, pp. 164 – 165.

的双料成员。①

惠廉·麦边和海因姆的出身背景及各自家族对赛马的热爱并非特例。事实上，正反映出沪上推动赛狗人士的共同特征——长年定居上海、重要洋行的负责人、在外人社群中具有声望、本身热爱骑术，同时拥有一定规模的马房。这些人极富商业头脑，能看准时机大量投资。1927年，他们不约而同地决定在上海创立跑狗场，引入赛狗这项活动。除了作为一种有利可图的投资，也因为赛狗与猎犬逐兔赛的高度相似性。在英式运动中，狩猎及其相关活动地位崇高。赛狗既然源自高贵的猎犬逐兔赛，又在英国受到如此欢迎，自然值得大费周章地引入。

1927年下半年，惠廉·麦边与海因姆联合一群志同道合之士，包括怡和洋行沪行经理贝思、古沃公馆律师兼合伙人赫礼士（M. Reader Harris）、沪上地产业龙头业广地产公司的经理施伯克、负责上海及周边地区公共汽车运载业务的中国公共汽车有限公司工程师色立克（S. S. Sellick），以及香港英商建筑工程行公和洋行（Partner, Palmer & Turner）合伙人惠尔逊（G. L. Wilson）等，合组"中国赛狗会有限公司"（The Greyhound Association of China, Ltd.），② 并采取私下招募的方式进行募股。

初始股本鹰洋35万元很快便于1927年底募足。③ 于是一方面去函公共租界工部局，说明该公司拟在界内觅地兴建跑狗

---

① Lunt, comp. , *The China Who's Who 1927 (Foreign)*, p. 112.

② "［Editor's Note］," *NCH*, 19 Nov. 1927, p. 332.

③ "Ad. : Statement by The Greyhound Association of China, Ltd. ," *The China Press*, 1 Jan. 1928, p. 7.

场，并将采取与赛马完全相同的方式比赛；[1] 另一方面与英国方面联络，申请加入英国赛狗协会联盟，并向伦敦采购灵猩、电兔等设备，聘请专业人员如甘璧迩少校（Major Duncan E. Campbell）、赫斯本兹（Harry Husbands）等人来沪负责会场建设布置等相关事宜。[2]

惠廉·麦边等人甫开始运作，其他团体也传出有意成立相似组织的消息。一是以汇通洋行董事惠而司、壳件洋行总理克拉克为首的"上海万国赛狗公司"（Shanghai International Greyhounds, Ltd.）；二是以中国建业地产公司（Foncière et Immobillière de Chine）董事会主席邵禄（Joseph Julien Chollot）和万国储蓄会（International Saving Society）董事会主席史比门（Michel Speelman）为首的"法国赛跑会有限公司"（Champs de Courses Français）。两公司分别向外发出招股说明书，前者股本 50 万元，[3] 后者股本原定 80 万元，[4] 后改为 60 万元，[5] 均相继募足。[6] 于是三方各觅土地，进口设备和灵猩。场地建成后又为之绞尽脑汁选取合适的中英文名称，以争取沪

[1] Messrs. White-Cooper & Co. to J. M. McKee, 12 Aug. 1927, enclosed in Statement by the Directors of the Greyhound Racing (China) Association, 8 Nov. 1930, 工部局档案，档案号：U1 - 3 - 3332。

[2] "The Greyhounds in Shanghai," *NCH*, 31 Dec. 1927, p. 571; "The Opening of Luna Park," *NCH*, 26 May 1928, p. 334.

[3] "Ad.: Shanghai International Greyhounds, Ltd.," *The China Press*, 28 Dec. 1927, p. 8.

[4] "Ad.: Champ de Courses Francais," *The China Press*, 29 Nov. 1927, p. 9.

[5] "Ad.: Avis Le Champ de Courses Francais (French Race Course)," *The China Press*, 28 Jan. 1928, p. 9.

[6] "Greyhound Racing in Shanghai," *NCH*, 31 Dec. 1927, p. 571.

上华洋两方观众的支持。①

各方较劲的结果是，1928 年上海相继出现三个跑狗场。首先，5 月 26 日惠廉·麦边的"Luna Park"率先开幕，中文名称为词义优雅的"明园"。接着，7 月 31 日惠而司等人的"The Stadium"开幕，中文借用沪上通称的"申"字称为"申园"。接下来，11 月 18 日法租界的"Canidrome"亦加入战场，取其自在逍遥之意，中文称作"逸园"。②

明园、申园均位于公共租界边缘，前者在沪东华德路（今长阳路南）上；③ 后者在沪西胶州路底，紧临公共租界与华界边界。④ 两园均是在人烟稀少处，从无到有辟地兴建，各占地约 60 亩，⑤ 董事以英人为主。逸园则购下上海著名英商马立师位于亚尔培路的私人花园（今复兴中路、陕西南路转角处），属法租界，面积稍大，约 78 亩，⑥ 法商为其董事会主要成员。三园恰占据租界东、西、南三侧：一方面分布平均，租界居民无论所居何处均可在一定范围内找到观赛地点；另一方面三园各据一方，形成鼎足而立、相互竞争之势（图 5-3）。

---

① 《中国赛狗场改名明园》，《申报》1928 年 2 月 28 日，第 15 版；《广告：胶州路赛狗场定名申园公告》，《申报》1928 年 7 月 3 日，第 1 版；"French 'Canidrome'," *The China Press*, 20 Oct. 1928, p. 13.

② 《明园赛犬记》，《晶报》1928 年 5 月 24 日，第 2 版；《申园赛狗场今晚开幕》，《申报》1928 年 7 月 31 日，第 15 版；"Canidrome Opening Meeting," *The China Press*, 19 Nov. 1928, p. 5.

③ 《明园二次试犬记》，《申报》1928 年 5 月 25 日，第 16 版。

④ 《申园特刊》，《申报》1928 年 7 月 31 日，第 19 版。

⑤ 《明园赛犬记》，《晶报》1928 年 5 月 24 日，第 2 版；瘦鹃：《申园试犬记》，《申报》1928 年 7 月 14 日，第 21 版。

⑥ 杨天亮选编《上海逸园跑狗场史料》，《档案与史学》1997 年第 4 期，第 24 页。

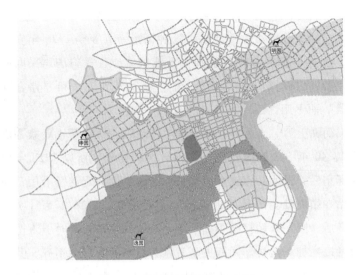

图 5－3　上海跑狗场分布示意图

二　奔赴跑狗场

赛狗总会与会员

赛狗作为一种新式运动，初引入上海之时许多规章制度尚在草创阶段，可效法的对象无他，唯有赛马。在英国如此，在上海亦如是。沪上赛狗在创建的过程中受赛马界的影响尤深，从而形成与英国不尽相同的规章组织，尤其表现在下注方法和总会制度两方面。

如本书第一章所述，"赢家分成法"自 19 世纪下半叶发明以来，因能增加场方收入、避免博彩业者操纵赛马结果，到了该世纪末已成为各国赛马场广泛使用的利器。但在各地普遍接受的同时，英国受限于议会法令和博彩业者的压力，却一直认定"赢家分成法"为非法。这种情形一直要到 1928 年底才发生改变。是以 1926 年赛狗传入英国后，各赛狗场均采取博彩业者场内设摊的方式下注，弃"赢家分成法"和"赌金计算器"而不用。

而在上海，上海跑马总会早在 1888 年即采用"赢家分成法"，40 年下来深知此法在管理方面的好处，所以 1928 年引入赛狗后，虽明知该法在英国仍属非法，却决定继续沿用，而且站在殖民社会的角度拒绝博彩业者进驻。1928 年 5 月明园开赛后，因一开始情况不如预期，有人提议是否同时引入博彩业者以增加刺激性。明园主事者认为博彩业者良莠不齐，其中不少"不良分子"（undesirable element），引入后恐不仅对沪上的赛马场、赛狗场造成冲击，亦将对整个沪上外人社群造成危害，遂以此为由断然拒绝。此举深获殖民社会守卫者《北华捷报》的赞赏。[①]

沪上赛狗不仅在下注方法上视英国法令为无物，在组织制度上也与英国不同调。在英国，此活动的营运一开始便以赛狗公司为优先，由其负责建立场地、制定规章、安排赛事，一直没有足够强大的俱乐部或总会予以束缚。但沪上总会制度历史悠久，与狩猎相关的运动型总会尤其具有维持社会秩序、彰显社会地位等多重重要性。故而从赛马界的角度来看，赛狗公司的角色犹如赛马公司，仅拥有场地，至于组织赛事、招募会员、制定规章，乃至仲裁纠纷等方面，仍需运动型总会出面执行。是以在筹组赛狗公司的同时，更致力于筹组赛狗总会，此

---

① "No Bookie for Shanghai," *NCH*, 14 July 1928, p. 63.

以明园最为明显。

　　1927 年 10 月，明园尚在筹备阶段，工部局总巡协办史宾费尔（M. O. Springfield）便以上海猎犬会（The Shanghai Hounds）会长的身份，邀请沪上与狩猎相关的各总会成员，包括三个赛马会、两个猎纸会、两个练枪会、一个猎犬会、一个育狗会加入组织中的赛狗总会，作为创始会员（original member）。① 该年 11 月，明园更在中英文广告中强调，凡上述总会成员在限定时间前声明入会者，可享有优先认购中国赛狗会有限公司普通股之权。② 1928 年 4 月，明园赛狗总会正式成立，英文名 The Greyhound Racing Club，其组织运作一切模仿赛马总会，有执行委员会负责赛事、有投票委员会负责审查入会申请，至于其董事名单与中国赛狗会公司有重叠亦有扩大，不过均以马会会员为主。以该年执行委员为例，除了惠廉·麦边，还有安利洋行（Arnhold & Co.）大班安拿、英美烟公司大班贝雷（Robert Bailey）、天津著名博物学家苏柯仁（Arthur de Carle Sowerby）、沪上著名华人骑师刘顺德、众业公所首位华籍会员蔡实庵、旅沪著名粤商郭标的长子郭宝树等，均为上海著名马主或运动家。③

---

① 这些总会的名称分别是上海跑马总会、万国体育会、上海中国赛马会、上海猎纸会、德国猎纸会（German Paper Hunt Club）、上海猎犬会、上海泥鸽练枪会（Shanghai Clay Pigeon Club）、万国泥鸽练枪会（International Clay Pigeon Club）、中国育狗会［China Kennel Club（Shanghai）］。"Ad.：The International Grey," *The China Press*, 23 Oct. 1927, p. 9.

② "Ad.：The International Greyhound Racing Club," *The China Press*, 19 Nov. 1927, p. 9；《广告：万国赛狗会启事》，《申报》1927 年 11 月 19 日，第 1 版。

③ 《赛狗家组织赛狗总会》，《申报》1928 年 4 月 25 日，第 15 版；"Greyhound Racing Club," *NCH*, 28 April 1928, p. 154.

1928 年 7 月，申园也不落人后，在万国赛狗会公司之外另成立"上海赛狗总会"（Shanghai Greyhound Club），独家使用申园赛狗场。[①] 等到法商逸园跑狗场成立时，则不再拘泥于英式赛马的公司与总会二分法，改以法国赛跑会有限公司同时扮演赛狗公司和赛狗总会的双重角色。

成立总会最主要的目的在于招募会员出任猎犬主人，或称狗主人。赛狗必须有狗主人才能在比赛时形成竞争，增加刺激性。是以从筹备时期开始，各跑狗场便不断释放出信息，邀请对赛狗有兴趣者加入，担任其普通会员（ordinary member）。考虑到沪上日见兴起的华人中产阶级，其宣传手法中英文并重。

1927 年 11 月，明园率先通过中文《申报》和英文《大陆报》说明赛狗总会即将成立，"凡有兴玩狗者，均得加入为会员"，详细情形可向外滩一号天祥洋行内该会名誉书记华生君接洽。[②] 三日之后，前述工部局总巡协办史宾费尔又借着与华人记者会晤的机会，将该会组织、猎狗选购、猎犬训练方法、竞赛规划等一一说明，一方面向华人大众介绍此新式休闲活动，另一方面也趁机吸引潜在会员。[③]

1928 年 1 月，筹备中的明园更进一步假座礼查饭店举行午餐会，招待中外各报记者，先由时任经理的甘璧逊少校说明赛狗的发明历史、沪上育狗情形，再往大连湾路二十号该园育

---

① "Ad. : The Shanghai Greyhound Club," *The China Press*, 1 July 1928, p. 9.

② 《西商组织育狗公司及赛狗会》，《申报》1927 年 11 月 17 日，第 15 版；"Ad. : The International Greyhound Racing Club," *The China Press*, 19 Nov. 1927, p. 9.

③ 增宽：《猎狗竞赛会之趣闻》，《申报》1927 年 11 月 20 日，第 17 版。

狗场参观，并令数犬至场上试演跳跃。[①]

在解释赛狗方式的同时，甘璧迩详细说明了狗主人的责任与义务。综合甘璧迩当日所言及明园开幕前夕释放出的信息，大致如下。首先，由于赛狗所使用的品种灵猩与一般猎犬不同，必须交由跑狗场专门训练，无法让狗主人在家中自行饲养。其次，猎犬均自伦敦运来，到申后将采取沪上赛马界的做法，由总会会员抽签决定归属，即所谓的"摇会"。摇中后，会员可决定购买或租用，售价每只约250元，租价每年约120元。除了或购或租，狗主人每月另需支付一定的喂养费十五六元。如同赛马一样，狗主人可以选择用自己的本名出赛，或者另择化名。再次，比赛时的节目单由赛狗场执事负责安排，为使赛事精彩有趣，将模仿沪上赛马界的分级制度，安排速度相近的猎犬一同上场。[②]

明园招募会员的文宣中英文并重，申园则侧重华人。申园由于起步较晚，为求生存，采取与明园不同的策略，早在招募股本时即积极向华界发出中文招股通告，在征求会员方面亦以华人为主。[③] 1928年7月3日，亦即开幕前数周，申园在《申报》头版上连续刊登三则中文启事，包括已将胶州路赛狗场定名为词义优美的"申园"；摇会狗定于7月8日周日上午11时在胶州路申园赛狗场当众举行抽签，凡会员欲报名租用摇会

---

① 《赛狗会昨午招待新闻界》，《申报》1928年1月12日，第15版。

② "Greyhound Racing in Shanghai," *NCH*, 14 Jan. 1928, p. 54；《明园赛狗场定期开幕》，《申报》1928年5月13日，第15版。

③ 《上海万国赛狗会招股消息》，《申报》1927年12月28日，第15版；《上海万国赛狗会招股通告》，《申报》1927年12月28日，第20版。

狗者，希于 7 月 6 日下午 5 时前报名等。[①]

　　尤其值得注意的是，在"启事三"中，上海赛狗总会不仅向华人男子，更公开向华人女性征求会员。该会表示：凡女性有意入会者，可径向爱多亚路六号该书记处索阅该会的章程和妇女入会书；入会费男性每位洋 20 元，女性免缴，入会之后的年费则不分男女，每半年洋 10 元。[②] 可能受此启事吸引，申园 7 月 8 日和 7 月 22 日举行的两次摇狗会果然有不少华人女性参与。[③]

　　鉴于申园策略之成功，逸园在组织总会时采取了更加灵活的手法。1928 年 8 月 13 日，法国赛跑会有限公司征求会员，规定凡法国总会、上海跑马总会、万国体育会及上海中国赛马会的成员均有资格成为该会的创始会员。不仅如此，凡上述会员之妻子及儿女，只要达到法定年龄，亦可不经审查成为会员，入会后的年费每人半年 30 元。[④]

　　赛狗总会招收会员的门槛既低，租用猎犬的费用与拥有马匹相比又相对低廉，足以负担，于是在三个赛狗总会的推波助澜下，赛狗在沪上中上层华人家庭刮起一阵旋风，原先已是马主或骑师者，如叶子衡、刘顺德、盛恩颐、宋立峰、欧阳洪钧、张景裴、袁祖怀等自然踊跃加入；原先不是马主者，如后任国民政府侨务委员会委员的陈伯璇、南洋兄弟烟草公司浦东

---

① 《广告：申园赛狗场启事一》，《申报》1928 年 7 月 3 日，第 1 版；《广告：申园赛狗场启事二》，《申报》1928 年 7 月 3 日，第 1 版。

② 《广告：申园赛狗场启事三》，《申报》1928 年 7 月 3 日，第 1 版。

③ "First Pool Drawn of New Shanghai Greyhound Club," *The China Press*, 9 July 1928, pp. 5 – 6; "Second Draw for Greyhounds Held at New Course," *The China Press*, 23 July 1928, pp. 5 – 6.

④ "Ad. : Champ de Courses Francais," *The China Press*, 13 Aug. 1928, p. 9.

分厂厂长陈其均、医师萧智吉、沪上丝业巨子丁汝琳、国民政府海军部参议吴纫礼、银行界闻人惠云芳、后任四行储蓄会霞飞路分会管理的贾仰山等，也趁此机会出任狗主人，一享场上的荣耀。① 最令人惊讶的是，拜跑狗总会招收女性会员之赐，三个跑狗总会出现不少夫妻档、兄妹档，甚至婆媳档，聂其焜与其妹聂其璧便是其中显例。

聂其焜，别号慎余，是聂缉规的十子，其母即别号崇德老人的曾国藩幼女曾纪芬，上海总商会会长聂云台为其三哥。② 其父聂缉规任苏松太道台时（1890～1894），为与西人社交，每逢跑马总会春秋大赛第三日，多应英国驻沪总领事之邀到场观赛，有时甚至携子同行，③ 是以其家族对赛马等西式运动绝不陌生。但聂缉规去世后，第二代致力于实业，既不担任马主，也不出任骑师，与本书第二章所述之叶澄衷叶家、胡燏棻胡家、徐润徐家、盛宣怀盛家等大相径庭。但是1928年引入的赛狗打动了聂家老十聂其焜的心，并引发其不可遏止的热情。

---

① "Draw for the Greyhounds," *The China Press*, 16 May 1928, p. 5; "First Pool Drawn of New Shanghai Greyhound Club," *The China Press*, 9 July 1928, pp. 5 – 6; "Second Draw for Greyhounds Held at New Course," *The China Press*, 23 July 1928, pp. 5 – 6;《申园摇会狗抽签盛况》，《申报》1928年7月9日，第17版；《申园二次摇会狗抽签记》，《申报》1928年7月23日，第15～16版；《申园昨晚赛狗之盛况》，《申报》1928年8月4日，第15版。

② 宋路霞：《上海的豪门旧梦》，联经出版公司，2001，第105～106页。1930～1932年聂其焜曾任国民政府建设委员会参事，随后又任湘鄂赣区长沙分区统税所主任。刘国铭主编《中国国民党百年人物全书》下册，团结出版社，2005，第1901页。

③ 《春赛三志》，《申报》1892年5月5日，第2版；《秋赛志三》，《申报》1892年11月3日，第3版；《芝盖飞来》，《申报》1893年5月5日，第3版；《春郊赛马记三》，《申报》1894年5月3日，第3版。

因同属湖南人，谭延闿素与聂家相熟，每逢来沪，聂家后辈多陪同游览。据谭延闿记载，1928 年 7 月 14 日，明园开幕不到一个月，聂其煐便来邀请他入夜后一同前往明园观看赛狗，并"谈情况甚多"。当日因谭下午的活动拖得太晚未及赴约。[1] 一个多月后，即 8 月 25 日，聂其煐再度前来邀约，谭遂与亲友一同前往观赛，聂其煐特别介绍明园负责西人与之相见。据谭延闿言，聂其煐对赛狗十分认真，共有猎犬五只，当日并有一只"安扎克"（Anzac）跑得第二场预赛的第一。[2]

聂其煐是明园狗主，其妹聂其璧则是申园狗主。聂其璧是聂缉规最小的女儿，因其在女孩中排行第四，故家中多称四小姐。据说她从小聪明伶俐，因就读教会学校说得一口流利的英语，也交了不少洋朋友。其母曾纪芬虽对其竭力管束，但她还是一样率性而为，喜欢出入社交场所，又好新奇，基本上哪里热闹去哪里。1923 年，她与时任上海交通大学教授的周仁结婚，据说当时担任其傧相者无他，正是尚在闺阁中的宋美龄。聂其璧后来还曾一人独闯西方，游历了大半个欧洲，是家族中的传奇人物。[3]

这样的个性，正适合参与赛狗这种新发明的玩意儿。她在 1928 年 7 月 22 日申园第二次抽签时，抽中猎犬罗穆卢斯女爵（Lady Romulus），与她一同参加抽签的还有一位聂太太（Mrs. S. Y. Nieh），有可能是聂家老十一聂其煐（少萱）的夫人。[4]

---

① 《谭延闿日记》，1928 年 7 月 14 日。

② 《谭延闿日记》，1928 年 8 月 25 日；"Good Racing and Dividends at Luna Park Last Night," *The China Press*, 26 Aug. 1928, pp. A1, 8.

③ 宋路霞：《上海的豪门旧梦》，第 106、109～110 页。

④ "Second Draw for Greyhounds Held at New Course," *The China Press*, 23 July 1928, pp. 5–6.

聂家兄妹分别加入明园和申园，沪上著名的叶家也是兵分两路。男主人叶子衡为万国体育会的创办人，也是沪上著名的马主，明园甫成立便应邀加入；① 而女主人叶夫人也不让须眉，偕媳一同成为申园看台上最隆重的贵宾。

叶子衡夫人本姓张，长于苏州，以美貌著称，嫁入叶家后，因叶子衡爱好赛马，创办江湾跑马场，她也夫唱妇随，于1920年成为沪上第一批女性马主，马厩名"叶夫人马房"（Mrs. Yih），马匹则多以"钻石"（Diamond）结尾，前面再加上颜色，如 Blue Diamond、Green Diamond、Brown Diamond 等；② 其良驹 White Diamond Ⅱ（惠特大梦色根）于1927年12月赢得中国赛马会的金尊大赛（参见本书第三章）。是以申园成立时，叶夫人已是赛马界的重要人物，不仅其夫叶子衡为沪上公认的华籍"运动家"，其子叶谋卓更是江湾跑马厅著名骑师，媳妇顾瑶娟则为苏州名媛，时髦新潮，特立独行。③ 婆媳二人遂相偕加入申园。在开赛前的摇狗会中，婆婆抽中"福利发律"（Folly Free），媳妇抽中"沙兰劳"（Solario）。④

1928年7月31日申园开幕，晚上九时开始比赛，中西观

---

① "A Record Attendance at Luna Park," *NCH*, 14 July 1928, p. 70.

② 郦千明：《叶澄衷传——从舢板少年到商界巨子》，第187页；刘素芬、庄树华访问，向明珠、陈怡如纪录《一个经济小兵的故事：顾应昌先生访问纪录》，中研院近代史研究所，2000，第172页；《万国体育会竞卖记（三）（续）》，《申报》1923年2月11日，第14版。

③ 片羽：《叶四婚讼庭讯记》，《大光明》1930年10月28日，第2版；汩汩：《叶四梦兰有兆》，《大光明》1931年7月11日，第4版；《叶顾瑶娟女士》，《大光明》1931年10月18日，第4版。

④ "First Pool Drawn of New Shanghai Greyhound Club," *The China Press*, 9 July 1928, pp. 5 - 6; "Second Draw for Greyhounds Held at New Course," *The China Press*, 23 July 1928, pp. 5 - 6.

众超过万人，车水马龙，盛极一时。当日共赛七场，第一场拔得头筹的正是顾瑶娟的猎犬沙兰劳，狗主除获得奖金银百元外，还有开幕银杯一座、花篮多只，此外并有藤筐一只，中盛刚出生的乳犬一头，该乳犬系萧智吉医生的猎犬"斐特拉爱母"（Birdlime）所出。顾瑶娟虽是申园第一位得奖的狗主人，但因当时远赴大连不在现场，所有荣耀遂由其婆婆叶子衡夫人代为接受。当叶夫人牵着沙兰劳上台领奖时，"一时欢贺之声，有如雷动，盖咸为叶夫人庆幸也"。①

除聂家和叶家，其他的夫妻档还包括上海新华商业储蓄银行经理黄明道夫妇、被工商部聘为工商设计委员会委员的潘铭新夫妇、前述安利洋行大班安拿夫妇，以及跑狗场的创办人包括惠廉·麦边夫妇、海因姆夫妇、赫礼士夫妇、色立克夫妇、史比门夫妇等。② 大体而言，明园狗主人以上海跑马总会成员为基础，囊括西人社群中各方有头有脸的人士；申园则与江湾跑马场关系密切，算是中上阶层华人的天下；逸园起步较晚，以法商为基础，但也攀附到上海闻人杜月笙，以赠送杜新到猎犬之名提高自己在法租界的声势。③ 换言之，以沪上已有的赛马人口为基础，再加上中产华人及女眷，三个跑狗场成功地为赛狗培养出第一批猎犬主人和基本观众。下一

---

① 《申园昨日举行开幕礼》，《申报》1928 年 8 月 1 日，第 15 版；"Opening of New Greyhound Track," *The China Press*, 1 Aug. 1928, pp. 5, 7.

② "Draw for the Greyhounds," *The China Press*, 16 May 1928, p. 5; "Spring Henli Regatta Opening Today," *The China Press*, 26 May 1928, pp. A1, 2; "First Pool Drawn of New Shanghai Greyhound Club," *The China Press*, 9 July 1928, pp. 5 – 6; "Little Prince Cup Donated by Mme. Speelman Is Big Feature of Racing Tonight," *The China Press*, 18 July 1928, p. 5; "Second Draw for Greyhounds Held at New Course," *The China Press*, 23 July 1928, pp. 5 – 6.

③ 《逸园之狗》，《晶报》1934 年 5 月 23 日，第 3 版。

步，他们得在制度上做出更多的设计，以吸引华人大众入场观赛。

光、热、力

对于沪上中上层华人来说，赛狗的吸引力在于它进一步降低了英式总会的门槛，提供了参与英式运动的可能；但对一般大众而言，赛狗的吸引力则在于它所展现的现代性。1928 年以前，不仅中国人没见过跑狗，绝大多数的上海外人也前所未闻，但是在短短不到一年的时间内，跑狗便在上海掀起风潮，成为上海人心目中现代、摩登的象征。这与跑狗这项活动及跑狗场本身所展现的惊人"光、热、力"等特征有着密不可分的关系。而这种对于现代表征的热情惊叹，普遍见诸同一时期各国观赛者的心中，不仅限于上海一地。

跑狗场最令人叹为观止的在于它的用电。如前所言，跑狗与夜色、电力密不可分。1928 年，英国《每日邮报》（*Daily Mail*）记者卡迪尤（A. R. D. Cardew）在描述赛狗在欧美开赛前的情景时，便深受其大量使用电力的吸引："暮色渐深，强光照得跑道上的草皮光彩夺目，有如一条绿油油的丝带，众猎犬便在这条丝带上轮廓鲜明地出场。"[1] 这种对电力、光线的深刻感受，在上海因周遭农村的对比更形强烈。城市与乡村、电灯与油灯的差距，因跑狗场的出现而形成鲜明的对照（图 5 - 4）。

明、申二园因位于城市的边缘，建设时不惜工本，大量投入电力。早在明园开幕前举行预赛时，记者便形容"场中电

---

[1]　Cardew, *All about Greyhound Racing*, p. 8.

图5-4 沪上跑狗场夜晚灯火通明如白昼

资料来源：上海市历史博物馆编《上海百年掠影》，上海人民美术出版社，1992，第196页。

灯照耀如同白日"；比赛一旦开始，"待电铃一鸣，场外之电灯俱熄，故场中倍加光明"。① 其他如"电炬通明"②"照耀电炬光芒"③"灯光照耀如同白昼"④ 等，几乎成为描述跑狗场的专门文字。到了申园比赛时，更用大型的照明设备将场内照耀得如白昼，一览无余，其中包括牌楼、园门、跑道及看台，在入夜一片漆黑、荒芜的田野中绽放出万丈光芒，前往观赛的华人第一印象便是"辉煌夺目""光耀如同白昼"。⑤

其中申园在武定路、胶州路口扎有电炬牌楼一座，高耸入云，使得观众不需询问，远望即知，在万籁俱寂的夜晚发挥凝聚人气的重要功能。⑥ 至于园门则采英国跑狗场的最新设计，

---

① 《明园试犬记》，《申报》1928年5月23日，第16版。
② 许窥豹：《到明园去》，《申报》1928年5月26日，第21版。
③ 《明园赛狗场定期开幕》，《申报》1928年5月13日，第15版。
④ 石重之：《赛狗及其他》，《申报》1928年5月1日，第26版。
⑤ 百平：《申园杂缀》，《申报》1928年8月6日，第22版。
⑥ 《赴申园之路由》，《申报》1928年7月31日，第19版。

设置无数电灯环绕，"光芒照旷野，犹如凯旋之门，壮丽不可名状"。① 逸园虽位在法租界中心，但对电力的使用同样惊人。每逢开赛，"椭圆形的跑狗圈上铺着被剪齐的青草，几万烛光（candela，发光强度单位，今译为坎德拉）的电灯沿着跑狗圈从上面直射下来，照耀得每根青草头都发出金光，形成一个椭圆形的大金环"。② 当时上海以外的地区还有很多乡镇无电力供应，如此豪气用电，尚未开赛便堆砌出"一切仿自欧美"的现代感。

除电力外，跑狗展现的瞬间爆发力与快感亦形成此运动另一项充满现代感的源头。跑狗比赛的最大特点在于速度，每场比赛六条猎犬一齐出赛，一旦起跑，则快如闪电，500 码平地赛跑不到 30 秒便告结束，留下观众瞠目结舌，心醉神迷。1926 年曼彻斯特美景跑狗场开赛前夕，一位向来负责采访南英格兰猎犬逐兔赛的女记者卡罗·科拉克（Carlo Culpeper Clarke），奉报社之命前往撰写报道，她对于这种追逐"假兔"的比赛本来不以为然，结果看完第一场试赛便深深为之着迷。她写道："那种震撼、激动，笔墨难以形容，所有的兴奋、刺激被压缩在不到半分钟的时间里，我一心盼着它们再跑一次，好再次经历那种感受。"③ 前述记者卡迪尤亦曾在报道中指出，跑狗强烈的速度感及随之而来的视觉享受令跑马相形失色。④

类似感叹同样见之于《申报》。该报对于跑狗有较文言、典雅的描述："一声银角，四足齐飞……软尘不惊，飙风瞬

① 窥豹：《申园开幕之盛况》，《申报》1928 年 8 月 6 日，第 22 版。

② 杨骚：《跑狗场》，《人间世》第 18 期，1934 年 12 月 20 日，第 37 页。

③ Genders, *The Greyhound and Greyhound Racing*, p. 61.

④ Cardew, *All about Greyhound Racing*, p. 9.

过，急如发矢，瞥似流星。"① 换上白话些、稍微实况转播式
的说法是："英勇的狗儿在电兔之后闪过人们的面前，像电光
一般，在两万个人的视线下飞绕着椭圆的跑道，创造了人所不
能创造的六百码纪录——三十五秒四。"② 无论哪个版本，均
揭示惊人的速度是其不可或缺的要素，而速度、力量、刺激感
正是打造摩登现代形象的基本要件（图 5 – 5）。

图 5 – 5 赛狗起步

资料来源：《竞乐画报》第 1 卷第 2 期，1935 年 11 月 2 日，第 24 页。

跑狗所展现的"光、热、力"等现代性表征，确实成为
掀起风潮的重要元素，不过，明、申二园高明的促销手法更是
厥功至伟。明、申二园利用跑狗与跑马在娱乐消费市场上既竞
争又互补的关系，一方面拉拢既定的跑马人口，为跑狗事业打
响名号，另一方面更在宣传手法上屡屡翻新，寻求现代与传统
的结合。最后大幅降低门票，扩大顾客群，以期不分阶层，一
网打尽。

① 敦苇：《申园赛狗场隽言》，《申报》1928 年 8 月 10 日，第 26 版。
② 建勋：《逸园素描》，《申报》1934 年 2 月 17 日，第 24 版。

　　首先，明、申二园在正式开赛前举行一连串的试犬赛，向华人大众推销这项新式娱乐。两园破天荒地在试赛期间"任人参观，概不取资"。① 对此，华人的反应是："外国人真正有本领，'跑狗'可以做输赢的。"② 出于好奇，民众成群结队地前往观赛，"四座临观者达万余人，左近乡民，亦扶老携幼，来与盛会，啧啧然诧为奇观焉"。③ 中西各大报也纷纷派员前往采访，尚未开幕，声势已出。

　　其次，跑狗场充分利用当时最普遍的（也是仅有的）平面媒体——报纸大力宣传，其中尤以申园最为积极。申园自开幕日起，便在沪上发行最广的中文报纸《申报》《新闻报》连续刊登广告，增发整页的《申园特刊》，④ 详细列出该园所在位置、前往专车路线、邻近停车地点、观赛购票方法，以及主要狗主、灵猩和场务人员的照片等。开幕日当天，更对到场女宾赠以绢制团扇，上绘该园示意图，其他尚有数千份精美手帕及化妆品等来园礼。赛前先是施放烟火，至每场比赛休息时间还安排苏格兰军袋笛乐队绕场演奏助兴，可谓使出浑身解数，完全为了强化现场欢乐的气氛，营造出新奇刺激的特殊效果。⑤

　　再次，强调兴奋、刺激的同时，跑狗场亦不忘动巧思，从明清以来文人的传统休闲活动中撷取灵感。例如，申园十分巧

---

①　瘦鹃：《申园试犬记》，《申报》1928年7月14日，第21版。

②　际云：《"跑狗"》，《申报》1933年11月6日，第21版。

③　瘦鹃：《申园试犬记》，《申报》1928年7月14日，第21版。

④　《申园昨日举行开幕礼》，《申报》1928年8月1日，第15版。

⑤　《申园特刊》，《申报》1928年7月31日，第19版；《申园特刊第二期》，《申报》1928年8月6日，第22版；《申园特刊第三号》，《申报》1928年8月10日，第26版。

妙地借由场地安排，将跑狗场与传统园林结合，利用园林风雅
塑造出夏夜清凉宜人的感受。场中除看台与跑道，并广辟园
圃，以湖石砌成假山四五座，疏落有致，再饰以红绿电灯闪烁
其中，供早到的观众游玩走动、纳凉休憩。[①] 同时，会员看台
旁另辟有小花园，设置藤制桌椅，供应西餐冷饮，使来宾可凭
栏观赛，涤烦却暑。[②] 申园在广告词中一再强调沪西远离尘
嚣："申园为沪西清净之地，树木成荫，细草如茵，交通便
利，部署适宜，作赛狗场可，作游园亦可。"[③]

在迎合中上阶层品味的同时，各跑狗场也不忘社会其他阶
层。从一开始，明、申二园便决意采取大众化经营，其方法包
括调降门票价格、压低下注金额，务使有意入场下注者可以负
担。1928 年 5 月 26 日明园初开幕时，门票分为包厢（5 元）、
大看台（2 元和 1 元）、站票（6 角）三种。[④] 经观众反应价格
太昂，[⑤] 遂于该年 6 月予以修改，先将 5 元包厢全数拆除，1
元和 6 角的部分也加装遮棚、增添座位。另外，大幅增加电灯
数量，"俾观众高踞远座上，亦能明察秋毫"。同时在座柱间
加装电扇，以迎接即将来临的盛夏。[⑥] 换句话说，最低 6 角即
可入场，同时有座位、有电扇，此价格与上海跑马厅的 2 元门
票相比便宜 2/3。[⑦]

---

① 《申园赛狗场行将开幕》，《申报》1928 年 7 月 4 日，第 15 版；窥豹：
　《申园开幕之盛况》，《申报》1928 年 8 月 6 日，第 22 版。
② 百平：《申园杂缀》，《申报》1928 年 8 月 6 日，第 22 版。
③ 敦苇：《申园赛狗场隽言》，《申报》1928 年 8 月 10 日，第 26 版。
④ 神雷：《明园赛犬记》，《晶报》1928 年 5 月 24 日，第 2～3 版；《明园试
　犬记》，《申报》1928 年 5 月 23 日，第 16 版。
⑤ "Thrilling Scenes at Luna Park," *NCH*, 2 June 1928, p. 383.
⑥ 《明园之新设备》，《申报》1928 年 6 月 16 日，第 15 版。
⑦ 《广告：上海秋季大赛马》，《申报》1928 年 11 月 4 日，第 3 版。

　　更吸引人的还在明园对于下注金额更大幅地调降。开幕之初，原本独赢票和位置票均与赛马一致，以 5 元为标准，但考虑到观众需求，明园在 6 角站票的观赛处特设 1 元狗票下注处。[①] 到了 6 月修改政策时，更进一步将"独赢""位置""摇彩"等狗票金额由 5 元全面调降为 2 元。[②] 申园吸取教训，开幕后将门票进一步分为 3 元、2 元、5 角三种，下注门槛则降为 1 元，最低 5 角即可入场，最低 1 元即可下注；一人无法负担，还可两三人合买。[③] 此外，两园每晚至少有六场赛事，包括平赛、跳栏等赛法，8 时半开始，11 时前后结束，每 20 分钟便决一次胜负，远较跑马更为紧凑刺激，周六、周日下午还另加日场。在这样强大的吸引力下，每当开赛，连"小学校之学生，闺阁中之娇女，囊有数金，即奔赴赛狗场，一决雌雄"。[④]

　　得益于这样结合传统与现代，不分阶层、一网打尽的营销策略，明园、申园开幕后果然造成轰动。每次开赛，人数最多可达 2.5 万人，[⑤] 其中外人占 1/3，华人占 2/3，可谓大受欢迎。两园每周各赛二至三晚。1928 年底，逸园加入，形成一周六天皆有赛事，除隆冬严寒不宜开赛，几乎全年无休，跑狗无疑成为当时上海最热门、最时髦的活动（图 5-6）。

---

① 《明园试犬记》，《申报》1928 年 5 月 23 日，第 16 版。
② 《广告：明园赛狗总会启事（十三）》，《申报》1928 年 6 月 9 日，第 7 版。
③ 《申园今晚举行第二届赛》，《申报》1928 年 8 月 3 日，第 15 版；《买票间之设置》，《申报》1928 年 7 月 31 日，第 19 版。
④ 天马：《租界当局宜取缔跑狗场》，《晶报》1928 年 8 月 24 日，第 2 版。
⑤ "A Record Attendance at Luna Park," *NCH*, 14 July 1928, p. 70.

图 5 - 6 　沪上跑狗场周日下午比赛情景

资料来源:《竞乐画报》第 1 卷第 5 期, 1935 年 11 月 23 日, 第 22 页。

三　赛狗争议

租界纳税华人会的抨击

跑狗虽然展现了强烈的现代性特征, 但并不能掩饰其明显的赌博性质, 是以三家跑狗场陆续开幕后, 随即引起沪上华人绅商的重重忧心。其忧心主要来自两方面: 一是频繁的赌博机会; 二是下层阶级的参与。过去十余年来, 赛马次数虽日渐增多, 但平均每周也仅一个下午, 而跑狗场出现后, 让此频率由每周一次增为每晚一次, 大大增加了城市居民的赌博机会。还有更重要的是赌客阶级的问题。沪上精英并不反对中上阶层华人出任猎犬主人或每晚小赌怡情。事实上，他们的亲友、家人，甚或本人亦不乏参与赛马、赛狗等英式运动者。但是申园、明园采取的最低 5 角、6 角即可入场，最低 1 元即可下注的大众路线，令他们深为忧虑。低廉的票价吸引许多原先无法负担赌博的华人入场下注，除前述的小学校之学生、闺阁中之娇女，还有商店的伙计、写字楼的职工，最令人担忧的是还有许多工厂的男工、女工，甚至连拉车苦力也相继入场。这些人并不懂得什么英式运动，赛狗对他们而言有如花会赌博，来此就是为了一试手气。[①] 沪上绅商普遍认为，如果有钱人想赌博，就让他们每晚花上数十元数百元，但不可让穷人赌博。因为穷人缺乏自制力，会把辛苦赚来的钱浪费在下注上，最后衣食无着，从而引发犯罪。

沪上绅商对跑狗的敏感神经，除了出于一贯将下层阶级的赌博行为与犯罪相连，还基于上海的特殊情况。当时上海已发展成亚洲最大城市，不仅现代城市常见的各式罪恶，如毒品、赌博、娼妓等一应俱全，而且由于国民政府成立初期的政治动荡，各种社会问题严重，包括赌风日炽、自杀率日增及犯罪率居高不下等，在在令沪上精英忧心不已。

以赌博而论，沪上花样繁多，除赛马、赛狗、轮盘赌等洋赌博，还有摇摊、牌九、花会等传统赌博，其中花会针对社会下层人口，对社会风气影响尤烈。其赌法是 36 门每门冠一人名，供人下注；总机关称"大筒"或"大厂"，另有人员往来全市各地为其奔走，称之为"航船"，有意者并不一定要亲身

---

① 《函请禁止赛狗》，《申报》1928 年 8 月 16 日，第 21 版；"Greyhound Betting among the Chinese," *The China Press*, 17 July 1928, p. 4; "Letter to the Editor," *The China Press*, 26 July 1928, p. 4.

前往下注，只需通过"航船"居间传递即可。开宝的方式则是由大筒将宝官藏在密室，每日开筒两次。每届开筒时间，宝官便将一种花会名目放入匣中送出，一旦中奖，便 1 赔 28，马上取款，公道不欺。由于报酬率高，赌金不拘多寡均可下注，且又不必亲自露面，因此下层阶级及家庭主妇迷恋此道者甚多。据说每日下午五六时和晚上十一二时，不论租界、华界，总有好几处地方男男女女聚在一起翘首期盼，紧张等待"航船"带来开筒结果，众人齐问"开什么"便成上海一景。警方在各界压力下虽竭力取缔，但因花会大筒行事隐秘，很难尽除。

除赌风日炽，上海自杀率亦节节攀升，黄浦江畔投江者日多，且以青壮年为主。据《申报》记载，仅 1928 年 8 月 25 日一天便有五位少年投江，三人获救，二人死亡，自尽原因不外情场失意、生活艰难、被人诬窃、久病厌世等。[①] 虽说自杀不一定与赌博盛行有关，但沪上绅商认定两者难脱干系。

尤有甚者，当时上海犯罪率之高已到令人心惊的地步。1927 年，由于北伐军克复上海及"四一二"事变等政治动荡，加上会审公廨改组为公共租界临时法院导致的青黄不接，此外还有裁兵带来的治安隐忧等因素，该年不仅上海外来人口大增，且针对租界华人的偷窃、抢劫、掳人案日盛一日，租界警力严重不足，陷入左支右绌的窘境。[②] 以公共租界为例，1926 年持械抢劫案仅 448 件，1927 年暴增为 1458 件，约为前一年的 3.3 倍。[③] 1927 年底，情况严重到工部局决定会同驻沪的外

---

① 《华年如此　何必付与清流》，《申报》1928 年 8 月 25 日，第 15 版。

② "The Crime Wave in Shanghai," *NCH*, 1 Oct. 1927, p. 41.

③ "Shanghai Crimes and Politics," *NCH*, 31 March 1928, p. 548.

国军队对公共租界展开大检查。法租界纳税华人会亦于1928年1月决议组织自卫团，严防盗匪。[①] 在这样的情况下，任何可能造成治安恶化的因素，特别是导致低下阶层对中上阶层或外地人对上海本地人犯案的诱因，均被沪上绅商视为眼中钉，成为亟欲铲除的对象。是以一元狗票一出，在租界当局还来不及采取措施之时，他们已开始联合上海市政府及国民党上海市党部等政治力量全力打击跑狗。

沪上绅商主要通过上海总商会、上海特别市参事会、公共租界纳税华人会等团体对跑狗进行挞伐。上海总商会自然是上海最重要的商人组织，也是沪上绅商的大本营，1928年4月改选后选出的主席委员为冯少山、林康侯、赵晋卿。[②] 公共租界纳税华人会则创立于1920年10月，主要领导人包括王正廷、聂云台、史量才、虞洽卿、方椒伯等重量级人士，目的在争取华人参与租界行政的权利。而1927年国民革命军攻克上海后，此诉求获得国民政府"革命外交"势力的支持，租界纳税华人会便与国民党上海市党部联手，合力推动租界华人参政、公园对华人开放、华洋居民不得有差别待遇等诉求，成为租界内重要的团体。[③] 至于上海特别市参事会，则是1927年底上海特别市市政府成立后，市长张定璠特别设立，目的在借地方绅商之力协助市政。首届参事名单包括李平书、赵晋卿、虞洽卿、冯少山、王晓籁、叶惠钧、顾馨一、姚紫若、管际

---

① 任建树主编《现代上海大事记》，第339、351页。

② 《总商会昨日选出主席委员》，《申报》1928年4月15日，第14版。

③ 任建树主编《现代上海大事记》，第75、325、326页；Joseph Fewsmith, *Party, State, and Local Elites in Republican China: Merchant Organizations and Politics in Shanghai, 1890 - 1930* (Honolulu: University of Hawaii Press, 1985), pp. 59, 135 - 136.

安、王延松、王一亭、林康侯、陈炳谦等 13 人，可称得上是市府的咨询兼监督机关。①

这三个团体看似不同组织，其实主事者高度重叠，公共租界纳税华人会即设于上海总商会内，上海特别市参事会也以上海总商会为通信、会商之处。② 赛狗争议兴起后，沪上绅商遂以此三块牌子向各界施以压力，试图形成舆论，其中以公共租界纳税华人会最为活跃。

明园才开赛，申园尚在试犬时，公共租界纳税华人会便于 1928 年 7 月 24 日致函特派江苏交涉员金问泗，要求向驻沪领事团交涉，从严取缔跑狗。③ 上海特别市参事会随后也致函市政府，请求支持，并在信中强调：赛狗之弊害远甚于赛马，赛马主要在春秋两季，而且时间在白天，一般市民白日需要工作，多无暇前往；而赛狗在夜间比赛，加上其门券、赛票均远较赛马低廉，以致职工、店员均可下班后前往赌博。据该会调查，甚至拉车苦力也相继入场，虚掷金钱。这不仅将导致市民废时失业，同时地方治安亦将蒙上极大阴影。上海市政府接函后，也同意赛狗具有赌博性质，其创办人不应只图个人营私，不顾治安，并随即转函江苏交涉公署，请其向沪上领袖领事据理切实交涉。④

1928 年 7 月底申园开幕，同样以一元狗票吸引观众，沪上赛狗活动益形繁荣，公共租界纳税华人会乃决定对赛狗活动

① 《张市长昨行宣誓典礼》，《申报》1927 年 11 月 2 日，第 13 版；《市政府参事会昨日成立》，《申报》1927 年 11 月 2 日，第 13 版。
② 商务印书馆编译所编《增订上海指南》卷 7 丙，商务印书馆，1925，第 11 页；《市政府参事会昨日成立》，《申报》1927 年 11 月 2 日，第 13 版。
③ 《纳税华人会竭力反对赛狗》，《申报》1928 年 8 月 25 日，第 14 版。
④ 《函请禁止赛狗》，《申报》1928 年 8 月 16 日，第 21 版。

发动全面攻击。8月底，该会主席虞洽卿和冯少山分别致电国民党中央党部、外交部、内政部，并致函驻沪领袖领事、法总领事、江苏交涉公署、国民党党务指导委员会、工部局华人董事，以及各商业和同乡团体，指出上海租界外人利用市民好奇心理设立跑狗场，取价低廉，诱人赌博，"上自纨绔子弟，下至贩夫苦力，不惜斥其血汗之资，以图不可必得之胜利"。"博而胜，则挥之如土，博而负，则铤而走险，因之绑匪窃盗、自杀案件，成为一重大问题。"而且跑狗场地处偏僻，营业又至深夜，"囊橐盈则盗贼生心，金钱尽则铤而走险，地方治安，深受影响"。为维持租界秩序，遏止犯罪，该会请求各界向驻沪领事团施压，勒令各跑狗场全数停业，一律封闭。该会并明白指出，如果租界当局无力取缔，则应将警务、领事裁判权等归还中国政府，由中方负责执行。①

除向各组织、团体进行陈情，公共租界纳税华人会更向上海市民发出长篇大论的劝告书，苦口婆心地表示：现在上海物价高昂，有工作者勤勤恳恳，日子都还有过不去的时候，如果再不知自爱，拿了辛苦得来的血汗金钱去买狗票，到最后连家里买米、买菜、买柴、买油的钱都没有了。该文说道："你想他们赛狗场偌大的开消，望那里去捞，但是我们用气力换来的钱，何苦一定要送给他们？"劝告书又说：现在租界公园已对华人开放，晚上有空，尽可领了父母妻小儿女到公园里走走，为什么一定要到赛狗场里，朝着废时失业、倾家荡产的路上走去？"你想黄浦江里，捞起了多少死尸，这些人难道是天生的

---

① 《纳税华人会竭力反对赛狗》，《申报》1928 年 8 月 25 日，第 14 版；"Agitation against Greyhound Racing," *NCH*, 1 Sept. 1928, p.366.

落水鬼么？绝不是的，也不过走错了途，到后来悔之无及，只得出此下策。我们看见、听见投江的人这样多，自己还不惊觉惊觉，不要今天跑狗、明天跑狗，一跑跑到黄浦江里，再也跑不回家了。"[1]

租界纳税华人会对跑狗采取激烈的态度，与幕后国民党上海市党部的支持密不可分。自南京国民政府成立以来，即致力于收回租界及废除领事裁判权，并在改组会审公廨方面取得了初步的胜利。现在赛狗既然含强烈的赌博性质，背后又涉及国家主权的概念与价值，正是宣扬收回公共租界的大好机会，自然应该积极禁止跑狗。

1928 年 8 月底，上海市政府和国民党上海市党部明确禁止各报刊登有关赛狗的结果和广告。[2] 9 月 18 日，国民党上海市党部并进一步上书中央党部及上海市政府，要求勒令所有入股跑狗场的华人撤资。[3] 此后两年，国民党上海市党部一直与租界纳税华人会口径一致，不断要求租界当局废除跑狗活动。

随着租界纳税华人会及国民党上海市党部的表态，舆论风向也开始出现逆转。1928 年 8 月，因相传又有南海庞氏、张氏欲在静安寺路创办第四个跑狗场，[4] 租界外人社群最大喉舌《北华捷报》首先以社论表达不满。该文指出：租界内跑狗场已达饱和，是该喊停的时候。上海已有三个跑马厅，各以不同名目办理马赛，现在又加上三个跑狗场，如果再不采取行动予以限制，对年青一代的影响难以想象。文中直称跑狗场为

---

① 《纳税华人会竭力反对赛狗》，《申报》1928 年 8 月 25 日，第 14 版。
② 《禁登狗广告》，《晶报》1928 年 8 月 30 日，第 2 版。
③ "More Agitation over Greyhounds," *NCH*, 22 Sept. 1928, p. 504.
④ 《方兴未艾之跑狗场》，《晶报》1928 年 8 月 27 日，第 2 版。

"现代企业投资"（modern business venture），不再考虑它是英式运动的一环。[①]

8 月 24 日，《晶报》亦停止揄扬跑狗的时髦与现代感，转而痛批明、申二园一元狗票的促销方式。署名"天马"的作者不客气地指出："跑马虽亦为博局，然寓有体育之意。……至跑狗场出，而完全以赌博为号召……，随地皆是，每夜皆有呼卢喝兔之地，且下注不拘多寡，有一元即可博胜负。"[②] 四天后，上海最大中文报纸《申报》亦刊出一则消息，美商海商洋行职员卞荣方因沉迷跑狗挪用公款，现东窗事发，悔不当初。该报一改先前对明、申两园"声、光、化、电"的描述，直言"赛狗实为变相之赌博，其害甚于彩票、花会"。[③]

短短数月之内，跑狗一下子从摩登的象征被打成罪恶的渊薮，背后斧凿的痕迹相当明显。明园、申园对华界的态度十分敏感，批评声浪一出，旋即宣布废除各界攻击最力的一元狗票。[④] 1928 年 9 月 3 日，英国驻沪代理总领事康斯丁（C. F. Garstin）邀请江苏交涉公署及工部局举行三方会谈。此次会谈仅决议两园发行摇彩票限于会员，非会员不得购买，但影响所及，上海交易所各赛狗会的股票价格立即下跌。[⑤] 两天后，康斯丁受访时表示：赛狗与赛马在英国均属合法，只是"本埠赛狗一事，范围过大，招摇太甚"，需略为节制。[⑥] 同日，工

① "Yet More Greyhounds," *NCH*, 4 Aug. 1928, p. 186.

② 天马：《租界当局宜取缔跑狗场》，《晶报》1928 年 8 月 24 日，第 2 版。

③ 《赛狗声中之凄惨者》，《申报》1928 年 8 月 28 日，第 15 版。

④ "Agitation against Greyhound Racing," *NCH*, 1 Sept. 1928, p. 366.

⑤ 《工部局限制赛狗已有办法》，《申报》1928 年 9 月 5 日，第 15 版；《狗股票大跌》，《晶报》1928 年 9 月 15 日，第 3 版。

⑥ 《取缔赛狗最新趋势》，《申报》1928 年 9 月 6 日，第 15 版。

部局在中外报纸发表声明，表明禁止权不在工部局。该声明指出，地皮章程及公共租界附律仅赋予工部局行政权，司法、立法两权仍归驻沪领事所有；况且章程和附律中既未提及公众赌博，亦未载明工部局之禁赌权限。至于公共娱乐场所执照，必须有相关领事签署始能生效，而工部局从未发给赛狗场正式执照，唯一的临时执照也早已过期。因此，今后若对跑狗场加以取缔或勒令歇业，必须视各驻沪领事态度而定。①

这些措施和声明并不能降低华界的反弹声浪，纳税华人会进一步把矛头指向领事裁判权，同时暗批租界当局将华人当作牺牲品。9 月 12 日，纳税华人会上书英国驻北京公使蓝普森（Miles W. Lampson），痛斥工部局上述论点，并指出明、申两园执照既已过期，应属非法营业，而"工部局不依法检举，贵国领事不加约束，按察使不予提起公诉，是否因该项赌博所受损失者为华人，而认为可以从宽办理？"纳税华人会同时直指赛狗一事之所以如此棘手，症结便在治外法权。该会认为，依领事裁判权，凡外人犯罪必须由该国领事依其本国法律审理，而明、申两园股东涉及多国侨民，很难让各国领事意见一致，以致拖延难决，因此只要撤销这些陈旧、过时的条约内容，工部局的困难便迎刃而解。②

上海华人团体不仅逐渐将跑狗与不平等条约紧紧相扣，更设法绕过工部局，直接争取引起英国外交部的注意。1928 年 9 月 22 日，上海总商会等又通过沪上新闻界驻日内瓦记者夏奇峰，致函代表英国在国际联盟开会的外交次官洛克·兰普森

---

① 《取缔赛狗最新趋势》，《申报》1928 年 9 月 6 日，第 15 版；"The Authorities and Greyhound," *NCH*, 8 Sept. 1928, p. 418.

② 《纳税会贯彻禁止赛狗主张》，《申报》1928 年 9 月 13 日，第 15 版。

（Locker Lampson），指出跑狗赌博戕害人心，英国在华当局因涉及本国侨民利益而拖延不肯处理，以致英商在治外法权及领事裁判权的保护下为所欲为，而华人承受苦果；由此可见，中国政府要求废除不平等条约实有其正当性。① 此信后来上达英外交部副大臣柯兴登（Lord Cushendun）。数周后，英国外交部回函表示，此事权责在上海公共租界工部局，不过已指示英国驻北京公使加以留意。②

除位于公共租界的明园、申园承受各界的不断抨击，自1928年10月起，江苏交涉公署及法租界纳税华人会亦针对位于法租界的逸园，一再致函法国驻沪总领事梅理霭（Jacques Meyrier）表达不满。交涉公署先于10月23日要求逸园停止筹备；③ 11月15日，法租界商界总联合会亦去函请求禁止逸园开幕。④ 18日，逸园正式开幕营业，法租界纳税华人会跟着散发传单与招贴，要求华人不得入内。⑤ 12月28日，交涉公署再度去函法国驻沪总领事，指出逸园除出售门票，亦附赠入场券，目的不外引诱平民小贩及商店职员等入内赌博，恳请梅理霭总领事务必认真查禁，以免小市民趋之若鹜。⑥

公共租界的弛禁

面对排山倒海而来的抗议，负责公共租界行政事务的工部

---

① 《抗议保护赛狗场》，《申报》1928年9月26日，第6版；"The Ubiquitous Grey," *NCH*, 29 Sept. 1928, p. 542.

② 《英外部对赛狗问题表示》，《申报》1928年10月16日，第15版。

③ 《续请取缔赛狗》，《申报》1928年10月24日，第15版。

④ 《商总联会函法总领事禁赛狗》，《申报》1928年11月16日，第15版。

⑤ "Anti-Greyhound Agitation," *NCH*, 24 Nov. 1928, p. 309.

⑥ 《继续交涉查禁赛狗场》，《申报》1928年12月29日，第15版。

局本不为所动。原因之一在于工部局成员以英人为主，而跑狗可溯及早期英国贵族狩猎活动，受此观念影响多认为跑狗含有一定的运动性质，不宜与花会、轮盘赌等一般赌博等同视之。另外，当初工部局对明、申二园的成立乐观其成，里面并有不少工部局的成员，譬如明园发起人惠廉·麦边曾于 1926～1927 年担任工部局董事；明园赛狗总会执行委员安拿亦于 1928 年当选工部局董事，并自 1929 年起多次出任总董。倘若断然取缔，不仅是自打嘴巴，也有严重的利益冲突。尤其重要的是，沪上赛马和赛狗所使用的"赢家分成法"和赌金计算器已于 1928 年 8 月在英国议会三读通过，正式成为合法的下注工具。① 赛狗本身虽迟至 1934 年《赌金彩券法案》（Betting and Lotteries Act）通过后，才正式取得与跑马一样的法律地位，② 但在此之前，法庭的判例有时有利于跑狗场，有时则对跑狗场不利。③ 在这样的情况下，工部局如要取缔赛狗，其实缺乏足够的法源依据。因此，租界当局的因应之道是先采弛禁以为拖延，直到后来面临巨大压力才不得不改弛禁为绝禁。

---

① "Parliament off for the Holiday," *NCH*, 1 Sept. 1928, p. 387.

② Roy Genders, *The NGRC Book of Greyhound Racing: A History of the Sport Completely Revised and Updated by the National Greyhound Racing Club* (London: Pelham, 1990), p. 310.

③ Assistant Police Advocate to Assistant Commissioner of Police, 1 Oct. 1929, 档案号：U1-3-3330; S. Fessenden to N. S. Brown, 7 Nov. 1930, 档案号：U1-3-3332; Victor Priestwood to J. F. Brenan, 12 Nov. 1930, 档案号：U1-3-3332; Assistant Municipal Advocate's Opinion on Pari-Mutuel on Dog Racing Tracks, no date, 档案号：U1-3-3332; Court of Criminal Appeal, 27 Oct. 1930, enclosed in Fessenden to A. G. Mossop, 28 Jan. 1931, 档案号：U1-3-3333; Mossop to Fessenden, 5 Feb. 1931, 档案号：U1-3-3333; Extract from "The Police Review and Parade Gossip," 28 Nov. 1930, enclosed in R. M. J. Martin to The Municipal Advocate, 16 Feb. 1931, 档案号：U1-3-3334, 皆为工部局档案。

公共租界因观念、法源等原因不愿采取行动，法租界则因税收之故完全拒绝随纳税华人会起舞。1928 年 4 月，法租界最高行政机关公董局已与逸园议定赌注税额为"赢家分成法"收入的 4%、"赌金赢者独得制"的 10%；此外，门票依比例按 10%～20% 逐级增加。① 这对法租界将是一笔很大的税收。财政收支一向是法租界在管理娱乐场所时的重要考虑，加上三个跑狗场中两个位于公共租界，法租界仅有一个，法租界公董局深知它并非租界纳税华人会的主要目标，因此对于华人团体的各式陈情与抗议一概采取冷处理的态度，不做反应。

法租界可以对华界抗议不闻不问，公共租界却无法如此。公共租界向来自诩为"模范租界"，在社会治安、公共卫生、基础设施等方面都领先华界，无法容忍华界对其在赌博政策上的质疑。为显示其缉赌的决心，1929 年工部局乃决定对公共租界内的轮盘赌场进行扫荡，同时也对跑狗场采取一定的约束措施。

轮盘赌源自西洋，传入中国后最先流行于广东，后由粤而沪。1927 年之后，随着租界赌风日炽，轮盘赌日益猖獗，"几乎要夺摇宝、牌九、诗谜而独冠一时"。② 其赌具是一大型铅制活动圆盘，周围分 36 门，除南北两端为零，其余 36 个数字，不按顺序，分别以红、黑二色相间排列。轮盘置于长桌上，主持人先用力拨动轮盘，再弹入一颗小弹子，弹子顺势沿盘边旋转，赌客便视其弹跳方向、转动速度预估弹子可能停止的位置，在各个号码下注。主持人按铃之前，均可改变心意，赢者 1 赔 35，除单押一门外，还可押六门、十二门、十八门，

① 　Extract from Council Minutes dated 11 April 1928，工部局档案，档案号：U1 - 3 - 3339。

② 　《上海神秘指南》，第 81 页。

或单双数等。①

这类赌博不像花会四处迁徙，多半以豪华赌场形式出现，高大洋房、乐队酒吧，动辄输赢上万；且为规避租界巡捕取缔，门禁森严，多半雇请拉丁美洲籍人士出任经理或店主，赌博在这些国家罪罚甚轻，即使被捕也多以罚金了事。尤其重要的是，这些国家的领事经常以保护侨民为由，对工部局的搜索申请拖延不允，以致风声走漏，使得查缉行动备极困难。1928年以后跑狗兴起，这些国家的领事又多了一项借口。该年工部局数次突袭轮盘赌场，却因墨西哥领事以工部局只抓轮盘赌、不抓跑马和跑狗，政策不一为由拒绝合作，最后无法起诉。②

1929 年 4 月，工部局警务处处长巴雷特（E. I. M. Barrett）上书总办事处，指出轮盘赌场已形成集团之势，对华人巡捕也有腐化之虞，工部局必须当机立断予以打击，必要时授权警务处，在未取得领事同意之下可径行搜捕。巴雷特并点名，去年扫荡无功的静安寺路 151 号是首先应该突袭之处。③为避免重蹈覆辙、徒劳无功，工部局亦同时决定对跑狗场进行限制。5 月 21 日，董事会举行特别会议，决议勒令明、申二园自下月起将赛事由每周两次缩减为一周一次。④ 决议既定，随即于 5 月 26 日清晨对静安寺路 151 号展开扫荡，动用了路障、警车、大型探照灯等，声势浩大。当时有 184 名西人和55 名华人男女正流连场中，其中不乏社会知名人士，均被迫

---

① 《上海神秘指南》，第 81~84 页。

② "Public Gambling," *NCH*, 25 May 1929, p. 310.

③ E. I. M Barrett to S. M. Edwards, 8 April 1929，工部局档案，档案号：U1 - 3 - 2660。

④ Extract from Council Minutes dated 21 and 29 May 1929，工部局档案，档案号：U1 - 3 - 3330。

留下姓名，在众目睽睽下步出大门。①

工部局这次突袭，意图展现实力与决心的用意十分明显，但所获反应不如预期。经常与租界当局唱反调的美国周刊《密勒氏评论报》（The China Weekly Review），痛斥工部局企图以轮盘赌转移外界对跑狗争议的焦点，②并暗示工部局积极取缔轮盘赌其实骨子里是为了替跑狗场除去竞争对手。③向来亲租界当局、由英人所办的《北华捷报》，虽肯定工部局缉赌的决心，但也指出明、申二园因工部局政策摇摆不定股价忽涨忽跌，导致内线交易盛行，工部局若为广大散户权益着想，应对未来政策公开说明清楚。④

对于工部局突然的限制，明、申二园强烈抗议，要求工部局把筹建之初的往来函件公之于世，以示跑狗场的全然合法性。此外，为求公平起见，工部局应联络法租界对逸园采取同样措施。⑤接下来，有关静安寺路151号的审判，受审赌客及被告律师更不断以租界当局偏袒英籍跑狗场为攻击要点，令工部局处境尴尬。⑥

---

① "Fooling the Public on the Gambling Question," *CWR*, 1 June 1929, pp. 5 - 6；《工务局公报论赌博与犯案关系》，《申报》1929 年 6 月 28 日，第 15 版。

② "Fooling the Public on the Gambling Question," *CWR*, 1 June 1929, pp. 5 - 7.

③ "What Cunningham Should Do about Gambling," *CWR*, 3 Nov. 1929, p. 96.

④ "The Council and Gambling," *NCH*, 1 June 1929, p. 343.

⑤ Campbell to Fessenden, 6 June 1929；C. F. Evans to Fessenden, 15 June 1929，工部局档案，档案号：U1 - 3 - 3330。

⑥ 《英警务庭审讯八赌徒之纪载》，《申报》1929 年 6 月 28 日，第 15 版；《大赌案昨日辩论》，《申报》1929 年 7 月 18 日，第 15 版；《大赌案续辩记》，《申报》1929 年 7 月 20 日，第 15 版；《大赌案宣判有期》，《申报》1929 年 7 月 21 日，第 15 版；《静安寺路大赌案上诉开审》，《申报》1929 年 9 月 11 日，第 15 版；《静安寺路大赌案昨开辩论》，《申报》1929 年 9 月 20 日，第 15 版。

工部局的弛禁政策得不到外人社群的支持，亦未能讨得华人团体的欢心。减赛的消息一出，纳税华人会立刻去函工部局表示欣慰，但同时批评此非根本之计："本会深谅贵局为顾全英籍以赌博为常业者之利益计，不得不然。"但既然一时不能绝禁，该会要求对跑狗场与轮盘赌一视同仁，禁止华人入场赌博，"如欲强欲入内者，依中华民国刑法向中国法院告发"。①对此，工部局总裁费信惇认为不失为可行之道，批示要警务处及捕房律师表示意见。②

6月6日，警务处代理处长马丁（R. M. J. Martin）及捕房律师博良（R. T. Bryan, Jr.）双双回复。马丁反对禁止华人进入跑狗场的提议，认为此举将有违工部局已宣告限制明、申二园一周仅能开赛一次的禁令；二则租界当局对租界居民应一视同仁，只准外人跑狗，不许华人参与，易引起批评；三若真的禁止华人进入跑狗场，对于跑马场又当如何处置？③博良从法律的观点却认为可行。他指出，中华民国法律对赌博采取从严解释，除过年、过节在家的麻将不算外，只要光顾赌场，不论旁观或下注都算违法，因此工部局可以依中国法律予以起诉，只是在宣布时措辞要仔细推敲，以免被讥为歧视华人。④

马丁的意见代表工部局内同情跑狗者的声音，即弛禁已经足够，不必再对跑狗场赶尽杀绝；博良的看法则表达了主

---

① 《上海租界纳税华人会致上海公共租界工部局总办爱得华先生》（1929 年 5 月 27 日），工部局档案，档案号：U1 - 3 - 3330。
② Comment by Fessenden on Secretary to Director General, 29 May 1929，工部局档案，档案号：U1 - 3 - 3330。
③ Martin to Edwards, 6 June 1929，工部局档案，档案号：U1 - 3 - 3330。
④ R. T. Bryan Jr. to Martin, 5 June 1929, enclosed in Martin to Edwards, 6 June 1929，工部局档案，档案号：U1 - 3 - 3330。

张绝禁者的观点。对此，费信惇批示："对我来说，问题不在跑狗是否应禁，在于工部局对非法赌博究竟准备缉查到什么地步。参加静安寺路 151 号轮盘赌的英美人士都依法起诉，如果外人参与轮盘赌遭法律制裁，前往跑狗场也同样应受惩处。"[1]

四　商业性赌博

华人与狗欢迎入内

费信惇的批示清楚反映出全面禁赌的决心。事实上，费信惇正是推动工部局对跑狗政策由弛禁转向绝禁的关键人物。特殊的背景与信念，使他深具忧患意识，将公共租界的存亡视为首要考虑，跳脱一般英人视跑狗为合法营业、含有运动性质的迷思，使得接下来的两年，在他强力主导下，工部局逐渐采取坚定明确的措施，终至全面实行绝禁政策。

费信惇对跑狗问题态度坚定，与其背景及经历有密切关系。费氏是工部局中少有的美国人，1903 年来华，刚开始时在上海担任执业律师，1920 年起连续多年当选工部局董事，1924～1929 年出任该局总董。[2] 在其总董任内，历经五卅惨案、北伐军克复上海、"四一二"事变等重大政治事件，其一贯以强硬、冷静态度带领公共租界渡过危机。中国人对其的评

---

[1]　Comment by Fessenden on Secretary to Director General, 7 June 1929，工部局档案，档案号：U1 - 3 - 3330。

[2]　《上海租界志》，第 621 页。

价是:"态度非常恶劣,是有名的死硬派。"① 外人社群反倒对他十分爱戴,昵称他为"上海市长"(Lord Mayor of Shanghai)。费氏的声望在 1927 年底达到顶峰,该年 9 月适逢其 52 岁生日,外人群起为他庆祝。当日冠盖云集,英国驻华按察使格莱恩(Peter Grain)代表英美社群致辞时,盛赞费氏处理危机时的"审慎、勇气与正直";② 11 月,美侨社群集资为美国驻沪海军第十四团购置乐器,建立军乐团,以费氏之名命名,以资纪念。③

1929 年,费信惇不再竞选连任,工部局宣布聘其为总裁。该职原为名誉性质,但在费信惇任内发展成工部局最高行政长官及总办事处首脑,此情形一直维持到他 1939 年退休为止。④ 费信惇之所以能在以英人为主的工部局服务近 20 年,与闻所有重大决策,极大原因在于他虽身为美国人,但行事强悍果敢一如英人,是强调工部局国际化再合适不过的样板。《北华捷报》称他"虽无英人之名,却有英人之实"。⑤ 然而美侨社群对他则不无抱怨,私下批评他"比英国人更像英国人",在他领导下的公共租界"好比伦敦塔或西敏寺一样地国际化"。⑥

然而,费信惇并非只是个样板。身为美国人,他对跑狗不抱任何幻想,很早便视之为赌博。1928 年 8 月,各界对跑狗的批评方兴未艾,费信惇便指出跑狗不同于跑马:"赛马仅偶

① 中国社会科学院近代史研究所翻译室编《近代来华外国人名辞典》,中国社会科学出版社,1984,第 141 页。
② "Shanghai Tribute to Mr. Fessenden," *NCH*, 1 Oct. 1927, p. 15.
③ "The Fessenden Fifes," *NCH*, 19 Nov. 1927, p. 321.
④ 《上海租界志》,第 210 页。
⑤ "Cautionary Tales for Poor Politicians," *NCH*, 7 May 1927, p. 266.
⑥ Blake, *Jardine Matheson*, p. 224.

一为之，目标不在于追求个人利益，而赛狗乃专为营利而设，且获利丰厚。"① 在与明园往来的书信中，他毫不客气地指出跑狗并非真正的"运动"，而是"假运动之名，强为遮掩的商业性赌博"。② 当反对声浪日盛，他所考虑的不是跑狗是否合法或投资人的利益是否受损，而是担心华界时时以收回治外法权为号召，工部局应如何因应、如何在查缉赌博方面不授人以话柄，好让英、美、法、日等国政府觉得上海公共租界确有继续存在的必要，愿意继续出兵予以保护。为了确保他过去十年来小心翼翼维护的租界形象不致一夕崩解，他决心对跑狗场采取断然措施。

不过，孤掌难鸣，费信惇必须伺机而动。所幸的是，英国驻华当局对此事态度渐趋明朗。自反跑狗风潮兴起以来，英驻沪总领事巴尔敦便一直采取模棱两可的态度，推说此为工部局权限，非领事所应置喙。③ 然而，经过夏奇峰在日内瓦的投书，以及国民政府的正式抗议，英国外交部开始关心此事。据传1929年5月英国驻华公使蓝普森访沪时，便曾向驻沪总领事及工部局英籍董事表达过关切。④ 该月底，巴尔敦荣升为非洲阿比西尼亚（Abyssinia）公使离沪；⑤ 1930年2月，新任总

---

① Extract from Council Minutes dated 31 Aug. 1928，工部局档案，档案号：U1 - 3 - 3339。

② Fessenden to Campbell, 10 June 1929，工部局档案，档案号：U1 - 3 - 3330。

③ Extract from Council Minutes dated 21 May 1929，工部局档案，档案号：U1 - 3 - 3330。

④ "What Cunningham Should Do about Gambling," *CWR*, 15 June 1929, p. 95；"American and Chinese Members of the Council and the Gambling Question," *CWR*, 13 July 1929, p. 284.

⑤ "Sir Sidney Barton Leaves," *NCH*, 25 May 1929, p. 307.

领事璧约翰（J. F. Brenan）到任，[1] 一改前任态度，积极向工部局施压，要求从严取缔跑狗，必要时他甚至愿意公开表态。[2] 领事馆的支持，正提供费信惇绝禁政策亟须的奥援。

费信惇在工部局内还有两位可供倚重的盟友：一是前述捕房律师博良，二是新任警务处处长贾尔德（J. W. Gerrard）。博良与费信惇一样，是工部局内少数的美国人，他于1928年被费氏引入工部局担任捕房律师，1930年后改任工部局法律处处长，由费信惇直接率领。任内博良又引入他在东吴大学法学院教授的学生至处内工作，使法律处成为工部局中唯一由美国人领导的单位，全无英人参与。[3] 博良与费信惇的背景相似，正可提供费信惇在绝禁方面的法律奥援与咨询。

新任警务处处长贾尔德的例子则颇为特殊。贾氏是苏格兰人，1908年读大学时便入选为英属印度候补警官，此后在印度、阿拉伯半岛、美索不达米亚平原等地警界服务，表现出色，屡获奖章。[4] 上海工部局于1929年将他从英属印度特地调来上海对警务部门进行改组。[5] 由于贾尔德对殖民地刑事案件经验丰富，同时与明、申两园毫无瓜葛，在禁绝赌博方面可说完全没有包袱。

当费信惇正思索如何联合博良和贾尔德强化绝禁派的力量时，租界纳税华人会又展开了新一波的攻击，并且把焦点放在跑狗场"华人与狗欢迎入内"的嘲讽上。

---

① "Knight Conferred on Mr. J. F. Brenan," *NCH*, 7 June 1932, p. 374.
② Extract from Watch Committee Meeting, 6 Nov. 1930, 工部局档案，档案号：U1-3-3332。
③ 《上海租界志》，第626页。
④ "New Commissioner of Police," *NCH*, 12 Oct. 1929, p. 52.
⑤ 《上海租界志》，第211页。

1929年6月30日、7月16日，纳税华人会连续两度致函工部局，要求将跑狗视同轮盘赌一并取缔。[①] 8月3日，该会再度去函当局，指控明、申二园虽奉令每周比赛一次，却私下擅自延长时间、加多场次；同时，在工部局的强力取缔下，原先参与轮盘赌的赌客已纷纷转往跑狗场，使得二园收入不减反增。纳税华人会主张，倘若跑狗于公众有害，就应全面禁绝，不该只限次数，否则就如同让原先每天偷鸡的窃贼改成每月偷鸡，或每天杀人的凶手改成每月杀人般荒谬。[②]

对于工部局辩称跑狗总会属国际性质，且大部分会员均为华人，以致难以取缔的说辞，纳税华人会毫不客气地反驳："现本会所欲问者，两跑狗赌场创立者为何人？注册地在何处？既称华人为多，则贵局益应对于该项华人依照中国刑法，向临时法院告发，何以不照对付轮盘赌窟之大行检举，且许之继续为每星期一晚之开赌乎？"[③]

纳税华人会同时去函上海驻沪领事团，大作讽刺文章，指过去上海外滩公园是"华人与狗不得入内"，现在跑狗场则是"华人与狗欢迎入内"；今后为遏止华人赌博，不如干脆将"狗""洋人""华人"三者重新排列，在跑狗场门口挂上"华人不得入内"或"惟洋人与狗始得入内"的牌子。[④] 8月2

① 《纳税华人会致工部局总办爱得华先生》（1929年6月30日、7月16日），工部局档案，档案号：U1-3-3330。

② 《纳税华人会致工部局总办爱得华先生》（1929年8月3日），工部局档案，档案号：U1-3-3330。

③ 《纳税华人会致工部局总办爱得华先生》（1929年8月3日），工部局档案，档案号：U1-3-3330。

④ Translation, Chinese Ratepayers' Association of the International Settlement to the Senior Consul, 2 Aug. 1929, enclosed in E. S. Cunningham to H. E. Arnhold, 8 Aug. 1929, 工部局档案，档案号：U1-3-3330。

日，特派江苏交涉员徐谟又以申园门口出入均在华界为由，致函驻沪领事团领袖领事，坚称申园全址均在华界，每次开赛工部局均派巡捕前往保护，实有损中国主权，要求撤除巡捕。[1] 1930年2月，上海基督教青年会亦去函工部局，表示该会最近正发起节约、崇实运动，请求工部局通力配合，取缔跑狗及轮盘赌。[2]

华界反对跑狗的声浪虽强，但工部局依旧采取模棱两可的态度。不仅明、申二园开赛时依旧派遣巡捕维持秩序，1929年8月14日及次年7月3日，申园以天候不佳、跑道泥泞为由请求开赛日期延后，[3] 工部局也一一照准，毫无异议。[4] 1930年3月，明园华德路土地租约到期，工部局又同意以每年海关银800两的价格任其续租两年，期满承租人有优先承购权。[5] 这些动作不论对内、对外，都显示了工部局丝毫无意采取更严格的禁止措施。

"我们要治理得比别人好！"

经过一年多的观察和等待，费信惇终于在1930年下半年

---

① Translation, Commissioner of Foreign Affairs for Kiangsu to the Senior Consul, 2 Aug. 1929, enclosed in Cunningham to Arnhold, 8 Aug. 1929, 工部局档案, 档案号: U1 - 3 - 3330。

② Translation, L. T. Chen to Shanghai Municipal Council (hereafter SMC), 25 Feb. 1930, 工部局档案, 档案号: U1 - 3 - 3330。

③ Evans to Arnhold, 14 Aug. 1929; Evans to J. R. Jones, 2 July 1930, 工部局档案, 档案号: U1 - 3 - 3330。

④ Jones to Evans, 15 Aug. 1929; Jones to Evans, 3 July 1930, 工部局档案, 档案号: U1 - 3 - 3330。

⑤ Jones to Messrs. Thomson & Co., 25 March 1930, 工部局档案, 档案号: U1 - 3 - 3330。

展开行动。绝禁的前提是破除英人心中跑狗是一种运动的想法，将跑狗与大赌场、黑社会或警方保护的概念相连，然后建立起赌博与犯罪的关联性，以说服租界外人跑狗是造成犯罪率居高不下的主因。为此，费信惇特别独创"商业性赌博"（commercialized gambling）一词，以示跑狗在规模上和性质上与传统赌博不同，加以区隔作为理论基础。

1930 年 9 月 8 日，费信惇致函警务处处长贾尔德，转述一位据说是前纽约警长的话。该警长表示依其多年经验，欲遏止犯罪，首在严禁赌博。商业性赌博很难靠着一般合法收入长期存在，必定要靠不义之财，而且定要取得警方或其他组织的保护；一旦某赌场拥有靠山的消息传开后，各种罪犯便会纷至沓来，为了获取赌资，抢劫、绑票、谋杀等各类案件便会层出不穷。"你告诉我哪里有保护势力，我便可以告诉你哪里有高犯罪率。"费信惇在信中表示，他听完上述观点后颇有所感，上海商业性赌博远较世界其他城市发达，跑狗、跑马、回力球等均自由设立，输赢甚巨。华界一再指称这些赌业与上海偷窃盗劫之风有直接关联，他请问贾尔德这种说法是否真切，上海近来的高犯罪率是否真的可归因于商业性赌博？①

贾尔德 9 月 22 日回函，表示完全赞同纽约警长的看法。依他过去在印度、近东等地的经验，有大规模赌博之处罪案必定甚多，而赌窟一旦捣毁，盗风便随之消减。尤其东方人好赌，"赌博为东方犯罪最大之引诱物，既足欹动积犯，复足造

---

① Fessenden to J. W. Gerrard, 8 Sept. 1930，工部局档案，档案号：U1 - 3 - 3331。

成新犯，于警界尤有严重恶劣影响，印度全赖严禁赌博，而警署始能使罪犯停止滋长"。贾尔德进一步指出，商业性赌博危害更大于一般赌窟，"盖赌窟警署可加禁闭，独商业性之赌博，警署无权干涉，乃得日盛"。①

贾尔德的看法正中费信惇下怀，现在有两位曾服务于世界大城市高阶警官的背书，他立刻将上述信函交工部局董事传阅，试探他们的态度。该年工部局董事共有 14 席，英人 6 席、日人 2 席、美人 1 席，此外还有 5 名华董，分别是徐新六、刘鸿生、胡孟嘉、袁履登、虞洽卿。传阅结果，除英董休士（A. J. Hughes）不同意此观点，大部分董事均不反对犯罪与赌博相关的说法。华董刘鸿生甚至举自家公司出纳挪用公款为例，说明赌博确实诱人犯罪。② 既然大多数董事表示同意，费信惇便将往来信函刊登于 10 月 24 日的工部局公报，③ 当日沪上中西各大报均予以全文转载，《申报》的标题更为《公共租界禁赌先声》。

除了两大警长的支持，另有两个新情况对费氏的禁赌政策发挥了推动功效。一是外人团体申请建立第二座回力球场遭拒；二是日侨社群的正式表态。

回力球发源于法国、西班牙交界的比利牛斯山区，原为巴斯克人对峭壁击球的一种球戏，最初流行于地中海沿岸，后传入中南美洲，20 世纪初再引入美国，演变成赌博下注的最好

---

① Gerrard to Fessenden, 22 Sept. 1930，工部局档案，档案号：U1 - 3 - 3331；《公共租界禁赌先声》，《申报》1930 年 10 月 24 日，第 9 版。

② Councillors' Comments on Secretary to Members of Council, 23 Sept. 1930，工部局档案，档案号：U1 - 3 - 3331。

③ Extract from Municipal Gazette, 24 Oct. 1930，工部局档案，档案号：U1 - 3 - 3331。

工具。玩法是在长方形的室内球场，球员右腕缚一藤木长篮，一人对壁击球，使其弹回，第二人接着再击。每盘 5 人轮流上阵，每次 2 人下场，以最后积分最高者为胜。除单打外，亦有双打。其特色是运动量大，球员需有极佳的体力，击球时快捷迅速，异常激烈，兼以变化莫测。

这项新兴的活动很快引起上海娱乐业的注意。1930 年初，法商汇源银行董事步维贤（Felix L. Bouvier）与名律师逊百克（A. du Pac de Marsoulies）等在法租界亚尔培路、霞飞路（今陕西南路、淮海中路）交界处建立中央运动场（Pare des Sports "Auditorium"），聘请回力球员来沪表演，同样采取"赢家分成法"和"赌金赢者独得制"两类方式供人下注。开幕后立刻吸引了上海市民的兴趣，每晚人潮在光亮耀眼的球场内，"时而欢呼，时而浩叹，神情紧张，坐立不安"，其兴奋刺激与跑狗不相上下（参见本书第六章）。

有鉴于回力球潜力无穷，1930 年 9 月 12 日便有团体委托萨达尔律师（Federico Sarda）向公共租界当局申请建立第二座球场。申请书中极力强调回力球需要非常的技巧与体力，是"不折不扣的运动"，不仅法国、西班牙、意大利、埃及、美国、古巴、墨西哥、巴拿马、阿根廷等国的主要城市均有球场，而且已申请列为奥运会比赛项目。申请书中指出，如蒙工部局同意，该团体将在公共租界建立一个比法租界中央运动场更大、更现代化的体育馆，不仅可以推广回力球运动，还可供工部局公共集会之用。[①]

---

① Application, enclosed in Federico Sarda to the Secretary of SMC, 12 Sept. 1930, 工部局档案，档案号：U1 - 3 - 3331。

基于跑狗场的前车之鉴，工部局对于任何涉及赌博的运动都小心翼翼。9月16日的传阅批示上，所有董事均反对发给执照，董事休士更进一步指出："我反对不只因为这项活动涉及赌博，更因为租界内这类场所已经够多了，如果再准其兴建，董事会将无法自圆其说。"①

工部局之前对跑狗欲禁不禁的暧昧态度显然已造成外界的错觉，以为工部局并不反对含有运动性质的赌博，以致回力球场径向租界当局提出申请，这对工部局无疑是个警报。另一项凸显外界对工部局弛禁政策不满的，是日侨的态度与径自缉赌。

1930年9月30日，日文《上海日报》刊出日人领袖要求日本驻沪总领事禁止侨民出入赌博场所；10月2日，该报又跟进报道日领事已派遣领馆巡捕前往各跑马场、跑狗场及回力球场，收集出入日人名单，预备循线予以警告。② 日侨在公共租界中人口仅次于华人，1930年时约有1.8万人，足足是英人的三倍之多，③ 但在工部局董事会中始终居于陪衬地位，日人对此一直愤愤不平。现在日方决定自行缉赌，反映出日人社群对工部局弛禁政策的不满，更增添费信惇的焦虑感，终于决定拿出具体行动。

1930年10月1日，费信惇撰写了一份长达12页的备忘录，在工部局董事会的外籍董事中进行传阅。他在文中反复剖

---

① Comment by A. J. Hughes on Secretary to Members of Council, 16 Sept. 1930, 工部局档案，档案号：U1-3-3331。

② Translation from Shanghai Nippo, 30 Sept. and 2 Oct. 1930, 工部局档案，档案号：U1-3-3331。

③ H. G. W. Woodhead, ed., *The China Year Book 1931* (Nendeln, Liechtenstein: Kraus Reprint; Division of Kraus-Thomson Organization, 1969), p. 694.

析利害，要求董事会对跑狗场采取更严厉的措施。费信惇指出，公共租界向被誉为"模范租界"，在社会治安、公共卫生、基础设施等方面都领先华界，但近几年来犯罪率日高，华界便利用此极力打击租界形象，强调只要取消治外法权，改由中国政府全权治理，种种弊端便可消弭无踪。此举不仅会破坏租界长久以来的声誉，更在英、美、日、法等列强国内，创造出上海公共租界不值得继续出兵保护的印象，严重危害租界安全。

为重建公共租界形象，费信惇认为工部局必须严厉打击犯罪。他指出，据估计目前上海的犯罪率已与美国芝加哥不相上下，既然大家已同意赌博与犯罪息息相关，就应该对各式赌博一律严禁。不应只禁轮盘赌和回力球赛，却任由跑狗场照常开赛，以致巡捕执法时不断遭到诸如祖护英人、差别待遇、除恶不尽等批评，造成缉赌时的困扰。

费信惇接着指出，明、申二园一面同意减赛，一面却延长赛时、加多场次，同时在各中文报纸大做广告、发行赛狗快报、广送入场券，毫无收敛迹象，使工部局先前措施徒劳无功。如今，日人社群为确保其侨民不受赌博诱惑已自行采取行动。如果工部局的跑狗政策既无法凸显公共租界的治理比华界及法租界要好，又无法说服日人社群公共租界足以保护其侨民，显然各董事有必要对此政策重新思考。

最后，费信惇强调公共租界之所以存在，在于它的管理远比华界优秀，只要租界施政水平下降，合法性便随之降低。他指出，光靠指责华界或法租界的缺失，以彰显自己比上不足、比下有余，根本于事无补。"为延长租界寿命，工部局一定要向外界证明我们要治理得比别人好!"①

　　费信惇这份备忘录洋洋洒洒,其实不无夸大之词,他所举的几个巡捕执法时的困境,后来都遭到时任临时警务处处长马丁的反驳。② 但费信惇的目的在提醒董事,公共租界此时无论在母国或中国都已成为众矢之的,值此危急存亡之秋,不宜再麻木不仁,对公共赌博采取放任政策。③

　　备忘录发出后,一时并无董事提出异议。日董向来赞成禁赌,7 名英、美董事中,总董麦克诺登(E. B. Macnaghten)虽然同情跑狗场,但为了避嫌不便表示意见;唯一可能不以为然的休士又因公远赴马尼拉,不在上海。10 月 28 日,费信惇遂进一步接受沪上两大报之一《新闻报》的访问,公开宣布已获董事会支持,公共租界将全面展开缉赌。④

　　如果说费信惇这份备忘录反映了工部局行政首脑处理跑狗事件时的政治考虑,那么董事休士随后的反驳,则明显代表了当时西方逐渐视赌博为一可置于外部制度下予以监管的新看法。

　　休士在获知费信惇的行动后,10 月 30 日急忙从马尼拉寄来一封厚达 7 页的长信,由总董麦克诺登转交给各董事,信中针对费信惇在备忘录中的论点逐一批驳。休士首先切断赌博与犯罪相关的想法。他指出赌博为人类天性,自古即有,事实上在日常生活中,几乎每人每天都在从事赌博,譬如碰运气、赌

---

① Circular for Foreign Members by Fessenden, 1 Oct. 1930, 工部局档案, 档案号:U1 - 3 -3331。

② Martin to Fessenden, 14 Oct. 1930, 工部局档案, 档案号:U1 - 3 -3331。

③ Fessenden to Martin, 16 Oct. 1930, 工部局档案, 档案号:U1 - 3 -3331。

④ Translation from Sin Wen Pao, 28 Oct. 1930, 工部局档案, 档案号:U1 - 3 -3331。

机会、进出股票市场、保险赔单、企业投资等都隐含赌的成分，因此赌博不一定是不道德的，从某个角度来说，还可能是推动经济发展的重要因素。

其次，若说赌博诱人犯罪，那财富诱人犯罪的力量更大。上海掳人窃盗之风高涨，全拜高比例的财富集中于上海之赐，而租界的财富又远超华界。此外，由于上海周围均是人烟稠密的穷苦农村，双方贫富的差距自然日益悬殊。在这样的情况下，犯罪率没有更高已是奇迹。

再次，休士点出所谓"商业性赌博"实与大众娱乐密不可分。他指出跑马、跑狗、回力球这类运动，不像麻将或桥牌可以在没有赌注的情况下进行，而民众在下注观赛的过程中获得相当多的乐趣。至于那些阮囊羞涩却还光顾跑狗场或凭不义之财下注的人毕竟是少数，更多的是中产阶级寻求公余闲暇的消遣。他说，日前他特意前往申园考察，遇见其公司的一名职员。这位职员告诉他，每当天气宜人的夜晚，他便会偕妻一同前往申园，每次买2元的"位置"、2元的"独赢"碰碰运气。如果将所有的输赢相互平均，长期看来可能是小输，但所得到的娱乐消遣早已值回票价。

休士表示，上海人口拥挤，公共娱乐设施不足，公园狭小，既缺乏文化艺廊，博物馆又少得可怜，甚至连像样的市政大厅都没有，只有一个交响乐团勉强带来一些文化气息，而跑狗场正可提供租界急需的大众娱乐。明、申二园组织完善，每周可供1万~1.2万名民众消遣，不仅上海市民得益，从各地前来上海观光的华人也得到不少乐趣，因此没有必要禁绝。他强调，与其关闭跑狗场，不如对其进行严格的管理与监督，否则一旦走入地下，与黑社会勾结，反成治安的隐忧。美国禁酒、禁赌前车可鉴，上海不宜步其后尘。而且如果不能联合法租界一起关闭逸园，只强行迫使明、申二园歇业，不仅是差别待遇，对工部局所揭示打击犯罪目的亦毫无帮助。

休士接着直接攻击费信惇所谓"我们要治理得比别人好"的论调。他指出，总裁费信惇在备忘录中强调为延长租界寿命，工部局一定要向外界证明公共租界的管理比华界好，这点他很难苟同。他认为，租界的收回与否，端赖中国何时可以强大到悍然推翻不平等条约，届时租界的管理是否优于华界已不再重要。换言之，租界寿命的长短并不会因施政优劣而有所改变。

至于不准回力球场兴建却允许跑狗场开赛，更是两码子事。休士认为，跑狗场申请时，工部局对此尚无明确政策，如今各界都体认到此类娱乐场所太多，自然不同意回力球场兴建，此事与跑狗场不可混为一谈。况且回力球场尚未动工，主其事者毫无损失；跑狗场一旦关闭，投资者却损失惨重。更重要的是，他指出禁绝政策并未考虑人身自由，工部局如借武力或政治力强制去除与游戏、运动或其他娱乐相关的赌博，是剥夺民众享乐和行动自由的权利。现下工部局计划利用公权力决定治下百姓公余之际该从事什么活动、该怎么花钱、该如何休闲，下一步是否就要限制民众吃什么、喝什么？简言之，工部局不应过度介入民众的日常生活。

最后，休士表明自己不是跑狗场股东，对跑狗也并不热衷，唯一与跑狗场算得上有牵连的是他所属的华安合群保寿公司（China United Assurance Society）拥有申园的大部分土地，但申园关闭其实对该公司更为有利，因为他们正可借机将其他土地一并买下。他之所以写这封长信，是因为对禁赌方式不以为然，因此呼吁与其绝禁，不如加强管理与监督。①

　　休士与费信惇的看法截然不同，反映双方对如何管理赌博的态度迥异。休士相信只要将赌博置于一定的外部制度下，不仅不必然造成犯罪，反而可以提供城市居民急需的大众娱乐。他在信中不断用"运动""消遣""大众娱乐"等词形容跑狗，称之为"干净的运动""公平性更胜过跑马"。跑狗既然在规模和性质方面都显示出是一种可管理的活动，就不该以查缉花会、轮盘赌的方式处理。

　　费信惇与休士的论辩正反映了晚清至民国华洋关系的变化。国民政府建立后，租界当局与华人的关系已与晚清迥异。一方面殖民社会草创时期，在实践上经常是多元体系的凑合，其中多有矛盾之处，但殖民者出于权宜考虑，只要合用就不一定要有道理。但是到了 1930 年代，费信惇及其支持者转而接受另一种想法，即法与理必须里外一致方能自圆其说。另一方面，在外在形象上，晚清改良官员多忧心西人对中国执法的观瞻；费信惇则反过来忧心华人居民对租界执法的观瞻。这种主动与被动、观者与被观者之间的变化，在某种程度上也是一种殖民社会下的"异国转译"。②

　　如果说，休士的长信是反对禁绝者的最后一搏，那么此击并未能发生作用。费信惇的心意已决，又得到华董、日董以及多数英、美董事的支持，乃着手展开各项布置。首先争取英驻沪总领事馆表态，接着在中西各大报公开发布消息，最后促使

---

　　① Hughes to E. B. Macnaghten, 30 Oct. 1930，工部局档案，档案号：U1－3－3332。

　　② 此处感谢审查人之提醒。

董事会默认通过决议。1930 年 11 月 3 日，英驻沪总领事璧约翰公开表示支持工部局关闭跑狗场。① 11 月 11 日，费信惇接受英文《上海泰晤士报》(The Shanghai Times) 的访问，直言打击赌博是为了延长租界寿命。② 11 月 12 日，工部局董事会决定尽速关闭跑狗场，如员工因此生活困难或无法归国，工部局将尽量予以补偿。③ 致命的一击则终于在 1931 年 1 月 7 日到来，当日工部局董事会决议，自 4 月 1 日起租界内禁止赛狗。④

明、申二园抗议无效，申园最后决定不再抗争，歇业清理；⑤ 明园则决议改为会员制，以私人俱乐部形式在期限过后坚持开赛。4 月 4 日夜晚，工部局巡捕包围明园跑狗场，封锁交通，禁止民众进入；明园坚持跑完最后一场，于当晚 9 时熄灯落幕，从此结束跑狗在公共租界长达三年、充满争议的历史。⑥

* * *

工部局为关闭跑狗场一事付出了相当代价，从此缠讼经年，直至 1933 年才结束。⑦ 至于犯罪率是否因而降低，租界

---

① Extract from Shanghai Evening Post & Mercury dated 3 Nov. 1930，工部局档案，档案号：U1 – 3 – 3332。
② Cutting from The Shanghai Times, 11 Nov. 1930，工部局档案，档案号：U1 – 3 – 3332。
③ Extract from Council Minutes dated 12 Nov. 1930，工部局档案，档案号：U1 – 3 – 3332。
④ Extract from Council Minutes dated 7 Jan. 1931，工部局档案，档案号：U1 – 3 – 3339。
⑤ 《申园决议清理》，《申报》1931 年 5 月 14 日，第 15 版。
⑥ 《跑狗实行取缔》，《申报》1931 年 4 月 5 日，第 15 版。
⑦ "Pari-Mutuel Millions in Dog Racing," NCH, 15 Feb. 1933, pp. 265 – 267; "Luna Park's Action," NCH, 15 March 1933, pp. 424 – 427.

寿命是否因此延长，颇为可疑。

　　赛狗在公共租界遭禁之后，明、申二园先改作娱乐场和足球场，[①] 很快便因无法支撑而告消失。两园一旦关闭，受益最大的便是法租界的逸园，它由原先的苦撑经营顿时步入坦途。[②] 明园、申园的许多狗主纷纷转至逸园出赛，热衷赛狗的观众也随之移师逸园。逸园接收狗主人和观众后，不仅比赛时间由原先的每周两天增加为每周三天，场次也由原先的一晚 9 场增加至 12 场。[③] 赛季火力全开时甚至可达 14 场，[④] 时间长达三个半小时，晚上 8 时半开赛，待赛事全部结束时已过夜半。[⑤] 每晚 14 场的输赢起伏、购票、兑票，形成如潮水般的奇观。《申报》记者"建勋"这样形容逸园赌客的神情。

　　　　两万个人中，六分之一的人张着嘴，眼睛像细线一般，他们笑了，笑得像猫头鹰的叫声一般，胜利了。像潮一般从场上涌进了伟大的建筑物，一会儿，再从伟大的建筑中领了钱、买了票出来。其他的六分之五的人，奋激的情感在懊丧之中消失下去，彩色的"票子"在愤怒中被撕碎了抛在空中，像蝴蝶一般飞舞在苍茫的夜色里。隐在夜的阴影里的人们消失在狭门边了，一会儿，又在狭门边

---

① 《明园跑狗场旧址改建新娱乐场》，《申报》1931 年 5 月 27 日，第 11 版；《体协会与西联会合办申园重辟足球场》，《申报》1933 年 12 月 9 日，第 12 版。

② 《逸园跑狗场股票反涨》，《申报》1931 年 1 月 15 日，第 15 版。

③ "Greyhound Races," *The China Press*, 1 Dec. 1928, p. 5; "Some Criticism," *NCH*, 3 Aug. 1932, p. 185.

④ 《赛跑消息》，《竞乐画报》第 2 卷第 5 期，1936 年 2 月 1 日，第 17 页。

⑤ 建勋：《逸园素描》，《申报》1934 年 2 月 17 日，第 24 版。

涌现出来。便是这样，十五分钟之间，两万个人在狭的门中涌进涌出一同，像音乐的节奏，像潮汐的泛滥，准时、伟大与美观。①

有鉴于明园 1 元狗票所引发的赌博争议，逸园放弃大众路线，不以低廉票价吸引观众。其入场门票仍维持在客席 1 元、公共看台 5 角，② 但在"位置""独赢"两票方面则分 2 元和 5 元两种，③ 摇彩票每张 2 元，④ 其价格虽较赛马为低，但亦需家境小康以上者方能尽情享受。为增加下注乐趣，1933 年逸园在单纯的"位置""独赢"之外，率先引入更为复杂的"双独赢"和"连位"（或称"头二位联票"）。⑤ 前者为同时买两场的独赢，后者则为同时买头狗、二狗两个号码，因其包含更多的斗智性质，赔率也较高，很快便成为场内最受欢迎的下注方式。⑥

赛狗无疑吸引了许多原先就光顾赛马场的人，也吸引了许多本来并不赌马的观众。此吸引力主要来自两方面。单就下注而言，一般认为赌狗比赌马要来得公平，原因是马匹出赛需要

---

① 建勋：《逸园素描》，《申报》1934 年 2 月 17 日，第 24 版。

② "Ad. : Le Champ De Courses Francais（Canidrome），" *The China Press*, 20 Feb. 1931, p. 11.

③ 际云：《"跑狗"》，《申报》1933 年 11 月 6 日，第 21 版；"Ad. : Shanghai's Finest Entertainment；Canidrome，"《竞乐画报》第 11 卷第 12 期，1937 年 3 月 27 日，无页码。

④ 谷声：《照片：上海逸园跑狗场之香宾票》，《大亚画报》第 309 期，1931 年 7 月 5 日，第 1 页。

⑤ 际云：《"跑狗"》，《申报》1933 年 11 月 6 日，第 21 版；凌英：《跑狗场速写》，《大上海》第 1 卷第 2 期，1934 年 6 月 5 日，第 64～65 页。

⑥ 张绪谔：《乱世风华：20 世纪 40 年代上海生活与娱乐的回忆》，第 204 页；廷康：《星期日在上海》，《申报》1939 年 6 月 16 日，第 8 版。

靠人驾驭，如骑师被人收买、故意落后，观众很难察觉，而赛狗是猎犬自己赛跑，要从中作弊就困难许多。[①] 这当然是一厢情愿的想法，[②] 但至少表面公平的假象让赌客乐于流连。

更重要的是，赛狗场在运动与赌博之外，还提供其他的社交娱乐。由于赛狗仅使用跑道，场地中间尚有大片绿地，场地旁也有与看台相连的高大建筑物可供利用。早在明园、申园时期即有辟为足球场、跳舞场的计划，[③] 只是受赌博争议的影响没有机会全面付诸实行。逸园成为沪上唯一的跑狗场后，遂采取多元化经营。一方面开放跑道中心的场地，供沪上足球比赛之用；[④] 另一方面在场畔另辟露天看台，供会员及其友人一面饮宴社交，一面观赛（图5-7）。

此外，逸园并在其五层高的建筑里开设跳舞场、小型电影院、西餐厅、表演厅、酒吧间、咖啡室、弹子房以及乒乓房等，俨然另类的英式总会，只是设备更现代化、气氛更为轻松。许多无法进入"上海总会"或"花旗总会"的高级华人遂以此地为替代，与华洋友朋进行社交与联谊。《豪门旧梦：一个上海"老克拉"的回忆》作者孙树棻的父母即为一例。

据孙树棻回忆，其父虽常参加赌局，但从不赌马和赌狗，

---

① 树棻：《豪门旧梦：一个上海"老克拉"的回忆》，作家出版社，2002，第239页。

② 赛狗场作弊方法有操纵电兔速度、用药物刺激猎犬、在狗的脚趾间放砂等。张绪谔：《乱世风华：20世纪40年代上海生活与娱乐的回忆》，第204～205页；杨骚：《跑狗场》，《人间世》第18期，1934年12月20日，第37～40页。

③ 《申园赛狗场筹备开幕》，《申报》1928年7月16日，第15版；《申园门前之纷扰》，《申报》1928年12月24日，第15版。

④ 《广告：西人足球会英国足球会会员布告》，《申报》1932年11月26日，第11版。

图 5 - 7　逸园露天贵宾区

资料来源:《竞乐画报》第 1 卷第 7 期, 1935 年 12 月 7 日, 第 16 页。

母亲则除麻将之外鲜少赌博。但自逸园成立后, 二人经常一同前往, 或用餐、或跳舞、或看表演, 同时与友朋交际应酬。加上逸园经常有大批欧美侨民前往, 该处遂成为华洋最热门的交际场所。① 1933 年, 国民政府发行航空公路建设奖券时也选择此地为开奖地点, 逸园成为沪上重要公共空间。《乱世风华: 20 世纪 40 年代上海生活与娱乐的回忆》作者张绪谔在回忆时也说, 到跑狗场玩的人, 有一半是抱着娱乐观赏的心态, 真正的赌客数目和下注金额远较跑马场和回力球场为低。②

　　不论大家前往逸园是为了下注, 还是为了享受一晚精彩的比赛, 经历了长达三年的赌博争议, 进入 1930 年代, 沪上中

---

① 树菜:《豪门旧梦: 一个上海"老克拉"的回忆》, 第 242 ~ 243 页。
② 张绪谔:《乱世风华: 20 世纪 40 年代上海生活与娱乐的回忆》, 第 205 页。

西居民均了解到赛狗既非全然的运动，亦非全然的赌博，它比较接近一种游艺，是一种具有现代性表征的新式娱乐。就在这种共识形成的同时，沪上出现了另一项类似的活动——回力球赛。它与赛狗一样，同时糅合了运动与赌博，但朝赌博的方向又迈进了一大步。

第六章　"赌心思"

　　当跑狗争议进行得如火如荼之际，另一项具运动成分、又富含赌博性质的球类活动悄悄传入了上海。此活动西文名"Jai Alai"或"Hai Alai"，中文译为"回力球"。① 此球戏与跑马、跑狗最大的不同之处在于，它与大英帝国毫无渊源，而与稍早的西班牙帝国渊源甚深。回力球发源于法国与西班牙交界的比利牛斯山巴斯克地区，与地中海的关系远胜于西欧，球员也以巴斯克人或古巴人为主，所以传入上海后很自然地选择法租界而非公共租界为落脚处。因它与英国缺乏文化上的关联，所以进入上海后并不借助英式总会来制定规章和安排赛事，看球者也仅为娱乐而来，任何人只要购买门票即可进场，并无彰显会员身份的意涵。在摆脱了英式运动内涵的阶级性之后，回力球乃全力朝赌博的方向发展，使运动与娱乐得以进行更紧密的结合。

　　回力球虽说与赛马、赛狗等英式运动有所差异，但在其发展史方面倒是与赛狗若合符节。两者原先都是相对单纯的地区性球戏或活动，到了 20 世纪初，在欧美大众娱乐的需求下逐步商业化，进而演变成具有强烈赌博性质的"观众性运动"，

---

① 公迈：《回力球谈》，《立言画刊》第 6 期，1938 年，第 13～15 页。

然后以欧美为中心向亚洲及其他地区传播。在上海，两者都因为采取与赛马一样的下注方式，被沪上居民很快接受。

回力球无疑是上海外来赌博中最晚引入者，同时异国风情又最浓厚。1930年，该球戏初被引进上海，当时不仅对沪上华人来说是个新鲜的玩意儿，对大多数英、美侨民而言也是一项前所未见的游戏。巴斯克在行政区划上虽属西班牙，但在种族、语言、文化等方面均自成一格。球员黝黑的肌肤、奔驰球场时飘扬的黑发、广告牌上拗口的姓氏、裁判使用的西班牙术语等，对中、西两方的观众均展现了浓郁的异国情调。然而，这个洋得不能再洋的运动却在文化转译的过程中成为一个被重新解释得最彻底的案例。

从运动的角度来看，回力球由球员下场竞技，较诸赛马以马匹决胜负、赛狗以猎犬定输赢，更接近真实的体育活动，但有趣的是，回力球在沪上却从未产生过如赛狗般"是运动还是赌博"的争论。自始至终，它都被认为"是运动更是赌博"。观众并不否认球赛的精彩刺激，亦形成所谓的"粉丝"现象，但是尽管球员的技术再高超、观众的追星再热烈，全都是为了赌博而服务；而且在日复一日的下注过程中，有一些资深球迷更发展出一套博弈理论，将回力球的预测逐步予以知识化。

这些老球迷经过长期的观察，一方面借用传统花会、铜宝赌博等由人做宝的模式，坚称回力球比赛结果系由场主事先排定，目的在平均分配胜出之号码以吸引赌客；另一方面他们援引传统赌博中的智慧，主张回力球正如中国传统的摇摊、牌九般，有"路"可寻，即其结果有一定模式，赌客须看准才下手。到最后，这些自诩为"球精"的老球迷甚至认为回力球赌赢的关键不在运气，而在能否掌握球场当局的"心思"，从而将球场转变成一座赌客与场主斗智的舞台。

在这个知识化的过程中，老球迷不仅风雨无阻地在球场内发展、实验其理论，更借着替小报撰写专栏宣扬其"球经"，其效力之大，到了孤岛时期，入场赌回力球者无不相信回力球有"路"，也无不相信球赛结果有某种程度的人为操纵。

老球迷这种扬弃赌博中概率、运气等不可知的成分，全心着墨于才智与技巧的运用，固然是中国知识分子在赌戏方面一向的传统；然而入场赌客的全心接受，更反映出这些理论与中国传统以人为中心的文化观相契合。中国人受儒、释、道等思想的影响，上从天文星象、下至地理山川，万事万物均可用来解释人的行为；人的行为也被视为影响万事万物运作最重要的因素。于是在此根深蒂固的文化氛围中，运动与赌博便顺理成章地进行了有趣的转译。

一　世上最快的球戏

回力球赛引入上海

回力球原为西班牙北部巴斯克的一种球戏。因该地位处山区，16 世纪起便开始发展出一种对壁击球的球戏，先以山壁为对象，后又以村内教堂的外墙为球壁，相互竞技，因比赛多在周日或节庆时进行，故名"Jai Alai"或"Hai Alai"，即"欢乐庆典"（merry festival）之意。据说它一开始是徒手击球，到了 18 世纪末，为保护球员手部，改在手上缠皮革。19世纪初，一位当地农夫更想出在手部套上球篮的方法，借着力矩加大，球员可以更猛力地挥击，球速也因此大为增加。与此同时，球场也从原先的开阔户外逐步转往室内。①

随着西班牙殖民的脚步，回力球很早便传至中南美洲，在古巴、墨西哥一带尤其受到欢迎。但回力球赛事初期形式多样、规则不一，② 直到19世纪末20世纪初才开始出现固定的形式和规则，并在有心人士的推广下逐步商业化。商业化后的回力球娱乐性极高，能为城市居民提供强烈的感官刺激，因此很快便由地中海沿岸向外传播。最初传往埃及，后沿西班牙殖民路线向西传至中南美洲各国，最后从古巴传到了美国。到了1920年代，这几个国家的主要城市，包括埃及首都开罗、第二大城市亚历山大港，巴西当时的首都里约热内卢，阿根廷首都布宜诺斯艾利斯，墨西哥首都墨西哥城，古巴首都哈瓦那，与哈瓦那隔海相望的迈阿密，以及美国南部的新奥尔良、中西部第一大城市芝加哥等，纷纷建起了规模宏大的球场。③ 由于回力球赛兼具运动与赌博的双重性质，精彩刺激，其景况可用"盛极一时"来形容。④ 特别是美国，"对之尤觉举国若狂"，⑤ 回力球一时成为"最被广泛讨论的新式运动"。⑥ 回力球风靡北

---

① "The Return of Jai Alai," http：//www. artofmanliness. com/2009/11/19/the – return – of – jai – alai/（accessed on 2017/10/15）。

② 有关早期巴斯克球戏传入美洲的历史，参见 Carmelo Urza, "The History of Basque Pelota in the Americas," http：//en. wikipedia. org/wiki/Basque＿Pelota（accessed on 2007/5/13）。

③ "Big Aggregation of Hai Alai Players Arrive," *The China Press*, 24 Jan. 1930, p. 7；"Hai Alai, World's Fastest Sport," *The China Press*, 2 May 1929, pp. 1, 8；"History of Jai-Alai," http：//www. jai – alai. info/history – of – jai – alai. html（accessed on 2007/5/25）。

④ 《上海又有大游艺场出现》，《申报》1929年5月5日，第15版。

⑤ 《法商声光艺场股份有限公司（筹备中）招股旨趣》，《申报》1929年5月6日，第11版。

⑥ "Hai Alai to be Introduced in Shanghai," *The China Press*, 5 Feb. 1930, p. 7.

美之后进一步向亚洲传播。1930 年，上海建立第一座回力球场；1934 年，天津随之；1940 年，第三座回力球场在菲律宾马尼拉开业。亚洲的城市娱乐因回力球赛的加入更加缤纷。

商业化后的回力球赛能在如此短时间内引领风骚，得归功于早期的开拓者也是 1930 年带队来华的主要人物——领队海格（Haig Assadourian）① 以及队长提奥杜拉（Teodoro Jauregui）。② 海格为埃及人，是一位眼光独具的企业经营者，多年来一直致力于推广回力球赛。据说，回力球之所以能从西班牙北部一隅向外传播，他居功至伟。③ 1963 年毛啸岑撰写的文章中，海格被描述成一名淘金客，说他"来上海时，仅是一双破皮鞋、一只破皮包，不久就有汽车洋房"。④ 对于远赴异乡的外国人来说，这不是全无可能，但他的目标似乎不仅于此，海格对回力球有一种使命感。1930 年，他受邀来沪推广球赛，待奠定基础后，旋于 1934 年和 1940 年先后前往天津、马尼拉建立新球场，务使更多国家、更多种族有机会观赏这种球赛。⑤ 他擅长推陈出新，能在最初的新鲜感过后让回力球场还维持一定的观众人数。他的精心策划，是回力球赛能顺利打入亚洲市场的重

① 当时的中文报纸对 Haig Assadourian 多半取其姓氏发音，译为阿萨陶宁氏、阿萨陀理恩、阿沙度利恩、阿萨杜林、亚索令等。1960 年代以后形成的文史资料则取其名字的发音，译为"海格"。由于文史资料的译名使用更广泛，本书采用"海格"这个译名。

② 提奥杜拉的其他译名还包括提奥陀拉、提奥多罗、奥理佛陀、铁沃陶洛、地凹度辣。

③ "The Auditorium," *The China Press*, 30 Jan. 1930, p. 45.

④ 毛啸岑：《旧上海的大赌窟之一——回力球场》，《文史资料选辑》第 38 辑，第 132 页。

⑤ "Men and Events," *CWR*, 6 Jan. 1940, p. 220；"Men and Events," *CWR*, 28 Sept. 1940, p. 140.

要因素。

另一位重要人物提奥杜拉是当时世界排名前五的职业选手。他生于巴塞罗那，15 岁开始打球，此后足迹遍及各地。[1]他的高超球技与明星风采，使得回力球传入古巴后大受欢迎。1927 年建立的芝加哥彩虹园球场（Rainbow Gardens）便因他的表现，一跃成为世界上著名的比赛场地。[2] 1930 年提奥杜拉年届 30 岁，尽管球技依然高超，但已过了职业生涯的巅峰期，于是他接受重聘，远渡重洋来到上海，担任回力球队的队长。球场初成立时，他不时以巨星姿态出场，为球场吸引大批人潮；[3] 其后几年，又时常返回西班牙为球场招募新人，[4]绰号"球大王"。[5] 1933 年底，上海回力球基础既稳，他进而与海格联袂前往天津推动成立"天津义商运动场"，即天津回

---

[1] "Big Aggregation of Hai Alai Players Arrive," *The China Press*, 24 Jan. 1930, p. 7.

[2] "Hai Alai Players in Same Role as a Major Leaguer," *The China Press*, 12 Jan. 1930, p. 1; "Teodoro, World Famed Hai Alai Expert," *The China Press*, 20 Feb. 1930, p. 7.

[3] "Teodoro, Famous Hai Alai Expert to Play Tonight," *The China Press*, 28 Feb. 1930, p. 9; "Teodoro to Play Again in Grande Partie Contest," *The China Press*, 27 April 1930, p. 1; "Captain Teodoro to Return to Hai Alai Game Tonight," *The China Press*, 2 June 1930, p. 7;《广告：万目睽睽望眼欲穿提奥杜拉》，《申报》1930 年 2 月 20 日，第 28 版；《广告：回力球圣手提奥杜拉今晚表演》，《申报》1930 年 3 月 27 日，第 25 版；《广告：提奥杜拉表演绝技》，《申报》1930 年 4 月 5 日，第 25 版。

[4] "2 New Hai Alai Stars to Make Debut Tonight," *The China Press*, 2 April 1932, p. 8; "Hai Alai Chief to Sign up New Stars in Spain," *The China Press*, 9 April 1933, p. C1; "T. Jauregui, Local Hai Alai Chief, Returns," *The China Press*, 6 Nov. 1933, p. 6.

[5]《广告：回力球今晚九时球大王提奥杜拉表演》，《申报》1930 年 3 月 17 日，第 21 版。

力球场，并出任董事。① 1940 年，二人再次前往马尼拉，推动
建立亚洲第三座回力球场，逐步实践他由球员转向经纪人的生
涯规划。

回力球之所以能在 1930 年引入上海，尚有一定的天时、
地利等条件。当时，上海已发展成亚洲规模最大的城市，不仅
工商业繁荣、娱乐业发达，且拜游戏场、舞厅、电影院、戏院
林立之赐已初具"夜上海"的规模，且有相当人口习于下班
后冶游，夜深始归。商业化后的回力球赛一般集中在夜晚举
行，与当时的社会风气不谋而合。此外，回力球赛在分配赌金
方面主要采取"赢家分成法"，此法早于 1888 年由上海跑马
总会引进，在沪上实行有 40 多年，居民对之并不陌生。另一
项类似的活动跑狗也刚在 1928 年引入，广受上海市民欢迎。
上海除了拥有规模不小的外人社群，还有相当大一部分的华人
中产阶级，他们对新事物充满了好奇，是个极具潜力的市场。

1929 年初，一位美国商人蒲甘（Harry E. Booker）率先
嗅出回力球在上海的商机，开始联络沪上几位对娱乐业感兴趣
的法籍和华籍人士，其中包括法租界律师第一把交椅的逊百
克、旅沪法国会计师步维贤、英商马海洋行（Spence,
Robinson & Partners）合伙人鲁滨孙（H. G. F. Robinson）、中
国凿井公司（The China Well Drilling Corporation）美籍工程师
泰乐尔（L. K. Taylor），以及国民饭店老板陆锡侯等人，试图
引入此球戏。在蒲甘的穿针引线下，该年春天他们共同发起合
组"法商中央运动场股份有限公司"（Société Anonyme Parc

---

① Minutes of the Annual General Meeting of the Shareholders of Forum, S. A. I. ,
30 March 1935, 上海商业储蓄银行档案，档案号：Q275 - 1 - 2039，上海
市档案馆藏（下略）。

Des Sports），简称"中央运动场"（The Auditorium）。①

该公司一方面向法国驻沪总领事馆注册；另一方面于同年5月开始向上海中外社群公开招股。资本额定为上海规元50万两，总计五万股。其中两万股为寻常发起股，由发起人认足，另三万股为累益优先股，打算开放认购。在招股旨趣中，该公司明言已取得法租界公董局发给经营博彩事业的特许，未来计划于法租界霞飞路、亚尔培路南首角上约7华亩的地基上建立一座可容纳三千人的室内大型游艺场，内设餐厅、酒吧及球场，未来除供回力球比赛之用，还可进行网球、拳击、溜冰等各式运动。此外还计划引入最新式的美国有声电影，使上海观众可以无声电影的价格获得有声电影的享受。②

为增加投资人的信心，中央运动场再三强调优先股会受到的保障，除每年固定配息10%，还可以随时转让，发起股则两年内不得买卖。③ 在中央运动场的大力推销下，招股工程顺利完成。1929年8月，回力球场开始动工；次年元月主体部分完成，并于月底安上屋顶；2月初完工，开始准备正式开幕。④

---

① Société Anonyme Parc Des Sports（Auditorium），Articles of Association，29 May 1929，上海商业储蓄银行档案，档案号：Q275 - 1 - 2039；毛啸岑：《旧上海的大赌窟之一——回力球场》，《文史资料选辑》第38辑，第123页；"Judgment is Given against Harry Booker，" *The China Press*，24 Sept. 1935，p. 9.

② "Interesting Local Venture，" *NCH*，4 May 1929，p. 198；"The Prospectus of the Parc Des Sports（Auditorium），" *The China Press*，5 May 1929，p. 6；《法商声光艺场股份有限公司（筹备中）招股旨趣》，《申报》1929年5月6日，第11版。

③ 《法商声光大艺场为解释优先股利益事启事》，《申报》1929年5月8日，第3版；"Auditorium Shares and Profits，" *The China Press*，9 May 1929，p. 3.

④ "Hai Alai to be Introduced in Shanghai，" *The China Press*，5 Feb. 1930，p. 7.

是球戏也是下注工具

由于回力球赛在亚洲并不普遍，不仅华人，就连旅沪外人对它都感到新鲜。为了把这项活动推介给上海，早在1929年5月招股之时，中央运动场便不断发布消息，希望借由报纸的密集报道唤起大众的兴趣。由于回力球赛兼具运动与赌博的双重特性，要吸引赌客前来下注，得先让大众对其规则有所了解，所以开幕前的宣传火力主要集中在其运动面向。

最开始是介绍回力球的基本规则。为了使读者能够联想，报道多半以网球、棒球或高尔夫球赛事为参照，指出回力球赛计分方式与网球赛相仿，不过网球是二人对打，回力球是二人同站一边，一同对壁击球。同时，球员手持的亦非球拍，而是将一个长勺形的"球篮"套于右腕，① 这种球篮由柳枝编成，长度近1米，必须由专人制作。② 至于球本身，则以美洲的原始橡胶为内里，外表以皮革层层裹紧，重约250克，尺寸比棒球略小，硬度则与高尔夫球类似。③ 球员以球篮接住球后，再全力击回。

由于球本身的硬度，加上球篮的杠杆原理，回力球的速度极快，被称为"世界上最快的球戏"。④ 球员必须在很短的时间内做出判断，同时还得反应敏捷、目光锐利、四肢协调、体

---

① "Hai Alai, World's Fastest Sport," *The China Press*, 2 May 1929, pp. 1, 8.

② "Chistera Plays Important Role in Hai Alai Game," *The China Press*, 19 May 1929, pp. 1–2.

③ "Senor Assadourian Gives Shanghai Pressmen a Few Pointers about Hai Alai," *The China Press*, 16 Dec. 1929, p. 5; "Teodoro, World Famed Hai Alai Expert," *The China Press*, 19 Feb. 1930, p. 7.

④ "Hai Alai, World's Fastest Sport," *The China Press*, 2 May 1929, pp. 1, 8.

能充沛，以及坚持到底才能在球赛中脱颖而出。为强调此项运动的难度，若干报道甚至略带夸大地指称回力球赛比拳击赛还要激烈，一般球员通常在十多岁时开始接受训练，20 岁出头掌握足够的技巧；然而一旦过了 25 岁，便得高挂球鞋准备退役了。[1]

到了 1929 年底，随着领队海格先行抵沪，[2] 宣传工作又进入新一波高潮。海格多次召开记者会，在他不厌其烦地说明下，中、英文报纸开始进一步阐述比赛的方法。原来回力球赛是在一个宽敞的室内进行，约长 60 米、宽 10 米，墙高 11 米，远比网球场来得大。[3] 球场的正面、背面及左面均为坚实的水泥高墙，右侧为一极大的铁丝网，将球场与观众席隔开以免球飞出伤人。观众便隔着这张网观看比赛（图 6-1）。[4]

比赛主要分单打、双打两种，皆采循环制。单打最初为 5 人上场，以先得 5 分为胜，后改为 6 人上场，仍以先得 5 分为胜；至于双打则 6 组上场，以先得 6 分为胜。以单打六人赛为例，每次二人上场，1 号球员先与 2 号球员竞打；2 号球员失分下场后，1 号球员便接着与 3 号球员竞打；3 号再失分，1 号球员便接着与 4 号球员竞打。反之亦然，如此循环作战，最

---

[1] "Hai Alai is Strenuous Sport," *The China Press*, 8 May 1929, pp. 5, 9. 回力球员确实在十多岁时开始接受训练，但 25 岁退役的说法略嫌夸大。为防因体力下滑导致比赛时发生危险，一般回力球员多在 35 岁左右退役。公迈：《回力球谈》，《立言画刊》第 6 期，1938 年，第 13~15 页。

[2] "M. Assadourian, Hai Alai Expert, Expected Today," *The China Press*, 12 Dec. 1929, pp. 5-6.

[3] "Senor Assadourian Gives Shanghai Pressmen a Few Pointers about Hai Alai," *The China Press*, 16 Dec. 1929, p. 5.

[4] "New Game of Hai Alai is Replete with Excitement," *The China Press*, 22 Dec. 1929, p. 2; "Hai Alai Shows Marked Progress on Local Court," *The China Press*, 23 March 1930, p. 1.

图 6 - 1　1926 年建立的迈阿密回力球场

资料来源："Miami Jai Alai fronton" by Lander Eizagirre is licensed under CC BY – SA 3.0, https：//commons. wikimedia. org/w/index. php? curid = 29635717（accessed on 2018/7/30）.

后以率先得到 5 分者为优胜。除一般比赛，回力球赛还有"特种赛"（Grand Partie）和"香宾赛"（Championship game）两种，因人数增加，难度更高。[①]

这一波的宣传热潮在 1930 年 1 月 23 日达到高峰，当日队长提奥杜拉率领 25 位球员抵沪，同行的还包括教练、按摩师、

---

① "特种赛"后来习称"红蓝大赛"，或为双打、或为二对三，有时甚至为三对三，分数因人数不同在 15 分 ~25 分；"香宾赛"则为单打，先抢得 10 分者即为冠军。"Full Description of Grand Partee of Hai Alai Here," *The China Press*, 5 Jan. 1930, p. 1；《中央运动场之回力球戏》，《申报》1930 年 2 月 12 日，第 16 版。

制篮师以及眷属等。这是上海自开埠以来人数最多的外来球队。英文报纸除事先预报外,次日并刊出专访,详细介绍每位球员的经历、战绩,甚至外号,务求读者在回力球赛开幕前对赛事热情达到最高峰。①

从报道中可以看出,球员年龄在 19~35 岁,其中有转战沙场的老将,也有初出茅庐的新秀,除了后兰德司(Hernandez)以外,其余均来自西班牙的巴斯克。以包林罗(Ituarte Paulino)为例,他时年 28 岁,17 岁即开始打球,19岁名列职业顶级好手之列,因其肩臂特别有力量绰号"铁臂",来沪之前曾在马德里、米兰、墨西哥城、巴塞罗那、圣塞巴斯蒂安、里约热内卢、哈瓦那、开罗、亚历山大等埠打球,是正当盛年的老将。又如尔兰雪彼(Arancibia),年方19 岁,来沪前仅在西班牙的毕尔巴鄂和巴塞罗那打球,是名正待发展的新秀。无论老将或新秀,当被问及回力球赛在上海的前景时,这些身强体壮、神采奕奕的球员均表示对未来充满信心。②

在这场宣传战中,各报分别采取不同的态度。由于回力球赛在美国风靡一时,沪上的美系报纸对之兴味盎然,特别是普受中国知识分子喜爱的英文报纸《大陆报》报道尤为详细。该报为 1911 年美国记者密勒(Thomas F. Millard)、费莱煦(Benjamin W. Fleisher)、克劳(Carl Crow)联手创办,中方

---

① "Hai Alai Stars to Arrive Here on January 23," *The China Press*, 16 Jan. 1930, p. 7; "Big Aggregation of Hai Alai Players Arrive," *The China Press*, 24 Jan. 1930, p. 7.

② "Big Aggregation of Hai Alai Players Arrive," *The China Press*, 24 Jan. 1930, p. 7; "'Strong Arm' Paulino," *The China Press*, 24 Dec. 1929, p. 5.

投资人包括伍廷芳等，后几经易手，但基本上被认为代表在沪美侨利益，同时因其文字简洁、报道繁简得当、同情中国而颇受华人中懂英文者的喜爱。[①] 该报对于回力球赛报道详尽，而且自始至终均将其相关消息和广告置于体育版，以运动视之，是中央运动场对外宣传的主力。

美系报纸详尽报道，英系报纸却采取截然不同的态度。被公认为最能代表英人立场，亦为公共租界工部局喉舌的《北华捷报》，向来对报道租界各式体育活动不遗余力，但这次对回力球赛的引进异常冷漠。一来是因为回力球属于南欧球戏，与西欧国家毫无渊源，英人对之缺乏文化上的兴趣；二来是回力球赛与跑狗性质相近，而后者自 1928 年引入上海后虽广受欢迎，但其浓厚的赌博性质引发沪上绅商强烈抨击，工部局正为跑狗争议焦头烂额，《北华捷报》自然对回力球赛采取冷处理。

不论英文报纸将回力球赛视为运动还是赌博，中文报纸则一律采取务实的态度，将回力球赛广告放在戏目栏，与天蟾舞台、大光明电影院、新世界游艺场等并列，纯以娱乐视之。既不觉得有必要与网球、足球、游泳等运动相提并论，也不以道德论述予以抨击。以《申报》《新闻报》为例，虽然专门的报道没有英文报纸多，但自 1930 年 2 月起几乎天天刊登回力球广告，成为中央运动场吸引华人观众的重要媒介。

经过这一连串的宣传，中央运动场终于在 1930 年 2 月 7

---

① 郭卫东主编《近代外国在华文化机构综录》，上海人民出版社，1993，第 4~5 页。

日开幕营运，逖百克任董事长，蒲甘任经理，陆锡侯任买办兼包酒吧间，步维贤专司查账，[①] 当晚来宾超过两千人。尽管球场方面希望观众踊跃下注，但毕竟回力球是一项全新的运动，大家对规则及计分方式仍处摸索阶段，因此下注情况有限。不过观众对于球员的球技还算颇能领会。据报道，中场过后气氛逐渐热络，"当球员飞身救起后墙角球，全场不禁报以热烈掌声"。[②]

　　开幕当天人数虽多，但主要是旅沪外侨。为了吸引庞大的华人中产阶级，中央运动场自 1930 年 2 月起改弦易辙，开始在中文各大、小报刊登广告，加强宣传火力。其宣传之密集、涵盖面之广泛，可以用"铺天盖地"来形容。这些广告一方面强调回力球赛的新奇性，说它"是远东从未一见，最新、最速之球戏；是兴奋力最强、刺激力最富之球戏；是有独赢位置、趣味最浓之球戏"；[③] 另一方面以小赌怡情的语气，形容到中央运动场看球不仅可以"开眼界"，[④] 还可以"买独赢、卜佳运"，实为"公余有暇第一乐事"。[⑤] 到了 1931 年甚至把回力球赛与"老上海"相连，强调"不看回力球，不可称老

① 毛啸岑：《旧上海的大赌窟之一——回力球场》，《文史资料选辑》第 38 辑，第 126 页。

② "Hai Alai, Famous Basque Pastime," *The China Press*, 8 Feb. 1930, p. 6.

③ 《广告：百闻不如一见之回力球》，《申报》1930 年 2 月 12 日，本埠增刊第 4 版；《广告：百闻不如一见之回力球》，《晶报》1930 年 2 月 18 日，第 4 版。

④ 《广告：今晚九时勿忘看回力球》，《申报》1930 年 2 月 15 日，本埠增刊第 8 版。

⑤ 《广告：公余有暇第一乐事看回力球》，《申报》1930 年 2 月 13 日，本埠增刊第 4 版。

上海"。①

　　为了让华人观众对球员更加熟悉，中央运动场将每位球员的名字都译成中文，以节目表的方式刊登在广告中，如"四大名手决胜负，蓝队欧秘托、包林罗，对卡礼加、汤抹司"，②"红组依甲苏、包林罗，对裘力陀、尔拉地"。③ 这些拗口的音译读之洋味十足，吸引华人一窥究竟。除姓名外，1931 年 7 月 25 日的《社会日报》及四天之后的《大晶报》更加入球员击球时的漫画。④

　　次年 4 月起，中央运动场更开始发行刊物，向大众争取支持，刊物取名《拉歇司脱》（*La Cesta*），意指"球篮"（The basket），中文又称《回力球周刊》。该刊物除包含大量球员简历、生活逸事等特写，图像也从漫画改为照片，让读者可以清楚地看到球员的长相与神情。⑤ 与过去沪上华人习见白皙瘦长的英、法等国人士相比，这些来自南欧的球员肤色古铜、黑发黑眼，个个高鼻深目、体格壮硕（图 6-2）；观个人照或球队全体合照，他们轻松自在的肢体语言与英、法等国人员的保守拘谨大不相同，更加深其异国的趣味（图 6-3）。通过上述的图像与介绍，再配合沪上报纸的大力宣传，原先拗口的姓氏终于逐渐转化成具体的"个人"，成为沪上家喻户晓的人物。

---

① 《广告：不看回力球不可算老上海!》，《社会日报》1931 年 1 月 13 日，第 1 版。

② 《广告：今晚九时回力球》，《申报》1930 年 2 月 21 日，本埠增刊第 6 版。

③ 《广告：球艺高超惊天动地回力球》，《晶报》1930 年 3 月 15 日，第 4 版。

④ 《广告：回力球今晚八时三刻起赛》，《社会日报》1931 年 7 月 25 日，第 1 版；《广告：回力球新生力军尔地儿今日登场》，《大晶报》1931 年 7 月 29 日，第 1 版。

⑤ 例如《照片：名将亚尔培地重行登场表演》《尔加小史》，《回力球周刊》第 1 卷第 13 期，1934 年 2 月 10 日，封面、第 5 页。

图 6 - 2　中央运动场回力球员

资料来源：《回力球周刊》第 1 卷第 24 期，1934 年 4 月 28 日，第 5 页。

图 6 - 3　1934 年上海回力球队全体照

说明：前排正中即为"球大王"提奥杜拉，领队海格位于其左，"铁臂"包林罗则在其右方第二位。

资料来源：《回力球周刊》第 1 卷第 24 期，1934 年 4 月 28 日，第 4 页与第 5 页之间。

《回力球周刊》除了有助于大众认识球员，也是争取球迷的最佳工具。该刊物最初为英文，按月出刊，次年改为中英文合刊，并加大发行量为每周一份。内容图文并茂，印刷精美，除球员介绍、比赛分析、成绩一览等专栏，主编并经常以话家常的方式报道上海乃至世界各地回力球赛界大事，如巴塞罗那红白大赛的结果、迈阿密球场发生球员遭球击中头颅之惨剧、天津球场的建设进度等。① 周刊同时欢迎读者投书，询问比赛规则或表达对回力球场的看法，给球迷一种强烈的向心力与归属感，仿佛身处一个无国界的回力球大家庭。②

除了加强对华人的宣传，领队海格并使出浑身解数调整赛事，试图在新鲜感过后还能让回力球场维持一定的观众数量。自 1930 年 3 月 3 日起，比赛时间由每周三晚改为每周七晚，周六、日下午并另加日场，使回力球赛成为常态性的娱乐。③ 在节目安排上也推陈出新，除常见的单、双打外，亦不时推出二对三、三对三，甚至"复仇赛"等打法。④ 自1930 年 4 月起，中央运动场更模仿赛马会和跑狗场举行香宾大赛，事先发行香宾券。为求吸引观众购券，总金额一再提

---

① 《回力球海外珍闻》，《回力球周刊》第 1 卷第 13 期，1934 年 2 月 10 日，第 3 ~ 4 页；《米亚米城中之惨剧》《最近建筑之天津球场》，《回力球周刊》第 1 卷第 23 期，1934 年 4 月 21 日，第 3 ~ 4 页。

② 《古建屏来函及回复》，《回力球周刊》第 1 卷第 13 期，1934 年 2 月 10 日，第 2 ~ 3 页。

③ "Hai Alai to be Played Nightly at Auditorium," *The China Press*, 3 March 1930, p. 7；《广告：回力球即日起每晚有赛》，《申报》1930 年 3 月 4 日，本埠增刊第 8 版。

④ "Teodoro, Rafael to Meet Three Players in Game," *The China Press*, 13 March 1930, p. 6；"Ad.：Return Match 2 against 3," *The China Press*, 15 March 1930, p. 7；"Hai Alai Players to Offer Benefit Program Tonight," *The China Press*, 19 Dec. 1930, p. 9.

高，由 4 月的 1 万元到 6 月的 2 万元，到了 7 月更增至 2.5
万元。①

中央运动场虽竭尽所能，但开业第一年并没有得到沪上华
人的青睐。一方面是因为当时轮盘赌和跑狗风气正炽；另一方
面是因回力球赛规则过于复杂，分数计算又不易明了，以致大
家兴趣淡薄。② 中央运动场人员众多，开销庞大，球员的薪津
又高，到了 1930 年底结算下来，竟处于亏损状态。消息一出，
股票应声下跌，华人股东纷纷欲脱手，却无人购进，公司摇摇
欲坠。后来幸赖华商董事从中安排借款才勉强渡过难关。③ 在
此关头，队长提奥杜拉和球员包林罗亦挺身而出，前者与球员
协商暂支半薪，以为回力球在亚洲的前景共克时艰；后者四出
奔走，劝众维持，并竭力拉拢华人入场，暂时免除门票，甚至
派人于门口招揽。④

所幸此窘境在次年出现转机。如前章所述，在华人绅商
要求禁赌的压力下，工部局先是扫荡公共租界的轮盘赌场，
1931 年春更关闭界内两座跑狗场，其结果是导致大批原先流
连公共租界的华人赌客转而向法租界寻求刺激，适时地舒缓

---

① "$10000 Hai Alai Sweep," *The China Press*, 9 April 1930, p. 7; "Ad.: Hai
Alai Champions Tonight, President's Cup (Finals) $20000," *The China
Press*, 16 June 1930, p. 7; "1st Heat of July Hai Alai Title Play on Tonight,"
The China Press, 26 July 1930, p. 6.

② 斯英：《上海回力球场的透视》，《上海生活》第 1 卷第 3 期，1937 年 5
月 1 日，第 33 页。

③ 毛啸岑：《旧上海的大赌窟之一——回力球场》，《文史资料选辑》第 38
辑，第 127 页。

④ 《回力球场工潮》，《申报》1931 年 7 月 12 日，第 15 版；掘金者：《漫谈
回力球》，《上海生活》第 2 卷第 2 期，1938 年 7 月 16 日，第 18 页。

了中央运动场的困境。① 拜此转折之赐，1932 年底中央运动场收入转亏为盈，而回力球这项活动也终于在娱乐业林立的上海站稳了脚跟。②

站稳脚步后的中央运动场旋即向华北扩张。1933 年，天津九国租界中成立最晚、财政也最为窘迫的意大利租界，有鉴于回力球赛在上海日渐兴盛，特别邀请上海回力球场人士，如领队海格、队长提奥杜拉等前来设立天津义商运动场。③ 该运动场是年 6 月在上海、天津两地同时招股，④ 秋季开始建筑场馆，⑤ 次年 9 月正式开幕，开幕后广受欢迎，在华北地区蔚为风潮。⑥ 天津义商运动场不仅经理人才来自上海，在球员方面也与上海互通有无，从而形成回力球在华东、华北相互辉映的情况。

二 特殊的吸引力

速度与现代性

由于回力球赛多在夜间举行，明显展示声光娱乐等特性，

① 龙尾：《回力球停赛之原因》，《福尔摩斯》1931 年 7 月 17 日，第 1 版；《广告：中央运动场回力球今日连赛两场》，《申报》1932 年 1 月 24 日，第 24 版；毛啸岑：《旧上海的大赌窟之———回力球场》，《文史资料选辑》第 38 辑，第 129 页。

② 毛啸岑：《旧上海的大赌窟之———回力球场》，《文史资料选辑》第 38 辑，第 127～128 页。

③ 纪华：《天津意租界回力球场小史》，《天津文史资料选辑》第 27 辑，天津人民出版社，1984，第 227～233 页。

④ 《天津义商运动场招股启事》，《申报》1933 年 6 月 7 日，第 2 版。

⑤ 《天津运动场（即回力场）建筑招标启事》，《申报》1933 年 9 月 5 日，第 22 版。

⑥ Minutes of the Annual General Meeting of the Shareholders of Forum, S. A. I., 30 March 1935, 上海商业储蓄银行档案，档案号：Q275 - 1 - 2039。

引入后不久即成为上海重要的代表场景。1934 年 2 月《良友》画报特地检选上海的都会刺激,回力球名列榜上,其他同列的有跑马、跑狗、爵士乐、歌舞团、摩登女郎、上海啤酒、电影金刚,以及号称远东第一高楼的国际饭店等。这些都是当时被认为上海最时髦、最摩登的事物。①

1937 年,墨西哥驻沪领事莫里西奥·弗雷斯科(Mauricio Fresco)化名"G. E. Miller"撰写英文小说 *Shanghai: The Paradise of Adventurers*,对上海外侨极尽讽刺之能事。② 书中直指最能代表华洋杂处、纸醉金迷的场景,便是回力球场。③ 该书甫于纽约问世,生活书店便请人以编译的方式译成中文在上海出版发行,名为《上海:冒险家的乐园》,结果风行一时。"冒险家的乐园"从此成为上海的代名词。④

回力球之所以与城市生活紧密相连,在于它展示了一定的现代性。首先,回力球场的外观给人一种无法磨灭的摩登感。回力球场兴建之初,原计划采取外滩常见的新古典主义风格,即大型柱身、高耸拱顶;⑤ 但在建筑过程中逐步修改,最后竟成为令人惊喜、充满现代感的装饰艺术风格(Art Deco)。它

---

① 《良友》第 85 期,1934 年 2 月,第 14~15 页。

② 该书将来沪外人全数描绘成冒险家、淘金者,借治外法权剥削华人,出版后在外人社群引起轩然大波。墨西哥驻沪领事为荣誉职,向来由驻沪外侨兼任,作者身份暴露,不得不仓皇离沪。Bickers, *Empire Made Me*, p. 247.

③ G. E. Miller, *Shanghai: The Paradise of Adventurers* (New York: Orsay Publishing House Inc., 1937), pp. 41-42.

④ 爱狄密勒:《上海:冒险家的乐园》,阿雪(包玉珂)译,生活书店,1937。有关此书的翻译经过,参见熊月之主编《上海通史》第 1 卷,上海人民出版社,1999,第 194~195 页。

⑤ "The Proposed Auditorium at French Town," *The China Press*, 2 May 1929, p. 8.

舍弃拱顶，改用平顶，并向左右两侧延伸，使整个建筑物成一平整、宽广的长方形；大门上方有"AUDITORIUM"的巨大竖写字母，左右各搭配一个回力球场的巨型徽章，风格接近当时纽约流行的装饰艺术风，看起来豪华雄伟（图 6 - 4）。1934年初，中央运动场进行扩建，在其南侧加建高耸的大门和酒吧间，外观进一步采取更简洁流畅的线条，慑人的现代感也因此更加明显（图 6 - 5）。

图 6 - 4 1930 年上海中央运动场建筑外观（约 1930 年 2 月）

资料来源：上海商业储蓄银行档案，档案号：Q275 - 1 - 781，上海市档案馆藏。

其次，回力球场不仅外观摩登，主事者更深刻明白娱乐业的本质。除内部陈设一律采取最新设计外，每隔数年更重新整修一次，以跟上城市日新月异的时尚。[①] 中央运动场 1930 年落成时，《申报》形容它内部的装饰"富丽新式，完美无比，足为东方娱乐场放一异彩"；[②] 而 1934 年初大规模整修过后，更是"只求华丽，不计所费"，场内加装了冷、暖气，务求做到场内四季皆宜，观众置身其间无寒热之苦，看台的座位亦全数改为弹簧皮椅，坐起来柔软舒适。这些设备在当时不仅为其

---

① 言言：《记中央运动场》，《十日谈》第 2 期，1933 年 8 月 20 日，第 10 页。
② 《中央运动场将开幕》，《申报》1930 年 2 月 5 日，第 15 版。

图 6-5 1934 年中央运动场南侧扩建图

资料来源:《建筑月刊》第 2 卷第 1 期,1934 年,第 6 页。

他赌场所没有,就是最高尚的戏院也不过如此。[1] 所谓"电炬照耀同白日、冬有暖气夏有冰",[2] 确实相当舒适,以至于有

---

① 斯英:《上海回力球场的透视》,《上海生活》第 1 卷第 3 期,1937 年 5 月 1 日,第 34 页;掘金者:《漫谈回力球》,《上海生活》第 2 卷第 2 期,1938 年 7 月 16 日,第 18 页。

② 瘦瘦文、灼灼图《回力球谣》,《三六九画报》第 27 卷第 15 期,1944 年,第 18 页。

赌客说："要是不是为着去赌博的话，那么坐在那里看看球赛，听听音乐，也颇为悠然自得。"①

再次，除硬设备外，球场的现代性还表现在大量使用电力方面。李欧梵研究上海的现代性时曾指出，具体的表征之一便是所谓的"声、光、化、电"。或者以另一种方式阐述，便是茅盾在小说《子夜》中对上海夜景所发出的衷心赞叹："Light, Heat, Power（光、热、力）!"②"声、光、化、电"确实是时人对中央运动场经常使用的描述。前章曾述及，1928年赛狗初引入上海时，众人皆因其大量使用电力而惊艳。1930年2月回力球场开幕后，因其位于室内，电力之集中更胜赛狗场。球场在开始设计时，便架设有35个一千烛光的强力电灯照耀全场；③ 1934年新厦落成后更在照明方面大幅加强，以致观众进入大厦正门后，第一个感觉便是"里面电灯的火炬照耀得像白昼一样"，④"巨大而明亮的电灯，满布在球场内，耀目的照在光滑的地板上"。⑤

大厦内光亮如白昼，门首也不遑多让。不只周遭霓虹灯闪烁，大厦正面更用灯光显映出"AUDITORIUM"这几个英文字母，在宽阔整齐的亚尔培路上吸引着每一个路人的注意，同时对每一个路人散发出诱惑的光芒。⑥《申报》记者形容："每天晚上，七点钟打过以后，这霞飞路、亚尔培路口登时热闹起来，

---

① 筱晨:《回力球场巡礼》,《幽默风》第 1 卷第 2 期, 1939 年, 第 16~18 页。

② Leo Ou-fan Lee, *Shanghai Modern*, pp. 4-5, 75.

③ "The Auditorium," *The China Press*, 30 Jan. 1930, p. 45.

④ 筱晨:《回力球场巡礼》,《幽默风》第 1 卷第 2 期, 1939 年, 第 16~18 页。

⑤ 洛川:《回力球》,《杂志》第 12 卷第 4 期, 1944 年, 第 82~88 页。

⑥ 筱晨:《回力球场巡礼》,《幽默风》第 1 卷第 2 期, 1939 年, 第 16~18 页。

球场门首的霓虹灯，红的、蓝的，灿烂地照着；汽车、黄包车，载着一群一群的中西男女，到这里来寻'高尚娱乐'。"①

光亮带来夜间盛况，《上海生活》杂志②描写道："至华灯初上，车水马龙，喧赫不可一世，门首汽车，蜿似长蛇。"③门口车水马龙，场内也众声喧哗。《上海：冒险家的乐园》译者包玉珂对此有颇富意象的描述："在这赌博场里面飞腾起一片嘈声：清脆的是铃声，重浊的是球声，嚣杂是各人口中吐出来的呼声，而微微的低到听不清楚的是一般赌客的心跳声。从它的两扇玻璃门中，每晚挤进几千人去，也每夜吐出几千人来。"④ 其营业之盛，甚至有人形容上海回力球场的盛况全世界仅次于墨西哥城。"我们只要于每晚八时以后，到法租界亚尔培路上那座雄伟的球场门前去站个半个钟头，一看那种比金业交易所还要热闹的景象，便知言之非虚了。"⑤

现代化的建筑和大量使用电力是回力球场最明显的特征，但这毕竟是走马观花的印象。对真正入场的观众而言，更重要的还是"热"与"力"的感受，意即因速度而产生的强烈刺激感。

回力球向来被誉为速度最快的球戏，依照目前吉尼斯世界

① 奚荼：《回力球场素描（上）》，《申报》1933 年 6 月 14 日，第 13 版。
② 《上海生活》始于 1937 年 1 月，终于 1941 年 12 月，联华广告公司发行，为专门描写孤岛时期城市生活的一份月刊。编辑风格近似沪上小报，刊有许多爱情、哀情、武侠、党会小说，但同时亦以文史掌故、市井小品文见长。吴健熙、田一平编《上海生活：1937～1941》，上海社会科学院出版社，2006，第 309～312 页。
③ 掘金者：《漫谈回力球》，《上海生活》第 2 卷第 2 期，1938 年 7 月 16 日，第 18～19 页。
④ 爱狄密勒：《上海：冒险家的乐园》，第 78 页。这段文字与原文不符，是译者包玉珂自己的语言。
⑤ 斯英：《上海回力球场的透视》，《上海生活》第 1 卷第 3 期，1937 年 5 月 1 日，第 34 页。

纪录记载，最快可达每小时 188 英里，远超乎其他球类。① 无怪乎观者论及回力球，首先提及的总是球速。20 世纪初美国重要通俗杂志《文学文摘》（*Literary Digest*），便用"闪电"一词来形容其快速。《文学文摘》说："球赛一旦开始，没有瞬间容人喘息，球子有如一头刚被关入牢笼的野兽，嘶地一声从这头飞至那头，如闪电划过。"② 这段话随即被中央运动场用来当作回力球的广告词。沪上英文报纸《大陆报》则形容："困在四面皆墙的场内，提奥杜拉与其队友以惊人的速度来往猛抽，球子与墙壁相互撞击，发出嗒嗒嗒的声音，有如机关枪扫射；球在空气中飞掠，发出子弹般的飕飕声，速度如此之快，有时目光很难跟上。"③ 沪上中文大报《申报》则说："在比赛的时候，全场鸦雀无声，大家屏息凝神地看着，只听得球弹在壁上声，和藤兜击球声，劈拍不绝。"④ 球速如此之快，"几千对眼光一起射在球上。球打到东，眼光跟到东；球打到西，眼光跟到西。于是几千颗头颅机械式地向左右转动。"⑤

随着球速而来的则是球员快速地移动（图 6-6），"好看"或"叹为观止"是最常见的形容词。《大陆报》说："这些球员都是职业选手，他们控球的能力令人叹为观止，球在他们手中有如被困的动物，无法逃脱。有时为了接一个球，

---

① 目前网球最快每小时仅 130 英里、曲棍球 120 英里、壁球 120 英里。"JAI-ALAI：The fastest game in the world，" http：//filipinokastila. tripod. com/jaialai. html（accessed on 2007/5/13）.

② "Ad.：9 Good Reasons Why You Must See Hai Alai," *The China Press*, 6 Feb. 1930, p. 3.

③ "Hai Alai Shows Marked Progress on Local Court," *The China Press*, 23 March 1930, p. 1.

④ 奚荼：《回力球场素描（下）》，《申报》1933 年 6 月 16 日，第 17 版。

⑤ 奚荼：《回力球场素描（中）》，《申报》1933 年 6 月 15 日，第 13 版。

他们可以如猴子般凌空踏墙；有时为了避免球在墙上二次弹跳，他们可以在空中鹞子翻身。"①《申报》也说："有时双方各不相让，连战十余回合还是不分胜负，'矫捷腾拿''兔起鹘落'，确是异常好看。"②《上海生活》杂志更直接指出："说到这种球戏的引人迷恋的魔力，简直为任何球戏所难比拟；而竞技时动作的敏捷、空气的紧张，虽篮球、网球也不能同日而语。"③

图 6 - 6　回力球员飞身救球的情景

资料来源："The Return of Jai Alai," http：//www. artofmanliness. com/2009/11/19/the - return - of - jai - alai/（accessed on 2017/10/15）。

---

① "Teodoro, World Famed Hai Alai Expert," *The China Press*, 19 Feb. 1930, p. 7.
② 奚茶：《回力球场素描（中）》，《申报》1933 年 6 月 15 日，第 13 版。
③ 斯英：《上海回力球场的透视》，《上海生活》第 1 卷第 3 期，1937 年 5 月 1 日，第 34 页。

除了球本身的速度与球员的击球力道，回力球的兴奋刺激还展现在另一种速度上，即下注的速度。回力球赛每晚 16 盘，前 8 盘为乙组球员，后 8 盘为甲组球员，赛事皆采循环制，失 1 分即出局旁观。以单打 6 人赛为例，6 名球员各依号数穿着固定颜色的球衣，1 号红色、2 号蓝色、3 号白色、4 号黑色、5 号橘色、6 号绿色，下身一律白长裤、白胶底鞋，一目了然。[①] 每次两人上场，1 号球员先与 2 号球员竞打；1 号球员失分下场，2 号球员便接着与 3 号球员竞打；3 号球员再失分，2 号球员便接着与 4 号球员竞打。反之亦然，如此循环作战，最后以率先得到 5 分者为优胜。

这种打法往往峰回路转，眼见 2 号球员已打下三分，赢球在望，不料又被 5 号球员从后赶上。特别是到最后，六人当中有好几人全得了四分时，"那时场里的空气，紧张得真是不可形容"。[②] 由于胜负不只取决于自身的表现，还在于其他五人的情况，所以每一分都很关键。难怪《力报》记者说："别种赌法，输赢总是在最后定局，心跳的时间极短，但是赌回力球则时时刻刻会心跳。譬如，买一号的看见一号失手，心里马上要跳一下；或者一号赢得一分，心里也要跳一下，总计每夜前后共十六盘，假使盘盘要赌，试问心要跳多少下？"[③]

除了每分必争的忐忑不安，一盘结束后，球员号衣一换，

---

① 梦芳：《回力球之话（二）》，《立言画刊》第 27 期，1939 年，第 23 页；峡风：《回力球（三）》，《三六九画报》第 13 卷第 10 期，1942 年，第 19 页。
② 路茜：《海上杂忆回力球（下）》，《中央日报》1935 年 4 月 17 日，第 3 张第 4 版。
③ 金马：《心脏病》，《力报》1938 年 7 月 18 日，第 4 版。

又是新的一盘；就算前八盘手气不顺，还有后八盘。这一盘接一盘，连续 16 盘的速度，带给人无穷的希望与强烈的刺激感。无怪乎回力球场"不论严寒盛暑，下雪下雨，总是满坑满谷，座无虚席，便是铁丝网前，也挨挨挤挤站满了人"；① 人潮在光亮耀眼的球场内，"时而欢呼，时而浩叹，神情紧张，坐立不安"（图 6 - 7）。②

图 6 - 7　回力球场观赛情景

资料来源：《回力球周刊》第 2 卷第 49 期，1935 年 12 月 21 日，第 8 ~ 9 页。

更强烈的娱乐性

回力球赛虽展现了强烈的"光、热、力"等现代性特

---

① 奚荼：《回力球场素描（中）》，《申报》1933 年 6 月 15 日，第 13 版。
② 林之三：《害人不浅的回力球场》，《上海经济史话》第 2 辑，上海人民出版社，1963，第 28 页。

征，但与赛马、赛狗相比，其实只有程度上的差异，并无实质上的不同；而且三者相较，回力球赛与赛狗之间的相似处尤多。首先，两者均位于法租界精华区（图6-8），即宽阔整齐的亚尔培路上，紧邻租界的社交中心"法国总会"（Cercle Sportit Franais）。其次，在场地方面，回力球场的新厦固然具现代感，逸园赛狗场的五层楼建筑亦不遑多让。再次，在赛事的安排上，两者均主要在夜间比赛，均大量使用电力。最后，彼此下注方式亦雷同，采取"赢家分成法"。最重要的是，两者因同属法租界娱乐事业，在高层人事上多有重叠，① 往往一方在经营上革新，另一方随即跟上。

两者既然如此相似，回力球赛为何较赛狗似乎更能虏获人心，不仅观众人数更多、更稳定，甚至导致赌客发展出一套比"赛狗预测"更为复杂的"回力球经"？

严格说来，回力球赛有几项特别突出之处，是赛马和赛狗难以企及的。首先是常态性娱乐。以赛马为例，如前所述，沪上赛马次数虽日渐增多，但平均一周仅一个下午，且须避开寒冬和炎夏，谈不上什么常态性。至于赛狗，草创时期虽有三家

---

① 中央运动场首任董事长逖百克同时兼任逸园董事长。1932年3月逖百克忽患肺炎去世，中央运动场董事长之位由步维贤接任，逸园董事长之位则由丹士麦（J. Thesmar）接掌。为维持双方关系，丹士麦邀请步维贤兼任逸园董事。1937年6月，丹士麦因心脏病猝死，步维贤继而取得董事长之位。此后至1945年中央运动场和逸园双双停业，一直由步维贤担任两个组织的董事长，时间长达八年之久。毛啸岑：《旧上海的大赌窟之一——回力球场》，《文史资料选辑》第38辑，第140页；"Armand Du Pac De Marsoulies Succumbs Here," *The China Press*, 12 March 1932, p. 1；"Louis Thesmar Dies of Heart Failure at 60," *The China Press*, 19 June 1937, p. 9.

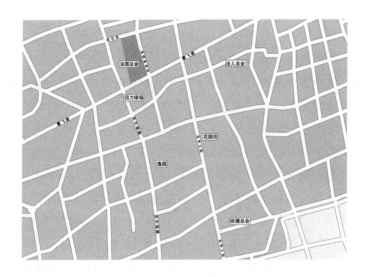

图6-8　回力球场与逸园跑狗场相对位置

跑狗场每周共赛六日的盛况，但自1931年4月明园、申园相继停业后，一枝独秀的逸园一周仅比赛三次，[①] 进入寒冬后为了保护猎犬，往往缩减为一周一次。[②] 而回力球作为最晚进场的活动，为了争取市场，开幕不到一个月，便大胆地于1930年3月3日将比赛时间由每周三晚改为每周七晚，周六、日下午并另加日场；1934年还进一步在场内装置冷、暖气，务求做到四季皆宜、日日皆有。从此，回力球赛风雨无阻，除岁时整修，仅1932年"一·二八"事变和1937年"八一三"淞

---

① 逸园一般比赛时间为每周的周三、周六及周日。《广告：逸园今日下午二时半起赛》，《社会日报》1933年12月10日，第1版。

② 逸园冬季比赛时间在周日。《广告：逸园今日下午二时半举行新年大赛》，《社会日报》1932年1月2日，第2版。

沪战役时曾短暂歇业，市面一旦平静旋即重新开业。① 回力球
赛除每日皆有，球场更灵活调整开场的时间以配合时局。譬
如，一般晚上 8 时开赛，但在"一·二八"和"八一三"期
间，因战事缘故曾分别提早到 7 时、6 时或 7 时半，以便观众
能在十时戒严前回到家。②

常态性的娱乐之外，每晚 16 场连续赛事更是回力球赛最
大利器。赛马因涉及马匹起步时的协调，以及骑师起步前和结
束后的称重等手续，赛事时断时续。1930 年代，一个下午的
比赛次数一般在十场上下，仅上海跑马厅春、秋大赛才可能偶
尔增至 13 场。③ 赛狗也受限于犬只难以控制，经常必须重跑，
每晚或下午日场一般在 10 ~ 14 场。④ 然而回力球以人为主，
可以较准确地控制时间，每晚维持在 16 场左右，紧凑的赛事
大幅增加了它的娱乐性，这些均为赛马和赛狗难以企及。

更重要的是，中央运动场两种无心插柳的赛事安排，让回
力球赛可以轻易与中国传统赌博勾连，深刻地吸引华人赌客的

① 言言:《记中央运动场》，《十日谈》第 2 期，1933 年 8 月 20 日，第 10
页；渔郎:《上海虽经战事　特种营业并不衰》，《社会日报》1937 年 12
月 16 日，第 4 版。
② 《广告：回力球夜场晚间七点钟起》，《社会日报》1932 年 3 月 19 日，第
2 版；《广告：回力球每晚六时起赛》，《社会日报》1937 年 11 月 3 日，
第 4 版；《广告：回力球今晚七时半起赛》，《社会日报》1939 年 8 月 22
日，第 4 版；《旧上海史料汇编》上册，第 494 ~ 495 页。
③ "I. R. C. New Year Race Meeting," NCH, 4 Feb. 1930, pp. 189 – 190;
"The Shanghai Race Club," NCH, 1 April 1930, p. 27; "Shanghai Races,"
NCH, 21 Oct. 1930, p. 94; "Chinese Jockey Club," NCH, 9 Dec. 1930,
p. 346; "I. R. C. Spring Race Meeting," NCH, 13 May 1930, pp. 273 –275.
④ 《广告：逸园明晚八时半起赛》，《社会日报》1932 年 4 月 19 日，第 2
版；《广告：逸园今晚八时半起赛》，《社会日报》1933 年 5 月 27 日，第
2 版；《广告：逸园明晚九时起赛》，《社会日报》1932 年 6 月 17 日，第
2 版。

兴趣。一是每场六人下场；二是以人为工具。原来，中国传统赌博可大致分为胜负立判的"武赌"和费心耗时的"文赌"。前者包括掷骰或需借骰子进行的赌戏，下注多半讲究路数；后者则因赌赛时间长，不宜谈路数，经常含有赌心思的成分。1932年初，为了拉拢华人赌客，中央运动场曾在赛事上进行改革：一方面大幅减少二人赛或三人赛的次数，改以单人赛为主；另一方面将单人赛的五人上场改为六人上场。① 此举原本只为简化赛事，让赌客更容易下注，不料却引起意想不到的后果。原来六人单打赛的结果暗合骰子的一至六点，配合16场赛事，等于每晚固定开出16个号码，如5353316344314522等，这个巧合正给予回力球赛与中国传统"武赌"结合的空间，从此可以用"球路"的方式来解释或预测赛事趋势。

回力球以人为胜负的工具，也带来可援引中国传统"文赌"的空间。赌马必须研究马匹，赌狗必须研究狗性，要是撇开这两项活动中"看与被看"的乐趣，赌客便会觉得犬马心理难以捉摸，大好脑筋何必浪费在畜生身上。② 然而回力球赛不同，它是由球员下场打球，既然有人的因素在内，便有了斗智的可能，是以入回力球场者莫不认为赌回力球就是"赌一个智"。③

第一，球员的技术有高有下、球员与球员间有生克的道理、球员所代表的号码亦随场次而变动，预测当日会出哪些球员、哪些号码，便提供了多种可能性。第二，回力球既是用人

---

① 言言：《记中央运动场》，《十日谈》第2期，1933年8月20日，第10页。

② 白雪：《回力球沙蟹与跑马》，《海潮》第41期，1947年，第12页。

③ 《回力球的秘密：球员的球艺》，《电声·快乐》，1938年，第78页。

来做胜负的工具，便可假想他们或许会作弊，这样一来更增添一层趣味性，也就是设法找出他们作弊的痕迹甚至原则，与之斗智。所以许多人认为："在别种赌，虽然也有线路之类，总比较的单纯，没有回力球那么复杂。"[1]

1947 年，当跑马场、跑狗场、回力球场相继关门大吉后，一位署名"白雪"的作者仍"静夜无聊，辄思念回力球场勿已"。他说："跑狗场、跑马厅足以使我流连不去者，乃爱其地方广大、建筑宏伟而已。惟回力球场之关门，使我无聊之际，少一去处，为之不快者逾年耳！"[2]

为了吸引华人赌客，回力球场更在赌法多样化方面下足功夫。如前所述，"赢家分成法"是沪上赛马、赛狗、回力球赛共同采用的下注方法。该法发明之初仅有"独赢""位置"两种名目，这两种名目本为助兴而设，中奖概率极高。中奖概率既高，得奖人便多，最后所分往往无几。以 2 元一张的独赢券而论，热门时经常只分得五六元奖金，仅比本钱稍多，[3] 这对真正的赌客而言有如鸡肋。至于"位置"那就更加食之无味了，2 元位置票普通仅能分得三四元，最少时甚至连本钱都不够，[4] 是以"除了最老实稳健的顾客外，简直没什么人肯买"。[5]

到了 1930 年代，就赛马场来说，其收入主要来自每年发

---

[1] 林微音：《在那里女人已不再是女人》，《十日谈》第 2 期，1933 年 8 月 20 日，第 11 页。

[2] 白雪：《回力球沙蟹与跑马》，《海潮》第 41 期，1947 年，第 12 页。

[3] 斯英：《上海回力球场的透视》，《上海生活》第 1 卷第 3 期，1937 年 5 月 1 日，第 33 页。

[4] 梦芳：《回力球之话（三）》，《立言画刊》第 29 期，1939 年，第 23 页；峡风：《回力球（六）》，《三六九画报》第 13 卷第 17 期，1942 年，第 19 页。

[5] 梦芳：《回力球之话（四）》，《立言画刊》第 31 期，1939 年，第 23 页。

行两次的香宾票，平日的场内下注仅为助兴，所得无所谓高低。但是就赛狗场和回力球场来说，就无法如此轻松以对了。这两种运动专为赌博而设计，必须时刻抓住赌客的兴致才能平衡收支。是以，逸园和回力球场于 1932 年、1933 年相继引入欧美赛马界甫兴起的"双独赢"下注法。[①]

该法为"独赢"的变形，即同时买当天连续两场的"独赢"，如此中奖概率骤减，赔率却因而大增。一张 2 元的双独赢票，中奖后奖金少则数十元，多则数百元。[②] 此法引入后，果然深受赌客欢迎，认为"中上几个双独赢将比每天跑办公处要来得舒服"。[③] 深受高赔率的吸引，赌客甚至还发展出"包票"的赌法，亦即如果下注者自认对上一场开出的号数有把握，则把下一场的六个号数买全。例如，认定前一盘必为四号获胜，即购 41、42、43、44、45、46 一套。如是，只需前一盘四号能胜，后一盘任何一号获胜，皆必赢。[④]

"双独赢"将原先单调的"赢家分成法"大幅趣味化，深刻地抓住了赌客希望大赢而非小赚的贪心。1934 年，回力球场又引入另一种新兴的下注法"连位"。[⑤]

"连位"或称"赢位联位""连赢位""赢位""联猜""连猜""头二位联票"。如果说"双独赢"是"独赢"的变形，那么"连位"便是"位置"的复杂化。它同"位置"一样，是猜单场比赛的第一和第二，只是先后不能颠倒。因其

---

① 奚荼：《回力球场素描（上）》，《申报》1933 年 6 月 14 日，第 13 版；" 'Double' Betting Now Popular," *SCMP*, 25 Nov. 1930, p. 7.
② 萍子：《回力球场杂景》，《娱乐》第 2 期，1935 年，第 24 页。
③ 《星期日在上海》，《申报》1939 年 6 月 16 日，第 8 版。
④ 走油：《回力球话 十四》，《晶报》1934 年 11 月 8 日，第 3 版。
⑤ 曹聚仁：《在回力球场》，《良友》第 109 期，1935 年 9 月，第 20～21 页。

顺序不能颠倒，中奖概率大减，赔率也因而大增。至于其他赌法的票价均为 2 元，连位票则为 5 元一张。由于其票价较高、预测不易，奖金也比任何一种赌法为多，多者可得千余元，普通也总在一二百元。[①] 回力球场把它当作刺激赌兴的秘密武器，安排在每天比赛的第 4 盘、第 8 盘、第 11 盘、第 16 盘使用。[②]

因为是连位票，有时排在 1 号或 2 号的球员一开场便势如破竹，直取五分，结果导致其他五名球员的成绩均挂零的奇特现象。碰到这种情形，第一名和第二名都算该球员一人所得，此时便会出现连位结果为"一、一"或"二、二"的特殊情形，上海人称之为"连敲"，天津人则称之为"大一"或"大二"，是球场上的盛事。据张绪谔先生回忆，上海沦陷时期，每逢真正厉害的选手，如泰宝达（Taboaba）或安力凯（Enrique）兄弟排在 1 号或 2 号，连位票中的连敲必成热门。[③]

借着引入"双独赢""连位"等赌法，回力球场成功地满足了不同观众的需求。小赌怡情或纯为好玩者，可以买"独赢""位置"，只要跟着热门人选押宝就不难获奖；胆子大的赌客，则可买"双独赢"和"连位"，甚至包票，孤注一掷，考验自己的眼力与手气。是以《上海生活》杂志写道："回力球是不会使失败的人灰心的，它随时都能给予人们一种容易赢

---

① 斯英：《上海回力球场的透视》，《上海生活》第 1 卷第 3 期，1937 年 5 月 1 日，第 33 页。

② 曹聚仁：《在回力球场》，《良友》第 109 期，1935 年 9 月，第 20 ~ 21 页。

③ 峡风：《回力球（四）》，《三六九画报》第 13 卷第 12 期，1942 年，第 18 页；张绪谔：《乱世风华：20 世纪 40 年代上海生活与娱乐的回忆》，第 201 ~ 202 页。

钱的感觉。"①

正因如此特殊的吸引力，自 1932 年起回力球场上的华人观众数量日多，到 1937 年已占了八成。② 至于社会阶层，刚开始时以有钱有闲的中产阶级为主，不过由于每次下注仅需 2 元，赌法又非常有趣，后来就连一般商店职员及经济小民，也常拿辛苦赚来的薪水来回力球场小试手气。③ 随着观众人数的大增与参与社会阶层的扩张，回力球不久便培养出一批每晚报到的死忠球迷，他们"嗜赌回力球成癖，每夕至七时左右，辄觉坐卧不宁，跃跃欲试"。④ 这些人当中不乏可执笔的文化人，他们或以教书、翻译、编辑为生，或在报纸杂志鬻文。例如，时在复旦大学任教的曹聚仁、著名戏剧家洪深、著名现代派作家兼翻译家施蛰存、活跃于上海文坛的章克标等便经常流连其中；⑤ 新感觉派小说家穆时英在其小说《贫士日记》中，对回力球的计分方式也有相当写实的描述，极可能来自他的真实体验。⑥

这些球迷每晚到回力球场报到，风雨无阻。有趣的是，当

① 斯英：《上海回力球场的透视》，《上海生活》第 1 卷第 3 期，1937 年 5 月 1 日，第 37 页。

② 掘金者：《漫谈回力球》，《上海生活》第 2 卷第 2 期，1938 年 7 月 16 日，第 19 页。

③ 民木：《从轮盘赌说到回力球》，《力报》1938 年 7 月 15 日，第 4 版。

④ 艮木：《幻境》，《力报》1938 年 7 月 30 日，第 4 版。

⑤ 《洪深》，《好莱坞》第 5 期，1938 年，第 96~97 页；陈子善、徐如麒编选《施蛰存七十年文选》，上海文艺出版社，1996，第 532~534 页。据章克标回忆，1932 年前后，他每晚都会在回力球场碰到曹聚仁。《回力球场》，http://www.cul - studies.com/community/niwei/200505/1401.html（2008 年 2 月 29 日检索）。

⑥ 穆时英：《贫士日记》，乐齐主编《中国新感觉派圣手：穆时英小说全集》，中国文联出版公司，1996，第 441~442 页。

中某些段数高者颇有自律精神，"能严守赌博的德行"，每晚量力而为，预定的数目输完了便暂时歇手，赢到了预定的数目也不再贪心，所谓"今夜有今夜的计划，明晚有明晚的方法"。① 这些人到回力球场来，不是为了一时的遣兴或外快，也不屑随众盲目下注，他们有着知识分子的决心，相信球场开出的号码有一定的规律，只要积累足够的资料，投入时间与精力去研究便可循线找出。就是在这些老球迷手中，回力球赛逐步展开惊人的知识化过程。

三　赌博的知识化

场主操纵说

综观回力球赛知识化的过程，可以发现有两个明显的高峰。一是 1933～1935 年，亦即"一·二八"事变后至"八一三"淞沪战役前。这段时间回力球场刚刚站稳脚步，沪上著名小报纷纷开辟专栏解说比赛规则和下注诀窍。就是在这些园地里，一些文化人开始建构"场主操纵说"。第二个高峰则发生在所谓的孤岛时期，特别是 1938～1940 年。执笔者为在战前即浸淫于回力球赛的中产阶级，他们因战争落魄不得不转而鬻文为生，其重点转向讨论球路与虚实，同时讲求赌博的德行。不论哪一个高峰，都认为回力球能否赌赢，关键不在运气，而在能否猜出"球路"，亦即事先掌握球场当局的"心思"。

---

① 斯英：《上海回力球场的透视》，《上海生活》第 1 卷第 3 期，1937 年 5 月 1 日，第 37 页。

这些球迷的想法显然援引了传统赌博的思维，假设有一个"庄家"与自己对赌。然而矛盾的是，回力球赛采取的"赢家分成法"，当初设计的目的即在避免庄家介入。既然球场只抽固定手续费，那么如何能引入传统赌博的思维，假设有个"庄家"在与自己对赌而加以分析呢？据了解，正由于球迷在制度面上无从置喙，便转而强调人性面，认定球场当局虽不参与赌球，但参与球赛的赌客越多，其收入就越高，因此场方有可能预先排定比赛结果，让球员照章演出，以便结果整齐热闹，使赌客流连不去。在此基础上，场主操纵说乃逐渐成形，而此说的最大推动者正是身兼报人、学者、作家三重身份于一人的曹聚仁。

曹聚仁，字挺岫，笔名丁舟、丁秀、天龙、姬旦、陈思、赵天一、袁大郎、彭观清、孟鹿蕉等，浙江金华人，早年就读于浙江第一师范学校。1922 年来沪，任盐商吴怀琛的家庭教师，其间曾兼民国女子中学、上海大学附中中文教员，并为《民国日报》副刊《觉悟》撰稿。从 1925 年起，他先后在暨南、复旦、持志等大学任教。1931 年任《涛声》半月刊主编，并为《申报》"自由谈"、《申报周刊》、《立报》"言林"等长期撰稿。全面抗战爆发后，他转做记者，为各报采访战地新闻。1949 年他转往香港，继续从事新闻工作，写作不辍，直至病逝。[①] 曹聚仁著作甚丰，其中与上海关系最密切的当推《上海春秋》。该书原为他 1962 年为香港《循环日报》写的一个专栏，专门回忆上海的各种掌故，至 1996 年方结集出版。

---

① 刘绍唐主编《民国人物小传》第 6 册，传记文学出版社，1984，第 254 ~ 257 页。

其女曹雷为该书写的题记中说：作者虽不是上海籍人士，但从1920 年代初到上海后，先后在上海生活了二十多年，对上海有一定的认同，可以称得上是一名真正的"老上海"。更有意思的是，曹聚仁当初写这个专栏时却署名"土老儿"，意指他出身浙江农村，即使在上海定居多年，仍常被当作乡下土佬，他也就以这"土老儿"的语气来讲述大上海的故事。①

在众多有关回力球赛的报道或评述中，曹聚仁是少数可以确认生平的作者。这样一位"土老儿"为何会参与沪上最时髦的回力球赛，甚至成为球迷？据曹聚仁自述，其机缘在于地利。1932 年"一·二八"事变发生后，他原在真如的家荡然无存，不得不移居上海法租界金神父路花园坊。该地与亚尔培路的回力球场仅一路之隔（图 6-8）。加上曹聚仁当时正在研究或然律（或称概率），有人告诉他最好从赌博入手，而回力球场每天备有印刷好的各种成绩表，十分便于统计，曹聚仁便因此成为回力球场的座上客，② 而且一发不可收拾。从 1933年 8 月起，一连两年多，他每晚报到，风雨无阻。据其自言："全部精力研究中央运动场的回力球博赛，几乎百事都废。"③人皆戏称其为"回力球博士"④，他却也由此一步步发展出所谓的场主操纵说。

---

① 《题记》，曹聚仁：《上海春秋》，曹雷、曹宪镛编，上海人民出版社，1996。
② 曹聚仁：《我与我的世界浮过了生命海：曹聚仁回忆录（修订版）》，三联书店，2011，第 482 页。
③ 曹聚仁：《回力球研究（论机遇）》，《涛声》第 2 卷第 41 期，1933 年，第 3 页。
④ 《曹聚仁回力球迷》，《摄影画报》第 10 卷第 7 期，1934 年 3 月 17 日，第 6 页。

　　曹聚仁在回力球场研究不到两个月，便于 1933 年 10 月以本名在自己主编的《涛声》杂志上发表《回力球研究（论机遇）》一文，该文主要以所谓的"适然史观"分析回力球比赛的结果。曹聚仁引用球场上的种种数据，论证赛事结果正如历史的进程一样，只有相对性，并无必然性。值得注意的是，虽然当时已有球迷主张场方从中指挥赛事结果，以提高赌钱人的兴味，但在这个阶段曹聚仁仍认为场方指挥的成分不多。①

　　1933 年 11 月 25 日，《涛声》被查禁停刊，曹聚仁更日夜出入回力球场，② 并开始通过小报试图宣传其理论。他先从 1933 年 12 月 13 日起以"彭观清"为笔名，在《社会日报》发表 13 则连载的《回力球话》，③ 此专栏于 1934 年 2 月 4 日结束。④ 十个月之后，他又以"孟鹿蕉"之名，⑤ 从 1934 年 11 月 20 日起至 11 月 25 日止，在《社会日报》发表六则连载的《回力球指迷》。⑥ 到了此阶段，曹聚仁开始转而主张球赛结果系由场主通盘计划。⑦ 他将球场主持人比喻为命运之神或赌神，

---

① 曹聚仁：《回力球研究（论机遇）》，《涛声》第 2 卷第 41 期，1933 年，第 3~5 页。
② 《曹聚仁回力球迷》，《摄影画报》第 10 卷第 7 期，1934 年 3 月 17 日，第 6 页。
③ 彭观清：《回力球话》，《社会日报》1933 年 12 月 13 日，第 2 版。
④ 彭观清：《回力球话》，《社会日报》1934 年 2 月 4 日，第 2 版。
⑤ 此笔名源自《列子·周穆王》的"蕉鹿之讼"，即所谓"蕉鹿有梦，得鹿是梦，而以为真，因梦得鹿，而以为梦"。曹聚仁欲以此故事真实与虚幻难分的情况比喻回力球的输赢难测。彭观清：《回力球话》，《社会日报》1933 年 12 月 13 日，第 2 版。
⑥ 孟鹿蕉：《回力球指迷》，《社会日报》1934 年 11 月 20 日，第 2 版；孟鹿蕉：《回力球指迷（六）》，《社会日报》1934 年 11 月 25 日，第 2 版。
⑦ 彭观清：《回力球话》，《社会日报》1933 年 12 月 21 日，第 2 版。

说其静静地在办公室观察赌客心理、操纵全场，① 其手腕极其厉害，能使极热门的球员仅隔一两天便变成冷门；冷门没有多久又在不知不觉中转为热门，让人难以捉摸；有时热门之后又放出几个冷门来，让买冷门的人也有所收获，一吐闷气。② 总而言之，其目的在使顾客死心塌地，既不会从此绝迹，亦不会过门而不入。③

所以曹聚仁假孟鹿蕉之口，以强烈的语气告诫读者："朋友！我告诉你，回力球场请了许多职业球员到场比赛球艺，看是竞争得十分剧烈，可是，你千万不要上当，谁的独赢、谁的位置，并不是球员比赛的结果，那是场主在他的办公室里编排出来的。"这个指控十分耸人听闻，但球场为什么要事先编排结果呢？曹聚仁认为这样做的好处有三：第一，每晚 16 盘，每盘仅 20 分钟左右，依照球员的体能，每盘支持一两个小时并非难事，事先排定既可节省时间，又可控制球赛进度；第二，球员最了解谁可能赢球，如果让大家自由竞赛，球员可能向其亲友透露消息从中渔利；第三，球员之间球技相差有限，如果放任他们自由竞技，势必各逞英雄，不但容易伤球员间的情感，甚至可能肇成事变。④ 这样的解释有些牵强，不易使人信服。不过，场主操纵说的轮廓已大致成形，即回力球赛的结果并非随机决定的。

曹聚仁言之凿凿，但并非所有的球迷都同意此看法。譬

---

① 彭观清：《回力球话》，《社会日报》1933 年 12 月 14 日，第 2 版。
② 彭观清：《回力球话》，《社会日报》1933 年 12 月 25 日，第 2 版。
③ 彭观清：《回力球话》，《社会日报》1934 年 2 月 2 日，第 2 版。
④ 孟鹿蕉：《回力球指迷》，《社会日报》1934 年 11 月 20 日，第 2 版；孟鹿蕉：《回力球指迷（二）》，《社会日报》1934 年 11 月 21 日，第 2 版。

如，同一时间在《晶报》撰写《回力球话》专栏的"走油"①便认为场方的命令支配是偶尔为之，绝非每盘如此；其目的在于防止球员与外人勾结作弊，所以有时会有突如其来的命令。不然，如果全以命令为胜负结果，一来球员打球毫无自由，必失兴趣；二来胜负之分间不容息，全力以赴尚不能保证胜利，又如何能时时听命行事？②"走油"的看法尚承认有人为的成分，只是其影响只是部分，但是著名戏剧家洪深便属于频谱的另一端了。他完全摒除人的成分，将赛事结果归于概率。

洪深，字伯骏，江苏武进人，1916 年清华学校毕业后赴美，先学习陶器工程，后改入哈佛大学学习文学与戏剧。1922 年回国，即任上海大夏大学戏剧教授、暨南大学外文系主任、复旦大学英国文学及戏剧教授等职，同时积极参加话剧创作，迅速成为中国剧坛的先进，以及新兴戏剧运动重要的领导者。③据时人记载，洪深因出身世家，有着公子哥儿的习气，平日不拘小节，喜饮酒、好赌博，喜欢享受生活。④

洪深和曹聚仁都是文化界有名的人物，也同样是回力球

---

① 1934 年 10 月 26 日至 11 月 17 日，"走油"共在《晶报》连载《回力球话》23 则，分别介绍比赛方法、球员球技、赌金分配、下注诀窍等内容，除了在场主操纵方面与曹聚仁不完全相同，同时主张"路"不可恃。走油：《回力球话》，《晶报》1934 年 10 月 26 日，第 3 版；走油：《回力球话 十三》，《晶报》1934 年 11 月 7 日，第 3 版；走油：《回力球话 二十三》，《晶报》1934 年 11 月 17 日，第 3 版。

② 走油：《回力球话 十七》，《晶报》1934 年 11 月 11 日，第 3 版；走油：《回力球话 十八》，《晶报》1934 年 11 月 12 日，第 3 版。

③ 李立明：《中国现代六百作家小传》，波文书局，1977，第 254～256 页。

④ 文沙：《洪深曹聚仁赌博论战》，《海涛》第 14 期，1946 年，第 8 页。

迷，但因出身背景不同，对赛事结果有迥然不同的看法。可能是受西方教育的影响，洪深相信概率，认为赌博靠的是运气，所以他每次去回力球场和跑狗场总是带着一粒骰子，借摇骰来决定买哪一个号码。有人好奇问他是否灵验，他总笑着说道："很有道理。"①

洪深此举与曹聚仁恰属频谱的两端，曹将人的因素置于最高，认为球赛结果全系人为操纵，洪则完全摒弃球赛中人的角色，包括球员的球技、体力及状况，将结果等同掷骰子，全为概率。洪深这种将结果交给运气，完全摒除人为成分的看法，自然与曹聚仁发生冲突。1935 年 9 月一次两人在球场相遇，为了回力球是运气还是骗局大起争执，久久不能解决。一气之下，曹聚仁乃在《良友》画报上发表《在回力球场》一文，作为对洪深赌博全凭运气论的攻击。②

曹聚仁在文中自言，为研究回力球已进出球场无数次，但绝非一般赌客，而是从学术的角度来分析回力球赛，并计划将研究成果分三篇文字发表。一是题为《机遇在历史上之地位》的学术论文，打算仿效德国大数理学家莱兴巴哈（Hans Reichenbach）分析赌博中"概然理论"（The theory of probability）的做法，③ 从历史入手，解释赌博这一社会现象。二是题为《回力球必输论证》的劝世文，目的在劝诫世人，赌回力球千个人当中有九百九十九个半是输的。三便是《良友》画报的这篇《在回力球场》，目的在分析回力球场的观众

---

① 《洪深》，《好莱坞》第 5 期，1938 年，第 96～97 页。
② 文沙：《洪深曹聚仁赌博论战》，《海涛》第 14 期，1946 年，第 8 页。
③ "概然理论"为曹聚仁的用词，其实就是今日之概率，或译为"概率论"或"概率定理"。

心理。[1]

曹聚仁虽声称要仿效莱兴巴哈的"概然理论",但走的路子与概率计算背道而驰,反而由制度面转向人性面分析。他经过仔细观察与研究,得出了一个非常有趣的结论,即不仅每盘"独赢""位置"的数字完全由场方决定,每盘球员所得的分数也是事先排定的。他十分具想象力地借由学校教务处替教员安排课程表,来比拟回力球场老板替球员排定输赢的顺序。他说:"(这位老板)坐在办公室里,办公桌上摊着博赛赢位数字排列盘,他仔细地把数字纸片和球员姓名的纸片按着盘次分别排下去,仿佛教务处里的教务员替教员排课程表,要教室不冲突、时间不冲突,又要课程不冲突,排出一个适当的秩序来。秩序排好,比赛球员的名单便在广告上出现;隔一天晚上,球员便依照他所预定的秩序打了出来。"[2]

但是,为什么球场当局要如此耗费心思,天天排输赢表呢?曹聚仁做出较前一阶段更为详细的解释,主张这是为了欲擒故纵,让赌客难以脱身。他把回力球场老板比拟为"巨人",揣摩其心态:"巨人心里想:赌客所付予的 Commission,那是我的维他命,我可不能使赌客太失望,万一赌客赌怕了,我将'同归于尽'呢。可是他又想:我又不能让一部分人很容易地吃到甜头,替一部分人掠取大部分人的钱,简直是'自扳石头压脚背',断绝自己的生路。"简言之:"他要赌客人人不输钱,又要使赌客人人不能赢钱,在这夹档中,做出绝

① 曹聚仁:《在回力球场》,《良友》第 109 期,1935 年 9 月,第 21 页注 7。
② 曹聚仁:《在回力球场》,《良友》第 109 期,1935 年 9 月,第 20 页。

妙的文章来。"所以，"排秩序单是容易，但要人人上当而人人不觉其上当，这样巧妙的秩序单，那就不容易排了"。[1]

曹聚仁虽然对场主操纵说做了更深一层的发挥，但在探究数字规律方面成就有限，仅略提及每日 1 和 2、3 和 4、5 和 6 这三组数字出现的次数成 5、4、3 比例；以及 1、2 两个号码常是热门，5、6 常是冷门。[2] 但他的主张已为"场主操纵说"立下根基，待孤岛时期来临，小报记者便在此基础上进一步探究回力球赛的"球路"。

有"路"说

1937 年，淞沪战役发生，沪上各式娱乐设施均被迫歇业，中央运动场也不例外。[3] 由于不知何时可以复业，中央运动场一方面趁此更换球场内的石墙，整修内部；另一方面把办事处出租给上海商业储蓄银行以赚取收入。结果战事结束比预想得快，国民政府军西撤，上海四周及华界落入日军之手，仅公共租界、法租界仍在工部局、公董局的经营下日常生活照旧。中央运动场遂于 10 月 30 日以慈善赛名义再度开张，收入则捐给国际红十字会救济难民。[4] 刚开始，球场方面预估时局不佳还一度紧缩开支，未料随着战事吃紧，大批百姓自战区来沪避难，租界人口剧增，大家困居孤岛，心情苦闷，回力球场、跑狗场、舞厅等娱乐场所成为排忧解闷的去处，中央运动场的营

---

① 曹聚仁：《在回力球场》，《良友》第 109 期，1935 年 9 月，第 20 页。
② 曹聚仁：《在回力球场》，《良友》第 109 期，1935 年 9 月，第 21 页注 5。
③ "Ad. : Hai Alai Special Announcement," *The China Press*, 15 Aug. 1937, p. 4.
④ "Ad. : Hai Alai Reopening Tomorrow," *The China Press*, 29 Oct. 1937, p. 7.

业反而日盛一日。①

孤岛时期娱乐业的畸形发展带动小报的繁荣，不仅战前已发行的小报，如《东方日报》《上海日报》等相继复刊，另外还出现许多新兴的小报，如《力报》《上海世界》《繁华报》等，② 其中《繁华报》是 1943 年 9 月《上海日报》被捕房禁止出版后借尸还魂的结果。③ 这些报纸多半篇幅只有四版，发行量不过数千，主要借报道舞厅、电影、戏剧等休闲文字来争取读者。无独有偶的是，这些报纸先后聘请专人开辟回力球专栏。1938 年 2 月 10 日，《东方日报》率先推出《回力球谈座》，主编为"白松轩主"，另有写手"水马""火马""球迷""呆大"等。1938 年 7 月 1 日，《上海日报》也开辟半版的《回力球园地》，由"温那""派萨"编辑，专门报道回力球场动态。1938 年 7 月 15 日，《力报》也开辟半版的《回力球话》，由"金马"负责主编，另有"土马""景红""冤""白邨"等撰稿及投稿人。到了 1940 年代，《上海世界》《繁华报》也相继于1940 年 2 月 2 日和 1943 年 11 月 8 日开辟类似的专栏。

这些回力球专栏与战前不同之处有二。一是篇幅大增，由原先的一角短文变为半版之多，因此除有关规则、赌法、球员动态、场内花絮等专文，还可容纳各式的预测和统计表格，如"前日比赛成绩表""当天节目及预测表""号数赢位次数表"

---

① 土马：《球话什锦（十二）》，《力报》1938 年 8 月 4 日，第 5 版；掘金者：《漫谈回力球》，《上海生活》第 2 卷第 2 期，1938 年 7 月 16 日，第18 页。

② 马光仁主编《上海新闻史（1850～1949）》，复旦大学出版社，1996，第896～897 页。

③ 曾俺、蒋晓光：《解放前小型报概况》，《20 世纪上海文史资料文库》第6 册，上海书店出版社，1999，第 49 页。

"球员百分成绩表"等。二是连载时间长，譬如《东方日报》的《回力球谈座》（1938 年 2 月 10 日至 1940 年 5 月 7 日）和《力报》的《回力球话》（1938 年 7 月 15 日至 1940 年 11 月 20 日）均超过两年；而《上海日报》的《回力球园地》时间更长，超过五年（1938 年 7 月 1 日至 1943 年 9 月 27 日），要是再加上《繁华报》的《回力球》专栏（1943 年 11 月 8 日至 1944 年 9 月 25 日）则长达六年。这样的时间与篇幅，为回力球知识化提供了肥沃的土壤。

如果以编辑群划分，可大致将这些长短不一的专栏分成两类。一是以"派萨""温那"为主的《上海日报》《上海世界》《繁华报》；二是以"白松轩主"和"金马"为主的《东方日报》和《力报》。前者的专栏以表格为主，报道也以球员动态为中心，文字中规中矩，与一般的"赛马预测"或"赛狗预测"没有太大区别；后者则文字与表格并重，尤其擅长分析球路、探讨虚实，是回力球进一步知识化的重要舞台，而其编者"白松轩主"和"金马"无他，正是球迷界有名的史悠宗及其兄史悠根。

史氏兄弟可能是孤岛时期回力球专栏最重要的编者兼写手，也是继曹聚仁之后将回力球进一步知识化的重要推手。二人笔名众多，史悠宗至少有"白松轩主""水马""木公"等笔名，① 史悠根则有"金马""亦松""艮木"等笔名。②

---

① 白松轩主：《回力球谈座创刊词》，《东方日报》1938 年 2 月 10 日，第 4 版；球迷：《略谈昨晚球路》，《东方日报》1938 年 5 月 14 日，第 4 版；水马：《悼悠祖大哥》，《东方日报》1938 年 5 月 18 日，第 4 版；水马：《答呆大君问》，《东方日报》1939 年 4 月 4 日，第 4 版。

② 水马：《我的自述（三）》，《东方日报》1939 年 1 月 14 日，第 4 版；亦松客串《白松轩剧话》，《东方日报》1938 年 12 月 14 日，第 2 版。

　　史氏兄弟出身清末中下层官宦之家。据史悠宗自言，史家原籍江苏溧阳，因祖上为官，故其生于浙省兰溪。幼时因清朝倾覆举家迁沪，不料途中遭逢盗匪抢劫，抵沪时仅余数千金。迁沪后，其祖父改营商业，"不问米麦布匹，皆在其营利之范围之中"，同时兼营钱业，终因勤俭而起家，积资数十万元。①

　　史悠宗共有兄弟三人，长兄史悠祖、二兄史悠根，史悠宗居三，姊妹则有五人。② 祖父十分注重他们的教育，家中一面请有教书先生，教授中国古籍；一面并聘有西文教习，兼习算术、英文两科。祖父对后者尤为重视，认为中国日趋欧化，"恐不知西文者，将无立足之地"。史悠宗9岁时随二哥一同参加工部局局立育才公学入学考试，可惜后来因患白喉而未入学就读。育才公学创立于1901年，是上海公共租界的五所华人中学之一。史悠宗小小年纪，英文、算学二门竟考入中学部的第一班，可见其祖父督促之功。③

　　1922年，其祖父去世，史悠宗转赴姑苏表叔家读书，两年后考进小学堂六年级，半年后毕业，考入东吴大学附属一中的二年级。后来东吴大学组织改变，他遂趁机回上海，转学至昆山路的东吴二中，中学毕业后又考上复旦大学，但未就读，转而继承家业，改行经商。④

---

① 水马：《我的自述（二）》，《东方日报》1939年1月13日，第4版。

② 水马：《悼悠祖大哥》，《东方日报》1938年5月18日，第4版；水马：《我的自述（二）》，《东方日报》1939年1月13日，第4版。

③ 水马：《我的自述（二）》，《东方日报》1939年1月13日，第4版；水马：《我的自述（三）》，《东方日报》1939年1月14日，第4版；水马：《我的自述（四）》，《东方日报》1939年1月17日，第4版。

④ 水马：《我的自述（四）》，《东方日报》1939年1月17日，第4版；水马：《我的自述（五）》，《东方日报》1939年1月18日，第4版。

史悠宗因家学之故，自幼即喜爱研究戏剧，对平剧咬字尤有心得。① 可能因此缘故，步入社会后他便涉足与戏剧相关的电影事业。1927 年冬，他集资创办神仙影片公司，编写武侠电影《江湖奇侠》，聘郑剑秋为导演，由严月娴演女主角，自任男主角。② 该片于 1928 年春杀青，年底他又拟开拍《指日征东》一片，不过后来不见消息。③ 当时正值武侠片热潮，有很多所谓的"一片公司"，神仙影片公司可能即属其一。电影事业失败后，史悠宗返回苏州做寓公，并组织"求是票房"精研京剧，1932 年前后才重返沪上居住。④

史家在苏、沪两地算是薄有资产之家，史悠宗在学生时期每个月便可有一百元的利息钱零用。手头既宽裕，行事便大方，同学间不论组织球队、聚餐、旅行都由他负责，并经常供给贫困同学笔、墨、纸、砚等文具。他身旁不乏死党，一同喝汽水、吃冰激淋，是学校的风头人物，1925 年五卅惨案时还被选为班长，出外演说募捐。⑤

这样的富家子弟一旦经济独立，自然对跑马、跑狗、回

---

① 亦松客串《白松轩剧话》，《东方日报》1938 年 12 月 14 日，第 2 版。

② 《广告：神仙影片公司成立启事》，《申报》1927 年 11 月 8 日，第 1 版；《剧场消息二：神仙影片公司开摄江湖奇侠》，《申报》1927 年 11 月 16 日，第 19 版；《剧场消息：江湖奇侠在杭摄外景》，《申报》1927 年 11 月 19 日，第 19~20 版。

③ 《剧场消息：神仙影片公司新片江湖奇侠已告竣》，《申报》1928 年 2 月 16 日，第 20 版；《广告：神仙影片公司招请演员启事》，《申报》1928 年 11 月 29 日，第 1 版。

④ 亦松客串《白松轩剧话》，《东方日报》1938 年 12 月 14 日，第 2 版；白松轩主：《白松轩剧话（一九六）》，《东方日报》1939 年 2 月 13 日，第 2 版。

⑤ 水马：《我的自述（五）》，《东方日报》1939 年 1 月 18 日，第 4 版；水马：《我的自述（六）》，《东方日报》1939 年 1 月 19 日，第 4 版。

力球等时髦娱乐产生兴趣。史悠宗先是爱上跑马，"逢跑必到，即便远在引翔也如此"。[1] 待 1932 年回力球开始盛行后，更一头投入，其时间约与曹聚仁同时，热衷程度也不相上下。据其言："除了有特殊的事件外，差不多我是没一天不到球场去的！"[2] 只是因家境富裕，他较曹聚仁更能胜负不计、优游其间，六七年的丰富经验让他成为不折不扣的"老球迷"。

1937 年淞沪战役对上海居民乃至球迷而言都是一个很大的转折。许多家境优渥者，因产业在苏杭或虹口，事前未做预防，战事一起，顿时周转不灵、陷入困境，生活尚且不能，自然无法再赌。史悠宗兄弟便是如此。另外，战争造成上海周边居民大量涌入租界，许多人抱着投机的心理进入回力球场。他们无心优游，只希望大赢以改善生活，因此迫切需要下注的具体指引。[3] 在这两相激荡的情况下，产生了一个回力球专栏的庞大市场，哪份小报能找到厉害的编者，编出预测准确、言之有物的专栏，便能吸引读者，增加销售数量。

《东方日报》负责人邓荫先和《力报》创办人胡立更便是在这样的情况下发掘史悠宗兄弟的。据说，当时"史氏兄弟落拓憔困，胡〔立更〕布施不吝，史为写回力球稿，悉力报之"。[4] 1938 年 2 月 10 日，史悠宗先以"白松轩主"为笔名，

---

① 水马：《我的自述（十）》，《东方日报》1939 年 1 月 24 日，第 4 版。
② 木公：《合作成功的优胜（上）》，《东方日报》1938 年 9 月 22 日，第 4 版。
③ 太公：《战后之"球迷"》，《东方日报》1938 年 2 月 10 日，第 4 版。
④ 护龙：《报人印象录：胡立更生财术（一）》，《东方日报》1944 年 4 月 17 日，第 3 版。

在《东方日报》主持半版的《回力球谈座》;① 该年 6 月，其兄史悠根从溧阳老家仓皇抵沪，② 7 月 15 日以"金马"之名为《力报》主持同样半版的《回力球话》。二人在两报打下基础后，更相继引入一群同样"富有回力球经验"，但因战祸而生活困顿的老球迷共组编辑群，包括"球迷""呆大""火马""景红""翟光庭""青"等。③ 这些人将多年累积的回力球经验化成文字予以商品化。为了吸引读者，进而探索"球路"、讨论虚实，为入场者指点迷津。

1937 年之前并非没有"球路"之说，只是讨论多半局限于"一、二路"和"关煞"。所谓"一、二路"是指球迷普遍相信 1、2 两号球员因为最早下场，比较有机会先得五分；至于"关煞"则为某号或某球员在某日或连续数日没有胜出时，球迷间便盛传该号或该球员被"关煞"或"关死"了，买票时必须避开。④

进入 1937 年，在各式表格的协助下，球路的内容大为扩

---

① 除"回力球谈座"，从 1938 年 2 月 20 日起，史悠宗并为《东方日报》撰写专栏"白松轩剧话"，专门介绍京剧掌故、梨园逸事，旁及剧本研究、曲词沿革等内容。白松轩主：《白松轩剧话：（一）绪言》，《东方日报》1938 年 2 月 20 日，第 3 版。

② 水马：《悼悠祖大哥》，《东方日报》1938 年 5 月 18 日，第 4 版；《告诉读者》，《力报》1938 年 8 月 20 日，第 4 版。

③ 球迷：《我不赌的原因（下）》，《东方日报》1938 年 6 月 14 日，第 4 版；呆大：《球场花絮（十七）》，《东方日报》1938 年 12 月 12 日，第 4 版；火马：《球迷外史（六）》，《东方日报》1940 年 1 月 22 日，第 4 版；景红：《忠告》，《力报》1938 年 9 月 12 日，第 4 版；翟光庭：《回力球经》，《电声·快乐》，1938 年，第 15 页；青：《有闻必录》，《东方日报》1938 年 10 月 20 日，第 4 版；金马：《创刊引言》，《力报》1938 年 7 月 15 日，第 4 版。

④ 曹聚仁：《回力球研究（论机遇）》，《涛声》第 2 卷第 41 期，1933 年，第 3 页；走油：《回力球话 十四》，《晶报》1934 年 11 月 8 日，第 3 版。

增。两报每日刊出根据昨日成绩编辑而成的"昨日成绩表"
"双独赢连位表""关煞表";每周刊出根据过去一周成绩编辑
而成的"本周各号赢位累积表""本周双独赢连位次数累积
表";每月更刊出根据过去一个月的成绩编辑而成的"本月份
双独赢连位累积表""本月份各号赢位累积表""本月份关煞
球员及号数总结表""本月份球员百分率表"等。

　　本来利用过去成绩来制作表格,借此观察球员的体能、成
绩、状态是很普遍的做法。然而不寻常的是,两报排列成绩的
目的不在观察球员本身,而在观察数字与球员姓名的顺序。原
来,回力球赛不同于棒球或篮球比赛,球员乃每晚随机轮调,
并无固定号码。球场每晚调拨 12 名球员上场,其中 6 人为乙
组球员,负责前 8 盘;6 人为甲组球员,负责后 8 盘,球衣号
码则每盘轮调。

　　譬如,1938 年 4 月 7 日的第一盘排出的球员为奥萨一号、
楚曼地二号、阿蒙地三号、贾多四号、裘拉多五号、安力凯六
号,结果裘拉多胜出。第一盘结束后,6 名球员更换号衣,各
进一号,原先二号的改为一号、三号改为二号,依此类推,接
着打第二盘。① 是以每晚不仅如掷骰子般地开出 16 次一至六号
的号码,也开出 16 次 12 位球员的名称,如 5365331634431452、
裘贾楚楚奥楚奥奥加沙阿阿沙加沙加。如将之依顺序排列,的
确似乎颇有解读空间。是以两报排出的各式表格基本上舍球员
的体能状态,而专注于胜出的号码与球员姓名的顺序。

　　依照《力报》的"回力球话"栏目的说法,如果仔细比
对每晚 16 盘开出的号码与球员姓名,便会发现一些规律,这

---

① 《表格:四月七日星期四夜场成绩》,《东方日报》1938 年 4 月 8 日,第 4 版。

便是球路，循着球路下注便可稳操胜券。球路可大略分为下列数种："不同"，譬如连出 123456 不同号数；"连人"，也就是上盘某球员赢出，下盘还是同一球员获胜；"连号"，亦即号码相连，如 2233 等；"大扁担"，譬如 1363631，以 3 为中心，向两边对称排开；"小扁担"，譬如 121、363 的排列法；"老宝"，意指连续同号，如 333、444 等。[①] 如果连续两天都是"不同"的球路，到了第三天，前五盘开出 15243 五个号码，第六盘便可放心买 6 号。

但这些只是基本原则，实际赢出的号码往往无法如此整齐，而且经常不同球路夹杂在一起，非高手难以辨认。对此，《东方日报》的"回力球谈座"栏目有较为深入的分析。

以"不同"这种球路为例，1938 年 2 月 7 日的后八盘开出 63422125 几个号码，史悠宗指出，撇开当中两个 2 不论，其余正是"不同"路；[②] 同年 5 月 13 日后八盘开出 24561333，记者"球迷"也指说前 6 个号码为"不同"路，后两个 3 则系故意放入，用来扰乱视听的。[③] 此外，还有转弯的"不同"。譬如，先开出 12345 五个号码，接下来却不直接来 6，而是先来一个 1，甚至 1、2，然后 6 才出现。[④]

至于"扁担"又分"号扁担"和"人扁担"。前者如 1938 年 2 月 9 日前八盘开出的 52111521，正是以 11 为中心

① 金马：《回力球常识（续）》，《力报》1938 年 7 月 20 日，第 5 版；艮木：《球场琐言》，《力报》1938 年 8 月 16 日，第 4 版。

② 木公：《由回力球说到"铜宝"及"路"（未完）》，《东方日报》1938 年 2 月 11 日，第 4 版。

③ 球迷：《略谈昨晚球路》，《东方日报》1938 年 5 月 14 日，第 4 版。

④ 水马：《续球经》，《东方日报》1938 年 3 月 4 日，第 4 版。

的"号扁担";① 后者如同年 6 月 28 日前八盘开出的"依莫莫袁袁依贾莫"等球员,其中的"依莫莫袁袁依"正是"人扁担"。② 还有互相对称的"对子",③ 数字交叉的"搅花",④ 6 个号码全出现的"号子放全",⑤ 最前面两盘与最后两盘均为 15 的"一五"开场与"一五"收场,⑥ 同一球员轮回同一号码时再度胜出的"回头老宝"(又称"还魂一号")等,不一而足。⑦

到最后,似乎任何号码与顺序均可用"路"来解释。譬如,1938 年 4 月 11 日开出的 6551162652513336,便有"开场与收场均为 6"、中间 5511 和 626525 均为"对子"的两种球路;⑧ 1938 年 6 月 12 日的 2146541142322411 则为"小不同"加"扁担"加"昨日连敲今日亦连敲"的球路。⑨

甚至同一组号码可以有两种不同的解释方法。如 1939 年 1 月 23 日当晚的 5454161515222954,其中的 5454 和 1515 是"对子";拆开来,454、161、515 又是三个连续的"小扁担"。⑩ 所谓既然看出是"小扁担"的球路,第十盘便可放手买 5。

---

① 木公:《由回力球说到"铜宝"及"路"(未完)》,《东方日报》1938 年 2 月 11 日,第 4 版。
② 水马:《前昨两夜球路》,《东方日报》1938 年 6 月 29 日,第 4 版。
③ 青:《有闻必录》,《东方日报》1939 年 2 月 11 日,第 4 版。
④ 老朋友:《球路之我谈》,《东方日报》1938 年 10 月 20 日,第 4 版。
⑤ 青:《有闻必录》,《东方日报》1938 年 11 月 24 日,第 4 版。
⑥ 水马:《两条球路》,《东方日报》1938 年 4 月 22 日,第 4 版。
⑦ 青:《有闻必录》,《东方日报》1939 年 1 月 30 日,第 4 版。
⑧ 水马:《最近的球路(上)》,《东方日报》1938 年 4 月 12 日,第 4 版。
⑨ 青:《有闻必录》,《东方日报》1938 年 6 月 13 日,第 4 版。
⑩ 青:《有闻必录》,《东方日报》1939 年 1 月 25 日,第 4 版。

为了配合球路之说，老球迷还推出配套理论。第一，建议大家最好第七盘时才到球场，一方面避免盘盘下注，耗费太多；另一方面前六盘的结果已经出来，可借此观察当日的球路。[①] 第二，要能"守"，亦即不要滥购滥买，看准再下注，几次不着便须束手，以待下次机会。[②] 他们还将中国传统"牌九"赌博相传的秘诀"忍、等、狠"予以修改，去掉一开始的"忍"，改在最后另加一"肯"字，形成所谓的"等、狠、肯"三字诀，即能"等"机会，没有好的球路绝不下注；机会一旦来临，能看准球路、罄其所有地"狠"买一下；在赢了之后"肯"停手不赌。[③]

这种对球路的追求与解说不限于史氏兄弟，也不限于报纸专栏。事实上，常跑回力球场的人各自都有一条相信的球路。有人喜欢追热门，有人喜欢买冷门；有的人追人，有的人追号。[④] 球场三楼也有许多落魄的老球迷，凭借自己的球场经验，邀人5角、1元地合资下注。[⑤] 于是整个球场，每人各怀

---

① 水马：《续球经》，《东方日报》1938年3月5日，第4版；火马：《适当的时间去赌回力球》，《东方日报》1938年9月14日，第4版。

② 水马：《赛马赛狗与回力球》，《东方日报》1938年2月23日，第4版；水马：《续球经》，《东方日报》1938年3月5日，第4版；王梅君：《随手写来》，《东方日报》1939年1月30日，第4版。

③ 太公：《战后之"球迷"》，《东方日报》1938年2月10日，第4版；球迷：《我不赌的原因（上）》，《东方日报》1938年6月13日，第4版；球迷：《我不赌的原因（下）》，《东方日报》1938年6月14日，第4版；呆大：《球场花絮（三十五）续》，《东方日报》1939年1月16日，第4版。

④ 王梅君：《随手写来》，《东方日报》1939年1月30日，第4版；白醒：《谈回力球的路子》，《力报》1938年9月14日，第4版；《读者函询》，《东方日报》1940年1月27日，第4版。

⑤ 之平：《回力球场下戒严令》，《社会日报》1936年7月27日，第4版；俞人：《香宾期间的一桩小事：取缔领港（下）》，《东方日报》1938年10月28日，第4版。

一条或数条球路，时时刻刻猜想下一个可能开出的号码，置球员的体能状态及球艺于不顾，所谓"既是备足钞票来赌输赢，又何必假惺惺的骗人来欣赏球艺"。[1] 到了这时候，东、西方在下注预测方面的不同之处完全展现。西方运动竞赛并非不下注，不过下注原则以球员或球队表现为主；但在上海的回力球场里，华人观众既不在乎运动的本质，也不在乎运动这一载体，全心关注球赛结果。一旦赢了就欣喜若狂，输了就垂头丧气，至于比赛过程刺激、精彩与否并不在其考虑之列。至此，回力球已脱离西式"观众性运动"的范畴，转换成与运动毫无关系的中式赌博了（图6-9）。

图6-9　铁丝网外争赌回力球的人群

资料来源：《回力球周刊》第2卷第38期，1935年10月5日，第8~9页。

---

① 《回力球的秘密：球员的球艺》，《电声·快乐》，1938年，第78页。

四 对传统的援引

虚实与号头

上述"不同""扁担""老宝"等用语，无疑借自中国传统的掷骰赌戏，"等、狠、肯"更源自牌九的相传秘诀。但在史氏兄弟心中，回力球并非骰子，它由球员下场打球，有浓厚的"人"的成分，他们乃进而继承曹聚仁的说法，坚持回力球的球路是人为排定的。史悠宗明确地说道："回力球的'路'，不是马马虎虎排的，他们有一个负责的人，经精密的考虑后，始排成某一种'球路'，因为他们有许多的关系，必须郑重。"这些所谓的"关系"或考虑有：第一，必须顾全各种赌客的资本，不时变换球路，让喜好各种路的赌客都有所输赢，避免赌客因输得过多或赢得过多最后歇手不赌；第二，排出的号头必须使赌客感觉有意思、有意义。[1]

第一种说法与曹聚仁的大体类似，第二种说法则较曹更胜一筹。如何才能排出让赌客感觉有意义、有意思的号头呢？史悠宗等认为，那就必须虚虚实实，所谓"实中有虚、虚中有实"。譬如，当球场当局想炒热球场气氛时，便会选择一个容易猜的球路，照序打出；当局不想让球迷尝到甜头时，又会"有时应路、有时不应"，[2] 或者"故意稍微给你一点路，然后又把路断了"。[3] 在此虚实并用的情况下，球路似有若无，使

---

[1] 水马：《释"路"》，《东方日报》1938 年 3 月 23 日，第 4 版。
[2] 土马：《球话什锦（四）》，《力报》1938 年 7 月 19 日，第 4 版。
[3] 《回力球经验小谈》，《电声·快乐》，1938 年，第 23 页。

赌客捉也不是,不捉也不是,充分达到赌博中"斗智"的乐趣。① 是以记者"球迷"直言:"回力球若不排定号子,或没有球路,而凭真本领来打球,那就没法赌了。"②

到了这个阶段,排号头的人已从躲在办公室里、无名无姓的"场主"变成有名有姓的真人,球迷普遍相信那位负责人便是球队队长包林罗。③ 本书第一章已述及,包林罗1929年12月来沪,原本只是25名首批抵沪球员中的一位。1930年底1931年初,回力球场摇摇欲坠时,他挺身而出,四出奔走,一面力劝球员继续比赛,一面竭力拉拢华人入场,不仅暂时免除门票,甚至派人于门口招揽,为球场立了大功。球场运营转危为安后,他也因此跃升管理层,并在1934年"球大王"提奥杜拉转往天津发展后接任球队队长,负责球员调拨。至孤岛时期,包林罗已是球场内最权威的总提调。④ 他为回力球的牺牲与付出是球场内外人尽皆知之事,在球迷心中,包队长负责每日每场排号头的工作也是再顺理成章不过的事了。

然则还有一些技术性的问题有待解决,号头究竟是何时排定的,什么时候告知球员,中间是否可以变动?⑤ 对此,记者"球迷"认为,胜出的号码及胜出的球员由包队长预先

① 一大居士:《来信论赌球(二)》,《东方日报》1938年8月24日,第4版;水马:《再谈球路(下)》,《东方日报》1938年10月10日,第4版;呆大:《球场花絮(四十三)上》,《东方日报》1939年1月29日,第4版。
② 球迷:《答观弈散人(下)》,《东方日报》1938年6月10日,第4版。
③ 《狠不得》,《力报》1938年7月25日,第4版;球迷:《答观弈散人(下)》,《东方日报》1938年6月10日,第4版。
④ 掘金者:《漫谈回力球》,《上海生活》第2卷第2期,1938年7月16日,第18页。
⑤ 球迷:《答观弈散人(上)》,《东方日报》1938年6月8日,第4版。

排定，但若上场之后临时发生球员过热、过冷，或者排定的球员因受伤或球艺不佳而无法赢出等情况，则由队长临时变更之；而且为了预防球员走漏消息，告知球员的时间点十分巧妙，是在每盘 1 号或 2 号打了一分之后方始公布，是以球员毫无与外人串通的可能。[1] 球场盛传这是天津球员拉蒙巧（Ramoncho）返沪时，在其中国女友的哀求下亲口透露的。[2]

然则还有其他的问题，既然号头系由包林罗一手操办，如果包队长自己作弊，向家人或友朋泄漏内线消息，那不是整场的球迷都替人作嫁衣？[3] 记者"球迷"表示，包队长信用卓著，就连最亲信的人也守口如瓶。君不见提奥杜拉的夫人虽贵为"球大王"之妻，日日高踞楼上包厢巨金博赛，却经常因输钱过多而在女厕内流涕——此为众人亲眼所见，由此可见包队长公正无私，从不向亲友泄漏消息。[4] 所以，赌回力球是与包林罗一个人赌，是猜包林罗一个人的心思。[5] 包队长一方面要观众觉得是真打，一方面又给赌客球路的暗示，让大家可以从中下注。[6]

若说在曹聚仁和"走油"的年代，大家对场主操纵说还

---

① 球迷：《答观弈散人（下）》，《东方日报》1938 年 6 月 10 日，第 4 版；《回力球经：谈谈排号头》，《电声·快乐》，1938 年，第 95 页。此说后又更为须待每盘 1 号和 2 号都打了一分后方始公布。《读者函询》，《东方日报》1940 年 1 月 28 日，第 4 版。

② 《回力球秘密》，《电声·快乐》，1938 年，第 23 页。

③ 《读者函询》，《东方日报》1940 年 1 月 27 日，第 4 版。

④ 《读者函询》，《东方日报》1940 年 1 月 28 日，第 4 版；掘金者：《漫谈回力球》，《上海生活》第 2 卷第 2 期，1938 年 7 月 16 日，第 18 页。

⑤ 白醒：《谈回力球的路子》，《力报》1938 年 9 月 14 日，第 4 版；水马：《也是球经》，《东方日报》1938 年 7 月 13 日，第 4 版。

⑥ 水马：《也是球经》，《东方日报》1938 年 7 月 13 日，第 4 版。

半信半疑，那么到了孤岛时期，这显然已成为相当大一批人的共识。1937年5月《上海生活》杂志刊出一篇署名斯英的文章，也主张球员的胜负并非完全由技艺来决定，主要还是靠场主的操纵，其主要理由便在于开出的号码过于平均。斯英认为就常识推论，1、2两号得分机会较先，应该比其他号码容易获胜，但有时会整夜开出3、4、5、6等号，却不见一个1、2的号码；有时却在不知不觉的情况下，16盘的比赛中会开出10次以上的1、2号，最后每个月的结果，每个号码开出的次数又和人们预料的一样，1、2两号比较多些，但相差总不太远。"这种情形，你能说是偶然的么？它就这样叫人无从摸捉，才能使每个球员、每个号码都有人买。"[1]

场主操纵说此时已达成熟阶段，记者、球迷均言之凿凿，但所谓"当局者迷，旁观者清"，仔细检视其论述，其实不排除误会的可能。主要证据在于斯英对号码的描述，依照数学上的概率，在没有人为干涉的情况下，回力球赛每盘6个球员参与，每次2名球员下场，以先打5分为胜，每位球员每场胜出的概率为1/2，打到5分的概率均为1/128。斯英所谓的号码平均出现，正显示概率的自然运作。同时，回力球场为免球技高低过于悬殊，已将球员分成甲、乙两组，同组球员技艺相差有限，加以赛事采循环制，球员当日的体能状况、同场其他球员的表现等因素也经常扮演重要的角色。换言之，球技好的球员不一定总是获胜，球技稍差的球员也不必然敬陪末座。

此外，所谓的"球路"和"虚实"亦可能为一厢情愿的

---

① 斯英：《上海回力球场的透视》，《上海生活》第1卷第3期，1937年5月1日，第36~37页。

想法。不同的球路混杂在一起，使得任何数字排列都可以予以解释。排列整齐的便是某某路，不甚整齐的便是某某路的变化；若开出号码不符期待，便是球场临时变更号子，故意让大家"应赢而不赢"。[1]

上述众人所见"球大王"之妻在女厕流涕的故事，也可另有解释。据后人回忆，球场当局对于球迷间盛传场主操纵说亦有所闻，基于担心外界以为球员打假球会影响收入，球场曾公开辟谣，说明球员薪资与球场收益直接相关，球场生意越兴隆，球员抽成的收入也越多，所以球员不可能作弊，砸自己的饭碗。球场又举"球大王"之妻为例，说提奥杜拉收入虽多，却大部分被他的妻子在球场内输掉，其妻所输次数之多，以至于经常要向管出纳的叶姓职员借支，意指球员未曾作弊。[2]

不仅球场竭力澄清打假球的传言，球场外亦流传一些与"球路"相违的故事。譬如，据《社会日报》记载，沪上有一"四公子"堪称豪富，他本人不仅喜好回力球，甚至在家中建有球场，为了能掌握球路，刻意结交球员，日日设宴招待，前后花费不下四万元，最后连球员也感到不好意思，表示不知如何回报。当四公子提起球路一事，球员均瞠目以对，表示不知"路"为何物。另外，据说上海有一著名荡妇在球场经常输钱，为了与球员套关系，同时因贪爱其身体精壮，所以"不恤以肉体舍施，为球员做销魂之旅游宴"，时日既久，乃趁机询问球路，结果球员皆笑而不答，荡妇一再诘问，最后被逼不

---

[1] 一大居士：《来信论赌球（四）》，《东方日报》1938年8月26日，第4版。
[2] 毛啸岑：《旧上海的大赌窟之一——回力球场》，《文史资料选辑》第38辑，第133页。

过，球员才说："我自己也不知，何可欺人者？"①

《电声》杂志有一则更耐人寻味的记载：据说某一当红球员染上不可告人之病，前往一名医处求医，该名医刚好为一回力球迷，且经常败北，在球场上已花费数千金。名医见球员上门，遂殷勤招待，竭力为其诊治，同时不收诊金，仅收取药费，终于将其治愈，二人遂从此结为好友。某日，名医问球员是否有方法将输去的千金赢回来，球员很恳切地说没有。名医不死心，一再要求，球员乃说：这样罢！如果你看到我被关煞了四五天之后，然后有一天我打得特别起劲时，你不妨在我身上多多下注，或许可以捞本。名医果然身怀巨金，日日在场内等待机会。某晚，该球员特别起劲，连赢五盘，名医遂大量下注，买着四盘，是晚大赢一千数百元。事后名医问球员：你知道自己要连出五盘，还是有别种诀窍？球员回答说：一没有预知，二没有诀窍，不过是我的球艺本来就甚佳，从前因为生病精力不足，场中每次要我连出我都打不出来，现在我的病已大好，精力充沛，自然可以横扫五盘。②

这些真假难辨的故事，在记者笔下多半用来解释胜出号头的排序系由包队长一人决定，他人不知，但也可以从反方向予以解读，也许球场上根本没有"球路"这件事。正如杂志作者"古月钱"所言，回力球的赌法与中国传统赌法完全不同，中国人只知"老宝""搅花""进门""出门""青龙""白虎"等，所以十赌九输。"古月钱"力主回力球是西班牙人发明的，必须用西班牙的赌法来赌。但当谈到什么是"西班牙

---

① 饕姑：《回力球的"路"》，《社会日报》1938 年 3 月 15 日，第 2 版。
② 《回力球的秘密：回力球的排号头（下）》，《电声·快乐》，1938 年，第 70 页。

的赌法"时，令人失望的"古月钱"又回归到排号头，他认为回力球的胜出号码与顺序还是由球场排出来的，只是西班牙人排号头有他们特殊的诀窍，与中式赌博有异。①

是以当时球迷对于"球路""虚实""赌心思"等说法并非没有反省，也有不少证据指向无人操纵，但这些反省和反证只是回力球相关论述中的少数，很快便淹没在"赌心思"的大潮之中。老球迷不肯相信制度，一心朝人性面解释，认为回力球场为求生意兴隆绝不会袖手旁观，只要识破场方心思，必可找出"球路"，赢得赌盘。

传统赌博

为什么中国球迷如此执着，宁可相信有人操纵，而不愿承认概率？这不排除与传统知识分子对"赌戏"的态度有关。根据陈熙远对明清马吊的分析，传统士大夫从事牌戏时，往往避言那些难以预料或不可理喻的运气或机运，认为如此便沦为市井赌博，落为下乘了。相反，他们强调的是其中的学问与道理，亦即"游戏"的成分。为将"小道"提升为"大雅"，他们甚至尝试将赌戏"正经化"。② 由此看来，民国时期的小市民或小资产阶级文化人，虽然无法完全与明清时代的士大夫相提并论，也不曾作出像什么《牌经十三篇》的经文，但对回力球赛中知识、学问的偏执追求则一。所以《上海生活》杂志有篇文章写道："回力球会使人这样如痴如醉地赌得发狂，

---

① 古月钱：《回力球包赢法》，《艺花半月刊》第 1 卷第 6 期，1938 年，第
   17 页。
② 陈熙远：《从马吊到麻将——小玩意与大传统交织的一段历史因缘》，
   《中央研究院历史语言研究所集刊》第 80 本第 1 分，2009 年 3 月。

也许就为了有路可寻、有法可算。越是智识份子，越易着了迷而赌得厉害。"①

　　除知识人的固执之外，更重要的是，老球迷坚持"球路"和"心思"的说法明显与中国本土赌博的方式有关。民国时期传入中国的洋赌博虽多，但与传统赌博在社会上的势力相较，实难望其项背。以社会阶层论，有钱人应酬时叉麻雀、打牌九、摇摊，寻常百姓则打花会、玩番摊赌等，不同阶层均可找到适合自己口味的赌博方式。上海是个移民社会，各地域喜好的赌博方式各不相同。若以所谓的"帮口"区分，上海本帮包括苏州、常州在内的移民偏好"摇摊"和"小牌九"；绍帮、甬帮喜好"铜宝"；广帮则范围较广，除了"小牌九"，还有"大牌九""番摊"以及"廿一门大小"等，可见传统赌博势力之大、种类之多。② 如前所述，如果撇开社会阶层和地域不论，这些传统博戏其实可以其开宝速度大致分为两类，即胜负立判的"武赌"和费心耗时的"文赌"。前者包括掷骰或需借骰子进行的赌戏，下注多半讲究路数；后者则因赌赛时间长而不宜谈路数，便经常含有"赌心思"的成分。

　　当时上海盛行的摇摊即为典型的"武赌"。摇摊共分四门，靠近庄家的这一面称为"进门"，对面是"出门"，庄家的左边是"青龙"，右边是"白虎"，点数便从青龙开始，以顺时针方向分配。因其一般用四颗骰子掷点，所以最低点数从4开始，凡4、8、12、16、20、24点统是青龙；5、9、13、

---

①　斯英：《上海回力球场的透视》，《上海生活》第 1 卷第 3 期，1937 年 5 月 1 日，第 38 页。

②　平襟亚：《旧上海的赌博》，《旧上海的烟赌娼》，第 74、77 页。

17、21 点统是进门；6、10、14、18、22 点统是白虎；7、11、
15、19、23 点统是出门。[①] 赌法为用四颗骰子放在有盖的盅盆
之内连摇三摇，然后放在桌上，任客下注，押齐之后便揭开盅
盖，看点色吃配。庄家一开始照例须试摇三次，供赌客观看路
数，称为"献摊"。据说，凡到赌场去押摊的人无不带了纸笔
记下结果，以为下注依据，[②] 所谓"照例浪了三摊，令众人看
过宝路，第四摊起自然算数，开的乃是青龙"。[③] 回力球迷讲
求的"球路"显然脱胎于此。[④]

又以掷骰为例，其掷法多种多样，有"五子""一色"
"分相""六六""不同"等名目。[⑤] 其中"不同"一项，即掷
出六个骰子，以点色均不同者为胜。[⑥] 此术语又正与球迷口中
所谓的"不同路"类似。

除大量借用"武赌"的术语，回力球迷也援引"文赌"
中的思维与庄家斗智。当时沪上流行的麻雀、铜宝、花会等赌
博均含有浓厚的"赌心思"成分，其中以后两者与回力球知
识化的过程最为相关。

"铜宝"又名"白星宝"，源于浙东宁波等地，19 世纪下

---

① 《上海神秘指南》，第 101 页。
② 《上海神秘指南》，第 105 页。
③ 孙家振：《海上繁华梦》上册，第 290 页。
④ 此为摇摊较常见的玩法，因其用四颗骰子，所以称作"四子摊"。此外，
　另有仅掷两颗骰子的"二子摊"，其点数分配略有不同，亦即从白虎开始
　顺时针计算。2、6、10 点统归白虎；3、7、11 点统归出门；4、8、12 点
　统归青龙；5、9 点统归进门。摇时也仅献二记，第三记就开始正式下注。
　《上海神秘指南》，第 101 ~ 102 页。
⑤ 钱生可编《上海黑幕汇编》卷 2，上海侦探研究社，1917，第 27 ~ 28 页。
⑥ 海上说梦人（朱瘦菊）：《歇浦潮》上册，上海古籍出版社，1991，第
　402 页。

半叶传入上海，[①] 在平津一带也可见其踪迹。[②] 铜宝传入上海后，先流行于南市十六铺，后来传至英租界四马路（今福州路）一带，盛极一时，[③] 后虽衰微，但迟至 1930 年代仍有报道显示在闸北、浦东、法租界太平桥、公共租界芝罘路，甚至停泊虹口的长江轮船上查获其赌台。[④]

相较于摇摊，铜宝赌场设备简陋，赌法简单，赌客也以绍兴籍的小商、小贩为主，输赢有限，但其赌法颇具特色。它同摇摊一样，以进门、白虎、出门、青龙分别代表 1、2、3、4四个数字，但它不用掷骰决定点数，而是由一人躲在帏幕后做宝，做宝人将四张牌九骨牌当中的一张预先放在宝盒内，"天牌"代表"进门"，"地牌"代表"白虎"，"人牌"代表"出门"，"和牌"代表"青龙"，赌客赌的便是"做宝人"的心思。也就是说，猜他这一"宝"做的是哪一张牌，赔率为一门赔三门，也就是下注金额的三倍。[⑤]

在平津一带，铜宝盒内放的不是骨牌，而是月牙形的红宝籽儿，看月牙所指的方向是青龙还是白虎来决定点数。除单押一门，平津等地更常见的是同时押两门，各有形象生动的术语。譬如，押 3、4 叫"大拐"，押 1、2 叫"小拐"，押 1、4

---

① 《虹口赌案破获》，《申报》1874 年 1 月 27 日，第 2 版。

② 《光绪三年五月二十一日京报摘录》，《申报》1877 年 7 月 19 日，第 3~4 版。

③ 平襟亚：《旧上海的赌博》，《旧上海的烟赌娼》，第 77 页。

④ 《飞虹支路破获铜宝赌窟》，《申报》1931 年 6 月 1 日，第 16 版；《做寿聚赌抽头案》，《申报》1935 年 1 月 10 日，第 10 版；《破获大赌窟》，《申报》1936 年 10 月 6 日，第 12 版；《天然旅馆破获赌博案》，《申报》1936 年 12 月 10 日，第 18 版；《东洋公司水上赌徒吴阿康就逮》，《申报》1936 年 12 月 13 日，第 12 版。

⑤ 木公：《由回力球说到"铜宝"及"路"》，《东方日报》1938 年 2 月 12 日，第 4 版。

是"红拐",押3、2是"黑拐",押1、3为"单穿",押2、4为"双穿"。同时押两门胜出概率,由原先单押一门的1/4剧增为1/2,赔率也由一赔三降为一赔一,亦即赌金的一倍。[①]铜宝由于胜出概率高,兼可斗智,是一种不分阶级、三教九流都喜欢的赌戏。[②]

铜宝大部分时候是与不在场的"人赌心思",宝官或者在后面的帷幕里,或者在楼上某处。宝官见不到赌客,可以避免因场上的胜负得失而影响其冷静思考;赌客见不到宝官,也可以比较单纯地下注。但是有些比较"硬"的赌场,赌的是"明宝",也就是下注时宝官在场,赌客可以看到与其"赌心思"的对手。这时宝官的态度镇静与否就至关重要,原因是赌客可以观察或测试宝官对其押宝的反应。

1920年代,天津知名评书艺人常杰森对此曾有十分有趣的描述。常杰森在《雍正剑侠图》中讲到塞北口外沙雁岭何家老店中的铜宝赌局。他说:"这个宝官可不是做明宝?他在宝案后头高凳上一坐,不怕你瞧出红来。什么叫瞧出红来?就是他做的宝他知道是几,您要押得注小,当然他不在乎。比方说,他要做的是四,您压五千块钱的四,他动心不动心哪?他只要一动心,在他浑身上下某一点上就有反映,这就是漏红。"据说,有位宝官特别厉害,专做明宝,好些赌客观察他好一阵子都找不出漏洞,最后终于找到了,在他的后脑勺和嘴窝儿相连的地方有颗痣,痣上头有根毛,如果赌客押的是大注,又押在他做的数字上,这根毛就会动;赌客一看他心动

① 常杰森:《雍正剑侠图》第53回,《清宫秘史》第4卷,团结出版社,1999,第2605~2606页。

② 高阳:《胡雪岩》下册,联经出版公司,1999,第304页。

了，就全数押上，一开出宝来，庄家可就赔大了。[1]

有趣的是，铜宝虽是人做的，却一样有"路"，下注仍需要看一下路数。高阳在其所著小说《胡雪岩》中讲到，胡雪岩和刘不才在苏州同里逛到一家专赌"白星宝"的赌场，刘不才跃跃欲试，下注前先借了旁人所画的"路"来一看，结果发现这位做宝人是位高手，做的宝变幻莫测，看起来"那一条路都是，其实那一条都不是"，遂决定看看再说，直至后来看准了，才狠狠地照着前面几盘压了几记"老宝"，大赢而归。[2]

铜宝可能是回力球知识化过程中援引最多的一种赌博，它同时糅合了"路"和"心思"，所以史悠宗才会在"回力球谈座"专栏甫创刊，便以《由回力球说到"铜宝"及"路"》为题连续发表三篇短文，将两者相提并论。[3] 不过，铜宝在上海的城市生活中始终没有脱离地域限制，仅甬帮、绍帮人士喜好参与。若论沪上能超越地域、族群，同时牵动社会治安的赌博，则非花会莫属。

花会起源甚早，乾隆四十四年（1779）即出现闽省花会案的判例。[4] 道光、咸丰年间更逐步扩至浙江、广东、广西、江西、奉天等地，因其不分贫富、男女老幼一网打尽，清代不

---

① 常杰淼：《雍正剑侠图》第 53 回，《清宫秘史》第 4 卷，第 2605 页。

② 高阳：《胡雪岩》下册，第 305～306、311～312 页。

③ 木公：《由回力球说到"铜宝"及"路"》，《东方日报》1938 年 2 月 11 日，第 4 版；木公：《由回力球说到"铜宝"及"路"》，《东方日报》1938 年 2 月 12 日，第 4 版；木公：《由回力球说到"铜宝"及"路"（续）》，《东方日报》1938 年 2 月 13 日，第 4 版。

④ 薛允升著述、黄静嘉编校《读例存疑重刊本》，成文出版社，1970，第 1103～1104 页。

少地方官吏均在札记中留下了相关纪录。① 1900年前后，该赌博在旅沪广州、潮州、宁波籍赌徒的引介下传入上海，② 其总机关称"大筒"，刚开始多设于华洋交界的三不管地带，如沪西、虹口、新北门等地，③ 后来为逃避华界官厅取缔直接设于租界。例如，1920年代最有名的南、北两筒便以苏州河为界，北筒大厂在美租界吴淞路猛将堂，南筒则在跑马厅西南的马立斯里弄区。④

到了1920年代末，随着上海迅速城市化，人口大增，烟、娼、赌盛行，花会尤盛极一时，沪上绅商深以为忧。华界、租界当局遂厉行查禁，但成效不彰，屡禁屡起。⑤ 花会之所以取缔不易，除了警方受贿包庇，还在其组织复杂。除"大筒"外，另有人员往来于全市各地为其奔走，称之为"航船"，有意者多半不亲身前往，而是通过"航船"居间传递。

1911年前后，在"大筒"与"航船"之间又出现一种分支机关，称为"听筒"。"听筒"模仿"大筒"吸收注金，但因其资金有限、信誉不足，所以本身并不开彩，而是假借"大筒"的开筒结果发配彩金，其角色有如今日台湾以香港六

---

① 有关清末花会在各省的流行情形以及地方官的相关记载，参见何汉威《清末广东的赌博与赌税》，《中央研究院历史语言研究所集刊》第66本第2分，1995年6月，第497~498页。

② 花会传入上海的时间说法不一。最早有推至咸丰初年者，但由《申报》报道和时人记述观之，至早应不超过1900年。《捕头侦获赌窟》，《申报》1914年11月11日，第10版；《纪赌事三则》，《申报》1915年11月22日，第10版；钱生可主编《上海黑幕汇编》卷2，第46页。

③ 《纪赌事三则》，《申报》1915年11月22日，第10版；《花会赌徒之蚁聚》，《申报》1918年1月24日，第11版。

④ 《密查花会赌徒之方法》，《申报》1929年7月1日，第15版。

⑤ 《花会居然死灰复燃》，《申报》1928年8月15日，第15版；郁慕侠：《上海鳞爪》，上海书店出版社，1998，第26页。

合彩结果为依据的组头。"听筒"的出现,一方面侵夺了"大筒"的利益;另一方面因其数目众多、分布各地,又有利于花会声势的扩展,"听筒"与"大筒"间遂形成一种既相违又相合的关系。[①] 到了1933年,上海市公安局局长文鸿恩公开承认:近来花会赌博的规模已达前所未闻的地步,"无论穷乡僻壤亦自有其'听筒',至'航船'则无路、无弄无之"。据其估计,全市90%的人口曾赌过花会。[②]

花会不仅是民国时期上海本土赌博中的佼佼者,也是"大众赌博"的一环,不单每日均有,午、晚各开一次,而且每次下注人数均成百上千。花会之所以能吸引这么多城市人,主要在于其赔率高。花会由37门人名组成,其中一门为花会之首,向例不开,再加上前两次开过的不开,所以实际上是34门当中猜一门,猜中后准定1赔28。[③]

其开宝方式最初由老师父事先择一人名纳入筒中,从楼阁中央的小孔中悬挂而出,高不可攀,直至开彩时间始当众打开;[④] 后来则改为将宝官藏在密室,每届开彩时间,宝官便将一种花会名目放入匣中送出。[⑤] 除了赔率优厚,花会不拘多寡,均可下注,再加上"航船"从中穿梭,下注者不必亲自露面,所以中下阶级及家庭主妇迷恋此道者甚众。

---

① 钱生可主编《上海黑幕汇编》卷2,第52~56页。

② 《市公安局查禁花会雷厉风行》,《申报》1933年6月19日,第11版。

③ 花会在各地赔率不一,广东、福建等省为1赔30,上海则为1赔28。徐珂:《清稗类钞》,商务印书馆,1917,稗76,第47~48、50页;钱生可主编《上海黑幕汇编》卷2,第47页。

④ 钱生可主编《上海黑幕汇编》卷2,第48页。

⑤ 《上海神秘指南》,第89页;王定九:《上海门径》,中央书局,1932,"赌的门径",第7页;郁慕侠:《上海鳞爪》,第167页。

花会含有相当浓厚的"赌心思"成分，每次开哪一门由宝官决定。由于赌赛采无限计彩，宝官在考虑开什么的时候必须避重就轻，否则连续开出注金集中的重门，庄家可能因此倾家荡产。在商务印书馆负责杂纂门类多年的徐珂，在其全力编纂的《清稗类钞》中曾记载一个故事，很能反映花会"斗智"的性质。①

据说，清末广东潮州有一老妇习打花会，终年单押一门，结果从未得彩，几乎耗尽家产。眼见无法继续，为求中彩，她决定倾其所有，一次押尽 36 门，遂携银 36 封前往总筒，并要求开彩后始得拆开。馆主点算时发现少了一封，老妇遍寻不着，道是路上遗失，以为不可能那么巧单开那一门，遂不以为意。馆主一面收下封包，一面私下派人沿路寻找，找到后偷偷拆阅，正是她平常单押的人名，于是就以此门开彩。结果分配彩金时打开老妇的封包一看，35 封封封都是押前述遗失的同一人名，以 1 赔 28 计，馆主必须共赔下注金额的 980 倍，老妇多年投入的赌金一朝还本，馆主自知上当，但也只能认赔了事。②

花会"赌心思"的成分尚不止于此。经过江南各地多年的演变，花会传入上海时已有相当复杂的结构。36 个虚拟的人名，有男有女，各有来历，或为僧、或为丐、或曾为天子、或曾为状元；同时每个人还代表一种精怪，如林太平为龙精、李月宝为乌龟精、罗只得为磁犬精等。这些人彼此之间还有一

---

① 关于该书的编纂过程及材料来源，参见谢菊曾《十里洋场的侧影——虹居随笔》，花城出版社，1983，第 16～17 页。

② 徐珂：《清稗类钞》，稗 76，第 47～48 页。高阳在《胡雪岩》一书中也援引此故事，以为赌场趣闻。高阳：《胡雪岩》下册，第 231～236 页。

个相互的代身，例如银玉与音会互为代身，吉品与九官互为代身，从而形成一个巨大且复杂的关系网。一般教育程度不高的城市居民利用这关系网来求神拜鬼，冀望在梦中得到征兆。譬如，梦见黑狗押罗只得，梦见花狗押赵天申。而有知识的人则利用这关系网来分析宝官开筒的禁忌，甚至写成《致富全书》一书，按五行相生相克的道理教人如何缩小预测范围。[①]

凡是打花会的人，对于上述说法莫不奉为圭臬，甚至将之深化为常识。根据文史工作者李汉冲的回忆与调查，民国时期闽西、粤东一带，人们常把花会形象纳入生活用语。譬如，男的向女的调情，便说"开一个合同如何？"（合同为花会中的美女）；骂人"乌龟"时则用"月宝"代替；甚至连母亲说孩子不爱干净也用一句："小心变成吉品（吉品为肮脏的乞丐）。"据说这类俚语甚多，而说者、听者均能心领神会。[②]

在传统赌博的长期熏陶下，无论是"文赌"还是"武赌"，显然皆已形成一定的知识体系。城市居民不论是否参与赌博，都对其术语和思维耳熟能详。民众浸淫中国传统赌博思维既深，潜移默化之下，自然将同一思路横向移植至外来的新式赌博。回力球赛规章虽与本土赌赛大相径庭，但赌博既涉及金钱，必须慎重，不可毫无目标地随意下注。西方的概率既然渺茫不可测，那么为求下注时有所依据，假借传统智慧乃成为球迷的自然选择。

---

① 《上海神秘指南》，第 87~95 页；李汉冲：《花会赌博种种》，《广东风情录》，广东人民出版社，1987，第 114 页；吴祖德：《旧上海的打花会》，《旧上海的烟赌娼》，第 125~126、128 页；刘仑：《上海的赌博机关与所引起的社会问题》，毕业论文，私立沪江书院社会科学系，1943，第 39~40 页。

② 李汉冲：《花会赌博种种》，《广东风情录》，第 120 页。

*　　*　　*

对于赛马、赛狗、回力球而言，孤岛时期都是一个蓬勃发展的阶段。孤岛内，马照跑、舞照跳；孤岛外，充斥着炮火、死亡。不仅中国陷入战局，欧洲不久也爆发大战。此时，"三跑"所呈现的现代性，既如李欧梵所言是一种解放、自由，也是一种虚幻的光影，亮丽夺目，唯不知何时会突然消失无踪，于是避居孤岛的人似乎只能紧抓当下。不过，"三跑"作为一种城市娱乐，并不仅限于孤岛时期。

1941 年 12 月 8 日太平洋战争爆发，日军进入租界，上海租界从此失去"孤岛"的地位。1943 年 8 月 1 日，汪伪政权宣布收回租界，① 令人惊讶的是，为了表现伪政权的稳定，沪上继续"马照跑、舞照跳"，只是主事者由西人换为华人。以回力球场为例，1944 年春，中央运动场将回力球场售予华人唐海安、陆锡侯、沈长赓等人，更名为"中华运动场"，球员留用，继续营业。② 一直要到 1945 年抗战结束后，唐海安因汉奸嫌疑被扣押，中华运动场亦遭封闭，③ 这才结束了回力球在上海的 15 年生涯。

将赛马、赛狗、回力球三者并列，可以看出"观众性运动"在华一步步被华人观众改造的过程。中国因具有深厚的

---

① 任建树主编《现代上海大事记》，第 827、870 页。

② 《上海特别市警察局侦缉科科员吴锡泉等呈司法处兼处长俞》（1945 年 10 月 4 日），上海市警察局档案，档案号：Q131 - 5 - 6837，上海市档案馆藏。

③ 《中央信托局苏浙皖敌伪产业清理处函上海市社会局》（1948 年 8 月 21 日），上海市社会局档案，档案号：Q6 - 15 - 78，上海市档案馆藏。

博弈传统，从一开始，华人对这三种西式运动所内含的下注机制便深感兴趣；而"三跑"的主事者也因需要华人赌金的投入不时修改规章，以符合当地市场的需求。是以在场方与观众的相互激荡下，这三种"运动"或"娱乐"中的观看成分逐步下降，赌博成分逐步上升。

如果说在赛马时大家还接受所谓的"运动家精神"，包括讲诚实、重荣誉、宁愿输也不作弊、胜不骄败不馁等一连串西方核心价值观。那么到了赛狗时，城市居民只见到群狗狂奔时产生的娱乐效果，以及大量使用电力所带来的炫目现代感。等到回力球赛风行时，华人观众已在一连串的数字中找到连接洋赌博与传统赌博的桥梁，进而援引"文赌""武赌"的双重经验，毫无顾忌地将一个洋得不能再洋的东西，以一种意想不到的方式创新使用，从运动到娱乐的文化转译过程于此做了一次最佳的展现。

除了赌博的成分，观众前往观赏跑马、跑狗及回力球赛显然出自不同的动机。相较于跑马的阶级性赛以及跑狗强烈的大众赌博特点，回力球另外还具有体验异国风情、追求流行时髦、欣赏运动员壮硕体格等特色。从男性观众视球员为"英雄"、女性观众视其为理想中的男性身体来看，回力球赛作为一种表演或运动，已将男性的身体或身手商品化，让观众予以消费，而且被消费的不是我们过去习见的娼妓、戏子、伶人，而是带有异国情调的南欧运动员。这与我们一般所知的男性消费女性（如寻花问柳）、西方消费东方（如东方主义）恰恰相反。

结　论

　　文化之转译，既包含"译"，更包含"转"。从这个角度看来，从古至今，文化的转译可能从未停止。它可以在文化内部进行，也可以是跨文化的。前者譬如语言本身的演化，同一个字在不同时代意思的转变；后者好比从一个文化到另一个文化的移转。本书所致力的就是这类跨文化的案例，以英帝国与近代中国为主要载体、观众性运动为案例，旁及美、西、法等传播路径，试图展现文化移转过程中的幽微变化，并探讨其如此的原因。

　　借由同时广泛地使用中、英文两方面的材料，分析不同文化在同一时间与空间的样态，本书得出三个结论。第一，异国事物的转译既不是单纯的复制，也不是简单的本土化，它在移转的过程中经常因文化的拉锯与协商朝不同的方向偏移。第二，它是一种多层次的变化，同一类事物（甚至同一项事物）可以朝两个不同的方向移动，被不同人群用不同方式定义与解释。第三，它位移的方向以及幅度大小，端视背后对阵的文化力量。以下是笔者对这三个结论进一步的阐述。

不断变化中的"异物"

史学工作者都同意文化在传播过程中不可能毫无改变，也认同文化本身应有其检选机制，因此学者经常关心所谓的"本土化"过程，试图了解外来事物如何由刺眼的"异物"，转变成日常生活中的理所当然。但是，受限于我们对事物传入前历史脉络的了解不足，加上历史的后见之明，我们多将传入的事物视为定型，而将传入后的结果视为确定，从而错失了观察文化转译时可能发生的动态变化。异国事物很可能在传入时便属于变动不居的状态，传入后更因环境的关系而不断微调，其受众乃基于本身的需求与文化传统，对所看到、听到、感受到的外来事物重新加以定义与演绎。

要能更细致地分析这种文化转译的过程，除了必须修正视角，不再因后见之明将历史上正在变化的东西当作固定，将变化后的结果视为必然，同时还可将观察的对象从观念、制度，乃至近年来新兴的物品等转向动态的"活动"——特别是那些正在进行的所谓的"本土化"却因种种原因没有真正完成此变化的活动——如此，我们才能将之"去日常化"，[①] 重新回归到它还是"异物"的阶段，予以观察和检视。

赛马、赛狗、回力球赛正是这样的三种活动。它们从一开始便与帝国主义紧紧相连，直至1949年前后迅速地被扫除殆

---

① 有关研究者应该如何将熟悉的事物"去日常化"，以了解其在历史现场的真正地位与意义，参见 David Inglis, *Culture and Everyday Life*（London：Routledge, 2005）；中译本可参见戴维·英格利斯《文化与日常生活》，张秋月、周雷亚译，中央编译出版社，2010。

尽，因此它们在中国的历程有如一个难得的历史切片，让我们得以在它们成为"日常生活"之前，有机会用历史的显微镜加以检视，从而观察它在转译时不同阶段的各种变化。

本书因此发现，在文化转译的过程中，无论是这三种运动本身还是承载这些运动的组织机构，乃至于中国芸芸受众，都是不断地根据自己的需要与环境做出各式各样的调整。

本书的第一部分讨论运动与殖民的关系。从中我们可以看到，为了配合殖民社会的需求，让英式赛马在中国能永续经营，上海跑马总会在制度上不得不因地制宜，这即是本书所论及的第一层转译。这些措施包括全面由西洋大马改为蒙古小马，更采用在英国尚属非法的赢家分成法和赌金计算器，从此在马匹谱系和下注方法上成为英国的化外之域。又如，华人精英在试图加入西人赛马会不成后，不惜动员沪上甬商大量人脉与资源，另行在西人势力范围之外建立英式赛马场，并在建成后自行前往英国注册与寻求认定，以显示比西人赛马会更正宗。而上海法租界以烟土起家的白相人，看到英式赛马在殖民社会中的特殊地位，更进而在上海近郊建起第三座赛马场，并借着新成立的华商赛马会举行百万香宾大赛，为上海以外的受灾华人募款；从此不仅由匪类迈入绅士之列，更由地区性的闻人晋升为全国性的闻人。这种由西人而华人、由精英而下层的民主化过程，正是本书讨论的第二层转译。换言之，英式赛马作为一项运动不断地被修正与挪用，殖民社会的赛马并不是单纯的英国移植，华人赛马会也不是英人赛马会的复制，每一次的转译都出现了令人吃惊的变化。

本书的第二部分讨论的是运动娱乐化的问题，特别是运动与赌博的关系。赌博本就是在赌所谓的不确定性，是以任何具不确定性因素的东西都适合下注。例如，足球世界杯赛或总统大选，而运动比赛每场都包含了不确定性，与赌博之间尤其有难以割舍的关系。譬如，每逢足球世界杯，办公室同事间经常会下点小注，为自己支持的球队加油。只是办公室里几个人口头约定的小赌，与机构性地促成，专为赌博前往观赛本质上并不相同。前者仅为助兴，下注者关心的是赛事本身，特别是对抗的过程；后者则是将赛事视作工具，输赢结果才是其关注之所在。本书在第二部分讨论的便是这样一个运动与赌博之间的复杂变化。

在这个部分，我们不仅可以看到华人深受赛马、赛狗、回力球赛这三项运动中赌博因素的吸引，还可以看到这三项运动在进入 20 世纪后与休闲娱乐关系的日趋紧密。三者均不断地修改其章程，竭尽可能地向华人观众招手，而且一个比一个积极。在其诱引下，华人观众也一步一步地予以回应，投入的人数日渐增多、参与的阶级日渐下降，对这三项运动的看法也出现了明显的区别。

从华人的角度来看，赛马随船坚炮利而来，代表西洋文化，本身又具备"尚武"的精神，可与中国古时君子的射猎活动相比拟，所以属于运动而非赌博。赛狗虽然同样来自英国，同样用总会的方式推动，但因猎犬背上无人驾驭，其运动性质就颇为可疑。等到回力球赛传入上海，它虽然是三者当中最接近体育的体能活动，但因来自南欧，加上每晚 16 场、每次 6 人上场的赛事安排暗合掷骰的特性，华人均认为它名为运动，实为赌博。既然是赌博，华人遂援引中国的赌博传统，毫不客气地重新加以诠释。在此架构下，赛事本身的精彩与否沦为次要，赛事结果产生的数字才是大家关注的焦点。从赛马、赛狗到回力球赛，我们可以看到运动娱乐化的快速发展，在如何解释其意义与乐趣等方面出现了意想不到的翻转。这即是第三层，也是极富创造性的文化转译。

文化转译的动力

如果我们将本书上、下两个部分并列，会发现文化转译的方向刚好相反：前者朝大英帝国的方向偏移；后者却朝中国传统的方向倾斜。是什么样的力量让同一类型的活动出现了不同方向的文化转译？是有什么外来的冲击，还是在地发生了什么特别的情况？本书认为转译既不在于外来的冲击，也不在于在地的情况，它是一种文化与文化间的协商。至于转变的方向，则视哪一个文化比较强大。

譬如，在赌博文化方面，中国有更深厚的传统，所以最后朝向以"赌心思"的方式解释回力球赛。而在殖民社会方面，英国文化无疑更为强大，所以相当一部分的华人精英全盘接受了英国的赛马文化，即使如青帮大亨杜月笙、张啸林及其手下的"四大金刚"之流，在加入所谓"纯粹华商"的上海中国赛马会之后，也无不中规中矩地遵守英式赛马的制度与规章，不敢有丝毫逾越或便宜行事。或许我们可以更大胆地假设：倘若不是处于殖民社会，华人精英不会如此热情地拥抱英式赛马；倘若不是中国有如此深厚的赌博传统，"三跑"也不会如此轻易地被翻转解释。

以赌博文化而论，中国自晚明以来，在江南市镇以及一些通都大邑，如广州、北京等地已逐步发展出丰富多彩的公众娱乐，包括庙会、赛会、看戏、斗鸡、蟋蟀局、鹌鹑局、花会等。由于这些活动经常具有观看和下注的元素，遂为通商口岸居民在接纳赛马这项奇特的异国事物时，在心理上和形式上提供了一定的准备。是以英式赛马引入上海后，华人观众很快便聚而围观，一时万人空巷，蔚为风潮，有如参加庙会、赛会；待终于可以入场、有机会下注时，更进一步热衷于购买马票，仿如参加斗鸡、蟋蟀局、鹌鹑局。传统公众娱乐与西式运动之间，在文化元素、形式及心理层面的内在连续性如此之强，就连生平好马的大家谭延闿在看完跑马之后都做出这样的评论："西人之跑马正与乡人唱戏、聚赌同工也。"既有这样的文化延续性，华人观众自然很容易利用传统智慧，将赛马、赛狗、回力球赛这类"异事"或"异物"重新解释，使其朝着中国传统的方向位移。

但以殖民社会而论，赛马、赛狗、回力球赛不仅具有"西洋文化""先进文明"等光环，更代表上层殖民者的文化，这对通商口岸的华人精英有着难以抗拒的吸引力。这些精英或为清末洋务官宦之后，或出身因生丝出口致富的南浔商人之家，或为随外人北上的广帮，或为白手起家的甬商，此外还有日渐兴起的专业人士。不论其原先家业根底如何，这些人的功业成就均与通商开埠紧密相关，他们有些更是租界商贸赖以运作的推手。一方面为了融入殖民社会，攀附社会位阶，另一方面也是真心体会到运动的乐趣，他们积极参与赛马组织，全心拥抱赛马文化。在通商口岸半殖民的环境下，中国尚文不尚武的传统远远不敌英帝国的运动竞技，因此在赛马组织方面，转译明显朝着英帝国的方向偏移。

撇开仅为攀附社会位阶者不论，既然许多人是真心享受赛马的乐趣，我们或许可以问，这种帝国文化的输出在什么程度上影响了被殖民者的行为？关于这个问题，我们可以从两则报道略窥端倪。

运动首重运动家精神，职业化前的英式赛马尤其讲求绅士风度。1936 年 4 月《竞乐画报》刊出一则感叹骑师今不如昔的评论，名曰《今昔骑师观》。文中说道：过去沪上骑师不论华洋都具备运动家的人格，在运动场上行为君子。例如，要是后方的骑师想要突围，而前方有马挡道，只要喊一声"Please"，前面的骑师如果看自己没有赢的机会，往往就肯拉开马匹让其出去；又如，有时前方的马跑得忽左忽右，妨碍别人行进，后面的骑师喊一声"keep straight"，前面的骑师就会拉直，不敢两面乱摇；还有，要是前面的马不小心向外挡住后面的马匹，前面的骑师通常也愿意将自己的马拉住，让后面的马冲过去。该评论感叹昔日的君子骑师不再，现在赛马场上碰撞、叉过、外避、挡住的现象层出不穷，即使自己不能赢也要挡在前面，不让人过去。这不仅违犯赛马规则，"在运动界上说，那当然是明知故犯，是失了运动家的人格"。①

《竞乐画报》由沪上第一代华人骑师胡会林主办，内容虽中英文并列，读者却主要是对西式运动感兴趣的华人，是以这种今昔论可以看作前辈骑师对后辈骑师行为的批评。由于华人骑师通常身兼马主，从这则评论可以看出第一代华人马主与骑师不仅拥抱了赛马文化，在某种程度上也接受了西式运动的价值观，即赛马要遵守规则，如果自己无法胜出，宁愿自己放弃机会成全别人，即所谓的"Let the Best Man Win"。当然，这

---

① 《今昔骑师观》，《竞乐画报》第 10 卷第 41 期，1936 年 4 月 25 日，第 4 页。

是一种理想，毕竟竞赛之时除非完全不想赢，否则很难如此慷慨大度，但要是没有这种比"严守规则"还要更高一层的理想，就无法沉淀出讲诚实、重荣誉、光明磊落、胜不骄败不馁等"运动家精神"的内涵。

《竞乐画报》的这篇评论文章显示前辈马主、骑师接受了西式运动的价值观，也用这种标准来期待后辈骑师。1935 年萧智吉医师的一段发言则显现华人"运动家"对英人引进运动的感谢。1932 年"一·二八"事变后，日本侵华态势日趋明显，位于租界之外的万国体育会和上海中国赛马会同感压力，赛事时断时续。为求复兴，1935 年上海中国赛马会在杜月笙的带领下筹备复赛，万国体育会也在会长马勒的组织下重新整理场地。是年 9 月，江湾跑马场整理就绪，万国体育会特别举行午餐会，邀请各报记者前来参观访问，会上除会长马勒、董事吴麟坤等相继发言表示欢迎，新当选的董事兼司库萧智吉医师也应媒体之邀上台致辞。他盛赞会长马勒力排众议重整场地，也趁此机会表达对外人将西式运动引入中国的感谢。他说他从小就喜欢运动，经常到跑马厅去看球赛，现又出任马主，能从事与观赏这些有趣的活动均拜西人引入之赐。现在各种运动以西人为主，他希望不久之后，中国人可以在运动场上成为领导者，担任主人。[1]

从上述两例可以看出，不少华人马主与骑师不仅以"运动家"自居，也确实接受了运动家的价值观，帝国的文化输出在某种程度上真实地影响了被殖民者的行为，他们珍惜这个文化价值，并且已经进入其情感结构。但是，上海并非殖民

---

[1]　"Kiangwan Clubhouse," *The China Press*, 16 Sept. 1935, p. 6.

地，或许我们可以借此机会以这个半殖民地的案例，对殖民与殖民文化做一些延伸探讨。

殖民与殖民文化

赛马、赛狗、回力球赛之所以能出现这样复杂的转译，很大一部分原因在于它们所处的殖民社会。为了研究之便，本书借用于尔根·奥斯特哈默"非正式帝国"的概念，将上海视为英国广义帝国的一部分，视上海公共租界与法租界为殖民社会，但在检视过跑马、跑马、回力球赛三种运动之后，我们似乎可以对殖民做一些延伸性分析。

殖民本与殖民地相连，亦即有割让、领土转移等法理上的事实即为殖民，但殖民的意涵其实不仅于此。如前所述，除了正式帝国，还有非正式帝国；除了领土取得，尚有所谓的势力范围。是以殖民的现象并不止于殖民地，更可以延伸至在华租界，甚至通商口岸本身。在这样的视角下，本书案例便可提供数项殖民的特征。首先是社会流动性的大幅增加。从社会流动的角度来看，通商口岸提供了一个罕见地快速流动的环境，无论对华人还是对洋人而言，口岸城市都是一种难得的"化外之地"（other place），让他们能摆脱各自所属母国的束缚，重新调整自己的社会位阶。对来华英人而言，英国森严的阶级制度在此被暂时性地打破与重塑。他们虽然多出自中产下层，甚或工人阶级，但因殖民之故，来华后地位骤升，可以模仿国内更高阶层的生活方式，包括加入绅士型总会，从事赛马、狩猎、板球、英式橄榄球等这些过去难以想象也无法企及的活动。而对通商口岸的华人而言，开埠之后，对外贸易和工商业的重要性骤然被提高到一个前所未有的地步，中国传统社会士农工商的阶序因此出现无数裂缝，社会上充满各种前所未有的可能，只要把握机会，毫无根底的人也可以在一代中发家致富，受人尊重；就连社会底层的白相人也能在短短十年内跃升为社会上呼风唤雨的人物，进而利用各种西式的机构和活动放肆地展现自己。

这种罕见的变化速度以及有限的空间环境，正提供给历史学者一个难得的实验场，不仅有机会检视文化的并置、激荡以及协商，还可更进一步观察殖民的第二个特色，即空间的重新配置。

通商口岸并非殖民地，在这样一个华洋杂处的环境里，殖民者如何展现与被殖民者之间的区别？从本书的案例中可以看出，其部分的答案在于人为的空间配置。殖民者经常利用空间来区隔不同的阶级、种族及性别。譬如，大部分的绅士型总会会员必须是殖民者、精英、男性，凡是非殖民者、非精英、非男性就无法进入。

另一个区分方法是华洋隔离。例如，外滩公园成立后的大部分时间里禁止华人进入，上海跑马厅在某一段时间里也不准华人入场。即使得以进入，跑马厅内部仍继续利用空间来区隔会员与非会员，甚至精英与大众——会员有自己的专属看台，不仅角度最好、视野最佳，凡是非会员或不是会员邀请的客人均无法接近。是以偌大的跑马场，什么身份的人可以到达什么地方都有一定的限制。这种区分本来是阶级性的，亦即借空间区隔不同阶级，但是当阶级与殖民并置时，空间的区隔便成为殖民者与被殖民者难以逾越的鸿沟。

另一个区别殖民者与非殖民者的方法是机构上的隔离。以上海三个跑马场为例，上海跑马厅仅限洋人（包含日人），江湾和引翔跑马厅则华洋皆有。沪上几个重要的西人社交型总会，如上海总会、德国总会、美国总会、法国总会也经常仅限西人。仔细检视这些机构的内部陈设，会发现它们与其他同类型机构其实差异有限。以上海跑马厅为例，其空间本身并无太多特出之处，无非包含看台、酒吧、餐室、弹子房、阅报室、图书室等，其跑道长度甚至还逊于江湾和引翔的场地，但它的排他性赋予其特殊地位。殖民者的人为限制，让那些到不了的地方被珍奇化，越不容易拿到的东西越为人所想望，而一旦抽走这些空间背后的殖民性和阶级性，空间的神圣感便随之消失。于是，幽静的外滩公园一变而成熙熙攘攘的黄浦公园；高高在上的上海跑马厅在1952年被一分为二，成为人民公园和人民广场。进入21世纪，人民公园的一个角落，又进一步蜕变成上海家长为成年子女征求婚姻对象的"相亲角"。

有关殖民的第三个值得探讨的问题是个人能动性。社会学家一般将决定人类行为的因素大致分为结构化的社会脉络（structure）和有意图的能动者（agency）两方面。前者意指社会结构施加的条件与限制，包括个人所属的社会位置、性别、宗教、族群、经济能力，以及社会一般的风俗习惯等；后者则出于自由意志。如前所述，通商口岸的出现打破了中英双方原有的社会束缚，暂时形成了一个"化外之地"。在这种情形下，特别是对华人而言，选择从事英式赛马便成为一种个人能动性的事情。从我们所分析的个案可知，无论是华人精英或漂白后的白相人，其中不乏真心喜爱英式赛马、热情拥抱英式文化者。

上海不是殖民地，上海华人也不是没有选择权的被殖民者，既然如此，叶子衡、徐超侯、刘顺德、马祥生、高鑫宝、叶焯山等人为何选择拥抱英式赛马，甚至力求正统，试图比英国人更英国？殖民社会的位阶自然是主要原因，运动本身所带来的乐趣也不容忽视，而且这种乐趣是多面且复杂的。一方面它可能是体能的，譬如律师兼马主的吴麟坤，每逢心情郁闷便经常单骑独出，驰骋原野之间，以"一泄胸中块垒"；[①] 另一方面可能含有民族主义的成分，譬如引翔赛马场的创办人范回春看到华人购买马票一掷千金，毫无吝色，便开始担心起国家漏巵的问题。

但更重要的可能是一种内化的认同，一种将自己与一般大众区别的骄傲。譬如，许多马主回忆当年从事赛马的动机时，表示"就是为了好玩"。这个"好玩"固然可以解释成英式运动所带来的乐趣，包括在马房和马匹的名称上大玩文字游戏，更可以解释成骄傲与得意，代表我懂得规则、我知道怎么玩，而且我玩得起。借由从事殖民者从事的活动，表示我也与殖民者一样优秀。是以英式赛马代表的是一种文化上的优越，马祥生和他两个虎头虎脑的儿子拉马走大看台时，享受的不仅是马匹胜出的得意，更是一旁观众的"噢""哇"呼声与羡慕的眼神。而英式赛马之所以能形成这种文化上的优越感，靠的正是背后殖民的力量。

经过后帝国、后殖民时代，学者已同意帝国主义是一种权力关系，殖民主义也不仅是经济上掠夺原物料、寻求制成品的市场，而有更深层的文化脉络。殖民者不仅征服，更输出文明，其中以铁路火车、公共卫生、现代医疗等最为明显。借输出这些现代化的事物，殖民者希望被殖民者能喜爱、享受这些

---

① 张丹子编《民国三十二年中国名人年鉴：上海之部》，第285页。

事物，从而仰慕、感激殖民者，甚至进而模仿并学习殖民母国的文化。而运动正如铁路火车、公共卫生、现代医疗一样，是一种文化输出，但是它又与这些事物之间有些微但重要的差别。它涉及了西方的核心价值观，即包含讲诚实、重荣誉、严守规则、光明磊落、团队合作、胜不骄败不馁等一连串与"运动家精神"相连的内涵。在面对铁路火车、公共卫生和现代医疗时，被殖民者可以选择接受这些事物所带来的好处，而不接受其背后的机械观或科学观；在面对西式运动时，却无法回避运动规则背后所蕴含的价值。换言之，运动是一种无法"西学为体、中学为用"的东西。

当被殖民者照着殖民母国的规则比赛时，就代表他对其价值观的某种认同，同意这些规范是好的、是对的、是应该被遵守的，就在一次又一次的赛事中被殖民者重复加深与殖民母国更高价值的连接。这种文明输出，其效果虽不如现代医疗那般立即而明显，而且涉及个人认同，属于内在情感，微妙且不易观察，但这是一种生活方式和生活理念的重塑，其影响之深远不逊于政治制度的改变。

本书分析的这三项运动，在个人能动性方面以赛马最具代表性。如前所述，英式赛马是一个高度被控制、必须严守规则的活动，一方面让所有阶级齐聚一堂，同享观看和下注之乐；另一方面又利用空间设计，严格控制各阶层的人可达的范围。就是在这里，我们看到在自由意志的选择下，一群华人看到、感觉到并且认同这种文化形式与文化价值。他们觉得英式赛马好玩、有趣，符合内心的想望，于是在非殖民地的环境中热情地拥抱了殖民者的文化。

参考文献

档案

北洋政府外交部档案，全宗号 03，中研院近代史研究所档案馆藏。

国民政府档案，全宗号 001，"国史馆"藏。

上海公共租界工部局档案，全宗号 U1，上海市档案馆藏。

上海商业储蓄银行档案，全宗号 Q275，上海市档案馆藏。

上海市警察局档案，全宗号 Q131，上海市档案馆藏。

上海市社会局档案，全宗号 Q6，上海市档案馆藏。

上海市私营企业业务管理委员会档案，全宗号 Q320，上海市档案馆藏。

上海市政工程管理局档案，全宗号 B257，上海市档案馆藏。

日记

方行、汤志钧整理《王韬日记》，中华书局，1987。

《鲁迅日记》，人民文学出版社，1962。

《谭延闿日记》（1827~1928），中研院近代史研究所近代史全文数据库。

报刊

《大晶报》《大上海半月刊》《电声》《东方日报》《福尔摩斯》《海潮》《好莱坞》《回力球周刊》《会声》《建筑月刊》《晶报》《经济统计》《竞乐画报》《开麦拉》《开麦拉电影图画杂志》《力报》《立言画刊》《良友》《骆驼画报》《人间世》《三六九画报》《上海画报》《上海生活》《商业周刊》《社会日报》《摄影画报》《申报》《十日谈》《涛声》《新闻报》《艺花》《银行周报》《游戏报》《游戏世界》《娱乐》《中国画报》《中国摄影学会画报》《紫兰花片》

South China Morning Post；*The China Press*；*The China Weekly Review*；*The Chinese Repository*；*The New York Times*；*The North China Daily News*；*The North-China Herald*；*The North-China Herald and Market Report*；*The North-China Herald and Supreme Court & Consular Gazette*；*The Shanghai Times*

志书

方家骥、朱建明主编《上海昆剧志》，文化出版社，1998。

钱淦等纂《宝山县续志》，成文出版社，1975。

上海租界志编纂委员会编《上海租界志》，上海社会科学院出版社，2001。

上海市虹口区人民政府编《上海市虹口区地名志》，百家出版社，1989。

上海外事编辑室编《上海外事志》，上海社会科学院出版社，1999。

施叔华主编《杨浦区志》，上海社会科学院出版社，1995。

王明珲、姚宗强主编《虹口区志》，上海社会科学院出版社，1999。

杨浦区地名办公室编《杨浦区地名志》，学林出版社，1989。

姚文枏等纂《上海县志》，成文出版社，1975。

姚文枏等纂《上海县续志》，成文出版社，1970。

俞樾、方宗诚纂《上海县志》，成文出版社，1975。

中国经济资料社编《上海工商人物志》，中国经济资料社，1948。

已出版史料

阿励编著《上海的故事（一）》，香港中华书局，1974。

爱狄密勒：《上海：冒险家的乐园》，阿雪（包玉珂）译，生活书店，1937。

曹聚仁：《我与我的世界浮过了生命海：曹聚仁回忆录（修订版）》，三联书店，2011。

曹聚仁：《上海春秋》，曹雷、曹宪铺编，上海人民出版社，1996。

常杰淼：《雍正剑侠图》，《清宫秘史》第 3～4 卷，团结出版社，1999。

陈荣广（陈伯熙）：《老上海》，泰东图书局，1919。

陈子善、徐如麒编选《施蛰存七十年文选》，上海文艺出版社，1996。

杜亚泉：《博史》，开明书店，1933。

葛元煦：《上海繁昌记》，文海出版社，1988。

国民政府救济水灾委员会编《国民政府救济水灾委员会报告书》，国家图书馆出版社，2009。

国民政府救济水灾委员会编《国民政府救济水灾委员会职员录》，国家图书馆出版社，2009。

《海上名人传》，文明书局，1930。

海上说梦人（朱瘦菊）：《歇浦潮》，上海古籍出版社，1991。

汉滨读易者（辜鸿铭）：《张文襄幕府纪闻》，华文书局，1969。

胡兰成：《今生今世》，中国长安出版社，2013。

简而清：《香港赛马话旧》，李远荣整理，三联书店（香港）有限公司，1992。

孔海珠：《聚散之间：上海文坛旧事》，学林出版社，2002。

老上海（吴趼人）：《胡宝玉（一名三十年来上海北里怪历史）》，《清末小说》第14号，1991年12月1日。

李欧梵编选《上海的狐步舞：新感觉派小说选》，允晨文化实业股份有限公司，2001。

李燃犀：《津门艳迹》，百花文艺出版社，1986。

刘郎：《闲居集》，广宇出版社，1983。

刘素芬、庄树华访问，向明珠、陈怡如纪录《一个经济小兵的故事：顾应昌先生访问纪录》，中研院近代史研究所，2000。

陆宝千访问、黄铭明纪录《金开英先生访问纪录》，中研院近代史研究所，1991。

梅兰芳述、许姬传记《舞台生活四十年》，平明出版社，1953。

戚再玉：《上海时人志》，展望出版社，1947。

钱生可主编《上海黑幕汇编》，上海侦探研究社，1917。

钱穆：《八十忆双亲师友杂忆合刊》，东大图书公司，1986。

《上海跑马总会同人俱乐部十周纪念刊》，上海跑马总会同人俱乐部，1939。

《上海中国赛马会第六期正式大赛马，民国二十一年十一月十九、二十、二十六及二十七日》，上海中国赛马会，1932。

上海市工商业联合会、复旦大学历史系编《上海总商会组织史资料汇编》，上海古籍出版社，2004。

上海市历史博物馆编《上海百年掠影》，上海人民美术出版社，1992。

上海社会研究所编《上海神秘指南》，上海社会出版部，1930。

上海通社编《旧上海史料汇编》，北京图书馆出版社，1998。

商务印书馆编译所编《增订上海指南》，商务印书馆，1925。

孙家振：《海上繁华梦》，百花洲文艺出版社，1993。

孙曜东口述、宋路霞整理《十里洋场的风云人物》，联经出版公司，2008。

王定九：《上海门径》，中央书局，1932。

汪敬虞编《中国近代工业史资料》第2辑，科学出版社，1957。

吴健熙、田一平编《上海生活（1937～1941）》，上海社会科学院出版社，2006。

吴友如主编《点石斋画报》，广东人民出版社，1983。

谢菊曾：《十里洋场的侧影——虹居随笔》，花城出版社，1983。

徐珂：《清稗类钞》，商务印书馆，1917。

徐润：《徐愚斋自叙年谱》，文海出版社，1978。

许晚成：《上海人名录》，龙文书店，1941。

薛允升著述、黄静嘉编校《读例存疑重刊本》卷 44，成文出版社，1970。

杨天亮选编《上海逸园跑狗场史料》，《档案与史学》1997 年第 4 期。

郁慕侠：《上海鳞爪》，上海书店出版社，1998。

乐齐主编《中国新感觉派圣手：穆时英小说全集》，中国文联出版公司，1996。

张丹子编《民国三十二年中国名人年鉴：上海之部》，中国名人年鉴社，1944。

张焘：《津门杂记》，文海出版社，1960。

赵尔巽等撰《清史稿》，杨家骆校，鼎文书局，1981。

郑逸梅：《逸梅丛谈》，新文丰出版公司，1978。

郑逸梅：《艺林散叶续编》，中华书局，1987。

中国第二历史档案馆等编《中国旧海关史料》，京华出版社，2001。

中国人民银行上海市分行编《上海钱庄史料》，上海人民出版社，1960。

Burgoyne, E. J. , compiled; Ramplin, F. S. , ed. *Far Eastern Commercial and Industrial Activities*, *1924*. London：The Commercial Encyclopedia Co. , 1924.

Cardew, A. R. D. *All about Greyhound Racing*. London：Mathews & Marrot, 1928.

Carey, G. V. *The War List of the University of Cambridge*, *1914 – 1918*. Cambridge：Cambridge University Press, 1921.

Celebrities of the Shanghai Turf, Sketches and Caricatures by Juel Madsen & Edmund Toeg [s. l. : s. n. , 1924?] .

Ezekiel, S. , compiled. *Leaders of Commerce, Industry and Thought in China.* Shanghai: Geo. T. Lloyd, 1924.

Feldwick, W. , ed. *Present Day Impressions of the Far East and Prominent & Progressive Chinese at Home and Abroad.* London: The Globe Encyclopedia Co. , 1917.

Gordon, A. H. Compiled. *The Streets of Shanghai: A History in Itself.* Shanghai: [s. n.], 1941.

Hornby, Edmund. *Sir Edmund Hornby: An Autobiography.* Boston and New York: Houghton Mifflin, 1928.

Jesus, C. A. Montalto de. *Historic Shanghai.* Shanghai: Shanghai Mercury, Ltd. , 1909.

Lanning, George. *The History of Shanghai.* Shanghai: For the Shanghai Municipal Council by Kelly & Walsh, Limited, 1921.

Lunt, Carroll, compiled. *The China Who's Who 1927 (Foreign) : A Biographical Dictionary.* Shanghai: Union Printing & Service Agency, 1927.

MacFarlane, W. *Sketches in the Foreign Settlements and Native City of Shanghai.* Shanghai: [s. n.], 1881.

Miller, G. E. (pseud. Mauricio Fresco) . *Shanghai: The Paradise of Adventurers.* New York: Orsay Publishing House Inc. , 1937.

Nellist, George F. *Men of Shanghai and North China: A Standard Biographical Reference Work.* Shanghai: The Oriental Press, 1933.

Olsen, A. W. , compiled. *The Racing Record.* Shanghai: Kelly & Walsh, 1918.

Olsen, A. W. , compiled. *The Racing Record, 1919.* Shanghai: The Shanghai Race Club, 1920.

Pott, Hawks. *A Short History of Shanghai: Being an Account of the Growth and Development of the International Settlement.* Shanghai: Kelly & Walsh, 1928.

Ridgway, Athelstan, ed. *Everyman's Encyclopedia*, Third Edition. Vol. 4. London: J. M. Dent & Sons Ltd. , 1950.

Rules of the Shanghai Race Club 1930. Shanghai: Shanghai Race Club, 1930.

Shanghai Considered Socially: A Lecture by H. Lang. Second edition. Shanghai: American Presbyterian Mission Press, 1875.

Shanghai Recreation Fund, History of the Shanghai Recreation Fund, from 1860-1882: With an Account of the Shanghai Driving Course of 1862 (now the Bubbling Well Road) and of the Public Garden. Shanghai: Celestial Empire Office, 1882.

The International Recreation Club, Kiangwan. *106th Race Meeting, Saturday and Monday, 19th and 21st April 1924.*

The Jubilee of Shanghai 1843-1893. Shanghai: Past and Present and a Full Account of the Proceedings on the 17th and 18th November, 1893. Shanghai: Revised and reprinted from the " *North-China Daily News*", 1893.

The Maritime Customs, *Treaties, Conventions, etc. , Between China and Foreign States.* Vol. I . Shanghai: Statistical Dept. of the Inspectorate General of Customs, 1917.

The Racing Record (Form at a Glance): A Complete Record of Racing at Shanghai, Kiangwan and Yangtszepoo for 1928. Vol. XI. Shanghai: The Shanghai Race Club, 1929.

The Racing Record (Form at a Glance): A Complete Record of Racing at

Shanghai, Kiangwan and Yangtszepoo for 1929. Vol. XII. Shanghai: The Shanghai Race Club, 1930.

The Racing Record (Form at a Glance) : A Complete Record of Racing at Shanghai, Kiangwan and Yangtszepoo for 1930. Vol. XIII. Shanghai: The Shanghai Race Club, 1931.

The Racing Record (Form at a Glance) : A Complete Record of Racing at Shanghai, Kiangwan and Yangtszepoo for 1934. Vol. XVII. Shanghai: The Shanghai Race Club, 1935.

The Racing Record (Form at a Glance) : A Complete Record of Racing at Shanghai, Kiangwan and Yangtszepoo for 1937, Ending with 8th Jan. , 1938 (Deemed the Last Race Meeting of 1937). Vol. XX. Shanghai: The Shanghai Race Club, 1938.

The Racing Record (Form at a Glance) : A Complete Record of Racing at Shanghai for 1939, Ending with 6th Jan. , 1940. Vol. XXII. Shanghai: The Shanghai Race Club, 1940.

The Racing Record (Form at a Glance) : A Complete Record of Racing at Shanghai for 1942, Commencing with 17th January, 1942 and Ending with 10th Oct. , 1942. Vol. XXV. Shanghai: The Shanghai Race Club, [1943] .

Woodhead, H. G. W. , ed. *The China Year Book 1931*. Nendeln, Liechtenstein: Kraus Reprint; Division of Kraus-Thomson Organization, 1969.

Wright, Arnold, ed. *Twentieth Century Impressions of Hong Kong, Shanghai, and Other Treaty Ports of China: Their History, People, Commerce, Industries and Resources*. London: Lloyd Greater Britain Publishing Company, 1908.

著作

艾伦·麦克法兰主讲《现代世界的诞生》，管可秾译，上海人民出版社，2013。

班纳迪克·安德森：《想象的共同体：民族主义的起源与散布》，吴叡人译，时报文化出版企业股份有限公司，2010。

布赖恩·马丁：《上海青帮》，周育民等译，上海三联书店，2002。

陈存仁：《银元时代生活史》，周知翁发行，1973。

戴维·英格利斯：《文化与日常生活》，张秋月、周雷亚译，中央编译出版社，2010。

冯筱才：《政商中国：虞洽卿与他的时代》，社会科学文献出版社，2013。

高阳：《胡雪岩》，联经出版公司，1999。

郭双林、肖梅花：《中华赌博史》，中国社会科学出版社，1995。

胡叙五：《上海大亨杜月笙》，蔡登山编，秀威资讯科技有限公司，2013。

郦千明：《叶澄衷传——从舢板少年到商界巨子》，浙江大学出版社，2010。

连玲玲：《打造消费天堂：百货公司与近代上海城市文化》，社会科学文献出版社，2018。

廉外风：《上海大亨杜月笙续集》，蔡登山编，秀威资讯科技有限公司，2013。

马光仁主编《上海新闻史（1850～1949）》，复旦大学出版社，1996。

马军：《舞厅市政：上海百年娱乐生活的一页》，上海辞书出版社，2010。

马学强、张秀莉：《出入于中西之间：近代上海买办社会生活》，上海辞书出版社，2009。

任建树主编《现代上海大事记》，上海辞书出版社，1996。

上海社会科学院政治法律研究所社会问题组编写《大流氓杜月笙》，群众出版社，1965。

上海五金机械公司等编《上海近代五金商业史》，上海社会科学院出版社，1990。

树棻：《豪门旧梦：一个上海"老克拉"的回忆》，作家出版社，2002。

宋路霞：《上海的豪门旧梦》，联经出版公司，2001。

宋路霞：《盛宣怀家族》，上海科学技术文献出版社，2009。

宋路霞、张南琛：《细说张静江家族》，上海辞书出版社，2014。

宋钻友：《广东人在上海（1843～1949年）》，上海人民出版社，2007。

汤志钧主编《近代上海大事记》，上海辞书出版社，1989。

涂文学：《赌博纵横》，民主与建设出版社，1997。

巫仁恕：《优游坊厢：明清江南城市的休闲消费与空间变迁》，中研院近代史研究所，2013。

熊月之主编《上海通史》第1卷，上海人民出版社，1999。

熊月之主编《上海名人名事名物大观》，上海人民出版社，2005。

徐涛：《自行车与近代中国》，上海人民出版社，2015。

游鉴明：《运动场内外：近代华东地区的女子体育（1895～1937）》，中研院近代史研究所，2009。

章君穀：《杜月笙传》，陆京生校订，传记文学出版社，2002。

张绪谔：《乱世风华：20 世纪 40 年代上海生活与娱乐的回忆》，上海人民出版社，2009。

中国保险学会、中国保险报编著《中国保险业二百年（1805～2005）》，当代世界出版社，2005。

中国社会科学院近代史研究所中华民国史组编《中华民国史资料丛稿：人物传记》第 13 辑，中华书局，1982。

邹依仁：《旧上海人口变迁的研究》，上海人民出版社，1983。

Anderson, Benedict. *Imagined Communities: Reflections on the Origin and Spread of Nationalism*. London: Verso, 1991.

Belton, Brian. *When West Ham Went to the Dogs*. Stroud: Tempus Publishing Ltd. , 2002.

Bickers, Robert. *Britain in China: Community, Culture and Colonialism, 1900 – 1949*. Manchester: Manchester University Press, 1999.

Bickers, Robert. *Empire Made Me: An Englishman Adrift in Shanghai*. New York: Columbia University Press, 2003.

Bickers, Robert. *Out of China: How the Chinese Ended the Era of Western Domination*. London: Allen Lane, 2017.

Bickers, Robert. *The Scramble for China: Foreign Devils in the Qing Empire, 1832 – 1914*. London: Allen Lane, 2011.

Blake, Robert. *Jardine Matheson: Traders of the Far East*. London: Weidenfeld & Nicolson, 1999.

Cain, P. J. and Hopkins, A. G. *British Imperialism: Innovation and Expansion, 1688 – 1914*. London: Longman, 1993.

Ching, Henry. *Pow Mah: A Historical Sketch of Horse and Pony Racing in Hong Kong and of the Royal Hong Kong Jockey Club.* Hong Kong: H. B. L. Dowbiggin, 1965.

Clark, Peter. *British Clubs and Societies, 1580 - 1800: The Origins of An Associational World.* Oxford: Oxford University Press, 2000.

Coates, Austin. *China Races.* Hong Kong: Oxford University Press, 1994.

Cochran, Sherman. *Encountering Chinese Networks: Western, Japanese, and Chinese Corporations in China, 1880 - 1937.* Berkeley: University of California Press, 2000.

Cowan, Brian. *The Social Life of Coffee: The Emergence of the British Coffeehouse.* New Haven: Yale University Press, 2005.

Davis, C. Noel. *A History of the Shanghai Paper Hunt Club, 1863 - 1930.* Shanghai: Kelly & Walsh, 1930.

Dikötter, Frank. *Exotic Commodities: Modern Objects and Everyday Life in China.* New York: Columbia University Press, 2006.

Elias, Norbert, and Eric Dunning. *Quest for Excitement: Sport and Leisure in the Civilizing Process.* Oxford, Basil Blackwell Ltd. , 1986.

Fewsmith, Joseph. *Party, State, and Local Elites in Republican China: Merchant Organizations and Politics in Shanghai, 1890 - 1930.* Honolulu: University of Hawaii Press, 1985.

Genders, Roy. *Modern Greyhound Racing and Coursing.* London: Sporting Handbooks, 1949.

Genders, Roy. *The Greyhound and Greyhound Racing: A History of the Greyhound in Britain from Earliest Times to the Present Day.* London: Sporting Handbooks, 1975.

Genders, Roy. *The NGRC Book of Greyhound Racing: A History of the Sport Completely Revised and Updated by the National Greyhound Racing Club.* London: Pelham, 1990.

Guttmann, Allen. *Games and Empires: Modern Sports and Cultural Imperialism.* New York: Columbia University Press, 1994.

Inglis, David. *Culture and Everyday Life.* London: Routledge, 2005.

Jackson, Isabella. *Shaping Modern Shanghai: Colonialism in China's Global City.* Cambridge: Cambridge University Press, 2018.

Kolatch, Jonathan. *Sports, Politics, and Ideology in China.* New York: Jonathan David Publishers, 1972.

Lee, James Hsioung. *A Half Century of Memories.* Hong Kong: South China Photo-Process Print Co. , 1968.

Lee, Leo Ou-fan. *Shanghai Modern: The Flowering of a New Urban Culture in China, 1930 – 1945.* Cambridge, MA: Harvard University Press, 1999.

Lu, Zhouxiang, and Fan Hong. *Sport and Nationalism in China.* New York: Routledge, 2014.

Macfarlane, Alan. *The Invention of the Modern World.* Les Brouzils: Odd Volumes, 2014.

Mangan, J. A. *The Games Ethic and Imperialism: Aspects of the Diffusion of an Ideal.* London; Portland, OR: F. Cass, 1998.

Mangan, J. A. , ed. *The Cultural Bond: Sport, Empire, Society.* London: Frank Cass, 1992.

Martin, Brian G. *The Shanghai Green Gang: Politics and Organized Crime, 1919 – 1937.* Berkeley: University of California Press,

1996.

McDevitt, Patrick F. *May the Best Man Win: Sport, Masculinity, and Nationalism in Great Britain and the Empire, 1880 – 1935.* New York: Palgrave Macmillan, 2004.

Milne-Smith, Amy. *London Clubland: A Cultural History of Gender and Class in Late Victorian Britain.* New York: Palgrave Macmillan, 2011.

Morris, Andrew D. *Marrow of the Nation: A History of Sport and Physical Culture in Republican China.* Berkeley: University of California Press, 2004.

Munting, Roger. *An Economic and Social History of Gambling in Britain and the USA.* New York: Manchester University Press, 1996.

Putney, Clifford. *Muscular Christianity: Manhood and Sports in Protestant America, 1880 – 1920.* Cambridge, MA: Harvard University Press, 2001.

Tanner, Michael. *The Legend of Mick the Miller: Sporting Icon of the Depression.* London: Highdown, 2004.

Vamplew, Wary. *The Turf: A Social and Economic History of Horse Racing.* London: Allen Lane, 1976.

Willens, Liliane. *Stateless in Shanghai.* Hong Kong: Earnshaw Books, 2010.

Wit, Piet & Bouman, Inge. *Tale of the Przewalski's Horse: Coming Home to Mongolia.* Utrecht: KNNV Publishing, 2006.

Yeh, Catherine Vance. *Shanghai Love: Courtesans, Intellectuals, & Entertainment Culture, 1850 – 1910.* Seattle: University of

Washington Press, 2006.

Zheng, Yangwen. *The Social Life of Opium in China.* Cambridge：
Cambridge University Press, 2005.

论文

毕可思：《石碑山——灯塔阴影里的生与死》，孙立新、吕一
　　旭主编《殖民主义与中国近代社会国际学术会议论文集》，
　　人民出版社，2009。

布鲁诺·拉图：《给我一个实验室，我将举起全世界》，林宗
　　德译，吴嘉苓等主编《科技渴望社会》，群学出版有限公
　　司，2004。

陈熙远：《往返于坛庙之间——从上海三巡会看官方祀典与民
　　间信仰的交接与互动》，"都市繁华：1500 年来的东亚城市
　　生活史"国际研讨会，2009 年 3 月 26～29 日。

陈熙远：《从马吊到麻将——小玩意与大传统交织的一段历史
　　因缘》，《中央研究院历史语言研究所集刊》第 80 本第 1
　　分，2009 年 3 月。

程锡文口述、杨展成整理《我当黄金荣管家的见闻》，《旧上
　　海的帮会》，上海人民出版社，1986。

程泽庆：《跑马幌子下的种种罪恶》，《20 世纪上海文史资料文
　　库》第 10 册，上海书店出版社，1999。

程泽济、毛啸岑：《租界时代规模最大的赌博场所——跑马
　　厅》，上海市文史馆编《旧上海的烟赌娼》，百家出版社，
　　1988。

程泽济、毛啸岑：《旧上海的大赌窟——跑马厅》，《文史资料

存稿选编》第 25 册，中国文史出版社，2002。

答恕之：《汉口华商跑马场》，《武汉文史资料》总第 12 辑，内部发行，1983。

何汉威：《清末广东的赌商》，《中央研究院历史语言研究所集刊》第 67 本第 1 分，1996 年 3 月。

何汉威：《清末广东的赌博与赌税》，《中央研究院历史语言研究所集刊》第 66 本第 2 分，1995 年 6 月。

何汉威：《广东进士赌商刘学询（1855～1935）》，《中央研究院历史语言研究所集刊》第 73 本第 2 分，2002 年 6 月。

黄国栋口述、罗醴泉整理《杜门话旧》，《旧上海的帮会》，上海人民出版社，1986。

纪华：《天津意租界回力球场小史》，《天津文史资料选辑》第 27 辑，天津人民出版社，1984。

老吉（沈吉诚）：《马场三十年》，《大人》第 2 期，1970 年 6 月 15 日。

李达嘉：《敌人或盟友：省港罢工的商人因素与政党策略》，《中央研究院近代史研究所集刊》第 78 期，2012 年 12 月。

李汉冲：《花会赌博种种》，《广东风情录》，广东人民出版社，1987。

李珹：《叶澄衷慈善活动述略》，《宁波大学学报（人文科学版）》2010 年第 1 期。

黎志刚：《轮船招商局国有问题，1878～1881》，《中央研究院近代史研究所集刊》第 17 期上册，1988 年 6 月。

黎志刚：《轮船招商局经营管理问题，1872～1901》，《中央研究院近代史研究所集刊》第 19 期，1990 年 6 月。

林黎元：《南浔的"四象八牯牛"》，《湖州文史》第 4 辑，浙江人民出版社，1986。

林之三：《害人不浅的回力球场》，《上海经济史话》第2辑，
上海人民出版社，1963。

刘石吉：《城市市镇乡村——明清以降上海地区城镇体系的形
成》，邹振环、黄敬彬主编《江南与中外交流》，复旦大学
出版社，2009。

刘石吉：《从筑城到拆城：近世中国口岸城市成长扩张的模
式》，刘石吉、王仪君编《海洋历史文化与边界政治》，高
雄中山大学人文研究中心，2012。

刘仑：《上海的赌博机关与所引起的社会问题》，毕业论文，
私立沪江书院社会科学系，1943。

陆志濂：《"宁波帮"开山鼻祖——严信厚》，《宁波文史资
料》第5辑，1987。

毛啸岑：《旧上海的大赌窟之一——回力球场》，《文史资料选
辑》第38辑，文史资料出版社，1963。

彭慕兰：《序》，连玲玲，《打造消费天堂：百货公司与近代上
海城市文化》，社会科学文献出版社，2018。

朴敬石：《南京国民政府救济水灾委员会的活动与民间义赈》，
《江苏社会科学》2004年第5期。

平襟亚：《旧上海的赌博》，上海市文史馆编《旧上海的烟赌
娼》，百家出版社，1988。

钱行、钱辉：《父亲钱宾四和香港新亚书院》，《无锡县文史资
料》第5辑，1987。

全汉昇：《从徐润的房产经营看光绪九年的经济恐慌》，《中国
经济史论丛》第2册，新亚研究所，1972。

孙语圣：《民国时期救灾资源动员的多样化——以1931年水灾

救治为例》,《中国农史》2007 年第 3 期。

汤志杰:《体育与运动之间:从迥异于西方"国家/市民社会"二分传统的发展轨迹谈运动在台湾的现况》,《思与言》第 47 卷第 1 期,2009 年 3 月。

童仲屏:《大赌场——汉口西商赛马会》,《武汉文史资料》总第 12 辑,内部发行,1983。

王尔敏:《一八五四年上海"泥城之战"原图》,《中央研究院近代史研究所集刊》第 14 期,1985 年 6 月。

王尔敏:《外国势力影响下之上海开关及其港埠都市之形成》,中华文化复兴运动推行委员会主编《中国近代现代史论集》第 28 编,台湾商务印书馆,1986。

王林:《评 1931 年江淮水灾救济中的美麦借款》,《山东师范大学学报》2011 年第 1 期。

王路曼:《投机之外的危机:国家政治视角下的 1910 年上海"橡皮股票风潮"》,《史林》2014 年第 6 期。

吴祖德:《旧上海的打花会》,上海市文史馆编《旧上海的烟赌娼》,百家出版社,1988。

熊月之:《上海香山人与香山文化》,王远明、颜泽贤主编《百年千年:香山文化溯源与解读》,广东人民出版社,2006。

熊月之:《从跑马厅到人民公园人民广场:历史变迁与象征意义》,《社会科学》2008 年第 3 期。

徐葆润:《跑马厅掠夺国人土地纪略》,《旧上海的房地产经营》,上海人民出版社,1990。

徐凌云:《我家与怡和丝纱厂的关系》,《旧上海的外商与买办》,上海人民出版社,1987。

徐涛:《近代上海万国商团之华员群体》,《史学月刊》2017

年第 10 期。

徐希曾口述、张秀莉整理《亲人追忆——徐润的曾孙徐希曾
    先生访谈》,《史林》2007 年增刊。

薛炝莘:《我接触过的上海帮会人物》,《旧上海的帮会》,上
    海人民出版社,1986。

郁咏馥:《我所知道的杜月笙》,《旧上海的帮会》,上海人民
    出版社,1986。

曾俺、蒋晓光:《解放前小型报概况》,《20 世纪上海文史资料
    文库》第 6 册,上海书店出版社,1999。

张宁:《在华英人间的文化冲突:上海"运动家"对抗"鸟类
    屠害者",1890 ~ 1920》,《中央研究院近代史研究所集刊》
    第 34 期,2000 年 12 月。

张宁:《从跑马厅到人民广场:上海跑马厅收回运动,1946 ~
    1951》,《中央研究院近代史研究所集刊》第 48 期,2005 年
    6 月。

张宁:《跳沟越涧:猎纸赛与上海殖民社会》,"外侨与近代中
    国口岸城市"国际学术研讨会,2014 年 11 月 29 ~ 30 日。

张宁:《运动、殖民与性别:近代上海英式狩猎活动中的女
    性》,《近代中国妇女史研究》第 30 期,2017 年 12 月。

张宁:《"马照跑、球照打":对日抗战时期的上海跑马厅》,
    "战争下的城市"国际学术研讨会,2018 年 12 月 5 ~ 6 日。

张同礼:《天津的赛马会》,《天津租界》,天津人民出版社,
    1986。

赵懿翔:《帝国主义在远东的大赌窟——跑马厅》,《上海经济
    史话》第 2 辑,上海人民出版社,1963。

郑扬文:《清代洋货的流通与城市洋拼嵌 (mosaic) 的出现》,

巫仁恕等主编《从城市看中国的现代性》，中研院近代史研究所，2010。

朱文炜：《"五金大王"叶澄衷》，《宁波帮企业家的崛起》，浙江人民出版社，1989。

朱荫贵：《近代上海证券市场上股票买卖的三次高潮》，《中国经济史研究》1998 年第 3 期。

Bickers, Robert, and Jeffrey Wasserstrom. "Shanghai's 'Chinese and Dogs Not Admitted' Sign: History, Legend and Contemporary Symbol." *The China Quarterly*, No. 142, June 1995, pp. 444 – 466.

Bickers, Robert. "Ordering Shanghai: Policing a Treaty Port, 1854 – 1900." In David Killingray, Margarette Lincoln and Nigel Rigby, eds., *Maritime Empires: British Imperial Maritime Trade in the Nineteenth Century*. Woodbridge, Suffolk, UK: The Boydell Press in association with the National Maritime Museum, 2004.

Bickers, Robert. "Who Were the Shanghai Municipal Police, and Why Were They There? The British Recruits of 1919." In Robert Bickers and Christian Henriot, eds., *New Frontiers: Imperialism's new Communities in East Asia 1842 – 1952*. Manchester: Manchester University Press, 2000.

Bourdieu, Pierre. "Sport and Social Class." *Social Science Information* 17: 6, 1978, pp. 819 – 840.

He, Qiliang. "Spectacular Death: Sheng Xuanhuai's Funeral Procession in 1917." *Twentieth-Century China* 41: 2, May 2016, pp. 136 – 158.

Huggins, Mike. "Lord Bentinck, The Jockey Club and Racing Morality in Mid-Nineteenth Century England: The 'Running Rein' Derby Revisited." *The International Journal of the History of Sport* 13: 3, Dec. 1996, pp. 432 – 444.

Morris, R. J. "Clubs, Societies and Associations." In F. M. L. Thompson, ed. , *The Cambridge Social History of Britain, 1750 – 1950*. Cambridge: Cambridge University Press, 1990.

Osterhammel, Jürgen. "Semi-Colonialism and Informal Empire in Twentieth-Century China: Towards a Framework of Analysis." In Wolfgang J. Mommsen and Jürgen Osterhammel, eds. , *Imperialism and After: Continuities and Discontinuities*. London: Allen & Unwin, 1986.

Wakeman Jr. , Frederic. "Licensing Leisure: The Chinese Nationalists' Attempt to Regulate Shanghai, 1927 – 49." *Journal of Asian Studies* 54: 1, Feb. 1995, pp. 19 – 42.

Werner, Jake. "The Making of Mass Society in Modern Shanghai: The Socialist Transformation of Everyday Life, 1949 – 1959." University of Chicago, Phd. Dissertation, 2015.

工具书

丁福保编《古钱大辞典》，世界书局，1962。

"国立编译馆"主编《教育大辞书》第 10 册，文景书局，2000。

郭卫东主编《近代外国在华文化机构综录》，上海人民出版社，1993。

黄光域编著《外国在华工商企业辞典》，四川人民出版社，1995。

金普森、孙善根主编《宁波帮大辞典》，宁波出版社，2001。

李立明：《中国现代六百作家小传》，波文书局，1977。

刘国铭主编《中国国民党百年人物全书》，团结出版社，2005。

刘绍唐主编《民国人物小传》第 6 册，传记文学出版社，1984。

刘寿林等编《民国职官年表》，中华书局，1995。

罗明、潘振平主编《清代人物传稿》下编卷 9，辽宁人民出版社，1993。

秦池江、张立中主编《中国金融大百科全书》，中国物资出版社，1999。

田原祯次郎编《清末民初中国官绅人名录》，中国研究会，1918。

吴新雷主编《中国昆剧大辞典》，南京大学出版社，2002。

薛理勇主编《上海掌故辞典》，上海辞书出版社，1999。

中国社会科学院近代史研究所翻译室编《近代来华外国人名辞典》，中国社会科学出版社，1984。

霞関会编『现代中国人名辞典』江南书院、1957。

网络信息

《阿拉伯马》，https：//zh. wikipedia. org/wiki/% E9% 98% BF% E6% 8B% 89% E4% BC% AF% E9% A6% AC（2018 年 5 月 31 日检索）。

《纯种马》，https：//zh. wikipedia. org/wiki/% E7% B4% 94% E7% A8% AE% E9% A6% AC（2018 年 5 月 31 日检索）。

《胡熵棻》，http：//archive. ihp. sinica. edu. tw/ttsweb/html_name/search. php（2015年9月16日检索）。

《回力球场》，http：//www. cul - studies. com/community/niwei/200505/1401. html（2008年2月29日检索）。

《驴桥定理》，https：//zh. wikipedia. org/wiki/% E9% A9% B4% E6% A1% A5% E5% AE % 9A% E7% 90% 86（2019年6月28日检索）。

《民国二十八年上海跑马总会秋季大赛马A字大香宾票》，http：//www. yangmin gauction. com/goodsdetail. html? auctionid = B15094&code = 1308&page = 17（2019年3月28日检索）。

《宁波帮庄市籍人士》，http：//zs. zhxww. net/rwzs/rwzs/rwzs_sbgl/200804141450 54. htm（2014年9月22日检索）。

"A History of Greyhound Racing in the UK." http：//lovegreyhounds. co. uk/racing_ history. php (accessed on 2017/4/27).

"Ascot Gold Cup." https：//en. wikipedia. org/wiki/Ascot_Gold_ Cup (accessed on 2016/5/31).

"British Horseracing Authority." https：//en. wikipedia. org/wiki/British_ Horseracing_ Authority (accessed on 2018/5/28).

"British Horseracing Board." https：//en. wikipedia. org/wiki/British_ Horseracing_ Board (accessed on 2018/5/28).

"Edward Ⅷ." https：//en. wikipedia. org/wiki/Edward_ Ⅷ#cite_note? 4 (accessed on 2015/9/30).

"FIFA World Cup." https：//en. wikipedia. org/wiki/FIFA_World_ Cup#Previous_ international_ competitions (accessed on 2019/5/16).

"Going to the derby at Shanghai" / W. R. China Shanghai, 1879. Photograph. https: //www. loc. gov/item/91732034/, (accessed on 2019/5/15).

"Harringay Stadium. " https: //en. wikipedia. org/wiki/Harringay_ Stadium (accessed on 2017/4/27).

"Henry Southern (journalist). " http: //en. wikipedia. org/wiki/ Henry_ Southern_ (journalist) (accessed on 2015/6/8).

"History of Jai-Alai. " http: //www. jai – alai. info/history – of – jai – alai. html (accessed on 2007/5/25).

"HAI-ALAI: The fastest game in the world. " http: //filipinokastila. tripod. com/jaialai. html (accessed on 2007/5/13).

"Joseph Oller. " https: //www. universalis. fr/encyclopedie/joseph – oller/ (accessed on 2019/7/24).

"Major League Baseball. " https: //en. wikipedia. org/wiki/Major_ League_ Baseball (accessed on 2019/5/16).

"Mick the Miller. " https: //en. wikipedia. org/wiki/Mick_ the_ Miller (accessed on 2017/4/29).

"Our History. " http: //www. ngrc. org. uk/pages/about _ us/ our_ history. asp (accessed on 2017/4/27).

"Own work, CC BY-SA 3. 0. " https: //commons. wikimedia. org/w/index. php? curid = 29635717 (accessed on 2018/7/30).

"The Return of Jai Alai. " http: //www. artofmanliness. com/ 2009/11/19/the – return – of – jai – alai/ (accessed on 2017/ 10/15).

"Waler horse. " https: //en. wikipedia. org/wiki/Waler _ horse (accessed on 2018/5/31).

"White City Stadium. " https: //en. wikipedia. org/wiki/White_
City_ Stadium (accessed on 2017/4/27).

"Winter Sports on the Racecourse. " http: //shanghailander. net/
2010/01/winter – sports – on – the – racecourse/ (accessed on
2014/3/20).

Lo, York. "From No 1 on the Bund in Shanghai to a Kaolin
Mine in Cha Kwo Ling, Hong Kong-the Century Old China
Coast Saga of the McBains. " http: //industrialhistoryhk. org/
from – no? – on – the – bund – in – shanghai – to – kaolin –
mine – in – cha – kwo – ling – the – century – old – china – coast –
saga – of – the – mcbains/#_ edn9 (accessed on 2017/5/3).

Urza, Carmelo. "The History of Basque Pelota in the Americas. "
http: //en. wikipedia. org/wiki/Basque _ Pelota (accessed on
2007/5/13).

图书在版编目（CIP）数据

异国事物的转译：近代上海的跑马、跑狗和回力球
赛／张宁著. -- 北京：社会科学文献出版社，2020.8
ISBN 978 - 7 - 5201 - 6766 - 6

Ⅰ.①异…　Ⅱ.①张…　Ⅲ.①文化传播 - 研究 - 中国
- 近代　Ⅳ.①G125

中国版本图书馆 CIP 数据核字（2020）第 099813 号

异国事物的转译
—— 近代上海的跑马、跑狗和回力球赛

著　　者／张　宁

出 版 人／谢寿光
责任编辑／李期耀

出　　版／社会科学文献出版社·历史学分社（010）59367256
　　　　　地址：北京市北三环中路甲29号院华龙大厦　邮编：100029
　　　　　网址：www. ssap. com. cn
发　　行／市场营销中心（010）59367081　59367083
印　　装／北京盛通印刷股份有限公司

规　　格／开　本：889mm × 1194mm　1/32
　　　　　印　张：15.75　插　页：0.25　字　数：360 千字
版　　次／2020 年 8 月第 1 版　2020 年 8 月第 1 次印刷
书　　号／ISBN 978 - 7 - 5201 - 6766 - 6
定　　价／79.00 元